백제 아포칼립스

'한국 고대사의 비밀' 1360년 만에 풀었다!

백제 아포칼립스

❷ 주류성 및 탄현은 어디인가?

서동인 지음

주류성

목차

Ⅰ부   주류성은 어디인가?

1   충남 지방 백제 지명(地名)에 숨겨진 비밀 코드 _ 11

당군의 첫 도착지 '소정방섬' 소야도(蘇爺島) _ 17
나당군이 7월 12일 중에 격파한 부여 파진산의 백제 수비군 _ 24
'승적(勝敵)'이란 지명에 스며 있는 백제인들의 항전 흔적들 _ 29
당군의 첫 백제 상륙지, 당진 자래현(子來縣) _ 35

2   탄현은 어디인가? _ 38

탄현에 대한 여러 가지 견해들 _ 38
침현과 탄현 같은 지명인가, 다른 이름인가? _ 48
『고려사』·『삼국유사』가 전하는 탄현과 탄령 _ 52
조선의 지리서들이 기록한 탄현은 실체가 없다! _ 57
조선의 기록대로면 진안 주천면 싸리재가 탄현일 수 있어 _ 67
금산 남이면의 '백령치'는 탄현일 수 없어 _ 73
운주 쑥고개 탄현 설의 또 다른 문제점들 _ 77
쑥고개의 한자명은 애현(艾峴), 숯고개는 탄현 _ 86
탄현은 진산 교촌리 숯고개, 침현은 진산 막현리 고개 _ 88

3   주류성의 실체와 의미 그리고 그 위치에 대하여 _ 95

'周留城'의 백제 향찰 및 한자 의미 서로 달라 _ 97
周留城은 백제 향찰 '두루기', 豆率城은 신라 향찰 두루성(두루기) _ 103

4 전씨아미타불비상과 삼존천불비상 _ 115

주류성의 백제 유민들 불상을 봉헌하다 _ 115
1) 계유명전씨아미타불비상(癸酉銘全氏阿彌陀佛碑像) _ 125
2) 계유명삼존천불비상(癸酉銘三尊千佛碑像) _ 129

5 구마노리성과 여자진(余自進)의 부흥 운동 _ 132

익산 금마면 동고도리의 성이 구마노리성일 것 _ 133
대관사 괴변 기사는 김춘추의 죽음과 관련 있어 _ 142

6 두량윤성(豆良尹城)은 어디인가? _ 149

두량윤성에 대한 몇몇 연구자들의 견해 _ 149
두량윤성은 어디에 있었나? _ 157
고사비성 및 두량윤성 전투에서 백제군의 승리 _ 166
두릉이성의 '두릉이'는 백제어 '두렝이'의 향찰표기 _ 178
두릉윤성과 두량윤성의 윤성(尹城)은 무엇인가? _ 180

7 고사비성은 어디인가? _ 187

고사비성은 백제 소비포현의 현성(縣城)이었을 것 _ 191
좌평 정무(正武)의 부흥 운동과 두시원악 _ 193

8 전의 주류성은 부흥 백제의 왕성,
북부의 중심은 목천 _ 196

주류성에 대한 여러 기록 _ 196
서부 임존성과 북부 주류성은 북방성 관할 지역 _ 202
백제 온조왕의 십신과 천안 전 씨 설화 _ 219
백제 멸망 후 천안 전 씨들 함경도 단천으로 사민된 듯 _ 222

9 주류성은 어디인가? _ 226

주류성에 관한 제설(諸說)의 문제점들 _ 226
그렇다면 주류성은 어디인가? _ 233

10 피성(避城)은 어디인가? _ 238

Ⅱ부   백제 멸망기 인물 열전

1 사비도성 함락과 함께 일어선 부흥 운동 지도자들 _ 247

1) 부여풍(扶餘豊) _ 247
2) 부여용(扶餘勇) _ 250
3) 흑치상지(黑齒常之) _ 255
4) 사타상여(沙吒相如) _ 273
5) 복신(福信) _ 275
6) 도침(道琛) _ 282
7) 여자진(餘自進) _ 284

8) 규해(糺解) _ 285

9) 정무(正武) _ 287

2 부여풍은 언제 부흥 백제국의 왕이 되었나? _ 289

　　소정방의 철군 직후~1차 사비성 공격 이전에 왕에 추대돼 _ 290

　　백제 부흥군, 663년 7월에도 사비성 공격한 듯 _ 307

　　백제 부흥군, 1차 사비성 공격 때 두 차례나 공성전 벌여 _ 318

　　부여풍 국왕 추대 관련 『일본서기』 기록 믿을 수 없어 _ 320

3 천안 병천 전투에서 전사한 신라 화랑
　　기파랑(耆婆郎)과 은석사 설화 _ 326

4 웅진방령 예 씨 일가의 배신과 의자왕의 항복 _ 332

　　웅진방령 예군, 웅진성 대장(방좌) 예식진의 배신 _ 339

　　예군·예식진-예소사-예인수 묘지명 내용 대략 같아 _ 344

　　수 왕조 말에 예군·예식진의 아비 예선이 백제로 망명 _ 351

　　백제 멸망 후 예군은 '웅진도독부사마', 예식진은 동명주자사 지내 _ 359

5 묘지명으로 보는 부여륭(扶餘隆)의 생애 _ 365

6 여러 기록으로 보는 흑치상지의 생애 _ 370

7 진법자 묘지명으로 본 백제의 관직 _ 392

참고문헌 _ 397

I

주류성은 어디인가?

1. 충남 지방 백제 지명(地名)에 숨겨진 비밀 코드

　어느 나라든 그 나라의 역사는 지명과 밀접한 관계가 있다. 지명은 언어와 시대상·사회상 등 소중한 인문 정보를 담고 있다. 그것을 한 마디로 '지명의 역사성'으로 정의할 수 있다. 나아가 지명의 변천사는 행정이나 국방, 경제 등 사회변화를 반영하기도 한다. 즉, 역사성과 문화상이 고스란히 스며 있어 시대와 역사를 들여다볼 수도 있으므로 고대사로 올라갈수록 지명은 더욱 중요하다. 지명이 의외의 정보를 갖고 있고, 때로는 기록을 보완할 수도 있다. 더구나 한국 고대사에서 지명 연구는 필수적이다. 가야·신라·고구려도 마찬가지이지만, 특히 백제 말기의 지명은 역사의 비밀을 푸는 열쇠가 될 수 있다. 『삼국사기』 지리지를 비롯, 여러 가지 지리서에는 역사의 많은 비밀들이 숨겨져 있다. 멸망기의 백제 지역 지명 가운데 대표적인 사례 몇 가지를 알아본다.

　663년 6월 이후, 백제 최후의 부흥 운동은 금강 이북의 충남 지방에서 주로 이루어졌다. 그중에서도 서부의 임존성과 북부의 주류성을 중심으로 진행되었다. 비록 663년 9월 8일에 주류성이 항복하였고, 그해 11월 이후 언젠가 임존성이 함락되었으나 그때까지 '부흥 백제'의 국권회복운동은 줄기차게 이어졌다.

　그러면 그 시기 당과 신라를 상대로 백제인들이 어떻게 그리 오랜 세월 국권을 찾기 위해 노력하였을까? 그것을 조금이라도 들여다 보려면 병력과 물자를 동원한 군사조직과 행정체계를 들여다볼 필요가 있다. 그중에서도 가장 손쉬운 방법은 백제의 행정 조직(체계)을 살펴보는 일이다.

당시 마지막 부흥 운동의 중심이었던 서부와 북부의 백제 행정조직을 이해하기 위해서는 먼저 『삼국사기』 권 제36, 잡지 제5편의 웅주熊州에 속한 곳들을 정리해볼 필요가 있다. 그것을 요약한 것이 다음의 〈도표〉인데, 대략 663년 6월경까지 백제의 중부와 남부 지역이 신라에 의해 평정된 뒤로 부흥 운동은 자연히 웅주 지역이 중심이 되었다. 『삼국사기』 문무왕 11년 7월 26일 총관 설인귀가 임윤법사 편에 보내온 편지에 대한 문무왕의 답신 가운데 "남방이정 회군북벌南方已定 回軍北伐"이라고 한 구절은 663년 6월까지 백제·왜와 신라·당 사이에 벌어진 싸움을 간명하게 요약한 기록이다. 신라와 당은 이 해 전반기를 백제의 남부와 중부 지역을 평정하는 일에 집중하였고, 북벌을 시작한 지 두 달 만에 주류성을 함락시켰다. 그러므로 백제 부흥군의 마지막 활약 범위는 웅주 지역 중에서도 대전·공주권과 함께 금강 이북의 충남권(및 현재의 일부 충북 지역)으로 크게 위축되었다.

〈도표〉의 15개 지역 가운데 웅주의 직할 현과 소부리군[1]·황등야산군·우술군을 제외하면 일모산군을 포함하여 대략 10개 군이 임존성과 주류성 및 가림성의 터전이 된다. 다만 현재의 청주 지방은 본래 일모산군에 포함되었던 것으로 추정되며, 백제 북서부의 여러 지역 중에서 임존성의 인력과 물자 동원에 바탕이 되었을 곳은 다음 6개 지역으로 볼 수 있겠다.

①설림군(남포·비인)

②마시산군(홍성·홍성 갈산·고덕)

---

[1] 문무왕 11년에 소부리주(所夫里州)를 설치

③결기군(보령·홍성 장곡)

④임존성(청양·예산)

⑤혜군(당진·운산 여미·신평)

⑥기군(태안·서산·서산 지곡)

이 자료로 보면 대략 무한천 서쪽 지역이 임존성 관할이었을 것으로 추정할 수 있다. 백제 시대 임존성(신라의 임성군)은 오늘의 예산과 청양까지 관할하였다. 부여 석성면과 금강 이북의 청양 정산면이 백제의 소부리군에 편제되어 있었던 점을 감안할 때 현재의 부여 은산면·규암면 일대는 사비성 직할 지역이었을 가능성이 있다. 이와 아울러 강서(江西) 지역 가운데 서천~장항 일대는 백제 부흥의 또 다른 주요 근거지로서 중국 측 기록에서 밝힌 '사비남령(泗沘南嶺)'의 일부였을 것이다.

그런데 위 6개 분류 가운데 ④의 임존성만이 어떤 군에 속해 있는지, 군명(郡名)이 제시되어 있지 않다. 아마도 그것이 신라에서 임성군이라는 이름을 부여하기 전, 백제에서는 풍달군이었던 게 아닐까? 그것이 아니면 청양·보령 지역 중에서 산간지대 또는 유구·신풍 등지의 금강 이북(공주권)을 따로 풍달군으로 불렀거나. 본래 우리말에서 '달'은 높은 곳을 이르는 말로, 전북 남원시 산내면의 '달궁' 마을이 그 한 예일 것이다. 따라서 풍달군은 충남 서부권에서 가장 산이 높은 지역을 이르는 행정 명칭이었을 것이다. ①부터 ⑥까지가 백제의 서부 지역인데, 그 나머지 대목악군·일모산군·탕정군·우술군이 북부 소속의 군이었다.

662년 7월 이후 대전 지방의 우술군, 그리고 열야산현(熱也山縣)(노성), 벌음지현(伐音只縣)(신풍)과 같은 웅주 직속의 군과 더불어 금강 이북이 663년 6월 이후 부흥 운동의 핵심 지역이었다. 목천읍에 중심을 둔 대목악군은 천안

백제 웅주(熊州)의 행정편제와 부흥 운동 거점 지역들(『삼국사기』 지리지 자료 정리)

	주군명 (州郡名)	소속현(백제)	신라 개명	고려 지명	현재 지명
	熊州(웅주)	熱也山縣(열야산현) 伐音只縣(벌음지현)	尼山縣(니산현) 清音縣(청음현)	魯城縣 新豐縣	노성 신풍
		西原京(서원경)	西原小京(서원소경, 685) 西原京(서원경, 경덕왕)		청주
	大木岳郡 (대목악군)	甘買縣(감매현) 仇知縣(구지현)	大麓郡(대록군, 경덕왕)	木州	大麓郡-목천읍 포함 천안 甘買縣-풍세·광덕 仇知縣-전의·전동
	加林郡 (가림군)	馬山縣(마산현) 大山縣(대산현)	嘉林郡(가림군, 경덕왕) 馬山縣(마산현, 한산) 大山縣→鴻山縣(경덕왕)		서천 마산면(한산 포함) 부여 홍산면
	舌林郡 (설림군)	藍浦縣(남포현) 比衆縣(비중현)	舌林郡→西林郡(경덕왕) 比衆縣→庇仁縣(경덕왕)		서천군
	馬尸山郡 (마시산군)	牛見峴(우견현) 今勿縣(금물현)	馬尸山郡→伊山郡(경덕왕) 牛見縣→目牛縣(경덕왕) 今勿縣→今武縣(경덕왕)	? 今勿縣→德豐縣	馬尸山郡(홍성으로 봐야 할 듯). 伊山郡은 예산 봉산면과 홍성을 아우르는 것으로 본다. 牛見縣(홍성군 갈산면?) 今勿縣(예산 고덕)
	槥郡 (혜군)	伐首只縣(벌수지현) 餘村縣(여촌현) 沙平縣(사평현)	槥郡→槥城郡(경덕왕) 伐首只縣→唐津縣(경덕왕) 餘村縣→餘邑縣(경덕왕) 沙平縣→新平縣(경덕왕)		槥郡·槥城郡(면천) 伐首只縣→당진 餘村縣→운산 여미리 沙平縣→당진 신평
熊州	所夫里郡 (소부리군)	珍惡山縣(진악산현) 悅己縣(열기현)	所夫里郡→扶餘郡(경덕왕) 珍惡山縣→石山縣(경덕왕) 悅己縣→悅城縣(경덕왕)	石山縣→石城縣 悅城縣→定山縣	부여 석성 정산
	任存城 임존성)-임성군	古良夫里縣(고량부리현) 烏山縣(오산현)	任存城→任城郡(경덕왕) 古良夫里縣→青武縣(경덕왕) 烏山縣→孤山縣(경덕왕)	任城郡→大興郡 青武縣→青陽縣 孤山縣→禮山縣	大興郡→예산 대흥 青陽縣→청양 禮山縣→예산
	黃等也山郡 (황등야산군)	眞峴縣(진현현) 珍同縣(진동현)	黃等也山郡→黃山郡(경덕왕) 眞峴縣→鎭岑縣(경덕왕) 珍同縣	連山縣 珍同縣→進禮縣	鎭岑縣→대전 진잠동 進禮縣→금산 진산
	結己郡 (결기군)	新村縣(신촌현) 沙尸良縣(사시량현)	結己郡→潔城郡(경덕왕) 新村縣→新邑縣(경덕왕) 沙尸良縣→新良縣(경덕왕)	潔城郡→結城 新邑縣→保寧縣 新良縣→黎陽縣	結城→홍성 결성면 保寧縣→보령시 黎陽縣→홍성 장곡면
	雨述郡 (우술군)	奴斯只縣(노사지현) 所比浦縣(소비포현)	雨述郡→比豐郡(경덕왕) 奴斯只縣→儒城縣(경덕왕) 所比浦縣→赤烏縣(경덕왕)	比豐郡→懷德郡 儒城縣 赤烏縣→德津縣	懷德郡→회덕 儒城縣→유성 德津縣→대전 덕진동
	一牟山郡 (일모산군)	豆仍只縣(두잉지현) 未谷縣(매곡현)	一牟山郡→燕山郡(경덕왕) 豆仍只縣→燕岐縣(경덕왕) 未谷縣→昧谷縣(경덕왕)	燕山郡→燕岐郡 (경덕왕) 昧谷縣→懷仁縣	燕岐郡→세종시·연기군 豆仍只→청주시 일원 懷仁縣→보은군 회인면
	基郡 (기군)	省大兮縣(성대혜현) 知六縣(지육현)	基郡→富城郡 省大兮縣→蘇泰縣(경덕왕) 知六縣→地育縣(경덕왕)	地育縣→北谷縣	富城郡→서산시 蘇泰縣→태안 地育縣→서산 지곡면
	湯井郡 (탕정군)	牙述縣(아술현) 屈直縣(굴직현)	牙述縣→陰峯縣(음봉현) 屈直縣→祁梁縣(기량현)	湯井郡→溫水郡 牙述縣→牙州 祁梁縣→新昌縣	溫水郡→온양 牙州→아산 新昌縣→신창

지역으로서 여기에 감매현ᄫᅡᆷ買縣(풍세·광덕), 구지현仇知縣(전의·전동·소정·연서 등)의 2개 현이 속해 있었으니까 현재의 목천과 풍세·광덕 및 세종시(전의면·전동면·소정면·연서면 등) 일대는 하나의 행정구역, 즉 하나의 군사 체제로 움직였을 것이다. 그러므로 전의 주류성 못지않게 목천 또한 왕성에 버금가는 장소로 중시되었으리라 판단할 수 있다.

안성천 이남의 천안·아산 지역은 북부에서 가장 중요한 백제 근거지였다.『구당서』유인궤전에서 유인궤는 가림성을 먼저 치자는 여러 장수들의 건의를 물리치고 주류성을 공격목표로 정한 까닭도 거기에 있었다. 주류성을 얼마나 중시했으면 유인궤가 가림성과 임존성 대신 백강해전을 무릅쓰면서까지 주류성 전투를 결정하였겠는가. 그럼에도 한 가지 의문은 있다. 주류성과 임존성 함락 후에도 가림성의 동태가 기록에 전혀 나타나지 않는 점이다.

부여 서편의 강서 지역과 서천 지역을 포함한 가림군은 ①~⑥의 여러 군을 배후 거점으로 갖고 있었으므로 필요한 경우 그들로부터 인력과 물자를 지원받았을 것이다. 바로 그런 점을 고려한 결정이었겠지만 가림성 공격에는 많은 희생이 따를 것이라며 유인궤는 가림성 공격을 피했다. 하지만 그것은 겉으로 드러낸 핑계일 뿐, 유인궤는 이미 주류성의 허실을 속속들이 파악하고 있었고, 결국 이때도 '피실격허'의 전략을 채택한 것으로 볼 수 있다.

천안·아산 지역은 아산만과 삽교천 서쪽 지역이 바다로 열려 있다. 수면이 넓어서 지키기는 어렵고 공격하기는 쉽다는 이점이 있다. 당군의 입장에서는 진격로가 많아서 선택폭이 넓었다. 다만 신라로서는 안성-천안의 차령산맥이 막고 있어서 그것이 군사 운용에 장애가 되었을 것이다. 그러나 어찌 되었든 동쪽으로부터는 신라 육군의 지원을 받을 수 있어서 좌우(동서) 협공이 원활한 이점이 있었다. 이것은 거꾸로 백제의 군사력을 동서 양면으로 분산시킬 수 있어 신라와 당측에서는 유리한 조건이 되었다. 또 지금의 풍세면과 전의 일대에는 산성이 많아 지키기에는 쉬웠지만, 경작지가 적어 아산·천안 평야 지대의 식량 지원이 없으면 장기간 항전에는 지극히 불리하였다. 나아가 목천·전의·풍세 일대의 산성은 여러 곳에 분산되어 있어서 방어자의 입장에서는 많은 인력이 필요하였다. 적은 인력으로 지키기는 어렵고, 많은 인력으로 공격하기는 쉬운 지역이어서 당군과 신라군이 일시에 공격할 경우 이점이 많았을 것이다.

백제 부흥군의 입장에서는 적은 인원으로 많은 지역을 지켜야 하므로 어려움이 많았을 것이다. 특히 662년 7월 30일 진현성이 함락되어 소위 웅진도熊津道를 상실한 뒤로 대전·공주·부여 지방의 부흥 운동이 타격을 받았다. 그리하여 ㉮우술군(유성·대전 덕진) ㉯황등야산군(진잠·금산 진산) ㉰소부리군(부여 석성, 청양 정산은 제외)은 부흥 백제의 관할에서 벗어났다. 그 결과 북부 지역에서 주류성의 바탕이 되는 곳은 ⓐ대목악군(목천·풍세·광덕·전의) ⓑ탕정군(음봉·신창) ⓒ일모산군(두잉지·미곡)밖에 없었다. 이들은 주류성의 핵심이 되는 지역으로서 대목악군 중에서도 광덕·풍세와 전의(전의·전동·소정·연서 등 현재의 세종시) 지역은 산이 깊어 비상시 항전을 위한 곳으로는 이점이 많았으나 앞에서 설명한 대로 경작지와는 멀리 떨어져 있어서 물자 공급이나 교통 및 정보 전달에 한계가 있을 수밖에 없다.

다시 말해서 현재의 천안 중심으로부터 성환·입장에 이르는 넓은 범위는 평시의 주요 거주지이자 경작지로서 아주 중요한 지역이었지만, 특히 목천 이남의 산간 지역은 적은 숫자의 부흥 운동군으로서는 감당하기 어려운 조건이었던 것이다.

요약하자면 주류성이 있는 전의와 함께 목천 대목악군(목천)의 소속 현인 풍세면과 현재의 광덕면 지역은 적에 맞서 항거하기에는 적합하였으나 평시의 주거지역은 풍세·전의를 제외한 그 북쪽 아산·천안(안성천 이남) 일대였다.

반면 부흥 운동 당시 주류성 관할 범위는 일차적으로 전의·소정·전동·풍세·광덕 및 목천·병천 등에 이르는 지역이었다. 그 외곽으로 아산·천안 및 현재의 세종시 일원과 일부 청주 지역에까지 부흥 운동의 세력 근거지가 되었다. 좀 더 구체적으로 그 범위를 살펴보면 목천읍·성남면·수신면, 전의면·전동면·소정면·연서면, 광덕면·풍세면(천안시 동남구)은 물론, 미호천 서편의 오송읍과 옥산면을 포함하는 지역이 될 것이다.

현재의 전의 지역에 부흥 백제의 항전 성인 주류성이 임시 왕성으로 있었고, 오늘의 천안시는 오랜 전통과 인적, 물적 자원이 풍부한 핵심 지역이었으므로 대목악군의 중심인 목천읍에도 부흥 백제의 임시수도로서 왕성이 더 있었을 수 있다. 이런 배경과 상징성이 있었기에 신라 및 당군은 백제 부흥 운동의 중심지이자 왕성인 주류성을 먼저 공략함으로써 백제인들의 부흥 운동 의지와 동력을 차단할 필요가 있다고 판단하였을 것이다. 물론 부흥 백제의 왕성이 있는 곳이었으니 왕성을 함락시켜 백제 부흥의 꿈을 송두리째 뽑아버리기 위한 전략이기도 하였다.

당군의 첫 도착지 '소정방섬' 소야도(蘇爺島)

인천시 옹진군 덕적면 소야도리, 덕적도의 동편 바로 옆에 있는 섬이다. 그 동쪽으로 다시 소이작도-대이작도-승봉도의 순으로 여러 섬이 늘어서 있으며, 승봉도에서 풍도와 육도-국화도를 지나면 아산만 입구에 이른다. 『삼국사기』를 비롯하여 중국과 한국의 역사 기록에는 소정방이 백제를 치기 위해 산동반도 성산에서 출발하여 덕물도(德物島, 현재의 덕적도)로 건너왔다고 하였는데,[2] 소정방이 건너와 주둔했다는 곳이 실제로는 지금의 덕적도가 아니라 소야도蘇爺島였다.

 덕적면 소야도 정자각의 소정방 유래비(옹진군청 제공)

소정방의 10만 대군은 660년 6월 성산에서 바다를 건너 곧바로 소야도로 들어왔다. 지금까지 소야도 사람들 사이에 전해오는 말로는 소정방의 당군은 소야도 북악산 기슭 '담안' 마을에 주둔하였다고 한다. 담을 쌓고 방어를 튼튼히 하여 그 안에 주둔하였으므로 그곳이 지금까지도 '담안'이라는 이름으로 전해오고 있는 것이다. 실제로 소야도 북악산 기슭에 당나라 군대의 진지였다고 전해오는 유적이 남아 있는데, 지금은 거의 사라져서 그 흔적을 겨우 알 수 있을 정도이다.

소정방은 660년 6월 21일 소야도에 도착하여 신라 태자 김법민·김유신 등과 만났으며, 그 '다음 달'인 7월 10일에 사비성 남쪽 벌판에서 신라군과 만나기로 약속을 잡았다. 그날의 약속을 『삼국사기』 권 제41, 열전 제1 김유신(상)전에는 이렇게 적었다.

"… 태종무열왕은 태자(김법민)와 장군 김유신·진주眞珠·천존天存 등에게 명하여 큰배 1백 척에 군사를 싣고 가서 당군과 회동하게 하였다. 태자가 장군 소정방을 만났을 때 소정방이 태자에게 말하였다. '우리는 바닷길로 가고 태자는 육

---

2)   蘇定方引軍 自城山濟海(『三國史記』 28 百濟本紀 6)

소정방으로부터 유래했다는 소야도의 정자각(블로그 영원한 친구 제공)

지에 올라 7월 10일 백제의 왕도인 사비성泗沘城에서 만납시다.'"

김인문전에도 대략 같은 내용이 전한다.

… 때마침 당 고종이 소정방을 신구도대총관神丘道大摠管으로 삼아 군사를 거느리고 백제를 치게 하였다. 황제(당 고종)가 김인문을 불러 도로의 사정과 오고 가는 편의를 묻자 그가 일일이 자세하게 대답하였다. 황제가 기뻐하여 그에게 신구도부대총관의 직책을 주고 소정방의 군영으로 가라고 명령하였다. 김인문이 드디어 소정방과 함께 바다를 건너 덕물도에 이르자 왕이 태자에게 명해 장군 유신·진주眞珠·천존天存 등과 함께 큰 전함 1백 척에 군사를 싣고 가서 그들을 맞이하게 하였다. 웅진구熊津口에 이르자 적들이 강가에 병력을 배치하고 있

는지라 싸워서 쳐부수었으며, 승세를 타고 그 도성에 들어가 …[3]

소야도에는 현재 담안 마을에서 약 1km 남짓 거리의 소야도 동편 끝에 왕재산이라는 이름의 산도 있다. 왕재산王在山이라는 이름으로 보건대 당시 신라왕 이하 주요 장수와 군사들이 소정방을 만나러 가서 머물렀던 곳으로 추정된다. 다시 말해서 왕재산이란 지명 속의 왕을 김법민(후일의 문무왕)으로 볼 수 있다. 『삼국사기』 김유신전에는 "태자(김법민)와 장군 김유신·진주眞珠·천존天存 등으로 하여금 큰 배 1백 척에 군사를 싣고 가서 소정방의 당군과 만나게 하였다."라고 하였는데, 이들이 소정방을 만나기 전에 1백 척의 배가 머물렀던 곳으로 볼 수 있다는 뜻이다.

그 소야도를 떠나 뱃길로 부여로 간 소정방은 660년 7월 9일 아침 오름물때(들물)를 타고 강을 거슬러 올라갔다. 이때의 사실을 『일본서기』(26 齊明紀)에도 "금년 7월에 신라가 힘을 믿고 세력을 만들어서 이웃 나라를 친하게 여기지 않고, 당

짐대끈 돌절구. 소정방의 군대가 곡식을 준비하거나 불을 피우는데 이용했다고 한다.(블로그 영원한 친구 제공)

---

3)   『삼국사기』 권 제44 열전 제4 김인문전

나라 사람을 끌어들여 백제를 멸망시켰다. 임금과 신하가 모두 포로가 되고 백성들도 거의 없어지게 되었다. 다른 책에는 '금년 7월 10일에 당의 소정방이 수군을 거느리고 미자진尾資津에 주둔하였다'"[4]라고 하였다.

소정방은 7월 9일과 10일, 부여군 세도면 반조원리와 그 맞은편의 부여군 석성면 봉정리 일대에 상륙했으니 이 기사의 미자진尾資津을[5] 강경 읍내의 황산진[6]으로부터 지금의 반조원리頒詔院里나 석성면 봉정리 사이 어딘가에 있었던 나루터로 볼 수 있다. 하지만 지금의 봉정리에는 백제의 고다진이 있었으니 미자진은 고다진과는 다른 곳이었을 것이다. 그런데 위 미자진 기사 바로 다음에 이어지는 『일본서기』의 기록을 보면 신라군의 백제 침공 과정과 사비성 함락 직후의 구국 운동 배경을 이해할 수 있다.

"신라왕 김춘추가 병마를 거느리고 노수리산怒受利山에 주둔하여 백제를 협공하였는데, 3일을 싸워 우리 왕성이 함락되었다. 같은 달 13일에 처음으로 왕성이 격파당했다. 노수리산은 백제의 동쪽 경계이다. 이에 서부 은솔恩率 귀실복신鬼室福信이 매우 화가 나서 임사기산任射岐山에 웅거하고, 달솔 여자진餘自進은 중부中部 구마노리성久麻怒利城에 웅거하여 각각 한 곳에 진을 치고 흩어진 군졸을 불러 모았다."[7]

---

4) 今年七月 新羅恃力作勢 不親於隣 引構唐人 傾覆百濟 君臣總俘 略無噍類[或本云 今年七月十日 大唐蘇定方 率船師 軍于尾資之津]

5) 소정방의 당군은 부여군 석성면 봉정리 고다진(古多津)을 통해 상륙하였으므로 이 미자진을 고다진의 다른 이름으로 볼 것인지, 아니면 마자진과 고다진이 다른 지명인지 현재의 자료만으로는 분간할 수 없다.

6) 黃山津, 통상 황산나루라고 불러왔다.

7) 新羅王春秋智率兵馬 軍于怒受利之山 夾擊百濟 相戰三日 陷我王城 同月十三日 始破王城 怒受利山 百濟之東堺也] 於是 西部恩率鬼室福信 赫然發憤 據任射岐山 達率餘自進 據中部久麻怒利城 各營一所 誘聚散卒 兵盡前役(『日本書紀』 26 齊明紀)

그런데 소야도란 지명에는 660년 당군의 백제 침공 당시의 사정을 전하는 내용이 담겨 있다. '소야蘇爺'의 蘇(소)는 소정방을 의미하며, 爺(야)는 '나이 많은 남자'에 대한 존칭으로 쓰인 글자이다. 소정방을 '소씨 노인네'란 의미에서 '소야'로 불렀으니 소야도는 '소정방의 섬'이라는 뜻이다. 소정방과 당군이 바다를 건너와 주둔한 곳이었으므로 그때까지 이름 없는 섬으로 남아 있던 곳에 소야도란 이름을 붙였던 것이다. 따라서 이것은 후일 신라 측의 작명으로 볼 수 있다. 백제인들에게는 원통한 한이 되었을 당군 총관 소정방의 이름을 '소야'라는 경칭으로 담아서 1300여 년 전 백제 멸망기의 서글픈 역사 한 토막을 전하고 있는 것이다.

　그러면 왜 당나라 군대는 덕물도가 아닌 소야도로 들어와 정박하였을까? 여러 가지 이유가 있겠지만, 무엇보다도 애초 공격지점을 부여 외에 당진 지역으로 잡았던 것 같다. 소야도에서 동쪽으로 직진하면 당진에 먼저 닿는다. 다시 말해서 소정방은 처음부터 좌군과 우군으로 나누어 진격하는 전략을 계획한 것 같다는 얘기다. 당군의 일부를 먼저 당진 지역(백강 일대)으로 상륙시켜 백제 지도층의 오판과 혼란을 유도하고, 소정방이 직접 거느린 주력군은 금강으로 들어가, 사비성 남쪽 벌판에서 신라군과 합류하는 전략을 기본으로 삼은 것이다.

　군사 운용에 있어서 좌군·중군·우군이나 전군·중군·후군의 배치는 지형과 상황 및 전략에 따라 이루어지는 것으로서 좌군이나 우군은 공격부대의 본진인 중군의 진격을 돕기 위한 것이다. 중군의 공격에 장애가 되는 요소를 좌우에서 제거하고 중군을 보호하며, 상대의 병력을 분산시켜 저항력을 약화시키기 위한 전략이기도 하다. 그러므로 역시 상황과 지형에 따라 좌군 또는 우군을 운용하지 않을 수도 있고, 때로는 중군의 숫자보다 더 많은 병력을 좌군이나 우군에 배치할 수도 있다. 이때 좌군·중군·우군은 각기 출발 거점에서 똑같은 시간에 출발하여도 접전이 이루어지는 장소까지의 도착시간은 3군의 각 공격거점까지의 거리에 의해 결정된다. 통신이 발달하지 않은 과거에는 이것이 오히려 상대의 오판과 혼란, 병력 분산효과를 거둘 수 있는 이점으로 작용하기도 하였다.

김정호는 『대동지지大東地志』 당진唐津 전고典故 편에서 "백제 의자왕 20년 당나라 장수 소정방의 군대가 덕물도에 주둔하였고, 당진에 상륙하였다. 조선 선조 32년 수군 도독 진린陳璘이 중국 남부 절강浙江 지역 병사와 수군 5백 척을 거느리고 바다를 건너와 당진에 정박하였다."[8]라고 하였는데, 이 내용 가운데 "소정방 군대가 당진에 상륙하였다"라는 내용은 다른 사서에는 보이지 않는다. 당군이 당진에 상륙하였다는 것은 좌군이 당진에 먼저 들어왔음을 이르는 것이고, 소정방이 직접 인솔하여 웅진강으로 들어간 우군은 7월 9일에 부여 세도면 반조원리에 도착하였음을 미루어 알 수 있게 하는 기록이다.

소야도에서 당진 석문면이나 당진시 대호지면·고대면 당진포리까지는 서풍의 도움을 받으면 7월 6일 당일에 들어갈 수도 있다. 범선도 순풍을 맞으면 시속 15~16km의 빠른 속도로 갈 수 있으므로 만약 당군의 배가 순풍을 받고, 노를 저어 갔다면 7월 7일 중에 백강구에 도착하였을 수도 있다. 소야도에서 당진 우강까지는 뱃길로 대략 75km 거리이니 서풍의 도움이 없으면 하루로는 부족한 거리다. 그러나 1960년대 이전까지만 해도 석문면에서 빠른 걸음으로 걸으면 예산까지도 하루에 걸었다. 또한 조선 시대 보부상들이 예산 덕산에서 석문이나 대호지까지 하루에 간 사례가 흔히 있다. 당시 보부상들이 하루에 통상적인 걸음걸이로 걷는 거리를

---

8) 　百濟義慈王二十年唐將蘇定方駐軍德勿島泊唐津下陸, 本朝宣祖三十二年水軍都督陳璘領浙兵五百艘渡海泊唐津

여자 70리, 남자 90리라고 했는데, 당진 대호지·해창·석문(교로리)에서 당진 신평이나 우강까지는 대략 70~80리 길로서 빨리 걸어야만 하루에 닿을 수 있는 거리였다.

다만, 음력 7월 8일과 9일은 조금과 무시 물때에 해당하므로 만약 7월 8일에 당군이 당진 지역에 배를 댔다면 상륙할 수 있는 곳은 제한된다. 대부분 수심이 얕은 뻘밭 지대가 많아서 당군의 선박은 대호지면, 당진시 해창, 석문면 삼봉(왜목·용무치항·장고항)·당진시 송산면 성구미·안섬포구, 당진시 송악면 한진포구, 신평면 맷돌포 등지로 제한될 수 있다. 이들 가운데 신평 맷돌포와 같은 곳은 아마도 조선 시대 이후의 기준으로는 조금물때에도 배를 댈 수 있는 바닷물 물끝이다. 그러나 백제 시대 삽교호 바닥은 지금보다 훨씬 깊었고, 현재의 합덕평야 가운데 상당 부분은 바다였을 것이므로 3~4물때에도 백강구 근처에 배를 댈 수 있었을 것이다. 현재의 삽교호 방조제를 지나 상류쪽 우강면 부장리~성원리~강문리 일대 백강구 인근에 배를 대고 내렸을 무렵 '당군의 백강 통과' 사실이 사비도성에 전해졌다고 봐야 한다.

나당군이 7월 12일 중에 격파한 부여 파진산의 백제 수비군

파진산(破陣山, 185.5m)은 행정구역상 부여군 석성면 봉정리의 금강변에 있는 야산이다. 부여나성에서 보면 염창리 남쪽 현북리, 금강을 아래위로 내려다볼 수 있는 곳에 있다. 파진산破陣山이란 이름은 한자 뜻 그대로 '진陣을 깨트린 산'이라는 의미. 『충청도읍지』에는 파진산을 波鎭山이라는 이름으로 기록한 사례도 있지만, 그것은 본래 破陣山이었던 사실을 모르고 대충 추측하여 적어놓은 것으로 보인다.

그런데 고려 이후의 어떤 기록에도 이 산의 이름과 유래에 대한 설명을 찾아볼 수 없다. 8세기 중엽 경덕왕 때 행정구역을 개편하고 지명을 고친 것이 기록상 우리나라 최초의 대규모 지명 개정 사례인데, 파진산이란 이름은 신라의 작명으로 추정된다. 부여나성 바로 바깥의 금강변에 있는 이 산이 백제 멸망기에 군사용 진지로 사용된 것으로 보이며, 당군의 사비도성 공격 또는 백제 부흥군의 사비도성 탈환과 같은 군사 목적 외에 다른 역사적 사건에서는 파진산이 중요한 요충으로 부각된 적이 없다. 다시 말해서 백제 말기, 사비도성 공격 시 나당군이 거쳐 간 곳으로서 '백제군의 진을 깨트린 산'이라는 의미로 파악한다는 것이다.

파진산은 금강을 따라 거슬러 오르면서 부여 읍내로 압박해오는 당군을 유리한 위치에서 내려다보며 방어할 수 있는 요지에 있다. 부여나성이 있는 염창리에서 보면 파진산은 한 발짝만 내딛어도 닿을 것 같은 거리다. 여기서 서쪽 강 건너 가까이에 세도면 반조원리가 있는데, 이 반조원리까지는 직선거리로 대략 4~5km밖에 안 된다. 『신당서』와 『구당서』에 소정방의 군대가 맨 처음 반조원리에 상륙하여 산에 올라 진을 치고서 당 고종의 백제 침공 조서詔書를 읽은 뒤, 거기서 다시 강 건너편(동편)의 석성면 일대로 상륙하였으며, 곧이어 당군은 사비도성에서 20리~30리 사이의 석성면 일대 10리 범위에 주둔하였다. 소정방이 "7월 10일 부여성 남쪽에서 만나자"라고 김유신과 약속한 '사비 남쪽 벌판'은 바로 이 석성면 봉정리와 석성리 일대였다. 거기서 당군은 7월 10~11일 이틀 동안 사비도성으로의 진군을 위해 대열을 정비하였다.

부여 석성면 일대에서 부여성으로 진격하기 위해서는 부여나성 바로 바깥에 있는 파진산과 석성면의 석성산성을 지나야 한다. 나당연합군은 석성면의 주둔지에서 네 갈래 길로 나누어 사비도성으로 진격했다고 하는데, 김유신의 군대가 황산벌에 도착하여 계백의 군대를 만나 한창 싸우고 있을 때, 소정방의 군대는 부여성 남쪽 8~10km 거리의 세도면과 그 맞은 편 석성면 일대로 들어왔다. 그러나 김유신과 신라 군대는 7월 11일에야 약속 장소에 도착하였고, 그 이튿날인 12일에 비로소 당군과 신라군은 사비도성 공격을 시작하였다.

백제는 7월 9~11일 병력을 모아 금강 강변을 따라 길게 늘어서서 막았다. 그러나 12일부터 시작된 나당군의 사비성 함락작전에서 많은 백제 수비군이 희생되었다. 7월 12일의 상황을 『신당서』는 '乘勝入其郛(승세를 타고 그 나성으로 들어갔다)'고 기록하였다. 郛(부)라는 글자는 외성, 즉 나성을 말하므로 여기서는 사비도성의 외성인 부여나성을 이른다. 간단하지만 이 다섯 글자가 석성면 지역에 넓게 포진한 신라군과 당군이 부여나성으로 거세게 공격해 들어간 정황을 생생하게 알려준다.

그때 강변을 거쳐 간 당군과 신라군은 파진산과 용머리산(178.8m), 석성 등에 배치된 백제군을 격파하고 사비성을 향해 진군하였을 것이다. 그 당시 현재의 파진산-석성산성-용머리산-국사봉(181.2m)-태조봉(224.4m)-넙적골산(150m)-군장산으로 이어지는 야산을 경계로 백제 측의 방어선이 펼쳐졌을 것이라는 뜻이다.

12일부터 나당연합군의 사비도성 공격이 치열하게 전개되어 많은 희생자를 냈고, 하루를 못 버티고 13일에 사비도성은 함락되었다. 당시의 사정을 『삼국사기』 백제본기 의자왕 20년 기록은 "의자왕이 태자 효孝와 함께 사비도성을 버리고 웅진성으로 피신하였다. 이에 의자왕의 둘째 아들 태泰가 스스로 왕이 되어 군사를 거느리고 (사비도성을) 굳게 지켰다. 효孝의 아들 문사文思가 왕자 륭隆에게 '왕과 태자가 성을 나가자 숙부 태가 멋대로 왕이 되었으니 만약 당나라 군사가 포위를 풀고 돌아가게 되면 저희들이 어떻게 목숨을 보전할 수 있겠습니까?'라고 말하고는 측근들을 데리고 동아줄

부여 석성산성의 성돌 잔해.

을 드리워 성을 빠져나가니 왕자 태가 만류하지 못하였다. … 이어 형세가
급박해지자 태는 성문을 열고 목숨을 청하였다."라고 전한다.

하수량賀遂亮이 지은 대당평백제국비大唐平百濟國碑에는 사비성 함락 당시의
절박한 사정을 다음과 같이 전한다.

"그 왕 부여의자扶餘義慈 및 태자 륭隆 이외 왕여효王餘孝 등 13인, 아울러 대수령
大首領·대좌평大佐平 사타천복沙吒千福과 국변성國辯成 이하 700여 명이 이미 궁궐
에 들어가 있다가 모두 사로잡히니 말고삐를 버리게 하고 소달구지에 실었다
가 사훈司勳에 올리고 종묘에 바쳤다."[9]

9)　　扶餘義慈及太子隆王餘孝一十三人 幷大首領大佐平沙吒千福國辯成以下七百餘人 旣入重闈 竝就擒獲
　　　捨之馬革 載以牛車儛薦司勳 式獻淸廟

백마강을 끼고 있는 부소산과 관북리 일대.

이 기록을 통해 당군과 신라군이 물밀듯이 쳐들어오는 비상시국을 맞아 의자왕과 왕자 및 지도층이 궁궐에 들어가 있다가 한꺼번에 사로잡혀 소달구지에 실려간 사정을 가늠해볼 수 있다.

하여튼 파진산은 부여나성 바로 바깥의 강변에 있는 백제 수비군의 첫 보루였을 것이니 660년 7월 12일 중에 파진산과 석성산성 등이 당군의 집중 공격을 받고 무너진 게 분명하다. 앞에서 설명한 대로 파진산이란 '진을 깨트린 산'이라는 의미이고, 진陣은 백제군의 군영·둔영·군대의 진지를 말한다. 금강으로 쳐들어온 당군의 공격을 고려할 때, 당시 이곳이 백제 측의 가장 중요한 1차 방어선이 되었던 것이다. 고려와 조선 시대에 파진산이 군사요충지였다는 기록은 어디에도 없지만 '군영(진지)을 격파한 산'이라는 의미로 보거나, 부여나성에 인접한 보루였고, 석성면 봉정리 일대가 당군의 주둔지였던 사실을 볼 때 파진산이라는 이름은 삼국통일의 승자인 신라가 자신의 입장에서 부여한 이름으로 볼 수 있다. 이 파진산을 중심으로 하여 석성면 소재지까지 백제 최후의 수비군이 방어하였으나 수적 열세로 말미암아 당군에게 대적이 되지 못했던 것이다.

그리고 부흥 운동 초기, 부여의 동편 및 대전 지역은 신라에서 공주와 부여로 통하는 군량 공급로인 양도糧道였으므로 백제 부흥군은 이 지역의 주요 성들을 되찾아 신라와 당군의 연락을 끊어야 했다. 부흥 운동 당시 부흥군들이 사비 남령南嶺에 올라가 사비도성을 엿보면서 사비성 주변에 목책을 설치하고 사비도성에 주둔하고 있던 당군을 포위하였다고 하는데, 사비남령이라 하면 지금의 부여 규암면·장암면·임천면·세도면·양화면·충화면과 같은 금강 건너편 높은 산악 지형을 주로 지칭하는 이름이었을 것이다. 하지만 그 당시의 사비남령 가운데 하나가 바로 이 파진산이었을 가능성이 전혀 없는 것은 아니다.

아울러『삼국사기』신라본기 태종무열왕 7년 "10월 30일에 사비의 남쪽 산마루에 있던 백제군의 목책을 쳐서 1천5백 명의 목을 베었다."라고 한 구절이 있는데, 여기서 말한 '사비 남쪽 산마루의 백제군 목책'이 바로 이 파진산을 지칭한 것일 수 있다. 부여나성 밖의 현북리와 현내리의 국사봉, 용머리산, 부여 석성산성과 같은 곳들도 부여 남쪽에 있어서 '사비남령'으로 볼 수 있기 때문이다.

'승적(勝敵)'이란 지명에 스며 있는 백제인들의 항전 흔적들

웅진~사비 시대 백제와 신라의 대립관계를 알아볼 수 있는 흔적이 지명에 남아 있지 않을까? 역사의 잔흔殘痕이라는 점에서 고려해볼 만한 요소가 있다면, 그것이 다소 위험성은 있다 할지라도 기록을 보완해주는 점에서 상당한 가치가 있을 것이다. 한 예로, "계백이 3영營(삼영, 세 군데의 군영)을 설치하고, 신라군을 맞아 네 번 싸워 이겼으나 끝내 병사 수는 적고 힘

〈기호지방 지명 '승적골' 일람표〉

도(道)	시·군(市郡)	구(區)·면(面)	참고사항
경기	평택시	오성면 양교리	
	용인시	처인구 이동읍 묘봉	
	여주시	점봉동	
	이천시	마장면 관리 산 15-1	승적산
		신둔면 용면리	승적산
충남	천안시	동남구 광덕면 원덕리	
		동남구 광덕면 원덕리 231	
		서북구 부대동	
		서북구 업성동	
	아산시	음봉면 신휴리	
		송악면 종곡리	
	공주시	유구읍 추계리	
	세종시	소정면 대곡리	
		전동면 송성리 103	
	홍성군	결성면 성남리	
	태안군	남면 양잠리	
		안면읍 창기리	
		남면 신온리	
	청양군	장평면 적곡리	
	계룡시	신도안면 정장리	
	대전시	유성구 하기동 산 2-1	
		서구 도마동 산 7번지	승적고개라는 지명이 도솔산에 있음
	금산군	복수면 수영리 90-2	유등천 동편
		복수면 곡남리 산 57	유등천 서편
		복수면 신대리	
		진산면 지방리	
		진산면 행정리	유등천 동편 소망전원교회 동북
		금성면 하신리	
	논산시	벌곡면 만목리	
		벌곡면 대덕리	사라의집요양원 서편
		양촌면 산직리	웅천과 산직보건진료소 부근
충북	옥천군	이원면 이원리	
	괴산군	청안면 부흥리	
		청안면 효근리	
	청주시	상당구 남일면	
전북	완주군	운주면 장선리 산 70	운주계곡 장선천 서편
	익산시	성당면 두동리 815-2	
전남	장흥군	장동면 반산리	

이 다해 죽었다"라는 기록을 보완해주는 지명으로 연산면과 벌곡면·양촌면 일대에 남아 있는 승적골을 들 수 있다. 논산시 벌곡면 만목리와 대덕리 그리고 양촌면 산직리에는 계백군이 신라 김유신군을 이긴 곳이라 하여 지금까지도 '승적골'이라는 이름으로 불리고 있는 지명이 있다. 일찍부터 주민들의 증언에 의해 잘 알려져 있는 곳인데, 이곳 말고도 '승적골'이나 '승적고개' 또는 '승적산'과 같이 지명 속에 '승적勝敵'이라는 이름이 남아 있는 곳이 충남·북과 경기도에 의외로 많다. 그것들을 조사하여 정리한 것이 〈도표〉인데, 물론 이것들이 모두 백제 부흥 운동기에 생긴 지명 '勝敵'인지는 의문이다. 다만, 전남 장흥 반산리의 승적골은 누가 보아도 왜적을 대상으로 생긴 지명일 거라는 추측을 갖게 한다. 〈도표〉에 제시한 38개의 '승적'골 지명 가운데 용인 이동읍의 승적골은 아마도 몽고병과의 전투 아니면 임진왜란 때 왜군과의 싸움 이후에 생긴 지명이 아닐까 하는 의심이 든다. 물론 그럴 가능성이 있으며, 여주·이천의 경우와 더불어 괴산 지역의 승적골도 임진왜란 때 생긴 게 아닌가 하는 짐작이 간다.

그러나 그 나머지는 모두 ①대전·옥천·금산 지역과 ②충남 금강 이북~차령산맥 서편 지역에 분포한다. 물론 ①지역에는 임진왜란 때 왜구를 상대로 싸우면서 생긴 승적골도 여럿 있을 것이다. 이들 두 지역은 백제 말기~부흥 운동기에 신라와 백제가 마지막까지 치열하게 다툰 곳이며, 특히 ②는 임진왜란 때에는 거의 피해가 없었던 지역이다. 고려 태조와 견훤 사이의 다툼은 천안 지역에서는 거의 없었고, 고려 말 황해도와 경기도, 충청도·호남 서해안 왜구의 침입이 극심했던 지역에도 '승적'이라는 지명이 없다. 임진왜란 때 ②지역은 특히 그 피해가 없었고, 그중에서도 예산·유구·청양 등지에서는 임진왜란이 끝난 뒤에야 비로소 그 피해를 알게 된 이들도 많았다고 할 만큼 임진왜란의 영향은 극히 미미했다. 또 임진왜란 때 수군 제독 진린이 수군함대를 이끌고 당진으로 들어왔으나 충청도에서 왜군과 접전한 일이 없고, 당시 선조와 아들 광해군의 분조分朝로 광해군이 보령 남포의 수영水營과 인근 마을을 다녀간 적은 있으나 그 지역에서 왜적과 부딪친 일은 없다. 또 청일전쟁 때 일본군이 아산만 입구 풍도를 거쳐 아산 둔포屯浦로 들어왔으나 성환역에서 청군과 아슬아슬하게 비켜 갔으므로 충돌이 없었다(황현 『매천야록』). 이후 일본군과 관군이 예산·홍성·공주로 밀고 내려가며 동학군을 소탕하였으나 그 당시 패배한 동학군의 입장에서는 '승적'한 곳이 없으니 해당 지역에 동학혁명 시기에 '승적골'과 같은 지명을 부여할 처지가 못 되었다.

또 구한말 민종식이 청양 정산에서 일어나 의병운동에 앞장섰으나 그가 움직인 곳은 남포·광천·홍성·광시·예산이 중심이었으니 청양 장평면에 승적골이란 지명이 주어진 일도 후백제 이후의 일에서는 찾을 수 없다. 다만, 대전·금산·옥천 등지는 백제와 신라가 국경을 맞댄 곳으로, 백제 유민들이 몸을 던져 부흥 운동을 펼쳤고, 임진왜란 때는 경상도에서 호남 곡창지대로 진출하려는 왜인들과 처절하게 부딪힌 곳이었다. 그 대표적인 예가 금산군 진산면 묵산리의 이치전투이다. 1592년 7월 8일(음력) 진안을 거쳐 침입한 왜군에 맞서 권율을 중심으로 싸워, 왜군의 호남 진출을 막아낸 권율의 이치대첩[10]과 금산 남이면 웅치전투[11] 등을 들 수 있으니 그 당시에도 해당 지역에 일부 승적골이란 지명이 생겼을 것이다.

또, 경북 선산·김천·성주·고령·합천 등지로부터 금산·연산(황산)에 이르는 곳에서는 고려 왕건과 견훤 및 그의 아들 사이에 벌어진 싸움이 있기

---

[10] 금산군 진산면 묵산리 1592년 음력 7월 8일 진안을 거쳐 침입한 왜군에 맞서 싸운 전투. 권율의 이치대첩지가 남아 있다.

[11] 완주군 소양면 신촌리 월상마을에 웅치전적지가 남아 있다.

는 했지만 그 당시 승적골이란 지명이 생겼을 가능성은 별로 없다. 부흥 운동 당시 외적인 '당과 신라가 노인과 어린애를 가리지 않고 모조리 죽이려 한다'는 도침의 말처럼 외적에 대한 공포와 적개심이 높았던 것과는 달리, 그들은 이민족이 아니었던 만큼 견훤 및 신검과 그의 형제들에 대해서는 그처럼 공포스러운 생각을 갖지도 않았다. 또 왕건에게 신검 3형제는 그리 힘겨운 상대도 아니었던 데다 신검과 황산에서 다툴 때만 해도 왕건의 입장에서는 군대의 규모나 실력이 월등했으므로 싸움에 비록 이겼다 해서 '승적'이라는 지명을 붙일 수 있는 입장이 아니었으리라고 판단하는 바이다. 왜 그런가 하면, 계백의 군대가 신라군과 싸워 이긴 곳이라고 전해오는 승적골이 운주-양촌-연산 노선에서 떨어져 있는 벌곡면과 양촌면 산직리에 있고, 운주면의 승적골은 운주면 소재지인 장선리에 있기 때문이다. 660년 7월 9~10일의 상황에서 보면 계백의 군대가 양촌면 소재지를 지나서 운주면 소재지의 장선리 운주계곡까지 깊숙이 들어갈 여유가 없었을 것이다.

금산군 진산을 지난 김유신 군대가 벌곡면 도산리로 내려와서 덕곡리 삼거리에서 좌측 길로 내려가면 양촌면 소재지의 인천리에 이르게 된다. 다시 말해서 덕곡리 삼거리에서 곧바로 벌곡면 소재지 방향으로 내려간 신라군과 덕곡리서 좌측길을 따라 인천으로 내려간 신라군이 따로 있을수 있다고 가정해보자. 만약 김유신의 군대 일부가 진산에서 연산 벌곡면 도산리를 지난 뒤, 덕곡리 삼거리에서 좌측길로 빠져서 반암리-인천으로내려갔다면, 그곳이 바로 양촌면이니 양촌에서 백제군과 전투를 치렀을수 있다. 만약 인천리(양촌면 소재지)로 내려간 김유신 군대가 있었다면, 그들이 신양리와 지금의 논산저수지 상류 지역으로 진입하였을 것이다.

반면 계백의 군영은 연산면 일대에도 있었을 것이다. 다만 그 지역에서 방어를 해야 했던 계백군 일부가 양촌면을 지나 운주면 소재지까지 신라군을 밀어부칠 만한 여력이 있었는지는 알 수 없다. 김유신 군대의 일부가 금산 남이면을 거쳐 운주면 소재지로 왔다면 신라군을 막기 위해 완산에서 운주로 들어온 별도의 백제군과 양촌을 거쳐서 내려간 계백군이 운주면 장선리 일대에서 만나 신라군과 양면전을 치렀을 가능성은 있다. 오다 쇼고小田省吾나 홍사준 등의 견해처럼 김유신의 신라군이 금산 남이면에서 운주면의 운주 쑥고개를 넘어 양촌으로 진격하였고, 양측의 접전지가 운주면 장선리 일대에 있었다면 장선리에 있는 승적골은 그때 생긴 지명으로 볼 수도 있다.

그러나 만약 완산을 떠난 신검 형제의 부대가 장선리에서 왕건 군대를 맞아 패퇴했다면 후백제 말에 생긴 지명일 수도 있다. 다시 말해서 운주면 장선리 승적골이 왕건 군대와 신검 군대의 교전 장소였을 수도 있는 것이다. 완산에 터전을 둔 신검의 군대가 황산벌로 진출하기 위해서는 운주-양촌 도로가 최단거리 통로이므로 운주면 소재지 옆의 장선리 일대가 왕건의 군대와 신검의 군대가 합전하여 신검이 패한 황산 탄령 싸움터였을 수도 있다. 하지만 계백군이 그곳까지 진출해 있었다면 양촌에서 한참 더 들어 올라가야 하는 운주면 장선리 승적골은 계백 군대와 신라군의 합전이 일어난 곳일 수도 있다. 결국 양촌~운주 간 도로 옆의 장선리 승적골이 ①왕건 군대와 신검 군대가 싸운 곳이거나 ②계백이 신라군을 맞아 싸운 장소일 수 있는데, 그중에서 ②의 가능성이 더 높다고 보는 바이다. 다만, 완주 고산 방향에서 올라온 백제병이 양촌에서 진격한 계백군과 앞뒤에서 함께 싸워 이겼으므로 장선리에도 승적골이란 지명이 생겼을 것이다.

위 〈도표〉에서 충북 옥천과 충남 지역(천안·아산·공주·세종·홍성·청양·계룡·대전·금산·논산·옥천)에 남아 있는 대부분의 '승적골'은 백제가 신라와 대립하던 시기에 남긴 지명으로 볼 수 있을 것 같다. 아울러 금산군의 경우 임진왜란 당시에 승적골이 생긴 게 아니라면 그 모두가 신라와의 갈등에서 비롯된 것일 텐데, 백제 시대든 임진왜란 때든 그 지역에 승적골이란 지명이 많이 남아 있다는 것은 이 지역이 그만큼 군사적으로 중요한 요충이었기 때문이다. 그중에서도 특히 금산에서 유등천을 따라 내려가며 그 좌우에 있는 승적골은 '침현沈峴'을 통해 내려오는 신라군을 막기 위한 백제 유민들의 부흥 운동과 무관하지 않으리라고 본다. 또, 대전 서구 도마동의 승적고개도 백제군이 신라군을 물리친 교전 장소로 추정해볼 수 있으며, 천안·아산 지역 승적골이나 과거 연기군(세종시 소정면, 전동면)의 승적골도 마찬가지다. 그 지역에서 백제 부흥군이 나당군을 상대로 벌인 싸움이 아니라면 역사적으로 승적골이란 지명을 붙일 만한 사건을 따로 찾기 어렵다.

당군의 첫 백제 상륙지, 당진 자래현(子來縣)

충남 唐津(당진)이란 지명은 8세기 중엽 신라 경덕왕이 행정 개편을 하면서 고쳐 부른 이름으로, 고려와 조선을 거쳐 지금까지 그대로 사용하고 있다. 『삼국사기』 지리지에 의하면 당진은 본래 백제의 벌수지현伐首只縣이었다. 벌수지현은 백제 혜군(현재의 당진시 면천)에 속한 곳이었으므로 기록에 다음과 같이 전한다.

> 1) "혜성군은 본래 백제의 혜군인데 경덕왕이 이름을 고쳤으며 지금도 그대로 부른다. 거느리는 현은 셋이다. 당진현은 본래 백제의 벌수지현인데 경덕왕이 이름을 고쳤으며 지금도 그대로 부른다. ……"[12]

---

12) 槥城郡本百濟槥郡景德王改名今因之領縣三 唐津縣本百濟伐首只縣景德王改名今因之 餘邑縣本百濟
餘村縣景德王改名今餘美縣 新平縣本百濟沙景德王改名今因之

『세종실록지리지』에도 대략 같은 내용으로 되어 있다.

2) "당진현은 본래 백제의 벌수지현이다. 신라가 지금의 이름으로 정해 혜성군에 속한 현으로 삼았다. 고려 현종 무오년(1018년)에 운주(=홍성)에 속하게 했다."[13]

『신증동국여지승람』에 소개된 내용도 크게 다르지 않다.

3) "본래 백제 벌수지현이다. 일설에 부지군夫只郡이라고도 한다. 신라가 지금의 이름으로 고쳐 혜성군에 속한 현으로 삼았다. 고려 현종 9년(1018) 운주運州에 속하게 했으며 예종 원년(1106)에 감무를 두었다. 조선 태종 13년에 현감을 두었다."[14]

벌수지伐首只란 한자를 쓴 것으로 보아 이 이름은 백제식 향찰을 따른 지명으로 볼 수 있다. 그러면 伐首只는 무슨 뜻일까? '벌말길'의 향찰 표기명이다. 따로 자세히 설명하였으나 다시 한 번 더 거론해야겠다. 伐(벌)은 우리말의 갯벌이나 뻘밭 등을 이를 때 쓰는 말인 '벌'(뻘)이다. 여기에 쓰인 '벌'(뻘)은 본래 삼한어이다. 首는 '마리'의 뜻을 빌린 한자. '마리'는 '말'이란 의미이다. '말'은 곧 마을이며, 村이다. 그리고 只는 한국 고대어의 '지'(路)인데, 이것은 한일 공통어로서 일본어에도 현재 그대로 지(じ)로 쓰이고 있다. 원래 백제의 이름은 따로 있었으나 신라 측에서 한자로 베껴

---

13)　唐津縣本百濟伐首只縣新羅今名爲槥城郡領縣高麗顯宗戊午屬運州任內

14)　本百濟伐首只縣 一云夫只郡 新羅改今名爲槥城郡領縣 高麗顯宗九年屬運州睿宗元年置監務本朝太宗十三年例爲縣監

벌수지伐首只란 이름으로 전했을 가능성도 없지는 않다.

　그런데 『삼국사기』 권 제37 잡지 제6편의 당 도독부 지심주支潯州 9현 가운데 "자래현子來縣은 본래 부수지夫首只이다"라는 설명이 있다. 즉, 백제 멸망 이후 당나라에서 도독부를 세우면서 당진현을 벌수지伐首只나 부수지夫首只라는 이름 대신 자래현으로 바꿔서 불렀던 것이다. 그렇다면 자래현이라는 이 지명에서 子來는 무슨 뜻일까? 그것을 알면 원하는 답을 얻을 수 있다.

　子는 '아들'이란 뜻 말고도 '그대·자네·너'의 뜻이 더 있다. 來는 글자 그대로 '오다'이니 子來는 '네가 왔다'는 뜻. 그러니까 여기서 '자네·너'는 당나라를 가리킨다. 신라가 삼국통일 후, 중국식 한자 지명으로 우리 땅이름을 정리하면서 향찰 표기명을 배제했는데, 子來縣이라는 이름은 신라와 당나라의 입장이 반영된 한자 지명으로 볼 수 있다.

　이것이 어떻게 해서 당진이란 이름을 대신한 것인가? 자래현子來縣과 당진현唐津縣을 같은 위치에 겹쳐놓고 보면 답은 자연스럽게 나온다. 바로 이 두 가지 지명으로부터 우리는 "子(그대, =唐)가 來(온) 津(나루)"임을 알 수 있다. 즉, '그대(당나라)가 건너온 나루[子唐來津]가 있는 현縣'이란 의미이니 당군이 와서 먼저 상륙한 곳은 부여가 아니라 바로 당진이었음을 이 지명에서도 유추할 수 있는 것이다. 이렇게 당진현과 자래현이라는 지명으로 보더라도 백강 및 백강구는 당진 지역에 있어야 하는 것이다.

2. 탄현은 어디인가?

탄현에 대한 여러 가지 견해들

우리 역사에 관심을 가진 조선 시대의 몇몇 유학자들을 제외하면, 백강(기벌포) 문제와 마찬가지로 탄현에 대한 연구도 일제강점기에 주로 일본인들이 먼저 시작하였다. 그 이후 지금까지 탄현의 위치와 관련하여 여러 가지 견해가 제시되었는데, 그것들을 정리해보면 몇 가지 갈래로 분류할 수 있다. 현재까지 논의되고 있는 내용도 대략 그 범위에서 크게 벗어나지 않으므로 비록 일본인들의 연구가 마뜩치는 않을지라도 그들의 연구 방향이라든가 지금까지 나와 있는 몇 갈래의 주장들을 간략하게 알아보고 가는 것이 좋겠다.

1) 먼저 츠다소우기치(津田左右吉, つだそうきち)의 경우이다. 그는 탄현을 보은과 옥천 방면 어딘가에 있을 것으로 추리하였다.[15] 그것을 한마디로 정리하면 '보은·옥천 탄현 설'이 되겠다. 660년 6월 김유신이 남천정(이천)에서 덕물도로 나갔다가 다시 남천정으로 되돌아와 보은 및 탄현을 거쳐 7월 9일 황산벌로 왔을 것이므로, 그가 이천에서 부여로 가기 위해서는 대략 두 가지 노선을 따라 갔을 것이라고 가정하여 내놓은 추론이었다. 남천정南川停에서 출발한 신라군이 ①충북 음성이나 괴산 청안-보은을 거쳐 옥

---

15)   津田左右吉,「百濟戰役地理考」,『朝鮮歷史地理』, 남만주철도주식회사, 1913, 東京

천-연산에 이르는 길이나 ②이천-죽산-진천·음성-청주-문의-회덕-연산의 두 가지 노선 가운데 어느 하나로 갔을 수 있다. 그러나 그중에서 ②노선은 주변 곳곳에 백제의 요새와 성들이 가로막고 있어서 고려 대상이 안 된다고 본다. 결국 보은-옥천을 경유하여 연산으로 갔으리라고 보았는데, 정작 탄현의 위치를 정확히 짚어내지는 못 하였다.

2) 大原利夫는 금산군 금산면(현재의 제원면) 천내리와 충북 영동군 양산면 가선리 사이에 있는 검현黔峴을 탄현으로 보았다.[16] 그곳은 금강이 두 지역을 가로지르면서 양안이 절벽 지형으로 이루어져 있다. 그 강변을 따라 한 사람이 겨우 다닐 수 있는 소로가 이어지고 있어 이른바, 한 사람이 백 명을 대적할 수 있다는 험애險隘한 지형과 부합한다고 보는 주장. 영동-금산 간 최단거리로서 경상도 지역에서 추풍령을 지나 부여와 논산 방면으로 가려면 반드시 거쳐야 하는 가장 평탄한 길이므로 검현을 탄현으로 본 것이다. 백제와 신라가 양산 조비천성(조천성)을 놓고 치열하게 격돌한 바 있어 고려해 볼만한 견해이다. 비록 고려와 조선의 지리 관련 자료에서 말한 탄현과는 거리가 있지만, 험애한 길로서 영동-금산 사이의 필수 경유 노선이라는 점에서는 생각해볼 점이 있다.

3) 오다쇼고(小田省吾, おだしょうご)-그는 전북 완주군 운주면의 속칭 '쑥고개'를 탄현으로 제시하였다.[17] 이로부터 소위 '운주 탄현 설'이 시작되었다. 그가 발표하던 당시의 지명으로는 전주군 운동하면雲東下面 삼거리三巨里. 그러니까 완주군 운주면 삼거리(현재의 고당리)에서 서평골을 지나 남쪽으로 나있는 길을 따라 넘어야 하는 쑥고개를 탄현으로 본 것이다. 옥천이나 무

---

16)   大原利夫, 「百濟要塞地 炭峴に就いて」, 「朝鮮歷史地理」, 1922, 朝鮮史學會
17)   小田省吾, 「上世史」, 「朝鮮史大系」, 1927, 朝鮮史學會

주 방향에서 금산을 거쳐 논산천 상류로 나가려면 거쳐야 하는 관문에 해당하는 길이라고 보았다.

무주 안성이나 진안 동향면, 장수 등지에서 북상할 때는 남일면을 거쳐서 금산 읍내로 들어가서 북상하는 길을 택하거나 남일면-남이면-완주군 운주면 산북리-운주면 소재지-양촌으로 돌아가는 노선을 선택할 수는 있다. 그러나 이곳은 본래 쑥고개이지 숯고개가 아니며 한 사람이 만 명을 대적할 수 있는 험애한 지형도 아니라는 게 문제이다.

4) 홍사준-오다쇼고의 운주 탄현 설을 그대로 계승한 이가 홍사준(1967)이다. 그 역시 완주군 운주면 삼거리(현재의 고당리) 쑥고개를 '백제 탄현'이라고 주장하였다. 홍사준은 당시 백제의 국경선을 청주-문의-회인-회덕-진산-금산-고산-용담, 신라의 국경은 보은-옥천-영동-무주로 설정하였다. 그리고 영동·무주 방향에서 금산으로 신라군이 진입한 다음, 남이면

금산~남이~운주~양촌

을 거쳐 완주군 운주면 산북리로 우회하여 운주-양촌-연산의 노선을 따라
갔다고 주장하였다.

그러나 운주 탄현 설은 그것으로 끝나지 않았다. 이후 정영호(1972)와 전
영래(1982) 등이 계속해서 오다쇼고小田省吾의 주장을 그대로 수용하였다. 정
영호는 신라군이 옥천을 거쳐 남쪽 금산으로 이동한 뒤, 백제 국경으로 들
어갔다고 추정하였다. 정영호가 추정한 신라군의 이동 경로는 보은 삼년
산성-옥천 산계리토성[18]을 거치는 노선이다. 여기서 옥천 읍내로 들어가
옥천 장군재를 지나고, 옥천 구진배루(군서면 월전리)-옥천 군서면-금산 추
부면 마전-금산-쑥고개(운주면)를 거쳐 간 것으로 보았다. 운주면 '쑥고개'
를 탄현으로 추정하는 점에서는 홍사준과 같으나 다만 거쳐 간 이동 경로
에 차이가 있다. 정영호는 신라군이 옥천 부근으로 이동하였지만, 그곳에
서 국경을 돌파하지 않고, 남쪽 금산으로 우회하여 운주 탄현을 거쳐 간
것으로 추정하였다. 운주 쑥고개 탄현 설에 맞추려다 보니 무리수를 둔 것
이다.

그러나 전영래는 "금산에서 북쪽 추부秋富~진산에 이르는 지역에는 대
전~옥천 간 못지않게 9개소 이상의 산성이 방어선을 구축하고 있다."[19]라
는 점을 들며 정면 돌파를 피해야 하는 신라군의 입장에서는 이 노선을 지
날 수 없다고 전제하고, 신라군의 이동 경로를 양산-금산-남이면 와평-심
천-석동리-성산-하금리(남이면사무소)-중역평-역평리-백령치(잣고개, 백령산
성 인근)-하암삼-지암(砥岩, 숫돌바위)-건천리(남이초등학교 건천분교)-일량리-남
이면·운주면·진산면 경계 통과-저구리(신복마을, 산북리)-주암마을-당마루-

---

18)　옥천 청성면 산계리이다. 보은읍에서 남쪽으로 보은읍 금굴리를 거쳐 삼승면-청성면 산계리로 들어간다.
　　　여기서 보청천을 건너면 청성면 궁촌리이다. 산계리 보청천변에는 이성산성이 있다.

19)　全榮來,「白村江에서 大野城까지」p.45, 新亞出版社, 1996

평촌-광두소-장선리의 노선으로 보았다. 홍사준과 대략 같으나 주암마을에서 장선리에 이르는 노선만 조금 다르다.

5) 이마니시류(今西龍, いまにしりゅう)-부여군 석성면 정각리 숯고개를 탄현이라고 주장하였다.[20] 그리고 거기서 한발 더 나아가 침현沈峴과 탄현炭峴을 별개의 지명으로 보고, 침현을 대전 진현眞峴의 밀암산성密岩山城, 탄현을 부여 정각리 숯고개라고 주장했다. 그러나 부여 정각리까지 신라군이 다가왔다면 계백이 어찌 7월 9일에 황산벌에 군영을 설치해 놓고 신라군을 기다릴 수 있었겠는가. 부여 정각리 탄현 설은 고려 대상이 될 수 없다.

6) 이케우치히로시(池內宏, いけうちひろし)-1941년 대전시 동구 삼괴동과 금산군 추부면 요광리 사이에 있는 마도령馬道嶺을 탄현으로 보았다.[21] 경기도 이천에서 남하하던 김유신의 신라군이 반드시 통과할 지점으로서 대전 동쪽의 이 마도령을 넘으면 단시간에 옥천에 이를 수 있으니 마도령을 탄현이라고 본 것이다. 그러나 김정호의 『대동지지』에는 이곳이 원치遠峙로 표기되어 있다. 탄현이나 탄치炭峙라는 이름 대신 원치遠峙로 표기되어 있음에도 이곳을 '마도령 탄현'이라고 주장한 것이다. 신라군이 연산을 거쳐 황산으로 갈 때 보은과 옥천을 거쳐야 하므로 보은·옥천 지역에 탄현이 있을 거라고 본 것인데, 대략 츠다소우기치津田左右吉의 주장에서 크게 벗어나지는 않는 견해로 볼 수 있다.

이러한 이론에 후일 지헌영도 동조하였다. 그는 옥천군 군북면 자모리自慕里에서 식장산을 넘어 대전 삼정동三丁洞으로 들어오는 길목에 탄현이 있다고 주장하였다. 그러나 "그 길로 들어오는 대전 지역에는 여러 개의 산

---

20)   今西龍, 『百濟史硏究』, 近澤書店, 1934
21)   池內宏, 「白江及び炭峴に就いて」, 『滿鮮地理歷史硏究報告(14) pp.134~152, 1941, 동경제국대학 문학부

성이 있어 실제로 신라군이 그곳으로 왔다면 진군에 큰 장애가 되었을 것이다. 대전 지역에 들어왔다 하더라도 대전 서남부와 연산에 이르는 곳마다 널려 있는 요충과 산성을 피할 수 없었을 터이니 백제인의 거센 저항을 받았을 것이다."라고 분석하고는 신라군 이동 경로를 지헌영은 '옥천-식장산(탄현)-우술(대전)-진잠-두계[22]-양정고개-개태현[23]-황산벌(연산)'로 제시하였다. 옥천에서 식장산을 거쳐 대전 진잠으로 내려간 뒤, 두계를 거쳤을 것이라는 가정이다. 두계는 지금의 계룡시 두마면 일대이며, 이를 통해 천호산을 끼고 개태사 앞의 연산 지역에 이르렀을 것이라고 추정한 것이다. 충북 옥천 부근에서 신라군이 국경을 돌파했을 것으로 보는 연구에서는 이와 같이 마도령이나 식장산성을 탄현으로 비정하는 공통점이 있다. 그러나 이 노선은 대전에서 황산벌에 이르는 구간이 너무 멀다. 단시간에 가장 빨리 황산벌에 접근해야 하므로 신라군은 국경에서 황산벌까지의 거리가 될수록 가장 가까운 노선을 택해야 하는데, 백제군의 거센 저항이 불보듯 뻔한 길을 갔다고 보기 어렵다.

한편, 서정석은 "옥천과 대전 사이에는 마도령馬道嶺 혹은 원치遠峙로 표현되는 고개가 자리하고 있다. 자연히 마도령이나 원치가 문제의 탄현이 되는 셈이다. 이것은 이케우치히로시池內宏 이후 지헌영池憲英(1911~1981), 이병도李秉道, 이기백李基白, 이기동李基東 등을 거치면서 학계의 통설로 자리매김 되어 왔다."라면서 마도령 탄현 설을 지지하였다.[24] 그러나 옥천 및 대전 탄현 설은 조선 시대에 나온 여러 종류의 지리서들이 전하는 것과도 거리가 있다. 옥천에서 진잠~황등야산군에 이르는 노정만으로 보면 가깝고 평

22) 계룡시 두마면 두계리(계룡 시내)
23) 연산면 천호리·개태사·연산
24) 서정석, 「炭峴에 대한 小考」, 『중원문화논총』 (7) p.105, 2003

탄한 길이라고 하겠다. 그러나 백제의 촘촘한 방어망이 구축되어 있는 대전 지역을 통과하면서 받게 될 백제인들로부터의 저항은 고려하지 않은 것 같다.

7) 이병도는 진단학회 『한국사』 고대편에서 "국도國都 동방東方의 탄현炭峴은 대전 동쪽 식장산食藏山"이라고 하였다. 대전시 동구의 동남쪽과 옥천군 군서면에 걸쳐 있는 식장산(食藏山, 598m)을 탄현으로 본 것이다. 어떤 근거를 바탕으로 한 것이 아니라 그저 그렇게 추단한 것이다. 옥천에서 회덕으로 진출하기 위한 요새지로서 옥천 군북면을 포함하여 대전 동쪽 지역을 방어하는데 절대적으로 유리한 지형 조건을 갖춘 곳이므로 신라 영역인 옥천에서 백제 영역으로 최대한 신속하게 진입하기 위해 이 길을 갔다고 보는 것인데, 이후 지헌영(1970), 이기백(1982) 등이 그의 견해를 그대로 따랐다.

8) 한편, 성주탁은 백제의 동부 국경선이 천안의 목천토성-청주 부모산성-옥천 관산성-영동 조천성(양산면)-무주 나제통문-장수 육십령-합천 대야성-진주 거열성으로 이어진다고 추정하고, 금산군 진산면 교촌리의 탄현을 백제 탄현이라고 보았다. 그는 신라군 이동 경로를 금돌산성-양산-금산-진산(숯고개, 부암리산성, 진산산성)-논산시 벌곡면 도산리·검천리-3道-연산 신양리의 순서로 추정하였다. 즉, 신라군이 영동과 금산 및 진산을 통과하여 연산으로 들어갔다고 보는 입장이다. 진산에서 고개를 넘으면 진산면 행정리인데, 이 행정리가 논산시 벌곡면 도산리와 붙어 있다. 진산에서 벌곡으로 막바로 들어가는 통로를 제시한 것이다. 진산 탄현을 넘어 벌곡면에 이른 신라군은 도산리와 검천리에서 군대를 셋으로 나누어 이동한 것으로 보았다. 진산-벌곡면을 지난 신라군이 검천리에서 군대를 세 길로 나누어 진군하였으며, 이것이 이른바 김유신의 3도三道라고 파악한 것

이다. 우군은 황령까지 30리, 중군은 곰치까지 10리, 좌군은 모촌산성까지 40리를 갔으리라고 추정한 것이다. 그리하여 계백의 3영 또한 세 갈래로 들어오는 신라군의 예상 진격로에 맞춰져 있었다고 보았다.

그래서 성주탁은 "산성의 분포상을 감안할 때 대전-옥천간은 불과 40리 범위 안에 백제의 철통같은 방어선이 둘려 있는데, 정면으로 대결할 수 있 겠는가. 전술상 문제가 있을뿐더러 당군과의 약속날짜를 지킬 수 없다."라 고 전제하고 "진산면珍山面 교촌리 해발 148m 지점에 숯고개가 있고, 인근 에 수심대水深臺·부암리浮岩里라는 지명이 있어 이들 또한 침현沈峴과 관련이 있는 지명일 것"으로 보았다. 탄현과 침현에 관한 추리는 성주탁의 견해에 받아들일 만한 점이 있다. 다만 성주탁의 견해 가운데 침현을 통해 흑석리 산성 등, 대전 서남부 지역을 거쳐 연산으로 진입하는 길을 염두에 두지 않은 점 한 가지가 아쉽다.

9) 이 외에도 조성욱은 탄현의 지형 조건을 실측하여 비교한 뒤, '운주 쑥고개 탄현 설'에 가담하였다. 오다쇼고와 홍사준의 운주 쑥고개 탄현 설 을 지지하는 입장인데, 먼저 지형 비교에 관한 그의 주장을 인용한다.

"운주 탄현(=쑥고개)의 해발고도는 220m이고, 남쪽에서부터 삼거리(138m)→ 탄현 정상(220m)→서평리(160m)→운주천(150m)으로 이어지며, 거리는 약 2km에 달한다. 남쪽 삼거리에서 탄현 정상까지의 거리는 약 1200m이고, 해 발고도의 차이는 약 80m로, 경사도는 약 4°이다. 그리고 정상에서 북쪽인 서 평리까지는 거리가 약 800m이고, 해발고도의 차이는 약 70cm로, 경사도는 약 5°이다. 정상에서 북쪽 면이 남쪽 면보다 경사가 더 급하다. …… 운주 탄현은 지형 조건상 신라군이 진격하는 북쪽 측면이 경사도 급하고, 절벽을 이루고 있 어서, 탄현의 정상에 주둔하는 백제 측에서의 방어는 유리하지만 북쪽에서 진격하는 신라 측에서는 불리한 지형조건을 갖추고 있다. …… 진산 탄현은 남쪽에서부터 숯말(200m)→탄현(265m)→유등천(140m)으로 이어지며, 거리는 약 0.7km로서 운주 탄현에 비해서 짧다. 정상에서 남쪽은 거리가 약 400m, 해발고도의 차이는 약 65m로, 경사도는 9.5°이다. 그리고 정상에서 북쪽은 거리가 약 300m, 해발고도의 차이는 약 125m로, 경사도는 22.5°이다. 신라군의 공격이 예상되는 북쪽면이 급경사를 이루고, 하천의 공격사면에 해당되기 때문에 절벽을 형성하고 있는 점에서 운주와 공통점이 있다. …"[25]

이어서 그는 "운주면 산북리 삼거리에서 운주 탄현(쑥고개) 정상까지는 대략 1km 정도이고, 동쪽에서 서쪽으로도 토성(380m)-탄현(220m)-서쪽봉우리(460m)까지 약 1km 범위에 걸쳐 있다. 그 지세와 형태로 보아 백제군이 방어하기에는 유리한 반면, 신라군의 입장에서는 불리한 지형조건"이라고 평가하였다.

반대로 그는 "진산 탄현은 남쪽에서 북쪽으로 숯말(200m)-탄현(265m)-유등천(140m)으로 이어지는 약 1km 남짓한 구간으로서 운주 탄현보다 진산 탄현이 고갯길 경사는 급하고 거리는 더 짧다. 동에서 서쪽으로 가면서 연봉들이 208m-248m-272m-탄현(265m)-274m-서쪽 봉우리(264m) 순으로 길게 늘어서 있어서 기록에서 말하는 지형 조건에 벗어나지 않는다. 특히 북쪽 면이 가파른 경사를 이루고 있어서 신라군이 북쪽에서 공격하는 경우라면 대단히 불리하다"라고 판단하였다. 그래서 결국 조성욱은 "진산 탄현이 운주 탄현에 비해 고개의 길이가 짧고 경사가 급하다. 진산 탄현은 연봉상의 하나의 낮은 지점에 해당하며, 진산 탄현을 거치지 않더라도

진산읍을 통과할 수 있는 우회로가 많은 반면, 운주 탄현은 운주 삼거리와 용계원을 가려면 반드시 통과해야 하는 외길이므로 기록에서 말하는 탄현과 지형 조건이 더 부합한다."라고 보았다. 따라서 "협곡으로서 반드시 거쳐야만 하는 지점이라는 지형조건을 고려하면 진산보다는 운주 탄현이 백제 시대 요충으로서 탄현일 가능성이 더 높다."[26]라고 결론을 내리고 있다.

그러나 그의 분석 내용 가운데 우리가 주목해야 할 게 있다. '진산 탄현이 연봉상의 낮은 지점'이라는 것과 진산 탄현을 거치지 않더라도 진산읍을 통과할 수 있는 우회로가 많다는 점이다. 바로 이 점이 일시에 많은 신라군이 최단거리로 진산을 통과할 수 있는 군사적 이점이다. 이와 달리 운주 쑥고개(탄현)는 황산벌(연산)로 가려면 '반드시 통과해야 하는 협곡의 외길'이란 점이 군사적으로 크게 불리한 요소다. 운주와 양촌에서 앞뒤로 백제군이 막으면 꼼짝없이 갇히는데 신라 5만 전군이 굳이 그 길만 고집하여 갔겠는가? 반드시 통과해야 하는 외길이란 조건이 공격자에게는 그만큼 불리한 요소로 작용할 수 있다.

금산 읍내에서 연산 황산벌로 가는 길을 따라가면 서쪽 진산珍山을 기점으로 벌곡伐谷 대덕리를 거쳐 대덕리에서 우삼천리와 황령재를 넘어 연산 동쪽으로 곧바로 진입할 수 있다. 대덕리에서 검천리檢川里 계곡을 따라 곰치재를 넘은 다음, 연산면 산직리山直里로 가는 루트도 있다. 이것은 모두 진산을 기점으로 한다는 점에서 같다.

진산을 거치지 않고 남이면 역평리에서 백령치를 넘은 뒤, 남이면 건천리-운주-양촌-연산에 이르는 운주 쑥고개(탄현) 노선과 진산을 거쳐 가는 노선 가운데 신라군은 어떤 길을 따라 황산벌로 갔을까? 이천에서 출발하

---

26)   조성욱, 「백제 '탄현'의 지형 조건과 관계적 위치」, 「문화역사지리」 제15권 제3호 p.75, 2003. 12.

여 보은·옥천을 거쳐 가야 하는 김유신이 상주(황간) 방향에서 김춘추가 보내온 5만 신라군을 만나기 위해 군이 금산으로 내려갔다가, 거기서 남이면 역평리-운주면의 멀고 험한 길을 따라 우회하였다고 보기 어렵다. 선발대 일부라든가 소규모의 군대라면 모르겠으나 황산벌에 최대한 신속하게 접근해야 하는 공격전에서, 그것도 대규모 병력이 질러가는 길을 두고, 두 배가 넘는 길을 돌아간다는 것은 상식적으로도 이해하기 어렵다. 그 점에서 운주 쑥고개 탄현 설은 무리다.

10) 근래에는 금산군 진산면 방현리와 행정리 사이에 있는 방현方峴이 탄현일 것이라는 주장도 나왔다(이판섭). 진산을 거쳐 연산에 이른다는 점에서 성주탁의 진산면 교촌리 탄현 설과 유사한 이론. 다만 탄현의 위치만 약간 달리 보는 차이만 있다.

이상을 요약하면, 신라군이 금산을 기점으로 연산으로 들어갔다고 보는 것은 성주탁과 홍사준·전영래·정영호가 동일하다. 그러나 금산에서 연산에 이르는 과정에 각기 차이가 있다. 금산-진산-연산의 최단거리 노선으로 신라 주력군이 진출했다고 보는 것이 성주탁의 입장인 반면, 나머지는 신라군의 이동로를 금산-남이-완주군 운주면-양촌-연산으로 설정하였다. 이들은 충북 영동과 금산 부근에서 신라군이 국경을 돌파했을 것으로 보는 입장으로서 성충과 홍수가 말한 백제 탄현을 ①운주 탄현(쑥고개)으로 보거나 ②검현일 것이라고 보는 차이만 있다. 그러나 어쩐 일인지 ③진산 탄현 설에 동조하는 이들은 별로 없는 것 같다.

침현과 탄현 같은 지명인가, 다른 이름인가?

다음은 백제의 요충이었던 탄현(또는 침현)과 기벌포를 다룬 여러 가지 기록에 관한 문제이다. 먼저 『삼국사기』 백제본기 의자왕 16년(656) 조의 성충成忠이 의자왕에게 올린 상서上書에는 탄현 대신 침현으로 나온다.

A) "만약 다른 나라의 병사가 오면, 육로로는 침현沈峴을 지나지 못하게 하고, 수군은 기벌포伐伐浦의 언덕을 오르지 못하게 하여 험하고 좁은 곳에 의지하여 막아야만 할 것입니다."[27]

여기서 성충이 거론한 침현을 우리는 탄현炭峴의 다른 이름으로 이해하고 있다. 『삼국사기』 백제본기에 "탄현을 혹은 침현이라고도 한다"(炭峴或云沈峴)라고 하였기 때문이다. 성충이 의자왕에게 보낸 상서와 달리 의자왕 20년(660) 조에는 흥수가 "백강(혹은 기벌포라고 한다)과 탄현은 우리나라의 요로要路로서 한 사람의 창 한 자루를 만 명이 당할 수 없을 것"[28]이라고 하여 기벌포와 함께 탄현을 요새지로 설명하였다. 두 사람 모두 수군의 요충을 백강(기벌포)으로, 백제의 가장 중요한 육로 요충을 침현沈峴 또는 탄현炭峴이라고 제시하였으므로 침현과 탄현을 같은 지명으로 보고 있는 것이다. '탄현을 혹은 침현이라고도 한다'(或云沈峴)라는 이 기록이 과연 백제 시대의 사실을 그대로 전한 것인지, 아니면 기록자의 판단에 따라 훗날 추가한 설명인지는 알 수 없다. 오늘에 와서는 그 내용 그대로 탄현과 침현을 대략 같은 지역에 있는 지명으로 보거나 한 장소에 대한 두 가지 명칭으로 이해하고 있을 뿐이다.

그러면 성충이 거론한 침현沈峴이 흥수가 말한 탄현과 같은 지명인가, 아

---

27)   若異國兵來陸路不使過沈峴水軍不使入伐伐浦之岸擧其險隘之然後可也王不省焉

28)   白江或云伐伐浦炭峴或云沈峴我國之要路也一夫單槍萬人莫當 …

니면 다른 지명인가? 만약 두 지명이 같은 곳에 대한 설명이라면 왜 이름을 달리 썼으며, 그와 반대로 다른 곳인데 같다는 의미로 썼다면 왜 굳이 '혹은 침현이라고도 한다'라는 별주를 달았을까 하는 의문을 버릴 수 없다.

이미 앞에서 '백강白江을 혹은 기벌포라고도 한다'라는 의자왕 20년 조의 부연 설명을 바탕으로, 백강과 기벌포가 같은 지역에 있는 지명이었지만 실제로는 그 지칭하는 바가 달랐음을 지명에 남아 있는 흔적과 우리말 고어로써 입증하였다. 그것과 마찬가지로 탄현과 침현 문제도 추적해볼 수 있지 않을까?

그와 똑같은 시각에서 이 문제에 접근하면 두 지명이 서로 가리키는 바가 달랐거나, 같은 지역에 있었더라도 그 위치가 서로 달랐으므로 탄현과 침현沈峴이라는 두 가지 다른 이름으로 불렸으리라는 결론에 이를 수 있다. 그 둘이 서로 달랐다는 건 지형이 달랐고 그 위치가 달랐다면 서로 다른 두 지명은 각기 다른 장소에 대한 명칭이며, 위치와 지형이 달랐다면 탄현과 침현沈峴을 거쳐서 가는 방향과 경유지도 달랐을 것이다. 다만 탄현과 침현 모두 신라와의 접경지 가까이 있었어야 하고, 그것도 신라 땅에서 연산 황산벌에 이르는 요로要路 상에 있어야 한다. 아울러 탄현이 확정되면 침현이 그 부근에 함께 있을 것이고, 침현이 어딘지가 정해진다면 탄현도 그 부근에서 찾을 수 있을 것이다.

탄현에 대한 기록으로 맨 처음 보이는 것이 『삼국사기』 백제본기의 "동성왕 23년(501) 7월에 탄현에 목책을 설치하고 신라에 대비하였다."[29]라는 기사이다. 백강과 탄현의 중요성은 그 뒤에도 거론되었다. 의자왕 20년 6월, 고마미지현古馬彌知縣에 유배되어 있던 좌평 흥수興首가 의자왕에게 "백강

---

29) 設柵於炭峴以備新羅(『삼국사기』 백제본기 동성왕)

과 탄현[30]은 우리나라(백제)의 요충"이라고 한 것이나 "백강과 탄현은 우리나라의 요로로서 한 사람이 창 한 자루로 만 명을 당할 수 있으니 용사를 뽑아 그곳을 지켜 당군이 백강으로 들어오지 못하게 하고, 신라병이 탄현을 지나지 못하게 하면서 대왕께서는 문을 굳게 닫고 지키십시오."[31]라고 한 기록에서 신라를 막는데 탄현이 얼마나 중요한 곳이었는지를 충분히 알 수 있다. 그러나 침현은 의자왕 16년(656) 좌평 성충[32]이 옥에 갇힌 채, 임종에 임하여 의자왕에게 보낸 상서 가운데 나오는 앞의 A) 기사에만 보인다. 둘 다 중요한 요새지였으나 기록을 비교해보면 침현보다는 탄현을 더 중시한 듯한 느낌이 든다.

　신라와의 잦은 다툼으로 백제인들에겐 탄현이 너무나 유명한 곳이었을 테지만, 그곳이 어디에 있었는지, 좀 더 상세한 추가정보가 없어서 지금까지 아무도 탄현이 어디인지를 확정 짓지 못하였다. 더구나 황산벌과 관련하여 등장하는 탄현炭峴은 어디나 흔히 있을 수 있는 '숯고개'라는 평범한 명칭의 한자 번역어인 까닭에 오늘에 와서 과연 그곳이 어디인지 알 수 없게 된 것이다. 사실 숯고개라는 지명은 전국 여러 곳에 많았다. 한 예로 1970년대까지만 해도 일산 탄현(炭峴, 현재의 고양시 일산서구)은 유명한 곳이었다. 경기도의 송탄松炭이라든가 충청도에도 숯고개 또는 탄현이 여러 곳 있었다. 부여군 석성면 정각리에도 숯고개란 지명이 있고, 금산군 진산면 교촌리의 숯고개도 있는가 하면 대전 탄방동도 숯과 관련이 있는 지명이다. 사람들의 거주지가 늘어나면서 숯의 수요가 많아지자 숯을 굽는 곳도

---

30)　沈峴이라고 한다.
31)　白江炭峴我國之要路也一夫單槍萬人莫當宜簡勇士往守之使唐兵不得入白江羅人未得過炭峴大王重閉固守
32)　成忠. 淨忠이라고도 한다.

늘어나게 되니 자연히 숯고개라는 지명도 계속 생긴 결과이다.

백제 탄현은 대략 충남 금산·대전·옥천 및 전북 완주군 운주면의 4개 지역 어딘가에 있었음은 분명하다. 전북 완주군 운주면의 '쑥고개'를 탄현으로 보는 주장이 제기된 뒤로, 그곳을 성충과 흥수가 말한 백제 탄현으로 보는 이들이 있지만, 냉큼 수긍하기 어렵다. 조선 시대의 각종 지리서나 개인 문집에서도 탄현을 제각기 다르게 설명하고 있는데, 그런 것들도 따지고 보면 백제 당시로부터 전해오는 정확한 탄현 관련 자료가 없기 때문이다.

『고려사』·『삼국유사』가 전하는 탄현과 탄령

지금까지 탄현을 놓고 여러 가지 설이 제기된 까닭은 기록의 부정확성 때문이다. 『삼국사기』 권 제36 잡지 제5 웅주 편에는 "본래 백제의 황등야산군黃等也山郡[고려의 연산현(連山縣)]을 신라 경덕왕이 황산군黃山郡으로 개칭하였다. 여기에 진현현眞峴縣(貞峴縣)과 진동현珍同縣 두 개의 현이 속해 있었는데, 진현현眞峴縣은 경덕왕 때 진잠현鎭岑縣이 되었다."라고 전한다. 진현현은 현재의 대전 진잠동 일대이다. 진동현은 고려에 와서 진례현進禮縣이 되었고, 조선 태종 13년(1413)에 진산군으로 개편되었으니 지금의 금산군 진산珍山이란 이름은 조선의 명칭을 계승한 것이다. 그런데 『고려사』에는 현재의 금산군 진산면(=진동현)을 "본래 백제의 진동현이다(同은 洞으로도 쓴다). 신라가 황산군의 현으로 만들었다. 고려에 와서 공양왕 2년(1390)에 고산高山에 속하게 하였으며 별호는 옥계."[33]라고 설명하였다.

이상의 자료를 종합해 정리해보면, 백제의 황등야산군에 속해 있던 진동현을 신라가 황산군에 소속시켰다가 고려 시대에 전주 고산현에 편입시

---

33) 珍同縣本百濟珍同縣(同一作洞)新羅爲黃山郡領縣高麗來屬恭讓王二年以高山監務來兼別號玉溪(古屬縣, 有犺山)『고려사』지리지 권 제11]

컸는데, 조선 태종 때 다시 분리하여 원래대로 진산을 금산에 합친 것이라고 『고려사』 및 조선 시대의 지리서들이 조금 더 자세하게 일러준다. 우선 『삼국사기』 권 제36 잡지 제5 전주全州 편에는 백제의 진잉을군進仍乙郡이 있다. 이것을 경덕왕이 진례군進禮郡으로 바꿨는데, 진잉을현은 본래 거느리는 현이 셋이라고 하였다.[34]

1. 두시이현豆尸伊縣-경덕왕이 이성현伊城縣으로 고쳤으며, 고려의 부리현富利縣이다.(금산군 부리면)

2. 물거현勿居縣-경덕왕이 청거현淸渠縣으로 고쳤다.(전북 진안군 용담면)

3. 적천현赤川縣-경덕왕이 단천현丹川縣으로 고쳤으며 고려에 와서 주계현朱溪縣[35]이 되었다.(전북 무주)

금산 부리면과 진안 일부 및 무주까지도 전주 고산현에 속해 있었음을 알려주는 자료이다. 다시 말해서 무주, 용담, 부리가 진산과 함께 전주 고산에 속해 있었다고 하니 이들 범위에 탄현도 있을 수 있다는 뜻으로 이해해도 되겠다.

적천현은 현재의 전북 무주이니 이런 행정편제를 보면 경북 김천 지역에서 무주를 거쳐서 백제로 쳐들어온 신라군도 있었을 것이라는 판단이 든다. 『고려사』는 백제의 진내군, 즉 진잉을현에 대하여 좀 더 자세하게

---

34) 　전주 진례는 1390(공양왕 2년) 高山縣에 편입된다.

35) 　朱溪縣本百濟赤川縣新羅景德王改名丹川來屬高麗更今名仍屬明宗六年以茂豐監務來兼恭讓王三年併于茂豐(『고려사』 지리지 권11). 무풍현에 대해서도 『고려사』에 자세하게 전하고 있다. 신라가 무산현으로 바꿔서 현재의 김천 개령면에 해당하는 개령군에 예속시켰다고 한다. (茂豐縣本新羅茂山縣新羅景德王改今名爲開寧郡領縣高麗初來屬明宗六年置監務兼任朱溪恭讓王三年以朱溪縣合屬有裳山(四面壁立層層)峻截如人之裳故名古人因險爲城僅有二路可上)

설명해주고 있다.

"진례현은 본래 백제 진내군(進乃郡, 진잉을현이라고도 한다)이다. 신라 경덕왕이
진례군으로 고쳤다. 고려가 현으로 강등하고 관리를 두었다. 충렬왕 31년 진례
현 사람 김선이 원나라에 사신으로 가서 요양행성 참정이 되어 나라에 공이 있
으므로 금주로 승격시키고 그 아래에 다섯 개의 현을 두었다."[36]

이들 자료를 보면 백제 황등야산군에 속해 있던 진동현(진산)은 고려 말
인 공양왕 2년(1390)에 와서 완주 고산에 편입되었다. 그렇지만 어디에도
탄현의 위치를 자세히 설명한 구절은 없다. 다만 이들 자료로써 알 수 있
는 것은 백제 시대에 현재의 진산(백제 진례현)이 황등야산군에 속해 있었으
며, 그것이 전주에 속하게 된 것이 신라 경덕왕 때였다고 한다. 그러므로
통일신라 이전에는 진동(지금의 진산)은 전주 고산에 속한 적이 없었다. 백
제 시대에는 황등야산군이 현재의 전북 고산에 속한 적이 없으므로 백제
의 진산에 탄현이 있었다면 탄현은 진산 관할이었고, 운주(완주군) 쑥고개
는 진산 관할이 아니었을 수 있다. 그렇지만 물론 '쑥고개'라는 곳도 진산
숯고개와 마찬가지로 '백제 탄현'의 후보가 될 수는 있다.

그런데 『삼국유사』 황산 탄현 관련 기사와 『고려사』 황산 탄령 기사가
있으니 이들 탄현과 탄령이 혹시 백제 탄현은 아닐까?

가) (고려) 태조는 장군 공훤公萱 등에게 명령하여 삼군三軍이 일제히 나아가 양
쪽을 끼고 공격하였다. 그러자 백제군은 무너져서 쫓겨났다. 황산黃山의 탄현炭

---

[36]　進禮縣本百濟進乃郡(一云進仍乙縣)新羅景德王改爲進禮郡高麗降爲縣令官忠烈王三十一年以縣人金侁
仕元爲遼陽行省參政有功於國陞知錦州事屬縣五(『고려사』 지리지 권 제10)

峴에 도착하자 신검이 두 동생과 장군 부달富達, 능환能奐 등 40여 명과 함께 항복하였다. 태조는 항복을 받아들이고 나머지는 모두 위로한 뒤, 처자와 함께 서울로 돌아갈 것을 허락하였다.(『삼국유사』 후백제의 견훤편 '황산 탄현')

나) 후백제의 좌장군 효봉孝奉·덕술德述·애술哀述·명길明吉 등 4인은 고려 군사의 군세가 크게 우세한 것을 보자 갑옷을 벗고 창을 던지고는 견훤甄萱이 탄 말 앞으로 와서 항복하였다. 이에 적병이 기세를 잃어 감히 움직이지 못하였다. 왕(고려 태조)이 효봉 등의 노고를 위로하고 신검神劍이 있는 곳을 묻자 효봉 등이 말하기를, "중군中軍에 있으니 좌우에서 협격夾擊하면 반드시 깨질 것입니다."라고 하였다. 왕이 대장군 공훤公萱에게 명하여 곧바로 중군을 치게 하고는 3군三軍이 나란히 나아가 맹렬하게 공격하니 적병이 크게 무너졌다. 장군 흔강昕康·견달見達·은술殷述·금식今式·우봉又奉 등 3,200명을 사로잡고 5,700여 명의 머리를 베니, 적병이 창을 반대로 돌려 저희끼리 서로 싸웠다. 아군이 적을 쫓아 황산군黃山郡에 이르러 탄령炭嶺을 넘어 마성馬城에 군영을 세우고 머물렀다. …(『고려사』)[37]

가)와 나)에서 보듯이 후백제 시대 탄현은 황산에 있었다. 그렇다면 통일신라 때도 진잠과 진동(진산)이 황산군에 속해 있었으니 탄현은 황산군에 있었던 것이다. 신라의 황산군은 백제의 황등야산군을 이어받아 명칭만 바꾼 것이었다. 백제의 진잉을군을 경덕왕이 진례군으로 바꾸었으나 무주·용담·부리 세 개의 현이 전주에 편입된 것은 고려 중기 이후의 일이니 경덕왕 이전 황산군에서 탄현의 후보지를 구해야 한다. 『삼국유사』 후

---

37) 「고려사」 태조본기 태조 19년(936) 9월 8일, 황산 탄령 관련 기사

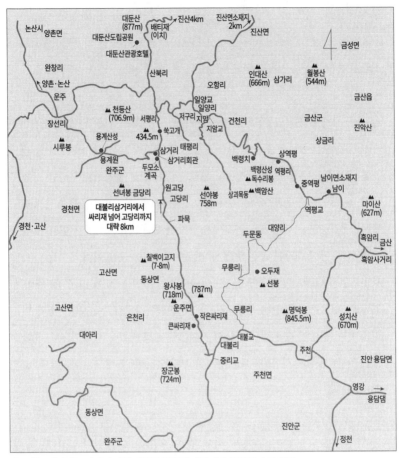

완주 쑥고개보다는 차라리 전북 진안군 주천면 싸리재가 탄현일 수도 있다.

백제 조에 왕건과 견훤의 전투에서 "후백제 견훤 군대가 패배한 뒤에 견훤
은 등창이 나서 황산의 사찰(개태사)에서 죽었다."[38]라고 적었고,『고려사』
태조 19년 9월 조에도 나)에서 보듯이 "고려 군대가 (후백제군을) 뒤쫓아 황

---

38)　百濟郡潰北黃山炭峴 … 甄萱憂懣發疽數日卒於黃山佛舍

산에 이르러 탄령을 넘어 마성에 주둔하였다."[39]라고 하였다. 고려 태조 시대까지도 탄령(=탄현)은 황산군에 속해 있었음이 분명하다. 이상의 기록대로라면 황산 탄령을 진동현(현재의 진산) 내에서 찾을 수밖에 없다.

가), 나) 두 자료는 고려 태조와 후백제 사이의 싸움을 다룬 내용으로, 황산 탄현·황산 탄령은 모두 백제 탄현일 가능성이 아주 높다. "황산군에 이르러 탄령을 넘어 마성에 군영을 세웠다"라는 앞의 나) 기록에 등장하는 탄령은 『삼국유사』 후백제 견훤 편의 가)에서 말한 황산 탄현이고, 그것들이 바로 백제 탄현일 것이다. 다만 '마성'의 위치가 분명했더라면 탄현을 쉽게 찾을 수 있었을 텐데 아쉽다. 이런 기록들로 보건대 백제 탄현에 대해서는 가), 나)의 고려 시대 기록이 믿을 만하다고 판단된다.

진잠현(대전시 진잠동 일대)과 진동현(진산면)이 황산군에 속해 있던 행정편제가 다시 바뀐 것은 고려 말이다. 공양왕 때 진동을 전주 고산현에 편입시키면서 혼란이 생긴 것이다. 그리하여 조선에 들어와서는 완주 고산을 기준으로 탄현을 설명하는 지리서가 등장하였고, 그 과정에서 탄현의 위치가 흔들려서 조선에서는 탄현이 어디인지를 정확히 전하지 못하게 되었다. 그러니까 이런 이력을 되짚어보면, 진동(진산) 외의 지역이 전주 고산에 편입되기 전에는 원래 진산(진동) 지역에 탄현이 있었다고 판단할 수 있다. 즉, 현재의 완주군 운주면에는 탄현이 없었을 가능성이 높다.

조선의 지리서들이 기록한 탄현은 실체가 없다!

먼저 조선의 지리서들에 기록되어 있는 탄현 관련 자료 몇 가지를 살펴보는 것이 좋겠다. 『동국여지승람東國輿地勝覽』과 『신증동국여지승람』 권18

---

39) 我師追至黃山郡踰炭嶺駐營馬城

부여현 산천 조에는 "탄현은 부여현 동쪽 14리, 공주와의 경계에 있다."[40] 라고 하였다. 안정복도 『동사강목東史綱目』에서 "탄현은 일명 침현이라고 하는데 부여 동쪽 10리에 있다."라며 『신증동국여지승람』 부여 산천 조를 그대로 인정하였다. 김정호는 『대동지지大東地志』에서 "탄현은 일명 침현沈峴으로, (부여) 동남 24리 석성계石城界에 있다."라고 하였다. 그러나 이런 기록에 보이는 탄현은 백제의 요충 탄현이 아니다. 그 위치로 보더라도 절대로 부여 탄현이 백제의 탄현이 될 수 없음을 앞에서 설명하였다.

아울러 공주와 부여 외에 전북 완주 고산高山에도 탄현이 있는 것으로 전해오지만 『동국여지승람』은 탄현의 위치에 대해서조차 서로 다른 이야기를 전하고 있다.

a) 고산현 동쪽 50리, 진산군 이현(배티고개)에서 20리에 탄현이 있다.[41] (『동국여지승람』 고산현高山縣 건치연혁 조)

b) 용계산성은 용계천 위에 있는데 탄현의 서쪽 10리에 있다. 석축 둘레 1,014 척, 높이 10척의 성으로서 지금은 절반이 무너졌다.[42] (『동국여지승람』 고산高山 성지城池 조)

a), b) 둘 다 이치(배티고개)와 용계산성을 기준으로 탄현의 위치를 설명하고 있다. 그러나 a)는 지리 좌표가 정확하지 않다. 고산 동쪽 50리, 진산 이현에서 20리 지점만으로는 탄현의 위치를 알 수 없다. 다만 b)에서는 '용계산성이 탄현 서쪽 10리에 있다'는 기준을 제시하였으니 '용계산성 동

---

40) 炭峴 在縣東十四里 公州境

41) 炭峴在縣東五十里 距珍山郡梨峴二十里

42) 龍溪山城龍鷄城在龍溪川上距炭峴西十里許 西北距連山界三十里 有古城石築周一千十四尺今半頹廢

쪽 10리 거리'에 탄현이 있어야 한다. 그러나 여기서 말하는 탄현은 실제의 탄현이 아니라 운주면 '쑥고개'이다. 용계산성에서 쑥고개까지는 직선 거리로 대략 3.3km이다. 10리라면 거리상으로는 오히려 삼거리에서 건천리 지암으로 질러가는 고당리 태평리골 어딘가에 탄현이 있어야 한다. 다시 말해서 위 기록대로라면 용계산성에서 동쪽 10여 리 거리인 건천 지암행 도로변 운주면 고당리 산1번지 ㉠'태평리골' 일대를 탄현으로 볼 수 있다. 그러나 이치에서 20리면 동쪽으로는 ㉡백령치가 해당되고, 남쪽으로는 운주면 고당리 ㉢장선천(운주계곡) 중류 좌우가 된다. 하지만 ㉡과 ㉢은 쑥고개나 ㉠고당리 태평리골에서 한참 벗어난 곳이다. 용계산성에서 백령산성[43]과 백령치栢嶺峙까지는 직선거리로 7.3km이니 기록이 제시한 거리로만 보면 백령치가 탄현이 될 수도 있겠다. 또 ㉢에서 고당리 태평리골까지는 2.5km 거리지만, 거기엔 고개다운 고개가 없으니 ㉢을 탄현으로 볼 수도 없다.

그런데 『신증동국여지승람』 권34, 전라도 고산현 산천山川 조에는 조금 다른 내용이 있다.

1) 대둔산은 고산현 북쪽 45리에 있다. …… 탄현은 고산현 동쪽 50리 거리에 있으며 진산군 이현은 20리이다. 가점은 고산현 동쪽 35리 거리에 있으며 탄현은 15리, 용계성은 그 동쪽에 있다. 용계천은 고산현 북쪽 40리에 있는데, 그 물줄기의 하나는 고산현의 탄현炭峴에서 나오고 다른 하나는 전주 이현梨峴에서 나오는데 둘이 합류하여 북으로 흘러 충청도 연산현 경계로 들어간다. 남천은 물줄기가 운제산과 주줄산 두 산에서 나와 고산현을 지나 서쪽으로 흘러 전주

---

43) 금산군 남이면 역평리. 남이면 건천리와 역평리 사이의 선야봉(仙冶峰) 동쪽에 있다.

경계로 들어간다.[44]

바로 이 1)의 기록을 바탕으로 완주군 운주면 고당리의 '쑥고개'를 탄현
으로 보는 주장이 제기되었다. 그러면 운주면 '쑥고개'가 실제 탄현인가?
『동국여지승람』과 『신증동국여지승람』 전주부 고산현高山縣 산천山川 조의
탄현에서 용계성까지의 거리 및 기타 기록에 따르면 탄현의 위치가 분명
치 않고, 더구나 그 후보지가 여럿이 되므로 기록 자체가 믿을 만한 것이
못 된다. 그럼에도 현재의 전북 완주군 운주면 고당리(과거 삼거리) '쑥고개'
를 탄현으로 본다는 주장이 오다 쇼고와 홍사준에 의해 제기된 이후 '운주
쑥고개' 탄현 설이 힘을 얻고 있는 것 같다. 그러나 그런 주장을 하기 전에
1)의 기록 가운데 다음 구절의 문제점을 살펴봐야 한다.

> "탄현은 고산현 동쪽 50리에 있으며 (탄현에서) 진산군 이현까지 거리는 20리이
> 다."(炭峴在縣東五十里距珍山郡梨峴二十里)

앞의 a)와 동일한 내용인데, 우선 이것이 실제 지도와 부합하는가의 여
부를 따져봐야 한다. 위 기록에서 제일 먼저 문제가 되는 것이 방위이다.
'고산현 동쪽 50리'면 현재의 진안군 주천면에 해당된다. 조선 시대 고산
현의 치소가 있었던 곳이 지금의 완주군 고산면 소재지이니 그곳을 기점
으로 정동쪽으로 주천까지는 직선거리로 약 20km이다. 금산 남이면 흑암
삼거리에서 주천면 소재지까지는 도로를 따라가면 그 거리가 대략 7.3km

---

44) 大芚山在縣北四十五里 …… 炭峴在縣東五十里距珍山郡梨峴二十里 加岾在縣東三十五里距炭峴十五
里龍鷄城在其東 龍鷄川在縣北四十里其源一出縣之炭峴一出全州之梨峴合而北流入于忠淸道連山縣
界 南川源出雲梯珠峯山兩山過縣西流入全州境

이다. 여기서 7.4km를 더 가면 대불리의 중리교앞 사거리이다.[45] 대불리에서 싸리재를 넘어 운주계곡(장선천)을 따라 고당리까지 대충 8km가 되니 위 기록대로라면 탄현은 오히려 진안 주천면 대불리 싸리재라야 한다. 그래야 "탄현은 고산현 동쪽 50리에 있다"라는 기록과 실제 방향이 맞는다. 싸리재가 탄현이라면 무주 또는 금산으로 들어온 신라군이 진안 주천면을 거쳐 주천 싸리재~장선천(운주계곡)~쑥고개~용계원~운주로 들어갔다고 판단할 수 있다. 그래야 위 기록과 실제 위치가 부합한다. 금산에서 남이면 역평리-운주 쑥고개-용계원-운주-양촌-황산벌에 이르는 노선보다 진안 주천 싸리재-운주계곡-용계원을 경유하는 것이 훨씬 거리가 짧고 길도 더 평탄하다.

고산현(현재의 완주군 고산면)을 기준으로 하면 진산면은 북쪽에 가깝다. 만약 진산 지역에 탄현이 있었다면 "탄현은 고산현 동북쪽(또는 북쪽) 50리에 있으며 탄현에서 북으로 진산군 이현까지 20리"라고 했어야 최소한 그 방위만은 맞을 것이다. 하지만 여기서 또 한 가지 문제가 더 있다. "탄현에서 진산 이치까지 20리"라는 기록을 지도에 맞춰보면 거리가 맞지 않는다. 이치에서 남쪽으로 20리면 고당리, 남동쪽 20리면 백령치이다. 여기서 무엇이 문제일까?

a), b) 두 자료가 정확한 것이라면 a) 하나만으로 탄현의 위치를 확정할 수 있어야 한다. 설령 a)만으로 부족할 경우 a)와 b) 두 자료에서 말한 탄현이 같은 지점으로 나와야 자료를 신뢰할 수 있는데, 그렇지 못한 것이 문제이다. b)에서 말한 '용계산성 동쪽 10리 탄현'이 진산 이현에서 20리와 맞으려면 앞에서 설명한 대로 고당리 태평리골 인근에 탄현이 있어야

---

45) 대불리 중리교 앞에서 싸리재 너머 운주계곡(장선천)을 따라 고당리 삼거리 쑥고개까지는 대략 12km 거리이다.

한다. 거꾸로 진안 주천면 대불리 싸리재를 기준으로 하면 운주면 삼거리까지는 8km, 이치까지는 15km이다. 싸리재에서 북으로 20리, 그리고 진산 이현에서 남으로 8km가 삼거리이니 ⓐ고산 동쪽 50리(주천), 주천에서 북으로 20리 지점을 탄현이라고 했거나 ⓑ고산 동쪽 50리, 진산 이현 남쪽 20리가 탄현이라고 했으면 그 자료를 어느 정도 신뢰할 수 있겠다. 자료 자체가 부정확하므로 a), b) 내용을 곧이곧대로 믿기 어렵다.

그러면 이번에는 용계성과 가점에 관한 설명을 가지고 지도와 기록을 맞춰 찾아보면 탄현의 위치를 보다 더 정확히 찾을 수 있지 않을까?

2) 그러면 이번에는 『신증동국여지승람』 고산현高山縣 산천山川 조.

① 탄현은 고산현 동쪽 50리에 있다. 진산군 이현은 20리 거리이다.[46]

② 가점은 고산현 동쪽 35리에 있으며 탄현에서 15리 거리이고 용계성이 그 동쪽에 있다.[47]

③ 용계천은 고산현 북쪽 40리에 있으며 그 물줄기의 하나는 고산현의 탄현에서 나오며 한 줄기는 전주 이현에서 나와 합쳐져서 북으로 흘러 충청도 연산현 경계로 들어간다.[48]

①은 앞의 a)와 같은 내용. ② 또한 b)와 대략 비슷하다. 아울러 ②와 ③을 바탕으로 "탄현 서쪽 10리에 용계산성, 15리에 가점이 있음"을 추려낼 수 있다. 고산 역원 조에도 '옥포역 동쪽 18리에 가점(용계원)이 있다'고 하였다.

---

46)   炭峴在縣東五十里距珍山郡梨峴二十里

47)   加岾在縣東三十五里距炭峴十五里龍鷄城在其東

48)   龍溪川在縣北四十里其源一出縣之炭峴一出全州之梨峴合而北流入于忠淸道連山縣界

그다음으로 『신증동국여지승람』 권34, 전라도 고산현 산천山川 조의 기록 중에서 들여다봐야 할 것은 용계천과 관련된 ③의 내용이다. 용계천의 두 물줄기 가운데 하나는 고산현 탄현에서, 다른 하나는 전주 이현에서 나온다고 하였다. 여기서 전주 이현이라 하였으니 진산면 묵산리의 이치와는 또 다른 이현이 있다는 사실을 알았다. 그렇다면 용계천의 물줄기 가운데 '전주 이현梨峴에서 시작되는 물줄기'는 운주면 운주계곡을 흐르는 장선천으로 짐작된다. 운주계곡을 제외하고 용계천을 거슬러 올라가면 현재의 괴목동천인데, 이 물줄기도 좌측 이치(운주면 산북리)에서 내려오는 물줄기와 그 위쪽의 역평리에서 내려오는 물줄기가 따로 있다. 위 기록대로라면 역평리쪽 괴목동천에 탄현이 있다는 뜻이 된다. 용계천은 용계원 앞으로 흐르는 개천. 남쪽 운주계곡의 장선천이 운주면 장선리에서 괴목동천과 만난다. 괴목동천의 물줄기 하나는 백령산성이 있는 백령치에서, 다른 하나는 백령치 남쪽에 있는 백암산 서편에서 물줄기가 시작된다. 만일 전주 이현이 진안 주천면의 싸리재라면 운주계곡의 장선천이 b)에서 말한 용계천이 되며, 백령치는 탄현이 아님이 증명되었으니(뒤에 자세히 설명한다) '고산 탄현에서 시작되는 물줄기'라 하는 것이 백암산 서편에서 시작되어 건천리 지암에서 백령치로부터 내려오는 물줄기와 합류하는 바로 그것이라야 한다. 그렇다면 기록이 지정하는 거리와 위치상으로는 운주면 고당리 태평리골과 건천리 경계 지대 어딘가에 탄현이 있어야 한다. 이처럼 탄현의 위치를 설명한 자료들이 '장님 문고리 잡듯' 막연하게 더듬는 형국이니 신뢰하기 어렵다.

그런데 앞에서 대둔산 남쪽에 있는 이치와 다른 전주 이현梨峴이 따로 있는 것으로 설명하였으니 『신증동국여지승람』의 전주 이현은 운주계곡(장선천)이 시작되는 진안군 주천면 대불리의 싸리재로 볼 수밖에 없다. 이것

이치전적비

이 왜 중요한가 하면, 용계천의 두 물줄기 중 하나인 전주 이현梨峴과 현재의 이치梨峠를 누군가 혼동하여 잘못 전했을 수도 있기 때문이다. 그런데 이 용계천은 하류로 운주면 소재지와 양촌면을 거쳐서 연산현 남쪽 10리 거리의 거사리천居士里川으로 들어간다. 이와 같이 『동국여지승람』과 『신증동국여지승람』 등에도 고산현을 중심으로 탄현을 기술하면서 지금의 완주군 운주면 어딘가에 탄현이 있는 것으로 설명하였다.

하지만 정작 『신증동국여지승람』 진산군 조에는 탄현이 없다. 진산군 산천 조에 단지 이현(배티고개)만 기록하였을 뿐이다.

이현은 진산군 서쪽 10리 대둔산 남쪽에 있다.[49]

이치전적비가 세워져 있는 비각.

　이 기록까지 대조해 보면 금산군 진산면에는 탄현이 없고, 완주군 운주
면에만 탄현이 있어야 한다. 『동국여지승람』과 『신증동국여지승람』은 그
것을 백제 탄현이라고 전했지만 그것들은 모두 백제 탄현이 아니다. 운주
쑥고개를 탄현이라고 한 것마저도 조선이 기록한 '조선의 탄현'이지 백제
탄현이 아니다. 따라서 이런 조선의 기록들을 액면 그대로 믿기 어렵다.

　우선 고산현(현재의 완주군 고산면) 동쪽 50리에 탄현이 있다는 것부터가 문
제이다. 그것이 사실이라면 앞에서 설명한 대로 과거 고산현의 중심이었
던 고산면 소재지에서 동쪽은 진안군 주천면의 용담댐이 있는 지역이다.
그것을 현지 지형에 맞춰보면 진안 주천면 싸리재가 탄현이라야 한다. 지
금의 금산 진산면 지역을 고산에 편입시킨 뒤에, 운주 탄현을 설명하는 대
목에서 '고산현 동쪽 50리 탄현'을 설명했으므로, 이 조건에 맞추면 '고산
동쪽 50리' 대신 그 방위를 '동북 50리' 또는 '북쪽 50리'로 기록했어야 한

다. 현재의 완주군 고산면 소재지에서 동북 50리를 직선거리로 적용해보면 우선 대둔산 남쪽 이현(梨峴, 이치)과 금산 남이면 역평리의 백령치도 해당된다. 그런데 위 『신증동국여지승람』의 '탄현에서 진산군 이현까지 20리'라는 기록을 실제 지도에 적용해보면 백령치에서 대둔산 남쪽 이치까지가 직선거리로 8km이다. 거리상으로는 두 장소 모두 탄현의 조건에는 맞지만 그것으로 충분하지 않다.

그다음으로 중요한 것이 이치이다. 배티고개라는 이름으로도 불리는 이치梨峙는 진산 서쪽 10리 거리에 있다. 대둔산 줄기에 있는 이치는 임진왜란 때 왜군을 물리친 대첩지로도 유명하다. 그런데 문제는 이치대첩비가 세 군데에 있다. 먼저 충남 금산군 진산면 두지리에 ㉠권율장군의 이치대첩비가 있다. 대둔산 정상에서 북쪽으로 3.6km 거리이다. 그런데 또 다른 이치대첩비가 ㉡금산 진산면 묵산리에 따로 있다. ㉠과 ㉡ 사이도 직선거리로 3.6km이다. 이들 말고도 ㉢황진장군 이치대첩비도 진산면 묵산리에 따로 있다. ㉡과 ㉢은 현재의 도로를 따라가면 1.5km 거리에 있다. 그럼에도 이들 세 지점 안에 이치梨峙는 없다. 다시 말해서 ㉠, ㉡, ㉢ 모두 이치에서 한참 벗어난 곳에 있다. 대둔산을 옆에 끼고 남쪽으로 완주군 운주면 산북리 방향으로 넘는 고갯길이 이치梨峙다. 조선의 지리 자료는 이와 같이 어설픈 데가 많다.

자료와 지도를 맞춰보면 완주군 운주면 산북리의 이치(梨峙, 과거 기록상의 梨峴)가 고산면 소재지(과거 고산현)에서 북쪽으로 50리이다. 또 고산면 소재지에서 동북으로 금산군 남이면 역평리의 백령치栢嶺峙까지도 50리이며, 앞서 설명한 대로 이치와 백령치 사이가 20리이니 이것들은 대략 기록과 지도가 일치한다.

조선의 기록대로면 진안 주천면 싸리재가 탄현일 수 있어

그렇지만 다음 『여지도서』는 탄현을 이들과는 전혀 다른 곳으로 설명하였다.

3) 『여지도서』 고산현 산천山川 조
① 용계천은 수원이 탄현에서 나와 충청도 은진 강경포로 들어간다.[50]
② 옥계천은 물줄기가 전주 땅 백치栢峙에서 나와 용계천에 합류하여 강경포로 들어간다.[51]

웬일인지 『여지도서』의 기록은 『동국여지승람』과 다르다. 3)의 ①은 용계천 상류 수원 인근에 탄현이 있는 것으로 설명하였다. 현재 장선천이라는 이름으로 불리고 있는 운주계곡의 물줄기가 탄현에서 시작되는 것으로 설명하였으니 진안군 주천면 대불리의 싸리재가 탄현이라고 제시한 것이다. 그것을 3)의 ②에서 다시 확인할 수 있다. 옥계천은 백치栢峙에서 나와 용계천과 합류하여 강경포로 들어간다고 하였으니 옥계천은 현재 운주면 산북리 이치에서 내려오는 물줄기를 말하며, 백치는 현재의 백령치로 볼 수 있다. 따라서 옥계 또는 옥계천은 현재의 괴목동천을 이른다. 괴목동천은 백령치에서 시작하여 건천리 지암-운주면 산북리를 흘러 운주면 소재지에서 용계천과 합류한다. 그러니까 이 용계천이 ①에서 전하는 것처럼 탄현에서 물줄기가 시작된다고 하였으니 이 자료에 따르면 주천면 대불리

---

50)   龍溪川-源出炭峴入于忠淸道恩津江鏡浦
51)   玉溪川-源出全州地栢峙合流龍溪川入于江鏡浦

싸리재가 탄현이라고 확정지을 수밖에 없다.

그런데 전영래는 『白村江에서 大野城까지』[52]라는 자신의 책에서 『여지도서』 진산珍山 고적古跡 조에 전하는 내용이라면서 다음 자료를 소개하였다.

> 진동 옛 고을 터는 군 서쪽에 있다. 남쪽 10리에 이치가 있고, 남쪽 5리에 탄치가 있다. 백제가 도읍을 부여에 두었을 때 두 고개 사이에 읍을 설치하여 신라군에 대비하여 방비를 돕게 하였다. 백제가 망한 뒤, 고려조에서 그것을 폐지하여 읍을 지금의 터로 옮겼다.[53]

어찌 된 일인지 여기서는 진동 남쪽 10리에 이치, 남쪽 5리에 탄치炭峙가 있다고 하였다. 탄치를 탄현으로 설명한 이 자료는 지금까지 나와 있는 탄현에 관한 여러 가지 설명과는 전혀 다르다. 5리라고 하면 대략 2km 거리인데, 현재의 이치 남쪽 5리에 탄현이 있었다는 말이 어쩐지 그럴듯하게 들린다.

'진동고현 옛터를 기준으로 그 남쪽 10리에 이치, 남쪽 5리에 탄현이 있다'라고 설명한 것인데, 그는 이 기록의 일부를 바꿔서 해석해야 한다고 주장하였다. 운주면 고당리 쑥고개를 탄현으로 보는 자신의 주장과 맞지 않으니까 '北十里梨峙北五里炭峙'(북쪽 10리에 이치, 북쪽 5리에 탄현이 있다)로 썼어야 할 것을 南十里와 南五里로 잘못 썼다는 것이다. 이 자료에 따르면 이치 남쪽 5리 지점에 탄현이 있어야 한다. 그러나 위 내용은 앞에서 설명한 대로 진동(현재의 진산면)을 기준으로 제시한 거리이다. 비록 그 방위를

---

52) 全北鄕土文化硏究會, 新亞出版社, 1996
53) 珍同古縣基在郡西 南十里梨峙南五里炭峙百濟都扶餘時置邑於兩峙之間以助防備羅甲兵百濟亡後麗朝廢之而移邑於今邑基

'서남西南'으로 써야 할 '남쪽'으로 잘못 쓴 점은 인정할 수 있겠지만, 방위를 '북'으로 모두 바꿔야 할 이유가 없다. 그것을 바꿔야 한다는 주장은 이치 남쪽 5km 거리에 있는 쑥고개골에 탄현을 끌어다 붙이려는 속셈이다. 그 기록을 남긴 이들이 동서남북을 구분하지 못해서 북으로 써야 할 것을 남으로 썼을까? 그런 주장은 억지이다.

이처럼 『동국여지승람』, 『신증동국여지승람』, 『여지도서』가 서로 다른 장소를 탄현이라고 전하고 있건만 그중에서도 "이치(배티고개) 남쪽 5리에 탄치가 있다."라고 한 구절이 괜시리 믿고 싶어진다. 콕 집어서 탄현을 명확하게 지정하였으므로 그것이 비록 틀린 설명이라 할지라도 괜시리 믿고 싶어지는 것이다. 하지만 그보다는 3) 『여지도서』의 ①②가 탄현에 관한 자료로는 오히려 더 믿음이 간다.

그런데 그것만이 아니다. 다음의 『여도비지』 또한 탄현을 진안 주천면 싸리재로 설명하고 있다.

4) 『여도비지輿圖備志』 고산현高山縣 산천山川 조

① 용계성은 고산현 치소治所에서 북쪽 40리에 있다. 수원은 탄현에서 나와 서북으로 흘러 은진 경계로 들어간다.[54]

② 옥계는 고산현 치소 동북 50리에 있으며 수원은 대둔산 서쪽 이치에서 나와 용계천으로 들어간다.[55]

4)의 ②는 대둔산 이치에서 내려오는 옥계천에 대한 설명이고, 4)의 ①

---

[54]   龍鷄城治北四十里源出炭峴西北流入于恩津界
[55]   玉溪治東北五十里源出大芚山之西梨峙入龍溪

은 주천면 싸리재를 탄현으로 설명하고 있다. "(용계천이) 서북으로 흘러서 은진 경계로 들어간다."라고 하였으니 그 방위에 맞는 곳은 운주 계곡의 장선천뿐이다. 다시 말해서 4) 역시 탄현을 현재의 장선천(용계천) 최상류에 있는 싸리재로 전하고 있다. 대신 옥계를 대둔산 이치에서 발원하여 용계천과 합류하는 것으로 설명하였다.

3)과 4)의 기록이 신뢰가 가는 이유가 더 있다. "『문헌비고文獻備考』에 전해오기를 용계산성은 백제가 병사를 두어 지키던 곳"[56]이라고 한 구절 때문이다. 두 기록이 제시하는 바와 같이 진안군 주천면 대불리의 싸리재를 탄현으로 볼 경우, 탄현을 넘어 운주 계곡(장선천)을 따라 내려온 뒤에 운주와 양촌으로 가려면 용계산성 앞을 지나야 한다. 즉, 용계산성은 남쪽 탄현을 넘어오는 신라군을 방어하기 위한 관방요새로 볼 수 있는 것이다. 그러나 어쩐 일인지 똑같은 『여도비지』 내용인데도 5)는 용계고성 동쪽 10리에 탄현이 있다며 『동국여지승람』이나 『신증동국여지승람』의 내용과 다르지 않다. 3)~6)의 자료 가운데서 3)과 4)는 모두 진안 주천면 싸리재를 탄현으로 보았다. 오다쇼고小田省吾와 홍사준이 이 자료를 좀 더 세밀하게 살펴보았더라면 운주 쑥고개 탄현 설에 그토록 빠지지는 않았을 것이다.

5) 『여도비지輿圖備志』 고산현高山縣 무비武備 조

용계고성은 탄현 서쪽 10리에 있다. 용계의 위에 있으며 석축성이다. 둘레는 1,014척이고 높이는 10척이다. 고려 우왕 6년 왜인들이 운제 고산을 침입해왔다.[57]

---

56) 世傳百濟屯戌處
57) 龍溪古城炭峴西十里龍溪之上石築周一千十四尺 高十尺高麗禑六年倭寇雲梯高山

6) 『여도비지輿圖備志』고산현高山縣 도리道里 조

탄현은 고산현 치소 동북쪽 50리에 있다.[58]

5)의 용계고성에 관한 설명은 『동국여지승람』의 내용을 그대로 따르고 있다. 6)에서는 탄현이 고산현의 중심에서 동북쪽 50리에 있다고 하여 고산 동쪽 50리라고 한 여타 지리서와 다르다. 『동국여지승람』과 2)의 『신증동국여지승람』이 가리키는 탄현, 그리고 3), 4)의 『여지도서』가 설명하는 탄현의 위치가 이처럼 현저하게 다르다. 3), 4), 5), 6)을 비교해보면 2), 5)가 지시하는 탄현은 현재의 괴목동천을 따라 운주면 산북리 일대 어딘가에 있어야 하고, 3), 4)에 따르면 진안군 주천면 대불리 싸리재가 탄현이며, 1), 6)에 의하면 운주면 고당리 태평리골 일대 어딘가에 탄현이 있어야 한다. 이것만으로도 탄현은 세 군데나 된다. 이런 것들은 현지답사 없이 그냥 이전의 지리서에서 가져다가 대충 적어놓은 결과이다. 제대로 꼼꼼하게 검토하고, 그 위치를 명확히 하지 않은 것은 해당 기록의 작성자가 탄현의 위치를 정확히 몰랐기 때문이다. 그러면 이런 부정확한 자료 중에서 어느 것을 믿어야 하는가? 물론 그들 중에 답이 있을 수도 있지만, 모두가 아닐 가능성이 더 많다. 그래서 믿을 수가 없다.

이상의 자료들 외에 김정호의 『대동지지』에 기록된 탄현 역시 『신증동국여지승람』 전라도 고산현 산천山川 조와 비슷한 내용으로 되어 있다. "탄현은 고산현 동북 50리에 있으며 진산 이치는 20리, 용계성은 탄현에서 서쪽으로 10리에 있고 용계성에서 연산은 서북으로 30리"[59]라고 하였으니까

---

58)   炭峴治東北五十里
59)   『대동지지』권11 전라도 고산

이 기록에 따르면 용계성 동쪽 10리에 탄현이 있다고 판단할 수 있다. a), b), 1), 2)와 다를 게 없는 내용이다.

그런데 한백겸은 『동국지리지』 형세 관방關防 조 백강白江 탄현炭峴 편에서 홍수의 말을 빌어서 "백강과 탄현은 나라의 요충으로서 한 사람의 장부가 1백 명을 당해낼 수 있다. …… 혹은 이르기를 침현은 곧 탄현이며 기벌포는 곧 백강이라고 한다. 살펴보면 백제는 신라군이 이미 탄현을 지났다는 소식을 듣고 계백을 보내어 황산에서 막아 싸우게 하였으니 탄현이 황산의 동쪽에 있는 게 아닌가 싶다"[60]라고 하였다. 이것은 부여 정각리 탄현 설을 정면으로 부정한 것으로서 이치상으로는 한백겸의 판단과 견해가 옳다. 하지만 그 내용을 깊이 들여다보면 너무도 막연하다.

이상에서 살펴본 대로 조선 시대의 여러 지리서는 탄현을 각기 다르게 전하고 있으니 그 기록들을 전부 곧이곧대로 다 믿기 어렵다. 이런 자료들은 모두 조선이 기록한 탄현으로서 어느 것이든 실제로 현장을 답사하여 남긴 것이 아니다. 그렇다고 하나하나 고증하고 현지 주민의 증언을 토대로 작성한 것도 아니다. 실증과정 없이 몇몇 지리서들을 참고하거나 인용하면서 각자 기록자 자신의 생각대로 짜깁기하여 썼으므로 자료마다 탄현의 위치가 각기 다르다. 그러므로 조선의 지리서들이 기록한 탄현은 신뢰하기 어렵다.

그중 한 예이지만, 탄현 후보지를 이치 남쪽 5리의 탄치, 완주군 운주면 쑥고개 등을 거론하고 있는 것도 문제다. 그들은 각자의 거리가 7~8km 씩이나 떨어져 있으니 자료의 신뢰도에 더 큰 문제가 있다. 이러한 자료들과

---

60) 興首曰白江炭峴國之要衝一夫可以當百 …… 或云沈峴卽炭峴伎伐浦卽白江愚按百濟聞羅軍已過炭峴 遣塔白拒之戰於黃山之野則炭峴疑在黃山之東勝覽以黃山爲連山縣炭峴在扶餘東十四里公州境與此 不同恐有誤白馬江下流不得方舟處形勢亦未得見更詳之(『동국지리지』, 久庵 韓百謙)

달리 조선 정조시대 성해응의 『연경재전집』「진현성변眞峴城辨」은 참고할 만한 가치가 있다. 그는 여기서 "옛날 백제 흥수가 신라 병사가 탄현을 지나지 못하게 하라고 하였는데, 간혹 이 탄현이 부여현 북쪽 14리에 있는 탄현을 가리키는 것이라고 보는 이들이 있다. 실제로 그렇다면 신라 병사가 14리 거리에 와 있는데 어떻게 그들을 또 막을 수 있었는지 근거가 부족하다."라며 부여 정각리 탄현 설을 정면으로 부정하면서 "탄현은 진산군, 즉 깎아지른 듯 절벽을 이루어 공격하기 어려운 추풍령의 산줄기에 있다."[61] 라고 진산 탄현 설을 제시하였다. 조선 후기 문인들로서 이 외에도 백강과 탄현을 논하면서 탄현·진현성 등에 대한 견해들이 더 있지만, 탄현에 대한 성해응의 견해만큼은 설득력이 있다.

앞에서 설명한 여러 조선 시대 지리 자료는 탄현 후보지를 완주군 운주면 고당리의 쑥고개, 진산면 묵산리 이치, 완주군 운주면 산북리, 주천면 대불리 싸리재 등으로 제시하였다. 그러나 진산면 교촌리 숯고개(탄현)에 대해서는 일절 언급하지 않았다. 현재까지 연구자들이 제시한 탄현 후보지는 금산군 진산면(교촌리, 묵산리 이치), 전북 완주군 운주면(고당리 쑥고개), 옥천이나 영동 지역, 대전 식장산 부근 등으로 요약할 수 있다. 모두 백제 말기, 신라와 가까운 백제 국경 지대 가운데 영동·옥천·금산 일대에서 탄현을 찾고 있는 것이다.

금산 남이면의 '백령치'는 탄현일 수 없어

국경선을 넘어 사비도성으로 신속하게 쳐들어간 김유신의 5만 신라군이 어떤 경로로 이동했는지를 상세히 밝히려면 탄현의 위치를 정확히 알

---

61) 昔百濟興首言羅兵不得過炭峴或指扶餘縣北十四里炭峴以實之然兵臨十四里而安得以禦之且其○夷不足據也 炭縣在珍山郡卽亦秋風之麓而絶難攻

아야 한다. 그러나 설령 그것이 확정된다 해도 한계는 있다. 신라군이 3도(三道, =세 갈래 길)로 진격한 것도 신라 땅에서 연산 황산벌에 이르는 신라군의 진군로가 세 갈래였음을 의미할 뿐, 그것이 탄현의 위치를 찾는 데는 별 도움이 되지 않기 때문이다.

금산이나 진산은 산이 깊고 외진 곳이다. 그래서 『동국여지승람』 금산 형승 조에는 금산을 '산천이 아주 험하고 후미져 있다.'[62]라고 설명하였다. 탄현이 높고 험한 지형 조건을 갖고 있었다고 하였으니 현재까지 제시된 탄현 후보지들이 이런 조건에 부합하는지도 살펴봐야 할 것이다.

보다 더 세밀하게 조선의 지리서가 전해주는 탄현 후보지들이 과연 백제 탄현에 합당한 조건을 갖고 있는지를 검토할 필요가 있는 것이다. 먼저 '백령치 탄현' 문제이다. 앞에서 고산현을 기점으로 하여 그 동북 또는 북쪽 50리 거리에 백령치와 이치가 있고, 이치~백령치 사이가 8km(20리)라고 하였는데, 과연 백령치를 탄현 후보지로 볼 수 있는가 하는 것이다. 다행히도 이것은 백령산성 발굴자료로써 간단히 해결할 수 있다.

백령산성栢嶺山城은 금산군 남이면 역평리에 있다. 이 성은 백제 말기(웅진~사비기) 무주·금산 지역에서 들어오는 신라군을 막기 위해 쌓은 성인데, '백령'이란 이름도 실은 '잣고개'의 한자 번역어로 볼 수 있다. 여기서의 '잣'은 잣나무[栢]의 '잣'이 아니라 신라어 성城을 의미하므로 백령산성이 있는 고개를 '성재'라 하였는데, 나중에 이 '잣고개'라는 이름을 한자지명으로 바꾸면서 백령산성이 되었다. 그러니까 본래 이름을 갖지 못하고 그냥 '성이 있는 고개'라는 뜻으로 불렀던 것이다.

그런데 백령산성에서 출토된 기와(인장와) 가운데 丙辰瓦 栗峴□과 같은

---

62)   山川最阻僻

글자들이 확인된 것이 문제다(2004년 발굴). 이 명문 속의 栗峴□을 栗峴縣 (율현현) 또는 栗峴城(율현성)으로 볼 수 있을 것이니 바로 이 자료를 바탕으로 백령치의 백제 시대 지명이 栗峴이라는 의견이 제기되었다. 백령치가 멀고 높은 데다 아주 외진 곳에 있으므로 백제 말기에 기와를 먼 곳에서 제작하여 실어 왔다고 보기는 어렵다. 그곳 어딘가에서 현지 제작하여 건물에 썼을 것이니 현재의 백령치는 백제 말 탄현이 아니라 율현栗峴이었으리라고 보는 게 더 자연스럽다.[63] 결국 『신증동국여지승람』 등 몇몇 조선 시대 지리서에 "이치(梨峙, 배티고개)에서 탄현까지 20리 거리"라고 한 기록을 바탕으로 백령산성이 탄현일 가능성을 제기할 수 있지만, 백령산성 발굴자료는 백령산성이 탄현이 아님을 알려준다.

다음으로, 이치에서 운주면 삼거리(현재의 운주면 고당리) 쑥고개까지의 거리가 "이치에서 탄현까지 20리"라고 한 기록과 부합하는지의 여부다. 이치에서 쑥고개까지는 현재의 도로를 따라 가면 대략 6.4km 가량이다. 직선으로 4km 남짓하다. 그러므로 거리가 맞지 않는다. 차라리 남이면 건천리 지암(숫돌)까지 도로를 따라가면 9km이니 지암 근처에 탄현이 있다고 했으면 거리상으로는 그럴 수도 있겠다 싶다.

이제 남은 것은 전영래가 제시한 '이치 남쪽 5리 탄현'이다. 금산군 진산면 묵산리의 배티재(이치)에서 2km면 이치고개를 남쪽으로 넘어 전북 완주군 운주면 산북리 산 24번지 일대이다. 그곳에서 쑥고개까지는 5.4km 거리이다. 이상의 여러 자료에 따르면 한 곳에 있어야 할 탄현이 ①이치 남쪽 5리 ②쑥고개~이치(5.4km 구간) ③남이면 건천리 ④백령치의

---

63) 이와 함께 백령산성에서 나온 丙辰瓦, 戊午瓦, 丁巳瓦 등이 지시하는 간지의 연대를 언제로 볼 것인가가 문제가 되고 있다. 백제 말, 사비시대를 대상으로 하면 병진년은 536년(성왕 14), 596년(위덕왕 43), 656년(의자왕 16)이며, 정사년은 537년, 597년, 657년이 된다. 무오년은 538년, 598년, 658년이 되는데, 이곳에 성을 축조할만한 상황을 감안하면 의자왕 시대인 656년, 657년, 658년으로 보는 시각이 우세한 듯하다.

제각기 다른 장소에 있는 꼴이 되었다. 이들은 거리 문제도 있지만 대개 탄현이 갖춰야 할 조건에도 맞지 않는다. '높고 험한 고개'여야 하는 탄현의 일차적 조건에 그래도 맞는 곳은 '이치 남쪽 5리 탄현'설이지만, 그것은 '이치=탄현'을 말한 것이지 이치 너머 또 다른 고개로서 탄현이 있음을 말한 게 아니다. 그렇다고 운주면 삼거리(고당리) 쑥고개를 탄현으로 볼 수도 없다. 쑥고개는 탄현의 기본적인 조건에도 맞지 않는다. 쑥고개는 그저 평범한 골짜기의 언덕배기에 불과하다.

그렇다면 이번에는 신라군이 백제와 신라의 국경을 지나 연산으로 진입하는 과정에서 고려해야 할 조건들을 감안하여 탄현의 위치를 추정해 보자. 당시 금산군은 백제의 최전선이었고, 백제와 경계를 맞댄 신라의 국경은 영동군이었다. 물론 무주도 신라군의 진입 통로가 될 수 있다. 그러나 태종무열왕이 나가 있던 금돌성을 기준으로 하면 신라 주력군은 상주~황간~영동~금산으로 진입했다고 볼 수 있다. 이때 금산에서 연산(황산벌)으로 가는 지름길은 진산을 경유하는 것이다.

반면 오다쇼고, 홍사준 등이 주장하는 금산에서 남이면-남일면-역평리-서평골-운주면 소재지-양촌면-연산면의 이른바 운주 쑥고개 노선은 진산을 경유하는 노선보다 2배 이상 멀고 험하다. 더구나 좌우에 높고 험한 산을 끼고 있으며 외길이다. 금산 읍내에서 남일면-남이면-역평리-백령치-서평골-운주면 소재지-양촌까지 새로 난 길을 따라 가더라도 약 49km나 된다. 5만이나 되는 그 많은 신라 군사가 일단 갇히게 되면 빠져나오기 어려운 진퇴양난의 외길, 그것도 이틀이나 꼬박 걸어야 하는 높고 험한 산길로 진군했으리라고 보기 어렵다. 그리고 쑥고개에서 용계원~운주면 소재지~양촌면을 거쳐 논산저수지 상류의 연산면 반곡리까지만 해도 대략 20km이다. 7월 8일 신라군이 탄현을 지났다는 전갈을 의자왕이 받았으니 쑥고개가 탄현이라면 사비도성에 연락이 닿았을 즈음에는 신라군은 운주면이나 양촌면 소재지에 다다랐을 것이다. 쑥고개에서 운주삼거리까지 7.5km, 운주~양촌 7km, 양촌~연산 10km이니 금산 남이~운주~양촌의 노선으로 신라군이 진군했다면 아마도 7월 9일 오후에나 연산 지역에 도착했을 것이다(쑥고개에서 연산까지는 25km이니 하룻길이다). 그렇게 되면 김유신 군대가 황산벌에서 계백군과 한창 싸우고 있을 때, 소정방의 군대가 웅진강 반조원리로 들어왔다는 기록과도 맞지 않게 된다. 소정방은 7월 9일 오전 9시 무렵의 만조물때를 타고 강을 거슬러 올라왔다. 이것을 거꾸로 짚어보면, 신라군이 거쳐온 탄현이 운주 쑥고개보다 양촌 또는 연산에 훨씬 더 가까이에 있어야 소정방의 웅진강 도착 이전에 신라군이 황산벌에서 싸울 수 있게 된다. 그러므로 운주 쑥고개 탄현 설은 이 조건을 충족시키지 못한다.

반면 금산 읍내에서 부암삼거리-진산면 소재지를 거쳐 연산면 덕곡리 덕곡삼거리까지는 대략 22km 가량이다. 진산면 교촌리 숯고개에서는 벌곡면 도산리까지 불과 10km이니 7월 8일 숯고개를 통과한 신라군이 이튿날 아침 일찍 황산벌에 도착할 수 있는 거리이다. 그러므로 9일 오전 일찍 김유신과 신라군이 황산벌에 이르러 계백군과 교전을 벌였다는 기록에 부합한다. 이 길이 신라 국경에서 연산에 이르는 최단거리 노선이며, 백제 탄현은 이 노선 주변에 있어야 신라군에 유리하다.

운주 쑥고개 탄현 설의 또 다른 문제점들

홍사준은 운주면 삼거리(현재의 고당리) 서평골에서 쑥고개골로 넘어가는 고갯길 '쑥고개'가 탄현이라고 주장하면서 신라군의 이동 경로를 다음과 같이 제시하였다.

양산-금산-와평(瓦坪, 남이면)-심천(深川, 남이면)-석동리(남이면, 인근에 의병승전비가 있다)-성산(星山, 밀무, 금강 지류 新川을 건넌다)-하금리(下金里, 남이면사무소)-중역평(中驛坪, 남이면)-역평리(驛坪里, 남이면)-백령치(栢嶺峙, 남이면)-하암리(下岩里, 남이면)-지암(砥岩, =숫돌바위, 남이면)-건천리(乾川里, 남이초등학교 건천분교)-일량리(=일양리)-薪伏里·저구리(운주면 山北里)-탄현(쑥고개, 운주면)-삼거리-용계성-연산(황산벌)[64].

백령치(栢嶺峙, 300m)와 건천리 지암을 지나 산북리를 거치는 노선이다. 산북리 서평교~서평골~쑥고개골을 지나 장선천을 건너서 속칭 삼거리(운주면 고당리)에 이르게 된다. 완주군 운주면 산북리 삼거리(고당리)의 서평(西坪)골 남쪽에 있는 쑥고개를 탄현이라고 주장한 홍사준은 신라군이 금산에서 백령치를 지나 운주 쑥고개와 용계산성龍溪山城[65]이 있는 용계원~운주면 소재지~양촌을 거쳐서 황산벌로 갔을 것이라고 보았다. 산북리(삼거리)~용계원~운주면 소재지~양촌을 지나 황산벌로 가는 길은 소로이지만 대체로 평탄한 반면 금산 진산에서 연산에 이르는 60리 길에는 400m의 고지인 이치梨峙(배티)와 연산 동편 황령재(400m)를 넘어야 하므로 신라군은 이 길을 가지 않았다고 본 것이다.

"금산읍의 금성산성錦城山城, 남이면 진락산성進樂山城, 남이면 건천리산성乾川里山城, 완주군 운주면 신복리산성, 탄현석성(운주면 도둑골) 등은 백제의 요새이자 관문으로서 운주면 탄현이 홍수·성충이 말한 탄현이다. 탄현 동쪽 211m 고지에 285보(564평 가량)의 성이 있는데, 여기서 사방을 보면 금산·진산 방면을 한

---

64)   洪思俊,「炭峴考」,『역사학보』35·36집 합집, pp.55~81, 1967
65)   완주군 운주면 금당리 산 79

눈에 볼 수 있고, 탄현에서 용계리 10리 길을 '신라군이 탄현으로 오르게 하면 오솔길이 이어져서 마필이 함께 가지 못하니 이때 군사를 풀어 공격하면 조롱 속에 있는 닭이 될 것이고 그물에 걸린 고기가 된다'고 한 말에 부합하는 지형이다."

홍사준은 이와 같이 주장하면서 금산-남이면-운주면 소재지를 거쳐 가는 길이 충청남도와 경상북도를 이어주고, 호남과 영남의 물자를 통해주던 백제 시대 요충이었을 것이라고 보았다.

그러나 백제 시대엔 완주군 운주면에서 진산을 거쳐 금산으로 가는 길이 없었다. 1911년 전주-고산-진산-대전간 도로가 개통되면서 진산에서 오항리~운주로 가는 길이 생겼고, 이후 전주-고산-운주-연산(국도 17호선)을 잇는 도로도 확장되었다. 다시 말해서 백제 시대로 올라가면 이 길은 통할 수 없었다. 더구나 신라군의 이동을 백제에 노출시키지 않으면서 최대한 신속하게 움직여야 하는 군사작전에서 그토록 외지고 통행이 어려운 곳으로 신라의 주력군이 빙빙 돌아갔다고 보기 어렵다. 들어가는 길도, 그리고 양촌을 통해 나가는 길도 하나여서 중간에 대군이 갇히면 진퇴가 어렵기 때문에 이런 곳으로의 진군은 피하는 게 상식이다.

운주 쑥고개를 거쳐 갔다면 신라군은 운주면 소재지 일대에서 백제군에 막혀 쉽사리 통과하지 못했을 것이다. 백제군의 한 갈래는 양촌면으로 들어가서 운주면 일대로부터 오는 신라군을 틀어막고, 다른 한편으로는 완주 고산에서 운주로 군사를 보내어 양면 공격을 하면 신라군은 꼼짝없이 갇힌다.

뿐만 아니라 백령산성에서 '백령치'를 막으면 금산에서 진산으로 통하는 남쪽 통로(금산-남일-남이-백령치)와 운주면 소재지로 가는 길도 완벽하게

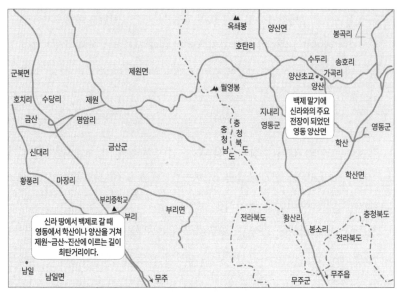

지도 안 텍스트:
옥쇄봉
양산면
봉곡리
호탄리
군북면
제원면
수두리
송호리
양산초교
가곡리
월영봉
양산
호치리
수당리
제원
백제 말기에
신라와의 주요
전장이 되었던
영동 양산면
금산
명암리
지내리
영동군
영동군
신대리
금산군
금산군
학산
충청북도
충청남도
황풍리
마장리
학산면
부리중학교
부리
신라 땅에서 백제로 갈 때
영동에서 학산이나 양산을 거쳐
제원~금산~진산에 이르는 길이
최단거리이다.
부리면
전라북도
황산리
충청북도
봉소리
전라북도
남일
남일면
무주
무주군
무주읍

금산 제원~영동 양산·학산

통제된다. 당시 높고 험한 백령치로 5만 신라군을 밀어 넣을 만큼 김유신
은 무모한 장수가 아니었다. 백령치를 통제하면 남이면에서 운주로 가는
길은 물론 남이면에서 진산으로 들어가는 통로도 막히는데, 신라군이 굳
이 운주 쑥고개로 가야 할 이유가 없다. 백제 시대 당시에 금산군 남이면
백령치에 백령산성을 쌓고 대비한 까닭은 백령치만 통제하면 금산 남이면
~운주 또는 금산 남이면~진산 통행로가 막혀 남이에서 진산 및 운주면 방
향으로의 통행이 불가하였기 때문이다. 높고 험한 백령치를 피해 보다 순
탄하게 간다면 금산에서 진안 주천면 대불리로 들어가서 싸리재를 넘는
것이 훨씬 가깝고, 진군에도 수월하다.

  오다쇼고 이후 홍사준·전영래 등이 제시한 금산~운주 쑥고개 진입 노
선 가운데 백령치나 백령산성은 웅진 또는 사비 시기 백제의 중요한 방어

성임은 분명하지만, 백령치나 운주 쑥고개는 대군이 일시에 통과하기는 어렵다. 그런 곳을 김유신의 5만 대군이 굳이 거쳐 갈 이유가 없었다. 그렇게 돌아갔다면 그만한 이유가 있어야 한다.

그런데 금산~진산~황산벌에 이르는 중간의 백제 산성들은 대개 성 둘레가 3~4백m 전후의 소형이었다. 조금 큰 성이라야 둘레 5~7백m 전후였다. 그런 곳에 평소 머무는 군사라 해야 고작 1~2백 명 가량이었을 것인데, 5만 명의 군대가 몇 갈래로 나누어 진군하면서 그 정도 규모의 백제군 저항을 고려하지 않았을 리 없다.

그 당시 양산 조천성(조비천성)[66]을 신라의 최전선 기지로 추정하고, "영동을 거쳐온 신라군이 바로 이 조비천성에서 제원면 및 금산으로 진격했다."[67]라고 추정하는 견해가 있는데, 그것은 신라 태종무열왕이 금돌성[68]에 있었음을 감안한 주장이다. 조천성에서 강변길로 금산 제원면을 지나면 바로 금산읍에 이른다. 여기까지는 진산 탄현 설이나 운주 쑥고개 탄현 설 모두 같다. 다만 진산 탄현 설은 금산~진산~연산의 진격 노선 가운데 진산 교촌리의 숯고개를 백제 탄현으로 보는 견해. 반면 운주 쑥고개 탄현 설을 주장하는 이들은 다음의 노선을 신라군이 진군해간 길이라고 추정하고 있다.

금산읍에서 서남쪽 남이면 가는 길로 금산읍 음지리-남이면 하금리-남이면 소

---

66) 행정구역상 영동군 학산면 지내리, 비봉산 성지는 482m 고지에 있다. 「삼국사기」 열전 김흠운 편에도 내물왕 8세손인 김흠운이 영휘(永徽) 6년(655) 抵百濟之地營陽山下 欲攻助川城이라 해서 조천성에 관한 기사가 나온다. 백제 의자왕 15년에 벌어진 바로 이 양산 전투에서 김흠운 이하 장수 3인이 죽었으며, 양산도(陽山道)라는 노래도 이때 생겼다고 한다.

67) 영동 양산이 신라땅이고, 금산 제원이 백제 땅으로서 양산과 제원이 양국의 경계였다는 점에 의미를 둔다.

68) 상주시 모동면, 모서면, 영동군 황간면의 경계지점에 있는 백화산

재지-진악산(珍惡山, 732m) 서편을 지나 남이면에 이른 뒤, 역평천을 따라 서쪽으로 이동한다. 서편에 백암산(650m)을 바라보며 북으로 올라간다. 백령산성이 있는 고지(남이면 건천리)를 지나 남이면 건천리~삼거리~서평골~쑥고개길을 지나는 노선이다.[69]

그러나 신라군이 통과한 길이라며 오다쇼고 이후 홍사준 등이 제시한 운주 쑥고개 탄현 설에는 몇 가지 문제들이 있다. 말하자면 이론적 결함인데, 먼저 금산 읍내에서 백령치를 가는데 왜 굳이 남일면을 거쳐야 하는가? 금산 서편의 양지리-하금리를 경유하면 남이면으로 바로 들어갈 수 있고, 거리도 짧다. 그리고 서평골과 쑥고개골로 가는 데도 건천리 지암에서 고당리로 들어가는 길도 있다. 백령치를 넘어서 건천리 지암에서 남쪽으로 내려간 다음, 고당리에서 서평교로 들어가면 훨씬 안전하고 빠르다.

또 신라군이 만일 금산이나 옥천 및 추부에서 진산을 거쳐 황산벌로 가는 조건에서 보면 운주 및 고산은 너무 동떨어져 있다. 금산에서 운주를 거쳐 연산으로 갈 경우 금산~진산~연산 노선보다 2.2배 가량이나 멀고 험하다. 신라 병력이 무주에서 진입하는 경우에도 나제통문(설천면)을 지나 무주-금산으로 들어가는 것이 최단거리이다. 그다음 금산에서는 진산-연산으로 가는 길이 가장 빠르다. 그 길을 버리고 왜 굳이 금산에서 남일면과 남이면을 거쳐 운주로 빙빙 돌아가야 했을까? 많은 군대가 지름길을 버리고, 운주로 돌아서 양촌~황산벌로 갔다면 그에 합당한 이유가 있어야 하건만 기록을 뒤져보아도 그럴만한 하등의 이유가 없다. 금산에서 운주

---

69) 서평교를 기준으로 하면 현재의 도로를 따라 쑥고개(약 1.5km)-삼거리교(2.3km)-삼거리2교-삼거리1교-용계원의 순서로 간다. 서평교에서 용계원까지는 5.8km이고, 용계원에서 운주면소재지 삼거리까지는 4.7km이다. 서평교~용계원~주면소재지는 10.5km

로 돌아가는 것은 전술적 측면에서 큰 문제가 있다. 전략적으로는 상당히 무모하다. 물론 진주-단성-산청-함양 등의 신라 땅에서 전북 장수에 이르는 노선을 신라군이 따라왔다면 진안 동향면이나 무주를 통해 금산으로 들어갈 수는 있다. 그렇지만 그곳들 대부분이 백제 지역이지 신라 영역이 아니므로 신라 병력이 군이 함양~장수를 거쳐 금산으로 온다는 것도 무리다. 결국 신라병이 진군할 수 있는 노선을 가정해보면 대략 세 가지로 요약할 수 있을 것 같다.

① 상주-백화산(모동, 금돌성)-황간-영동-금산-진산-연산(김춘추의 사비도성 이동로)

② 성주·고령·구미-김천-영동-금산-연산

③ 단성-산청-함양-무주-금산-진산-연산

먼저 ①의 경우, 안정복은 『동사강목』에서 금돌성金突城이 상주 백화산에 있다고 밝혔다. 백화산은 충북 영동군 황간면 우매리에 걸쳐 있으므로 경북 상주에서 출발하여 영동~금산을 거쳐 갈 경우, 공성-상판-모동-백화산-황간의 순서로 갈 수 있다.

그러나 고령이나 성주 등지에서는 무주를 거치는 ②의 노선이 가장 빠른 길이다. 위 세 가지 노선 외에 김유신이 거쳐온 ④보은읍(삼년산성)-수한면(회인 동쪽)-관산(군북면)-옥천-군서면(옥천)-추부(옥천 군서면과의 경계)-복수-진산 코스를 보탤 수 있다. 중간에 금산으로 갔다가 거기서 다시 진산을 거쳐 연산으로 갔을 수도 있지만, 백제군이 대응할 시간을 주지 않고 신속하게 이동해야 하는 조건이었다면 이들이 만나는 합류 지점은 금산~진산 사이라야 한다. 아마도 김유신은 이천에서 보은으로 갈 때 음성-괴산-보은의 노선을 따라 이동했을 것이다.

그렇다면 김유신은 보은-옥천-추부의 노선을 거쳤을 것이다. 그것이 최단거리 노선이기 때문인데, 그다음에는 복수면과 진산면을 거쳐 논산 벌곡면으로 가는 것이 가장 빠른 길이다. 물론 김춘추가 보낸 5만 신라군은 금산으로 들어가서 ㉮금산 복수면-대전-연산 ㉯금산-진산-연산을 경유하는 것이 가장 빠른 방법이다. 나머지 일부가 금산에서 진안 주천을 경유하여, 대불리에서 싸리재를 넘어 용계원-운주-양촌으로 진입했을 것이다. 그러나 어떤 경우에도 ㉰금산-남이면-운주면-양촌~황산벌로 진군하지는 않았을 것이다. 오다 쇼고와 홍사준 등이 제기한 운주 쑥고개를 거쳐 가는 것보다는 차라리 금산~남일면~진안 주천면~싸리재(주천면 대불리)를 거쳐 장선천(운주계곡)을 따라 용계원으로 내려가는 길이 훨씬 쉽고 거리도

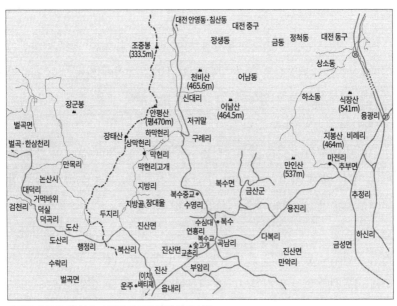

완주군 운주면 지암, 쑥고개 등 장선천 주변 확대 지도.

조금 더 짧다. 이 노선은 싸리재만 넘으면 모두 내리막길이어서 보병과 기병의 이동이 수월한 이점도 있다. 금산에서 백령치~운주 쑥고개(삼거리, 현재의 고당리) 노선은 백령치를 넘는 것만도 병사들에게 아주 버겁다. 차라리 경유하는 거리나 기타 조건으로 따지면 홍사준이나 오다쇼고의 주장보다는 진안군 주천면 싸리재를 탄현으로 보는 게 훨씬 합리적이다.

백제 멸망 후 1천 년이 안 되어 금산 지역은 경상도를 지난 왜구들이 호남으로 진출하기 위해 무척 공을 들인 곳이다. 임진왜란 때의 도로 사정이나 기타 군사요충 여건 등이 백제 시대와 크게 달라진 것은 없었다. 신라가 경상도 지역에서 부여로 진출하기 위한 조건이나 경상도를 통과한 왜구가 호남으로 진출하기 위해 금산 지역을 택한 이유는 기본적으로 같았다. 진산면 이치 일대에 왜구와의 격전지가 있었고, 복수면에는 조헌 사당과 수심대 등 임진왜란 관련 유적이 있다. 그러므로 금산 지역이 임진왜란 때 왜구들에게는 어떤 곳으로 인식되었는지, 특히 군사 전략상 금산이 갖고 있는 이점을 살펴볼 필요가 있다. 왜구들은 금산에서 진산을 택해 논산·부여·대전 지방으로 진출하려고 했다. 그런데 왜 그들은 금산에서 남이~백령치~(탄현이라고 주장하는) 운주 쑥고개~운주면 소재지~양촌면의 노선으로 가지 않았을까? 그들은 이치와 진산에서 연산 벌곡면으로 넘는 길을 택했으면서 백령치-운주 쑥고개는 아예 고려하지도 않았다. 백제로 쳐들어간 신라군도 왜군과 똑같은 조건에서 고려해야 할 문제인 것이다. 그 점에서 싸리재를 넘어 운주~양촌으로 진군한 신라군이 있었다고 판단할 수 있다. 그러나 그보다 더 중요한 점은 쑥고개는 숯고개(탄현)가 아니라는 점이다.

쑥고개의 한자명은 애현(艾峴), 숯고개는 탄현

마지막으로, 탄현을 찾는 데는 지명에 관한 문제가 남아 있다. 탄현이 실제로 '숯고개'의 한자어인지, 말하자면 그 대응 관계가 부합하는지도 반드시 저울질해봐야 한다. 백제의 육로 요충 탄현은 '숯고개'의 한자 번역어가 맞다. 그렇지만 웬일인지 금산군 진산면 교촌리의 숯고개는 지금까지 숯고개로 불리고 있다. 만약 그곳이 백제 탄현炭峴이었다면 왜 지금도 탄현이란 이름 대신 숯고개로 불리고 있을까? 현재로서는 그것이 백제 시대의 지명인지도 알 수 없다.

炭(탄)은 숯(목탄)을 이른다. 산에서 캐는 석탄도 탄이지만, 흥수가 말한 탄현은 '숯고개'를 이르는 일반명사의 한자어가 분명하다. 그러니까 결론부터 말하자면 금산군 진산면 교촌리 숯고개를 백제는 탄현으로 전했을 것이다.

숯고개의 한자 지명으로서 탄현이라는 이름은 백제 시대에도 흔히 쓰였을 것이다. 특히 부여나성 밖의 부여 인근에는 숯고개가 많았을 것이다. 사비도성 안에서 숯을 많이 쓰다 보니 수요가 점차 늘어나서 후대로 내려오면서 그 주변에 숯고개란 지명이 점점 늘어났을 것이다. 그렇지만 백제 시대의 지명을 좀 더 상세히 전하는 자료가 없으니 오늘에 와서 흥수가 말한 탄현(숯고개)이 어디인지를 특정할 수 없는 지경에 이르렀고, 그로 말미암아 여러 가지 다른 주장들이 나오게 되었다.

그렇지만 여기서 문제가 되는 게 침현이다. 『삼국사기』 백제본기 의자왕 20년 조에 "탄현을 침현이라고도 한다"라고 되어 있지만, 침현과 탄현은 서로 다른 곳의 지명으로 볼 수도 있다. 침현 근처 어딘가에 탄현이 따로 있었고, 그 둘이 서로 가까이에 있었지만 분명히 다른 지명이었기에 다른 이름으로 전한 것이라고 이해할 수 있다. 한자 본래의 뜻으로나, 백제 향찰로 새기는 경우에도 沈과 炭은 서로 연결되는 게 아무것도 없다.

진산 교촌리 숯고개 대신 대전·옥천 지역의 마도령과 검현을 탄현으로 보는 주장도 한때 있었지만 그것은 설득력이 떨어진다. 마도령馬道嶺이라든 가 검현黔縣이 탄현이라면 그것이 왜 중간에 마도령이나 검현으로 이름이 바뀌었는가, 나아가 쉬운 글자를 버리고 왜 굳이 어려운 글자를 선택했으며 긴 이름도 이왕이면 짧게 줄여 쓰는 마당에 왜 마도령이라 부르게 되었는지에 대한 설명도 있었어야 그 견해에 동조할 수 있겠다.

물론 전혀 새로운 시각에서 진산면 묵산리黔山里의 '묵산'에 주목하여 묵산이 탄현이라고 보는 이도 있다. 그러나 묵산리에서 중심이 되는 고개는 '배티'이고, 그곳을 오래전부터 이치梨峙라는 이름으로 탄현과 구분해왔으니 이치를 탄현이라고 우길 수는 없을 것이다.

그다음으로 고산 탄현으로 주장하고 있는 운주면 '쑥고개'라는 명칭에 관해서도 검토가 필요하다. 우리말 숯고개의 한자 번역어가 炭峴(탄현)이니까 처음부터 지금까지 숯고개란 이름으로 쓰였어야 그곳을 탄현으로 인정할 수 있다. 그렇지만 그곳은 지금도 쑥고개로 불리고 있다. 쑥고개라면 한자명은 당연히 艾峴(애현)이 되었어야 한다. 하지만 운주 쑥고개는 지금도 쑥고개이지 숯고개가 아니다. 쑥고개로 불리고 있는데, 지금에 와서 쑥고개를 숯고개라고 우길 수도 없다. 쑥고개의 '쑥'이 본래 쑥[艾]이 아니었으니 애현艾峴이라는 이름으로 불리지 않았고, '높이 솟은 고개'라는 의미를 강조하려 했다면 쑥고개를 용현聳峴이라고 하였을 텐데, 그렇게 부른 흔적도 없다. 그것이 애현艾峴이나 용현聳峴도 아니었고, 더구나 숯고개도 아니었기에 탄현도 아닌 것이다. 이것이 바로 쑥고개가 탄현이 아니라는 가장 정확한 증거이다. 더구나 서평골에서 쑥고개골로 이어지는 고개는 고개라기보다는 야트막한 언덕길이어서 성충이나 흥수가 말한 것처럼 백제의 중요한 관문이나 요새가 될 조건이 아니다.

탄현은 진산 교촌리 숯고개, 침현은 진산 막현리 고개

그렇다면 우리는 이제 다른 결론에 다다를 수 있다. 앞에서 다룬 여러 가지 근거를 바탕으로, 일단 이치 남쪽 5리에 탄현이 있다는 『여지도서』의 운주면 산북리 탄현 설과 충남 금산군 진산면 교촌리에 있는 숯고개로 그 대상을 압축할 수 있다. 그 둘은 각기 다른 지점이지만 금산에서 진산을 거쳐 연산이나 대전 지역으로 나가려면 반드시 거쳐야 하는 노선 상에 있는 장소들이다.

진산면 교촌리 숯고개가 백제의 탄현이 아니라면 진산면 부암리와 만악리 일대 어딘가에 탄현이 있을 수도 있겠다. 그쯤 어딘가에 탄현이 있었다면 침현은 탄현에서 시작된 골짜기를 따라 진산천과 유등천의 합수머리로부터 복수면 골짜기를 북으로 흘러내려 대전시 중구의 산성동과 사정동 앞으로 이어지는 유등천 상류의 경사 가파른 골짜기를 가리키는 지명이었을 것이다. 다시 말해서 복수면 곡남리 일대의 푹 꺼진 골짜기를 침현으로 보는 게 타당할 것 같다. 沈이라는 글자가 본래 '깊다·가라앉다'는 뜻을 갖고 있으나 그 외에도 '막히다·숨다'와 같은 의미를 더 갖고 있다. 沈峴(침현)이라는 지명이 본래 우리말 '깊은 고개' 또는 '막힌 고개'의 한자 번역어일 가능성이 있다는 뜻이다. 그러므로 자의字義는 물론 글자의 쓰임새로 보아 침현은 '고갯마루 사이의 푹 꺼진 골짜기'로 이해할 수 있다. 설사 침현이 탄현과 같은 지역에 있다 할지라도 그 둘은 서로 다른 장소라고 할 수 있다. 다시 말해서 '물에 깎인 고갯길'을 말함이니 침현은 탄현과 멀지 않은 곳에 있어야 한다. 탄현은 산마루와 산마루 사이의 고갯길을 가리키는 이름인 반면, 침현은 같은 고갯마루라 하더라도 물길이 만들어낸 계곡 양쪽 어딘가로 나 있는 통행 가능한 비탈길을 지칭한 이름일 것이다. 그러나 동시에 침현 근처에 탄현이 있어야 '침현 혹은 탄현이라고 한다'(炭峴或云沈峴)라는 백제의 기록과 조건에도 부합한다.

　그 점에서 보더라도 침현은 애초 진산면 부암리와 만악리 사이에서 내려오는 복수면 소재지 앞의 유등천 상류를 가리키는 이름이었을 것이다. 그 옆에 교촌리 숯고개가 있으니 "탄현을 혹은 침현이라고도 한다"라고 하였을 것이다. 그래서 진산면 만악리와 진산면 부암리 사이의 합수머리(물길 삼거리)로부터 하류 쪽으로 곡남리 수심대 앞을 흐르는 개울 주변이 침현일 것이라고 앞에서 설명하였지만, 그곳으로부터 대전시 침산동 일대까지가 침현 골짜기에 해당한다고 하겠다. 진산 남쪽의 백마산(460m)과 인대산·월봉산에서 발원하여 북쪽으로 흐르는 유등천을 따라가면 대전 산성동·사정동 일대로도 진입할 수 있다. 이 길은 진산에서 대전으로 질러가는 요로이다. 금산군 금성면과 남이면 등지로부터 발원한 유등천이 진산면과 복수면 앞을 흐르는 깊은 계곡은 마치 움푹 꺼진 지대처럼 깊고 양안의 경사가 급하다. 진산에서 내려갈 때도 골이 깊지만, 대전 산성동이나 사정동 방향에서 올라올 때 더욱 경사가 급하게 느껴진다. 그러나 여기에 비하면 서평골~쑥고개골의 고갯길 경사는 그야말로 평탄한 수준이다.

　그런데 진산면 교촌리 숯고개 북쪽에 막현리가 있다. 물론 가까이에 임진왜란 때의 유적으로서 수심대와 조헌 사당, 그리고 승적골이라는 지명도 있다. 이 일대를 포함하여 진산면은 임진왜란 때 왜구들이 호남 및 대전 방향으로 진출하고자 했던 요충이다. 신라군이 침현과 탄현을 넘어 백제로 쳐들어간 과정에서 중요한 관문이었던 곳이 임진왜란 때도 다르지 않았던 것이다.

금산군 진산면 숯고개 북편의 막현리로 넘던 옛 고갯길.

　정리하자면 막현리의 '막현'이라는 지명을 백제 '침현'의 다른 형태로
보는 바이다. 탄현이 숯고개이고, 침현이 '깊은 고개'나 '막힌 고개'의 한
자말이라면 침현과 탄현은 그 의미가 다르다. 그러므로 침현과 탄현은 같
은 지역에 있었다 해도 서로 다른 곳이어야 한다. 이 점에서 진산면 교촌
리 숯고개를 탄현으로, 바로 그 북쪽의 막현리 일대를 침현으로 보고자 한
다. 다만 막현리의 막현은 본래 복수면 소재지 앞 계곡을 이루는 고갯마루
로부터 이어진 계곡의 총칭이었는데, 지금은 급경사 계곡의 아랫동네 이
름으로 남게 되었을 것이다.

　금산군 진산면 막현리에서 숯고개에 이르는 곳이 침현沈峴이었고, 그곳
이 바로 성충이 말한 침현이라면 침현은 영동-금산-진산에서 대전 지역
으로 쉽게 접근하는 관문이 된다. 즉, 침현은 대전 사정성이나 진현성(흑석
리산성) 또는 유성구의 산장산성(두량윤성 후보지) 등으로 가는 최단거리 요충

이었던 셈이다. 말하자면 침현의 전후 길목에 백제의 중요한 성들이 벌려 있었던 것이다. 반면 탄현은 진산에서 연산과 침현으로 가는 1차 관문이 었다고 할 수 있다. 신라군은 7월 8일 탄현과 침현의 백제 요새를 지나 이 튿날 황산벌에 다다랐을 것이니 그 위치 및 거리상으로도 진산 탄현, 진산 침현이 합당하다.

이상을 정리하자면 진산을 거쳐 연산으로 가거나 사정성이나 흑석리산 성과 같은 대전 서남 지역의 백제 요충에 이르는 1차 관문이 탄현이자 침 현이었던 것이다. 사정성 등의 서쪽 배후기지가 진잠이니까 바로 이 진잠 일대에 침현을 통과한 신라군이 황산벌로 들어가는 길목을 차단하는 마지 막 보루들이 벌려 있었을 것이다. 이런 조건 때문에 신라가 통일한 뒤에도 연산과 함께 진잠현鎭岑縣을 황산군(백제 황등야산군)에 붙여서 중시한 것이라 고 이해할 수 있다.

침현과 탄현은 신라를 방어하는 데 백제의 목구멍, 즉 인후지처咽喉之處와 같은 곳이었다. 금산에서 황산벌이 있는 연산으로 들어가는 요로 상의 중 요한 관문이었으니 금산에서 진산을 거쳐 연산으로 가는 길목에서 침현과 탄현을 찾는 게 당연하다. 지금까지 ①진산 설 ②대전·옥천 설 ③운주 쑥 고개 등 여러 곳이 탄현 후보지로 제기되어 있지만, 이들 중에서 진산 교 촌리 탄현 설이 가장 합리적이라고 볼 수 있다.

추부나 금산에서 진산을 경유하는 길은 많은 인원이 빠르게 움직일 수 있는 지름길이다. 지금은 금산에서 복수면 만악리·부암리를 거쳐서 대전 방면으로 나갈 수 있지만, 백제 시대에는 아마도 복수면 앞의 유등천 계곡 을 따라 대전 방향으로 곧장 내려가는 길은 개척되어 있지 않았을 수 있 다. 대신 탄현을 지나 진산 두지리로 들어가서 지방리-막현리-신대리의 순서로 따라 내려갔을 것이다. 그래서 진산면 교촌리 숯고개(탄현) 북편 막현리에 침현이 인접해 있어서 '침현을 탄현이라고도 한다'라는 백제의 기록이 전해졌을 것이다. 그러나 운주 쑥고개는 탄현도 아니고, 그 근처 어딘가에 침현이 있을 만한 곳도 없다. 설사 탄현과 침현이 있었다고 가정해도 둘 다 신라군을 막을 수 있는 천혜의 요새는 되지 못한다.

당시에 진산을 지키는 성으로는 진산성이 중심이었고,[70] 그 외에 몇 군데에 보루가 있었다고 해도 신라 5만 군은 별로 어렵지 않게 제압하고 통과할 수 있었을 것이다. 지금처럼 널찍하고 평탄한 길을 낼 수도 없었고, 있는 길도 좁아서 병마가 함께 지나기 어려운 소로로 연결되던 백제 시대엔 침현과 탄현의 중요성은 그만큼 컸을 것이다. 금산에서 신라군이 단시간에 인력 손실을 줄이고, 백제 심장부로 가장 빠르게 진입하여 백제를 압박할 수 있는 최상의 공격로는 완주군 운주면으로 가는 게 아니라 진산을 거쳐 가는 것이다.

더구나 이천 설리정을 떠나 보은-옥천을 거쳐 온 김유신이, 상주-황간-영동-금산으로 진입한 태종무열왕 김춘추의 5만 신라군을 연산으로 인솔해 가려면 금산이나 진산에서 만나는 것이 가장 합리적이다. 신라군이 금산~진산을 경유하는 지름길을 버리고 굳이 금산 남이면을 거쳐 운주면으로 돌아갈 이유가 없다.

금산에서 금성면으로 들어간다면 사정은 다르다. 거기서 연산으로 이어지는 길은 진산면 외에는 없다. 은밀하면서도 빠르게 백제를 기습해야 하는 신라의 입장에서 이 길을 버리고, 굳이 완주군 운주면으로 돌아서 양촌-연산(황산벌)으로 가야 할 이유가 무엇인가.

이 점에서 보면 이치 남쪽 5리 탄현 설은 왠지 그럴듯해 보인다. 설사

---

70)   山城古基在郡北三里(『新增東國輿地勝覽』 珍山郡 古跡 조)

진산면 교촌리 숯고개(탄현)가 백제 탄현이 아니라 하더라도 '이치 남쪽 5리 탄현 설' 또한 한 번쯤은 고려해볼 만한 조건은 된다는 뜻이다. 남이면으로 돌아서 운주-양촌을 거쳐 가는 것보다는 진산-이치-운주-양촌의 노선으로 진군하는 것이 공격자의 입장에서는 한결 이점이 많다. 물론 부암리와 만악리에서는 서쪽 진산·이치로 수월하게 갈 수 있다. 이치에서 진산면 만악리·부암리와 복수면의 경계까지는 대략 8km이다.

이번에는 또 다른 가정을 해보자. 만약 신라군이 진산을 거쳐 황산벌로 진군했다고 하면 어떤 상황이 벌어졌을까? 신라 주력군의 한 갈래는 진산에서 벌곡을 거쳐 연산으로 가고, 다른 한 갈래는 벌곡면 덕곡리에서 양촌으로 내려가 완주 고산과 운주 방향에서 오는 백제 지원군을 막는 동시에 별도의 군대를 운주로 보내어 백제군을 앞뒤에서 협공하는 전략을 썼을 수는 있다. 하지만 어떤 경우에도 금산-남이-백령치-운주 노선에 김유신의 5만 군대를 몽땅 투입했다고 보기는 어렵다. 그것은 군사 전략상 너무도 무모하다. 결론적으로 김유신의 신라 주력군은 금산-진산-연산의 노선으로 이동했다고 보는 것이 이치에 합당하다.

이상을 종합하면 결국 신라군의 중심은 ①진산 탄현을 넘어 연산으로 직행하였고, 다른 한 갈래는 ②침현을 통해 대전 지역으로 내려와서 흑석리산성 앞을 거쳐 백제 진현현 및 연산으로 가는 길을 택했을 수 있다. 그리고 또 한 갈래는 ③진산-이치-탄현(이치 남쪽 5리)-산북리-운주면 소재지-양촌면 소재지로 진군했을 수 있으며, 나머지 일부가 ④금산~주천(싸리재)~장선천~용계원~운주~양촌~황산벌의 노선을 갔을 수는 있다. 그리고 운주면 장선리의 승적골이 왕건 및 신검 군대가 대치하던 때에 나온 지명이 아니라면 운주-양촌을 거쳐간 김유신 군대의 일부와 계백 군대가 맞닥뜨린 곳으로 이해할 수 있을 것이다. 그러므로 이제부터는 오다쇼고, 홍사준 등이 주장한 백령치-운주 쑥고개-운주-양촌의 신라군 진격 노선은 아예 상정하지 않는 게 좋겠다. 다른 모든 길을 다 포기하고 굳이 그 길로만 가야 할 이유가 없거니와 그보다는 금산-진안 주천-싸리재-운주로 가는 길이 훨씬 안전하고 보병과 기병의 이동에 수월하며 거리도 한결 짧다. 차라리 진안 싸리재를 김유신의 3군 중 좌군의 진격로로 고려해볼 수 있겠다. 하지만 무엇보다도 백제 홍수가 "炭峴或云沈峴"(탄현을 혹은 침현이라고도 한다)고 말한 내용에 충실하게 이해하면 진산 교촌리 숯고개가 신라 주력군(중군)이 통과한 백제 탄현이고, 진산 막현리 침현은 김유신의 우군이 통과한 길로 볼 수 있다. 이들이 바로 김유신의 신라군이 황산벌로 나간 3도 三道이고, 거기에 맞춰 계백의 3영도 설치되었던 것이라고 보는 바이다.

3. 주류성의 실체와 의미 그리고 그 위치에 대하여

　지금까지 주류성周留城의 위치와 관련된 여러 가지 논의를 모아보면 대략 그 후보지가 전북 서부와 충남 지역에 집중되어 있다. 백강의 위치를 함께 고려하여 내놓은 주장들이지만 믿을 수 있는 견해는 없다. 아주 오래전에 서천 길산천을 백강으로 보아 그 인근에 주류성이 있었을 것이라고 하여 백강 및 주류성을 서천舒川으로 보는 견해가 제기된 적이 있다. 그 외에도 장항읍이나 한산韓山 어딘가에 있었다고 보는 견해, 그리고 동진강·만경강·곰소만(줄포만) 등을 백강으로 보는 전북 부안설扶安說과 변산설, 충남 홍성洪城 또는 부여扶餘 충화면忠化面 등지로 보는 여러 가지 주장들이 뒤엉켜 있는데, 이처럼 어지러운 주장들이 나온 까닭은 주류성과 백강의 위치를 전혀 파악하지 못했기 때문이다. 거기다가 한때 '두량윤성豆良(陵)尹城'을 주류성의 별칭이라고 보는 주장까지 나와 줄곧 혼란을 부추겼다. 이런 식으로 주류성을 백강白江과 연관 지으면서 여러 가지 억측이 나왔다. 백강과 주류성에 대한 세밀한 분석과 연구가 없었으니 백제 멸망기의 사정을 제대로 이해할 수 없었다. 그 가장 근본적인 문제는 관련 자료에 대한 기초적인 이해조차 없었으며, 남아 있는 사료를 누구 하나 제대로 분석하고 꼼꼼히 들여다보지 않은 데 있다. 그러므로 이제까지 나와 있는 주류성 및 백강 관련 논문이나 연구서는 그 내용이 근거도 없고 허황된 주장에 그친 것들이 대부분이어서 이런 것들은 모두 폐기처분하고 이제

부터 다시 시작해야 한다.

우선 향찰에 대한 깊은 지식이 없었던 것이 가장 큰 문제이다. 그래서 주류성의 의미가 무엇인지를 전혀 파악하지 못하였다. 향찰에 대한 이해가 없었기 때문에 주류성이란 이름에 대한 기본적인 연구가 이루어지지 않았고, 그 때문에 주류성이 어디인지, 그 위치를 아무도 접근하지 못했다. 주류성의 周留가 어떤 의미인지, 나아가 그곳이 지금의 어디인지에 대한 논의 자체를 그간 아무도 하지 못했다. 향찰뿐만 아니라 지명과 한국 고대어에 관한 깊은 이해, 나아가 다양한 연구방법에 대한 탐색이 없었기 때문에 주류성은 물론 백강·기벌포의 위치조차 파악하지 못하고 지금껏 백제사 최대의 수수께끼로 남아 있게 된 것이다.

그래서 주류성과 백강이 어디냐고 물으면 다들 얼버무린다. 지금의 사정을 한 마디로 짚는다면 주류성과 백강 문제는 '연구 포기상태'이다. 아는 이가 없고, 알려고 죽을 힘을 다해 연구하는 이도 없다. 연구논문이라고 내놓는 것들도 대개는 같은 내용을 말만 바꾸어서 저희끼리 서로 베낀 것들이다. 참으로 후안무치한 노릇이다.

그러면 周留城(주류성)이란 이름은 어떤 뜻을 갖고 있으며 그곳은 과연 지금의 어디인가? 이것은 고대 지명에 대한 문제인 동시에 백제 향찰에 관한 문제이다. 이 어려운 과제를 풀기 위해서는 여러 가지 방법과 도구를 동원해야 한다. 그중에서도 우선 향찰에 대한 이해가 있어야 한다. 백제 향찰에 유의해가며 주류성의 의미를 하나하나 해체해 보기로 한다.

먼저, 주류성이 갖고 있는 분명한 사실 하나는 있다. 주류성은 국권을 되찾기 위해 백제 유민들이 결집해 부흥 운동을 주도한 부흥 백제의 왕성이었다는 것이다. 복신과 도침은 처음부터 그곳에서 부여풍을 왕으로 추대하고 부흥 운동을 주도하였다. 663년 9월 8일, 항복으로 성이 함락될 때까지 백제 이외의 나라가 주류성을 차지한 적이 없다. 처음부터 끝까지 백제의 땅이었으므로 周留城은 백제의 향찰(표기법)이 반영된 지명일 수밖에 없다.

그리고 따로 설명하였지만 "남방이정 회군북벌"(南方已定 廻軍北伐)이란 구절과 더불어 "북방성은 웅진성"(北方曰熊津城)이라고 한 『북사』 백제전으로 알 수 있듯이 주류성은 사비(부여) 도읍기 백제의 북방성北方城 관할 지역 가운데 북부에 있어야 한다. 임존성은 서부의 중심이었으니 북부의 주류성은 자연히 서부의 동쪽에 있어야 한다. 그렇다면 그곳은 아산 천안과 연기(세종) 및 청주 지방을 포함한 지역이 될 것이다.

'周留城'의 백제 향찰 및 한자 의미 서로 달라

앞에서 밝힌 대로 당연히 周留城은 백제식 향찰이 반영된 지명이므로 그 의미를 백제어로 풀어야 한다. 그러나 그에 앞서 알아둬야 할 게 있다. 周留城은 한자 본래의 의미와 백제 향찰로 해석할 때의 의미가 서로 다르다는 점이다. 다시 말해서 周留城은 '①완전한 한문식 지명'이면서 ②백제 향찰을 적용한 이름이라는 것이다. 그러면 먼저 周留城의 의미가 무엇인지에 대한 검토가 필요하다. 周留城이란 이름 가운데 의미를 갖고 있는 글자는 周留이니 그 글자들을 따로 살펴본다.

'주류성周留城'의 周는 '두루'라는 뜻이고 留(류)는 '머물다'는 의미. 그리고 城의 소릿값은 '성', 그 의미는 Castle이다. 따라서 '주류성周留城'을 한자 본래의 의미 그대로 풀면 '두루 머무는 성'이다. 다시 말해서 '백제의 모든 사람이 두루 머무는 곳'이다. 『구당서』 유인궤전에 '周留賊之巢穴'(주류성은 적의 둥지이며 소굴)이라고 한 설명에 합당한 이름이다. 그 뜻으로 보면 周留城이란 이름은 全歧(전기), 전성全城을 재해석하여 만든 이름으로서 사비성 함락과 의자왕의 항복 이후 백제 유민들의 국권 회복 의지를 담은 지명으로 봐야 할 것이다.

그런데 周留城이라는 지명은 한자로 포장된 겉뜻도 중요하지만 속뜻이 더 중요하다. 그것을 알려면 백제 당시의 향찰표기 방식과 차음법에 대한 이해가 필요하다. 차음법은 한자의 소릿값을 빌려 우리말을 표시하는 방식. 백제 시대 한자 소릿값은 한나라 시대의 음가인 한음漢音과 남방 오음吳音, 그리고 일부 당음唐音을 혼용하였다. 하지만 향찰표기에서만큼은 한대漢代의 소릿값을 적용하였다. 우선 한나라 때 귀족사회의 한자 소릿값을 기록한 『설문해자』에 의하면 周의 소릿값은 '쥬'였다. 『설문해자』는 그것을 '職留切(직류절)'로 표기하였다. 이것은 반절反切로서 우리말 소리 '쥬'라는 소릿값을 나타낸 것이다. 반절反切이란 한자 두 글자를 가지고 소리를 표시하는 방식이다. 두 글자의 소리를 각기 반으로 나누어 앞글자의 앞소리[前音]와 뒷글자의 뒷소리[後音]를 하나로 붙여서 발음하도록 한 표기법이다. 따라서 위 첫 자음은 職(직)의 첫소리 '지'를 택하고 뒤의 留(류)는 반으로 자른 뒷소리 'ㅠ'만 쓰고 나머지는 버리는 방식이다. 그렇게 하여 두 소리를 합성하면 周의 한자음 소릿값[音]은 '쥬'가 된다. 물론 이것은 2천 년 전의 소릿값이지만 조선 시대까지도 대략 같았다.

그러나 백제인들은 충실하게 순수 한자 및 한문 구조에 따라 '쥬류성'이나 '주류성'이라고 읽어주기를 바라고 周留城이라고 표기한 게 아니다. 먼저 향찰로 읽을 때, 周는 그 자체로 '두루'라는 뜻을 갖고 있는 한자이다. 즉, 소릿값이 '주'이고 그 뜻은 '두루'이다. 한두 세대 전까지만 해도 '두루'는 '모두'의 의미로 널리 쓰였다. 하지만 무엇의 '둘레'를 의미하는 경우도 있다. 백제 향찰로 周留는 '두루'의 표기이며 周留城은 두루성이다. 백제어로는 '두루기'.

향찰표기에서는 한자의 ⓐ소리만을 빌려 쓰는 경우가 있고, ⓑ뜻을 담아 향찰을 섞어 쓰기 위해 선택할 때도 있다. 그중에서도 周留城은 한자와 향찰을 혼합한 표기이니 그 작명법에 따라 해석해야 하며, 또 그에 맞게 읽어야 한다. 다시 말해서 周留城의 한자음과 한자 뜻 그대로 읽는 방법과 더불어 백제 향찰 두 가지로 다 읽어봐야 이 지명에 실어놓은 백제인들의 의도를 뚜렷이 알 수 있는 것이다.

그러면 백제 향찰 표기법으로 '周留'를 이해하면 어떤 방식의 해석이 가능할까? 그에 대해 좀 더 자세한 설명을 붙이자면, 각기 글자의 쓰임새와 향찰이 지시하는 의미가 따로 있다.

먼저 周에 대해서이다. 周는 백제어 '두루'의 뜻을 빌린 글자임을 앞에서 밝힌 그대로이다. 다음은 그 뒤에 오는 留이다. 留는 '머무른다'는 한자의 본뜻도 중요하지만 '류' 또는 '루'라는 소릿값을 나타내기 위해 빌린 글자이다. 즉, 周留로 써서 '두루'라는 소릿값의 기준을 제시한 것이다. 周의 본뜻은 우리말로 '두루'이다. '주류'라는 소릿값이 아니라 백제 향찰 '두루'로 읽어야 한다고 지시하는 글자가 뒤에 받쳐 쓴 留라는 글자이다. 周 한 글자로써 '두루'라는 뜻을 나타낼 수도 있으나 뒤에 留를 받쳐 적어서 향찰 '두루'로 읽어야 함을 한층 분명히 한 것이다. 이처럼 周留의 周를 '두루'로 새겨야 함을 留가 지정하고 있으니까 이 경우 留는 '두루'의 '루'를 나타내기 위해서 향찰 훈독에 필요한 일종의 지시어라고 이해하면 된다.

여기서 또 한 가지 의문이 있을 수 있다. 留 대신 流나 類·柳 또는 樓와 같은 글자를 쓰면 안 되는가 하는 점이다. 안 될 것은 없다. 留 대신 柳나 類와 같은 한자를 써도 문제가 없었다. '루' 또는 '류'라는 소릿값을 가진 한자면 된다. 그런데도 周留城으로 표기한 것은 이왕이면 留를 써서 그 글자 고유의 '머물다'는 의미를 보태 줌으로써 뒤의 城과 호응관계를 갖도록 배려하였다. 즉, 성은 성이되 여럿이 두루 머물며 지키는 성이란 한자뜻 본래의 의미를 부여한 것이다. 이왕이면 소릿값 '루' 또는 '류'를 표시하는 동시에 '많은 사람이 머무는 공간'이란 점을 강조하기 위해 '머물 류留'를 선택했으니 그것이 가장 잘 어울리는 궁합이라고 할 수 있다.

그다음으로 백제에서는 城을 '기'라고 하였으므로 周留城을 순수 백제 향찰로 읽으면 '두루기'이다.[71] 백제가 마한 땅에서 그 세력을 키웠으니 '두루'는 본래 백제어가 아니라 그 이전의 마한어였을 가능성도 있다. 백제에서 城을 '기'라는 소릿값으로 쓴 사례가 충남 홍성군 결성면結城面의 백제 시대 이름 結己郡(결기군) 그리고 청양군 정산면定山面의 백제명 悅己郡(열기군)이다. 신라인들은 성城을 '재' 또는 '잣'으로 불렀으며, 일본어에서는 き(키) 또는 しろ(시로)라고 한다. 일본어의 き(키)는 백제어 '기'가 일본으로 건너가서 그대로 정착한 결과인데, 다만 그 표준음을 후대에 '키(き)로 확정했을 뿐이다.

周留城이 백제 향찰로 '두루기'의 표기였다는 사실을 정확히 파악한 사람은 안재홍(安在鴻, 1891~1965)이다. 그는 자신의 저서 『조선상고사감朝鮮上古史鑑』에서 周留城은 '두룻기'의 표기[72]라며 사이시옷까지 적용하여 발표했는데, 아마도 지금의 한글맞춤법에 따라도 '두룻기'라고 해야 할 것 같다.[73] 이처럼 안재홍은 周留城(주류성)에서 백제어 '두루기'를 정확히 추출

---

71) 고구려에서는 성이라는 의미로 溝婁(구루)라는 말이 사용되었다(『三國志』).

72) 안재홍은 "'周留'는 '두루'의 吏讀이니 周留城으로 쓰고 '두룻기'라고 읽는다"고 하여, 향찰 대신 '이두'라는 개념으로 받아들였는데, 그것은 이두가 아니라 향찰표기법이다.

73) 안재홍은 『조선상고사감』에서 김유신전의 豆率城에 보이는 豆率을 "'두리'의 寫音이니 現語에도 周邊을 '邊두리'라고 重層語를 쓰는 例 있다."라며 豆率을 '두솔'이 아닌 '두룰'의 소릿값으로 읽었다. 하지만 그는 "周留는 '두루'의 표기이니 周留城으로 쓰고 '두룻기'로 읽었으며 邊의 뜻 '두리'도 주류성의 '두루'와 통한다"라며 훌륭한 해석을 해놓고도 邊山을 '두리山'으로 이해하고, 扶安郡 邊山 禹金巖山城이 주류성이라

해냄으로써 향찰에 대한 이해와 깊은 안목을 보여주었다. 그러나 안타깝게도 그는 지금의 전북 부안 위금암산성이 주류성일 것이라는 이마니시류 今西龍 등의 견해에 동조하는 실수를 저지르고 말았다. '두루'의 변형된 형태가 '두리'라고 보고, 이것을 다시 '변두리'에 연결 지어 우리말 '변두리'의 조어造語 방법이 '邊+두리'에 있다고 믿어 그 '두리'가 '두룻기'의 '두루'라고 잘못 적용한 것이다. 그리고 그것을 邊山(변산)에 갖다 대고, 변산반도 위금암산성이 주류성이었을 것이라고 주장하였다. 하지만 바로 거기서부터가 잘못이었다. 이처럼 초기 연구자들은 주류周留를 '변두리'의 뜻으로['邊+두리'(邊=두리)] 보았기 때문에 주류성이 전북 부안의 변산邊山에 있었다는 엉뚱한 주장이 나왔다. 전북 부안군 위금암산성의 주류성 설을 따른 것[74]이지만 '두루'와 '두리'는 엄연히 다른 말이다. 사물의 가장자리를 가리키는 '두리'가 '모두' 또는 '둘레'를 뜻하는 말 '두루'와 같은 수는 없다. '두루'는 '두루두루'의 '두루'이다.

그러면 '두루기'는 무슨 뜻을 갖고 있는 말일까? 주류성의 의미를 알면 그것을 토대로 이제 우리는 두루기·주류성의 위치도 찾아낼 수 있지 않을까? 그러려면 먼저 '두루기'가 무슨 의미인지를 알아야 하건만 안재홍은 그것까지는 몰랐다. 여기서 '두루기'가 무슨 뜻인지를 다시 한 번 더 새겨야 '주류성'의 의미를 정확히 이해할 수 있고, 그 위치 또한 밝혀낼 수 있다. 사실 그것이 周留城의 본뜻을 아는 데 가장 중요하다. 그 본래의 뜻을 알려면 여기서 또 다른 시도가 요구된다. 周와 의미가 같은 한자를 비교해 보는 것이다. 우리말 '두루'의 뜻을 갖고 있으면서 한자 周와 그 의미가 같

하여 변산 우금암산성에 갖다 대는 실수를 저질렀다.

74) "扶餘福信의 血戰場인 周留城도 '두루'城 또는 '두리'城으로서 邊山의 古名 '두리山'에 因함이니 …….
(『朝鮮上古史鑑』, p.218) [5.周留城과 禹金巖山城, 「조선상고사감(朝鮮上古史鑑)」 p.219~223]

거나 대략 비슷한 한자어는 대략 세 개가 더 있다. 全과 遍(편), 徇(순)이다. 이들은 모두 다 같은 의미로 쓸 수 있다.

먼저 遍(편)이라는 글자에 대해서이다. 이를테면 遍在는 '두루 존재한다'라는 뜻이다. '어떤 물건이 두루 널려 있다'라고 말할 때 그것을 '遍在(편재)'라는 말로 손쉽게 정리한다. '두루 널리 존재한다'라고 할 때의 遍('두루')이 周의 실제 의미와 거의 같다. 徇(순)도 遍(편)과 거의 같은 뜻으로 쓰인다.

그다음으로는 全이라는 글자이다. 全은 '전체'를 의미한다. 그 역시 '모두'의 뜻이며, '모두'라는 어휘를 쓰기 전의 아주 오랜 옛날에는 全을 '두루'라는 말로 해석하였다. 지금은 全의 훈訓과 음音을 '온전 전'이라고 읽고 있지만, 周와 마찬가지로 '모두·모든·온전한 것·전체'를 가리키며, 그것을 우리말 '두루'로 간단히 대신할 수 있다. 즉, 周 대신에 호환이 가능한 한자는 遍과 全, 徇이 대표적이다.

이상의 기본지식을 바탕으로 '두루기'(두룻기)를 다시 한자로 치환하면 그 의미를 보다 분명히 알 수 있을 것이다. '기'는 백제어에서 城이니 주류성의 본래 의미를 알아내기 위해 이번에는 다시 '周留城'의 周留 대신에 각기 遍과 全을 대입해보자. '두루+城'의 관계에서 周城, 遍城, 全城의 세 가지 결과를 얻을 수 있다. 이 중에서 사람의 성씨로도 쓰고, 널리 범용할 수 있는 경우의 수이자 실제 백제 지명을 구하면 全城이란 지명을 취할 수 있다. 그것을 백제 표기명으로 바꾸면 全歧(전기)이다. 백제 시대 지명 全歧의 우리말 소릿값이 '두루기'이다. 다시 말해서 '두루기'는 한자명으로는 全城(전성)이다. 백제 구지현仇知縣의 현성이 바로 전성이었다. 그러면 全歧·全城·두루기의 실제 의미는 무엇일까? 전씨성全氏城이다. 백제에서 전씨 일가에게 내준 봉지封地의 통치 중심이었던 全歧를 백제인들은 '두루기'로 읽었던 것이다. 그런데 당군과 신라군의 백제 침공으로 사비성이 함락된 뒤, 국권 회복과 백제 부흥을 기치로 내건 이들은 '두루기'에서 힌트를 얻어 "두루(周) 머무는(留) 성城"이라는 한자 이름으로 간판을 바꿔 달고, 백제인들의 단결을 부르짖은 것으로 이해할 수 있다.

지금까지 설명한 '周留城'의 지명 관련 내용을 간단히 정리하면 다음과 같다.

① 순한문식 지명으로 이해하는 경우 : 주류성周留城은 '(백제인이) 두루 머무는 성'

② 향찰 지명으로 이해하는 경우 : '두루기'의 향찰표기. 성주 전 씨 일가의 성인 全城, 全岐를 백제인들은 '두루기'라고 불렀다.

周留城은 백제 향찰 '두루기', 豆率城은 신라 향찰 두루성(두루기)

다음은 신라의 향찰표기 방식에 대해서 알아봐야 하겠다. 주류성周留城이 '두루기'(두룻기)의 향찰표기이며, 주류성과 豆率城이 같은 곳임을 어떻게 증명할 수 있을까 하는 문제이다. 이것을 풀려면 신라인들이 전한 豆率城이란 이름을 이용해야 한다.

삼국시대 백제와 신라·고구려·가야는 모두 자신들의 글자가 없었으므로 한자의 소릿값이나 뜻을 빌어 우리말을 표기하는 향찰을 썼다. 그러나 그 표기 방식은 사람(표기자)마다, 나라마다 각기 조금씩 달랐고, 전혀 다른 경우도 많았다.

豆率城이란 지명은 아래 A), B) 예문에서 보듯이 『삼국사기』 김유신전에 두 번 나온다.

A) 용삭 3년(663) 계해에 백제의 여러 성이 몰래 부흥을 꾀하였다. 그 우두머

리가 豆率城을 근거로 삼아 왜에 군사를 보내어 원조를 청하였다. 대왕이 몸소 김유신·김인문金仁問·천존·죽지竹늘 등 장군을 이끌고 7월 17일에 정벌하러 나갔다. 웅진주熊津州에 주둔하여 수비하는 유인원과 병사를 합쳤다.[75]

B) 용삭 3년 8월 13일에 豆率城에 이르렀다. 백제군이 왜군과 함께 진영에서 나왔다. 우리 군대가 힘써 싸워 크게 이겼다.[76]

이것은 주류성 공성전 당시의 사정을 기록한 기사이다. 여기서 말하고 있는 豆率城이 백제의 주류성이다. 그런데 이 문제를 접하면서 우선 豆率城을 어떻게 읽어야 할지 망설이게 된다. A)의 其渠帥據豆率城(그 우두머리가 주류성을 근거로)과 B)八月十三日 至于豆率城(8월 13일 주류성에 이르다)이란 구절에서 보듯이 주류성을 豆率城으로 기록하였는데, 우리가 알 수 있는 것한 가지는, 이것이 신라 향찰 표기법이 적용된 이름이라는 사실이다. 그것을 대개 '두솔성' 또는 '두율성' 등으로 읽고 있지만, 과연 그것이 맞는 걸까? 결론부터 말하자면 향찰에 대한 이해가 없다 보니 그렇게 읽어 왔다.

다음으로, 豆率城이란 표기법에서는 率 앞에 놓은 豆가 더 중요하다. 이것을 '콩'이라는 뜻으로 새기지 않는다. 단지 한자음 '두'를 저장해두기 위해 그 소릿값만을 차용하였기 때문이다. 문제가 되는 것이 그다음의 率이란 글자이다. 率은 대략 '률·율·솔'의 세 가지 소릿값으로 통용되고 있는 한자이다.

먼저, '솔'로 읽는 경우 '사람을 거느리다' 또는 '복종하다', '따르다'라는 의미를 갖는다. '引率(인솔)하다'라는 말이 대표적인 사례이다. 다음은

75) 龍朔三年癸亥 百濟諸城潛圖興與復 其渠帥據豆率城 乞師於倭爲援助 大王親率庾信 仁問天存竹旨等 將軍 以七月十七日征討 次熊津州 與鎭守劉仁願合兵(「三國史記」 42 列傳 2 金庾信 中)

76) (龍朔三年) 八月十三日 至于豆率城 百濟人與倭入出陣 我軍力戰大敗之(「三國史記」 42 列傳 2 金庾信 中)

무엇의 비율比率을 뜻할 때인데, 이 경우 '율(률)'로 읽는다. 세 번째로는 법이나 法律(법률) 또는 정해진 규칙이나 규정을 가리킨다. 그렇지만 이 외에도 사물의 수효를 셀 때는 '루'로 읽는다. 우리가 향찰을 해석할 때는 적용 가능한 소릿값을 모두 다 써봐야 한다. 率이라는 한자가 갖고 있는 소릿값에 충실하게 읽으면 ①두율성(두률성) ②두솔성 ③두루성의 세 가지 결과를 얻을 수 있다. 그러면 이들 세 가지 소릿값 중에서 신라 측 표기자는 어떤 소릿값을 선택한 것일까? '루'라는 한자음을 택한 것으로 볼 수 있다. 백제인들이 周留城을 주류성이라는 한자음 외에 향찰 '두루기'로 읽었듯이 신라인들은 豆率城으로 써놓고 똑같이 '두루성'으로 읽었던 것이다. 백제인들이 부르는 대로 '두루기'라고도 하였을 것이다.

　이런 차용법을 활용한 신라인은 한자와 한문에 아주 능숙한 지식인이었다. 그러나 그 소릿값을 정확하게 따로 지정해두지 않았으므로 오늘에 와서 두솔성·두율성·두률성으로 읽는 줄만 알았지, 그것이 백제어 '두루기(=두루성)'의 한자표기인 줄은 몰랐던 것이다. 신라인 표기자는 일부러 쉬운 글자를 두고도 率이란 글자를 택해 자신은 '루'라는 소릿값을 실어놓고, 읽는 이의 혼동을 유도하려 한 것 같다. 그래서 때로는 향찰 표기상의 이런 문제를 거꾸로 이용해서 군사작전이나 밀서 등에 활용하는 경우도 더러 있었다. 백제인들이 周留城·全歧·全城·두루기 등으로 부르던 이름을 제쳐두고 豆率城이란 지명을 사용한 데는 무슨 이유가 있을까? 신라와 사비도성의 당군 사이에 비밀문서나 첩보를 주고받으면서 비밀이 노출되는 만약의 경우를 대비하여 신라는 周留城 대신 豆率城이란 향찰 지명을 통용한 것일 수도 있겠다.

　이상을 정리하면, 백제의 성 豆率城은 신라식 향찰 표기명으로서 이것 역시 '두루성'(두루기)의 한자 차용 표기였다. 즉, 빌린 글자는 다르지만 周

留城과 豆率城은 둘 다 백제 지명 '두루성'(두루기)의 표기인 것이다. 이 豆率城이 '두루기'의 향찰표기라는 사실조차 모르고 豆率城이 豆良尹城(두량윤성)의 다른 이름일 것이라고 주장하며 그간 헛된 노력과 시간을 낭비한 이들이 많았다.

앞에서 豆率城이 주류성周留城의 신라 향찰 표기명이며, 전성全城임을 알아냈다. 성주城主 전 씨 가문에 주어진 봉토로서 본래 전기全岐 또는 전성全城이었는데, 어찌해서 全城 또는 전기全岐로 쓰지 않고 '두루기'라는 의미의 周留城으로 쓴 것일까? 앞에서 이미 설명한 대로 '백제인 모두가 모여 있는 성'이라는 의미를 강조함으로써 민심의 결집과 백제 부흥 의지를 고양하고, 백제인들의 적극적인 부흥 운동 참여와 호응을 유도하기 위해 향찰 周留城으로 바꿔서 표기한 것이라고 이해할 수 있다. 사비도성 함락과 의자왕 이하 왕족과 귀족 등 12,800여 명의 백제인들이 포로로 잡혀가고 난 뒤에 백제인 모두의 동참을 바라는 의미에서 全歧나 全城 대신 周留城이라는 이름을 앞세웠을 것인데, 그러면 여기서 우리는 왜 후일 전성全城을 다시 전의全義로 개칭하였을까 하는 의문을 갖게 된다.

백제 시대에는 중앙의 유력 성씨들을 중심으로 분봉제도分封制度와 성주제가 확립되어 있었다. 그 하나의 예로 『구당서』 소정방전에 "그 대장 예식이 또 의자왕을 데리고 와서 투항하였다. 태자 륭과 '모든 성주들'이 함께 관인을 보내왔다."[77]라고 하여 '諸城主'(제성주)라고 한 표현이 있다. 예식진이 의자왕을 묶어가지고 공주 공산성을 나와서 태자 부여륭 및 '여러 성주'와 함께 항복의 표시로써 사비성의 소정방에게 성주들의 관인官印까지 바친 사실을 전하는 기사이다. 성주의 관인을 바치는 것은 항복의례 과정에

---

77)   … 其大將禰植又將義慈來降 太子隆幷與諸城主皆同送款 …

서 자신의 통치기반을 완전히 이양한다는 상징적인 의미를 갖고 있다.

간단한 이 기록만 보더라도 백제에서 성주제城主制가 시행되었음을 알 수 있다. 또 흑치상지 묘비명에도 '성주'라는 용어가 등장한다. 백제에서는 분봉제를 시행하였으며, 분봉지(Feudal)를 다스리기 위한 군현의 성에 치소治所를 설치하여 통치했음을 미루어 알 수 있다. 분봉과 성주제는 이성異姓 제후를 통한 지배 방식인 만큼, 이런 몇 가지 기록으로 보더라도 周留城이 全城(전성)의 다른 이름이고, 全城이 백제 시대 全氏(전씨)의 봉지封地(Feudal)였음은 분명하다. 그렇다면 그것은 백제 사회에서 정치·사회사적으로 어떤 의미를 갖는 것일까? 백제가 이성제후들을 통해 봉건제를 유지하고 있었던 사실은 백제 사회의 지배구조를 이해하는 데 대단히 중요한 측면을 제시한다.

아울러 흑치상지 묘지명으로 흑치상지가 본래 백제 왕가인 부여 씨扶餘氏 출신이며, 그의 선대先代에서 흑치부黑齒府를 봉토로 받았으므로 '흑치'를 성씨로 삼았다는 사실을 알게 되었고, 이 자료로써 왕족이나 귀족 등 백제인 성씨의 분화과정과 창씨創氏가 비교적 자유롭게 이뤄졌음을 알 수 있었다. 이런 성씨와 가문별로 백제는 전국의 주요 성에 성주를 두어 통치하였다. 백제에서 성주제城主制가 시행되었음을 알 수 있는 자료로서 우선 『구당서』소정방전에 사비성 함락 및 의자왕의 항복과 관련한 다음 내용 가운데 성주란 구절이 있다.

C) "소정방은 사졸에게 명령하여 사비성에 올라가 깃발을 세우도록 하였다. 이에 왕자 태泰가 성문을 열고 머리를 조아렸다. 그 대장 예식(禰植, =예식진)이 또 의자왕을 데리고 와서 항복하였다. 태자 부여륭과 모든 성주들이 함께 관인官印을 보내왔다. 백제는 모두 평정되었으며 그 땅을 6주로 나누었다. 의자왕과 부

여륭, 왕자 태 등을 포로로 붙잡아 낙양에 바쳤다."[78]

웅진성이 북방성의 우두머리인 방령方領이 상시거주하던 곳이고, 웅진방령 예군禰軍의 동생 예식禰植이 주도적으로 의자왕을 포승줄로 묶어서 웅진성을 나와 사비성의 소정방에게 데리고 가서 항복한 것을 보면 660년 7월 당시 웅진성은 예 씨 일가에게 주어진 일종의 봉지封地였을 가능성이 있다. 『한원翰苑』 권30 번이부蕃夷部 백제전의 "군현에 도사를 두고 또한 성주라고 이름한다"(郡縣置道使亦名城主)라고 한 구절이 있어 백제의 군현에 성주로서 도사(道使)라는 직책이 있었음을 알 수 있다. 위 기록대로 해석하면 도사가 곧 성주인데, 그와 달리 "도사는 중앙에서 성과 읍에 파견된 관직이고 성주는 토착 세력"이라고 보는 견해도 있다.[79]

고구려에서도 성주제가 시행되었다. 당 태종의 고구려 침공 당시의 사정을 알려주는 기록으로서 『책부원구』에 "태종 정관 19년(645) 6월 요동을 정벌하였다. 이달 정유일에 백암성을 공격하였다. 이적이 그 서남쪽을 공격하여 태종이 그 서북으로 나아갔다. 성주 손벌음이 몰래 심복을 시켜 항복을 청하였다. ······"[80]라고 한 것이나 설만철이 고구려 박작성을 치러 가는 내용 가운데 "나중에 청구도행군대총관이 되어 갑사 2만 명을 거느리고 내주에서 배를 띄워 고구려를 치러 갔다. 압록수로 들어가 1백여 리를 가니 박작성에 이르렀다. 고구려는 몹시 두려워하여 모두 다 성을 버리고

---

78) 王與太子雖並出城 而身見在 叔總兵馬 卽擅爲王 假令漢兵退 我父子當不全矣 遂率其左右投城而下 百姓從之 泰不能止 定方命卒登城建幟 於是泰開門頓顙 其大將禰植又將義慈來降 太子隆幷與諸城主 皆同送款 百濟悉平 分其地爲六州 俘義慈及隆泰等獻于東都(『구당서』 소정방전)

79) 「백제의 지방통치제도에 미친 중국왕조의 영향」, 『歷史學報』 제232집, 2016. 12

80) 太宗貞觀十九年六月 征遼 是月丁酉 攻白巖城 李勣攻其西南 帝臨其西北 城主孫音潛伐腹心人請降 乃臨堞投刃戲以爲信 曰 奴願降 其中有主者 言曰 以我旗幟示 必 降遝之 城主伐音所遣人得而樹之於城 高麗以爲唐兵登也 衆悉從之[(『책부원구(冊府元龜)』 126 제왕부(帝王部) 126 내항(納降)]

도망하였다. 박작성 성주 소부손所夫孫이 보병과 기병 1만여 명을 거느리고
항거하였다. ……"81)라는 구절 가운데서도 성주란 표현이 나온다. 백제의
사례로 보면 고구려에서도 실력 있는 가문은 주요 성주로 임명되었을 것
이다. 신라 또한 성주제를 시행하였다. 그 한 예가 "(2월) 말갈이 아달성에
쳐들어오니 성주 소나가 힘껏 싸우다가 죽었다. 소나는 백성군(현재의 경기
도 안성) 사산(蛇山, =충남 천안 직산) 사람이다."82)라는 기록이다.

이상의 자료에서 보듯이 고구려·백제·신라 모두 성주제를 시행하였다.
그런데 흑치상지가 임존성의 군장郡將을 지냈다고 하였으니 그것으로 그가
본래 성주였음을 알 수 있고, 全歧(전기) 또는 全城은 백제 전 씨 일가에게
주어진 성읍城邑이었다.

이처럼 전기·전성·전의라는 지명 하나만을 보더라도 주류성은 전 씨
일가에게 준 백제의 봉토封土였던 게 확실하다.

그러면 본론으로 돌아가서, 어떻게 해서 全歧 또는 全城이란 지명이 전
의全義가 된 것일까? 全義로 바뀐 것은 고려 시대의 일인데, 이 지명을 바꿀
당시의 사람들은 全歧(全城)의 성주 전 씨 가계가 백제와 부여 씨 왕실에 대
한 의리를 저버리지 않고 끝까지 신라와 당에 항거한 사실을 잘 알고 있었
다. 전의와 전 씨의 관계, 전 씨들의 백제 부흥 운동에 대해서 잘 알고 있
었기에 이런 지명을 붙인 것이라고 추정할 수 있다.

---

81) 後爲靑丘道行軍大總管 率甲士二萬 自萊州泛海伐高麗 入鴨綠水百餘里 至泊灼城 高麗震懼 多棄城而
遁 泊灼城主所夫孫帥步騎萬餘人拒 萬徹遣右衛將軍裴行方 領步卒 爲支軍繼進 萬徹及諸軍乘之 賊大
潰 追奔百餘里 於陣斬所夫孫 進兵圍泊灼城 其 城因山設險 阻鴨綠水以爲固 之未拔 麗遣將高文 烏骨
安地諸城兵三萬餘人來 援 分置兩陣 萬徹分軍以當之 鋒刃纔接而賊大潰[『冊府元龜』357 장수부(將帥部) 18
입공(立功) 10 설만철(薛萬徹)]

82) (二月) 靺鞨寇阿達城 城主素那逆戰死之 素那白城郡蛇山人 其父沈那 膂力過人 蛇山 境與百濟相錯 故
互相攻擊無虛月 沈那每出戰 所向無堅陣 仁平中 白城郡出兵 往抄 百濟邊邑 百濟出精兵急擊之 士卒
稍却 沈那獨拔劒 斬殺數十餘人 賊懼不敢當 遂引兵走 百濟人指沈那爲新羅飛將 因相謂曰 沈那尙生
莫近白城 …… (『三國史節要』11)

백제 전기全岐의 성주 전 씨 가문은 도침과 복신을 도와 부여풍扶餘豊을 일본에서 맞이하여 국왕으로 세우고 끝까지 신의를 저버리지 않고 백제와 부여 씨 왕실에 충성하였으므로 고려 시대에 백제 전 씨들의 충의를 기려 전씨지의全氏之義라는 뜻에서 전의라는 이름으로 개칭하였으리라고 추정하는 바이다. 끝까지 全氏 일가는 백제의 성주城主로서 부흥 운동에 앞장섰고, 백제와 백제 왕가를 배반하지 않았다. 유교를 바탕으로 한 고대 왕권 국가에서 국왕은 인정仁政을 베풀어 백성을 보살피고 백성은 국왕에게 충의를 지켜야 한다고 믿었다. 국왕과 지배층이 구현해야 하는 이상이 바로 인仁이었고, 그것이 고대 왕권 사회의 지고한 통치이념이었다. 그 한 사례가 조선 궁궐의 인정전仁政殿이다. 왕권국가의 통치이념은 말하자면 인정仁政이며, 그것은 국왕의 신민에 대한 인애仁愛였다고 요약할 수 있다.

이렇게 되면 비로소 연기 비암사에서 나온 '계유명전씨아미타불비상'이 갖는 의미를 가늠할 수 있게 된다. 계유명전씨아미타불비상이나 계유명천불비상은 격동의 백제 멸망기에 전 씨 및 부흥 운동에 참여했던 사람들과 그들의 7대에 이르는 조상과 함께 전쟁 통에 죽은 많은 혼령과 백제 왕 및 왕가를 위로하기 위해 사찰에 봉헌한 것이었고, 그 사찰은 비암사를 포함하여 주류성과 부흥 백제의 왕성이 있었던 현재의 세종시(전의 지역) 일대 어딘가에 세운 전 씨 원찰願刹이었을 것이다. 아마도 그때 불상 봉헌의식과 함께 영산회상과 같은 불교행사도 함께 가졌을 것이다.

이처럼 全城이 백제의 주요세력 중 한 가문이었던 全氏에게 주어진 성이었기에 백제인들은 全城 또는 全岐, 周留城으로 써놓고도 똑같이 '두루기'로 읽었던 것이다. 전의는 조선 시대까지만 해도 중부지방의 요충이었다. 물론 조선 시대의 지명은 全城이었고 책임자로서 부사府使를 두었다. 하지만 백제 멸망 당시의 全城은 현재의 전의만이 아니라 세종시 일대 및

전의읍성 자리에서 보이는 운주산

천안 지역 일부까지도 아우르는 광역 개념이었을 것이다. 당시 대목악군大
木岳郡의 군성郡城이었을 목천토성 또한 부흥 운동에 매우 중요한 거점 성의
하나였을 것이고, 전의면 읍내리 전의향교 옆의 성 자리가 고려~조선의
전성全城이며, 백제의 전기全岐였을 가능성이 높다. 성 둘레는 대략 7~8백m
가량이며 성 안에서는 백제토기라든가 통일신라의 기와 및 옹기편이 확인
된다. 참고로, 전의 신방리 이성산(240m)에는 이성산성李城山城이 있어 이곳
도 고려 이후에 전성으로 사용된 적이 있지만, 그곳은 전의 이 씨(예안 이 씨)
의 시조 이도李棹가 살던 곳이어서 이성이라는 이름이 붙었다.[83]

　주류성(=전성, 전의면·전동면·소정면·연서면 지역)이 있던 과거 전의는 고려와

---

83)　『동국여지승람』 전의현 고적 조에 "이성은 운주산 북쪽 봉우리에 있으며 석축성이다. 세상에 전해오기를
　　이도가 옛날에 그 안에서 살았다고 한다. 성 둘레는 1,184척, 안에는 우물 한 곳이 있다."(李城在雲住山北峯
　　石築世傳李棹故居其中 寬敞 周一千一百八十四尺內有一井今廢)라고 되어 있다.

전의읍성 자리에 있는 전의향교

조선을 거치면서 많은 변화를 겪었다. 『신증동국여지승람』 권 18에는 "고려 때 전의全義를 연기燕岐와 합쳐 전기全岐라고 했다"라고 기록하였다. 그렇지만 전해오는 여러 가지 지리서의 기록을 대입해보면 全義는 본래 백제 시대에 전기全岐(두루기)였으며 고려 때에 다시 全岐로 회귀한 것 같다.[84] 『세종실록지리지』에도 연기현燕岐縣은 조선 태종太宗 때 全義와 통합하여 全岐로 바뀌었다고 하였다.[85] 군현 통폐합에 따라 燕岐(연기)의 일부를 全義와 통합하여 全岐로 개편한 것이라는데, 명칭만으로 보면 全岐는 全城이고, 燕岐는 燕城(연성)이다. 현재의 청주시 지역이 독립하고 나머지 연기군 일부를 행정구역 개편 등에 따라 전의에 붙여버린 결과였다. 고려 현종 때

---

84)　燕岐郡 建置沿革에 "本百濟豆仍只縣新羅改今名燕山郡領縣高麗顯宗屬清州明宗置監務後以木州 … 太宗十四年幷于全義改稱全岐 …"라 하고 郡名을 豆仍只 또는 全岐라고 설명하고 있다.

85)　燕岐縣本百濟豆仍只縣新羅改今名爲燕山郡領縣 … 太宗甲午幷於全義改稱全岐

전의향교에서 전의읍성터 추정 장대지로 가는 길

만 해도 청주 지역이 연산군(연기군)에 속해 있었고, 명종 이후엔 일부 남은 연산군이 목주木州에 편입되었다. 또 충북 회인이 본래 연기군에 속해 있었던 사실로 보아 충북 보은의 남쪽 지역인 회인과 문의 등을 포함한 산간 지역 및 증평 이남의 많은 지역이 본래 백제의 두잉지현豆仍只縣(연기군의 전신)이었던 것으로 추정된다. 물론 신라의 삼국통일 이후 여러 차례 통폐합 등 행정구역 조정에 따라 연기군의 범위가 크게 줄어들었지만.

　다음으로 주류성의 위치와 관련하여 문제가 하나 더 남아 있다. 여러 기사를 종합해 보면 임존성이 서부의 중심성이었음은 의심의 여지가 없다. 중국 측의 『구당서』와 『신당서』를 비롯한 모든 기록에는 북부의 부흥운동 중심지를 주류성으로 전하고 있다. 당나라에서 주류성을 周留城(두루기)이라고 쓴 것은 상당히 정확한 근거를 바탕으로 하였을 것이다. 그리고 『삼국사기』 백제본기 의자왕 20년 조에도 주류성으로 기록하였다. 물론 『삼국사기』 문무왕 3년 5월 조에도 "문무왕이 김유신 등 28명의 장수들을 거느리고, 그들과 합세하여 두릉윤성豆陵尹城과 주류성周留城 등 여러 성을 함락시켰다. 부여풍은 몸을 빼내어 달아나고 왕자 충승忠勝과 충지忠志 등은 무리를 이끌고 항복하였다. …"라며 주류성으로 기록하였다. 이 기록으로부터 두릉윤성이 주류성이 아님을 명확하게 알 수 있지만, 『일본서기』에는 주류성도 아니고 두루성豆率城도 아닌 주유성州柔城으로 되어 있다. 그런데 주유성州柔城을 왕성이라고 하였으니 그 기사를 그대로 신뢰한다면 '州柔=周留=豆率'의 등식이 성립될 수 있다. 만일 州柔가 周留를 대신한 것이라면 州柔城을 周留城으로 이해할 수 있다. 州柔는 일본 향찰, 周留는 백제 향찰, 豆率는 신라 향찰인 것이다.

이 외에도 주류성을 지라성支羅城으로 잘못 기록한 사례가 있다. 한진서韓鎭書는 『해동역사海東繹史』 속편續編 「지리고」에서 『삼국사기』의 '支羅城或云周留城'(지라성을 혹은 주류성이라고도 한다)고 한 것은 잘못[86]이라고 지적하였는데, 그것은 한진서의 판단이 맞다. 그런데도 김정호金正浩는 "본래 백제 주류성인데 당나라가 지심주로 고쳤다"[87]라며 '주류성을 지라성이라고도 한다'(周留城一作支羅城)라는 믿을 수 없는 내용을 『대동지지』에 실었다. 그런데 어쩐 일인지 청나라 때 진덕화陳惠華는 『대청일통지大淸一統志』(1743)에서 "주류성은 전주 서쪽에 있다"(周留城在全州西 又西北有加林城)라고 하였다. 압록강 이남의 땅에 한 발짝 발을 디뎌본 적 없는 그가 그렇게 잘못 단정한 바람에 주류성의 위치를 놓고 의견이 분분한 가운데 지금까지 아무도 속 시원한 답을 내놓지 못한 건 아닐까?

---

86) 金氏地志 支羅城云周留城者誤也

87) 本百濟周留城唐改支尋州(『대동지지』 洪州 沿革 편)

4. 전씨아미타불비상과 삼존천불비상

주류성의 백제 유민들 불상을 봉헌하다

앞에서 주류성周留城은 전성全城의 백제 향찰 표기명이며 전성은 곧 '전 씨 성'을 뜻하고, 전의全義란 지명은 '전 씨가 끝까지 백제 왕실에 대한 의리를 지켰다'[全氏之義]라는 의미에서 붙인 이름일 것으로 추리하였다. 『구당서』 소정방전의 '諸城主'(제성주)[88]라는 기록으로부터 백제에 성주제城主制가 시 행되었음을 확인하였다. 전의 및 천안 지역을 관할했던 주류성의 성주 전 씨 일가, 그리고 그들과 뜻을 함께 하여 백제 부흥 운동에 참여했던 이들 은 주류성과 임존성이 함락된 663년 9월~11월 이후에 이제 다시는 백제 를 되살릴 수 없음을 알고 모든 희망을 슬픔 속에 묻었을 것이다.

주류성을 중심으로 한 천안 지역 백제 유민들이 당군과 신라군을 상대 로 3년이 넘도록 항전했던 흔적을 알려주는 유물로서 우리가 주목해야 할 것이 세종시(과거 연기군) 전의면 다방리의 비암사碑巖寺 삼층석탑에서 발견된 3점의 불비상들이다. 계유명전씨아미타불비상癸酉銘全氏阿彌陀佛碑像, 기축명아 미타불비상(보물 367호), 반가사유불비상半跏思惟佛碑像(보물 368호)인데, 물론 그 외에도 과거 연기군(현재의 세종시) 일대에서 발견된 불비상들로서 계유명삼 존천불비상, 연화사 칠존불비상과 연화사 무인명불비상 및 대좌(보물 649

---

88)   其大將禰植又將義慈來降 太子隆幷與諸城主皆同送款

회) 등이 더 있다. 이것들은 모두 백제 멸망 후 주류성을 중심으로 부흥 운동에 참여했던 이들이나 그와 깊은 관련이 있는 사람들이 만든 것이다. 그당시 백제 유민들이 남긴 명문이 있는 불비상 여러 점이 발견된 곳으로는 현재의 세종시(과거 연기군) 지역이 유일하다. 그것은 그만큼 주류성을 중심으로, 장기간에 걸쳐 많은 희생을 치른 백제인들의 집념과 한이 담긴 것으로 파악할 수 있을 것 같다.

특히 계유명전씨아미타불비상의 조성에 참여한 이들로서 맨 첫머리에 나오는 全氏는 주류성의 성주인 전 씨 가계와 직접 관련이 있는 인물이란 점에서 그 의미가 크다. 승려를 제외하고는 나마奈麻, 대사大舍와 같은 신라 중앙 관등을 가진 인명들이 새겨져 있는데, 신차身次 한 사람만은 달솔이란 백제 관등을 그대로 표기하였다. 달솔은 그 정원이 30명으로 제한된 백제의 제2위 관등인 만큼 身次라는 인물은 백제 멸망 후에도 당나라에 잡혀가거나 신라에 투항하지 않고, 살아남은 몇 안 되는 고위층의 한 사람이었을 것으로 추정된다.

더구나 백제 멸망 후에도 달솔이란 관등을 굳이 명기한 것으로 보아 신차身次는 끝까지 신라인이 되기를 거부한 것으로 볼 수 있다. 또 비문 정면에 全氏□□라고 하였으니 전 씨 일가의 주도로 불상이 제작되었을 것이고, 비문 좌측면에 '達率身次願'이라고 한 구절이 있는 것으로 보아 계유명전씨아미타불비상 조성을 주도한 인물 가운데 한 사람인 신차身次의 성씨는 전씨로서 백제 달솔 출신 全身次(전신차)였을 가능성이 있다.

또 진무眞武라는 인물의 성씨는 백제 대성팔족 가운데 하나인 眞氏(진씨)로 판단되며 그는 주류성의 성주 전 씨 일가와 깊은 관련이 있는 인물이었을 수 있다. 진무는 신라의 12번째 관등인 大舍(대사)를 받았으니 본래 백제의 은솔 출신으로 볼 수 있다. 그를 포함하여 계유명전씨아미타불비상 조영과 봉납에 참가한 백제 유민들은 주류성에서 부흥 운동에 참여한 백제 상층의 인물들이었다. 뿐만 아니라 신라 17관등 중에서 11관등인 나마(奈麻 대신 乃末로 표기) 벼슬을 받은 与次, 三久知, 豆兎, 夫信, 上次, 林許 등도 모두 백제의 달솔 신분이었다. 그리고 미차내에 살던 진모씨眞牟氏, 대사 관위官位를 받은 上生, 仁次, □宣, 贊不 등을 포함하여 250명이 백제의 국왕, 대신과 7세 부모 및 중생을 위하여 계유명삼존천불비상을 만들어 바쳤는데, 이 비불상에 오른 인물로서 신라의 12등 관위인 大舍(대사) 벼슬을 받은 이들은 본래 백제에서 은솔 신분이었다.

신라는 순순히 항복한 고위 귀족이 아니면 삼국통일 후 백제인에게 나마 이상의 벼슬을 주지 않았다. 신분이 높은 백제 유민에게 신라 관위官位를 줄 때도 그가 본래 가졌던 백제의 관등을 감안하여 나마 이하의 벼슬을 내주었다. 다만, 일찍 투항한 고위층 인물인 좌평 충상忠常과 상영常永, 달솔 자간自簡 등에게만은 제7관등인 일길찬一吉湌, 은솔 무수武守에게는 대나마의 비교적 높은 관위를 주었다. 또 문무왕 원년(661) 우술성雨述城을 쳐서 백제 부흥군 1천 명의 목을 베어 달솔 조복助服과 은솔 파가波加가 남은 무리들을 데리고 항복하자 조복과 파가에게는 9관등인 급찬의 지위를 준 예가 있다. 그렇지만 이런 사례는 예외적인 것으로 볼 수 있다. 통상 백제인에게는 나마 이상의 벼슬을 주지 않았다.

계유명삼존천불비상 제작에 참여한 250여 명의 인물 가운데 미차내의 진모씨를 비롯하여 上生, 仁次, □宣, 贊不라든가 계유명전씨명아미타불비상을 만들어 바친 이들로서 신라의 나마 벼슬을 받은 与次, 三久知, 豆兎, 夫信, 上次, 林許 등에게서 백제에서의 신분에 맞춰 신라 관등을 내준 원칙을 확인할 수 있는 자료가 다행스럽게도 『삼국사기』에 남아 있다. "백제인들의 관위官位는 문무왕 13년(673)에 백제에서 온 사람들에게 중앙과 지방의 지위를 주되, 그 위계는 본국에서의 관직과 위품을 기준으로 하였다. 중앙 관위 대나마는 본국의 달솔達率에게, 나마는 본국의 은솔恩率에게, 대사는 본국의 덕솔德率에게, 사지는 본국의 한솔扞率에게, 당幢은 본국의 나솔奈率에게, 대오大烏는 본국의 장덕將德에게 주었다. 지방 관위인 귀간은 본국의 달솔에게, 선간은 본국의 은솔에게, 상간은 본국의 덕솔에게, 간은 본국의 한솔에게, 일벌은 본국의 나솔에게, 일척은 본국의 장덕에게 주었다."[89]라는 기록이다. 이것을 바탕으로 불비상의 비문에 나와 있는 백제인들이 본국에서 가졌던 관등과 신분을 쉽게 환원하여 알아볼 수 있는데, 그것을 정리한 것이 다음 〈도표〉이다.

삼국 통일 전 백제 투항인에게 내준 관등

관등	관등명칭(괄호 안의 명칭은 별칭)	백제인으로서 받은 관등
1	伊伐湌(伊罰干, 于伐湌, 角干, 角粲, 舒發翰, 舒弗邯)	
2	伊尺湌(伊湌)	
3	迊湌(迊判, 蘇判)	
4	波珍湌(海干, 破彌干)	
5	大阿湌	
6	阿湌(阿尺干, 阿粲이라고도 한다), 重阿湌부터 四重阿湌까지 있다.	
7	一吉湌(乙吉干)	좌평 충상(忠常)과 상영(常永), 달솔 자간(自簡) 등(태종무열왕 7년 11월 22일에 받음)
8	沙湌(薩湌, 沙咄干)	
9	級伐湌(級湌, 及伏干)	달솔 조복(助服)(大監 직을 받음)
10	大奈痲(大奈末). 重奈麻부터 九重奈麻까지 있다.	은솔 무수(武守)(弟監 직을 받음)
11	奈麻(奈末). 重奈麻부터 七重奈麻까지 있다.	
12	大舍(韓舍)	
13	舍知(小舍)	
14	吉士(稽知, 吉次)	
15	大烏(大烏知)	
16	小烏(小烏知)	
17	造位(先沮知)	

---

89) 『삼국사기』 권 제40 잡지 제9

현재의 세종시 일대 백제 유민들에게 내준 신라 관등(불비상 명문 기준)

순위	백제 관등	신라에서 백제인이 받은 관등			
		백제인	순위	신라에서 받은 경위(京位)	신라에서 받은 외위(外位)
1	佐平		10	大奈麻	
2	達率	与次, 三久知, 夫信, 上次, 林許, □夫, □久	11	奈麻	貴干
3	恩率	眞武, 上生, 仁次, □宣, 贊不, 夫信, 豆兎, 使直	12	大舍	選干
4	德率		13	舍知	上干
5	扞率		14	幢	干
6	奈率		15	大烏	一伐
7	將德		16	小烏	一尺
8	施德		17	造位	
9	固德				
10	季德				
11	對德				
12	文督				
13	武督				
14	佐軍				
15	振武				
16	剋虞				

　백제인 가운데 신분이 높은 이들을 신라가 받아들일 때 적용한 대응 원칙을 되짚어보면 신라의 나마 벼슬을 받은 백제인들은 모두 은솔 신분이었고, 달솔에게는 대나마를 내주었다. 그런데 불비상에서 확인한 백제 유민의 관등은 그보다 한 계급씩 낮다. 이들은 백제의 최상층 인물이었고, 진무를 비롯하여 8명의 대사 벼슬을 받은 사람들도 모두 백제의 은솔 관등을 가진 높은 신분이었다. 달솔에겐 대나마, 은솔에겐 나마 벼슬을 주었어야 하는데, 관등을 줄 때 적용한 대응원칙에서 벗어나 있다. 여기에는 백제 최상의 자리인 좌평은 비록 없지만, 덕솔 이하 신분도 없다. 그래서 백제의 덕솔에게 주어져야 할 신라 13관등의 사지舍知조차 없는 것이다. 다시 말해서 덕솔은 백제 각 군의 군장郡將으로서 700~1,200명의 군사 조직

을 다루던 장수이다. 사찰의 조영과 불상 봉납에 참여한 신분이 백제 유민으로서 덕솔 신분은 한 명도 없고, 모두 은솔 이상이었다는 뜻이 되니 사실상 백제 최상층 유민들이 전의 주류성 일대에서 마지막까지 항전하였음을 미루어 알 수 있는 것이다. 그런데도 달솔 신분의 7명에게는 한 등급 낮은 '나마'를 주었고, 은솔에게 주어야 할 나마 대신 대사 관등을 백제인 8명에게 주었다. 그것은 이들이 주류성에서 끝까지 항전하여 신라 측에 불편한 존재들로 비쳐졌으므로 이들 불비상의 백제 유민들은 원래의 규정보다 낮은 대우를 받았다고 볼 수 있다.

그러면 계유명전씨아미타불비상 및 계유명삼존천불비상과 같은 것은 누구를 위해 제작한 것일까? 부여풍이 부흥 백제의 왕으로서 천안 일대에 있으면서 주류성에서 부흥 운동을 주도하였으니 이런 불상의 조영은 의자왕과 부여륭, 부여풍 등 왕자와 왕족, 귀족 및 백제 유민들의 선조들을 추념하기 위한 것이었다고 봐야 할 것이다. 전의 지역에서 불상 조영을 주도한 이들만 대충 어림해도 7명의 달솔과 8명의 은솔이 확인된다. 그들 모두는 주류성 함락 이후 불상 조영 당시까지 살아남은 백제 고위층 신분으로 볼 수 있다.

또, 계유명전씨아미타불비상의 시주자 명문 중에는 혜신사惠信師와 혜명법사惠明法師가 있어 이들이 불상 조성에 직접적인 역할을 한 것으로 보인다. 애초 승려 도침은 복신과 함께 주류성에서 국권회복(부흥)운동을 주도하였고, 고구려가 당나라에 항전하던 때 승군의 활약이 있었음을 감안하면 백제의 승려들이 승군으로서 부흥 운동에 적극 참여하였을 것으로 보는 것이 타당하다. 따라서 혜신사나 혜명법사는 도침과 부흥 운동을 함께 하였거나 도침과 관련이 있는 승려로 볼 수 있겠다.

계유명전씨아미타불비상과 계유명삼존천불비상은 신라 문무왕 13년

(673) 4월 15일 같은 날짜에 제작되었고,[90] 기축명아미타불비상은 689년(신문왕 9)에 만들어졌다. 연화사무인명불비상 및 대좌는 678년(문무왕 18)에 조성되었으며, 연화사칠존불비상 역시 그 제작기법과 양식상 이들과 비슷한 시기에 만들어진 것으로 보고 있다. 반가사유불비상의 제작연대는 알 수 없으나 그 또한 세종시(전의) 지역에 남아 있던 것이고, 다른 불상과 제작기법이나 양식이 유사한 것으로 보아 현재의 세종시 일대 백제 유민들이 제작한 것임을 알 수 있다.

그런데 계유명전씨아미타불비상의 양 옆면에는 불비상 제작 일자를 '계유년 4월 十○일'과 '계유년 5월 15일' 두 가지로 기록하였고, 계유명삼존천불비상은 '계유년 4월 15일'에 만든 것으로 되어 있다. 이로 보아 두 불상은 주류성 지역의 어느 사찰이나 탑에 봉안할 목적으로 동시에 만든 것 같다. 그러나 사찰의 건립이나 탑의 조성 또는 계유명전씨아미타불비상 제작이 애초 계획했던 계유년 4월 十○ (15)일보다 한 달 늦어져서 5월 15일에 봉안의식을 가진 것으로 추정해볼 수 있다. 주류성이 항복한 뒤로 채 10년이 되지 않은 시점이었으므로 주류성 백제 유민들의 살림이 넉넉지 않아 사찰과 불상의 건립자금에 문제가 있었을 수도 있고, 시주자가 늘어나면서 그에 맞춰 시주자의 명단을 나중에 올린 것도 있어서 한 달 가량의 시차가 생겼을 수도 있을 것 같다.

충남 세종시 전의면 다방리 비암사碑巖寺 삼층석탑에서 전씨명아미타불비상·기축명아미타불비상·미륵반가사유불비상 3기의 불상이 함께 나온 것으로 보아 비암사는 본래 전의 주류성의 성주였던 전 씨 일가가 중심이 되어 백제 부흥 운동에 참여했던 이들의 혼령을 위로하기 위해 창건한 전

---

90)   높이 43.0cm, 국보 제 106호(1962년 12월 20일 지정, 국립청주박물관)

씨 원찰이었을 가능성이 있다. 전해오는 말로는 비암사는 신라 말 도선道詵이 중창하였으며, 삼국시대에 창건하였다고 한다. 도선이 중창하였다는 사실과 더불어 이들 불상으로 추정하건대 아마도 백제 멸망 직후에 전 씨를 주축으로 백제 부흥을 외치며 죽어간 혼령들을 위로하기 위해 비암사를 창건하였을 것으로 보는 게 타당하다.

한편 이들 불비상의 비문 가운데 '국왕·대신·7세 부모·중생을 위해 만들었다'라고 한 구절은 멸망 직후의 백제 유민들이 품었던 복잡한 심사를 반영한 것으로 볼 수 있어 망국에 관한 그들의 원망과 처연한 심사를 조금은 이해할 수 있을 것 같다. 겉으로는 국왕·대신이 신라의 국왕과 대신을 말하고 있는 것처럼 보이지만, 실제로는 백제의 국왕·대신을 말하는 것이고, 7세 부모는 천도재薦度齋 등과 같은 불가의식에서 통용하는 관용구이다. 7세 부모는 자신의 조상 7대조를 말하는 것으로, 위로 섬기는 조상의 범위를 7대代로 설정한 전통이 지금도 불가에서 그대로 이어지고 있다.

그 한 예로써 무왕의 왕비인 좌평 사택적덕沙宅積德의 딸이 639년(기해년) 정월 29일에 미륵사에 사리봉안을 하면서 넣은 그릇에 새겨진 명문 '七世久遠 並蒙福利凡是有心俱成佛道'라는 구절을 들 수 있다. "7세 부모와 먼 친속 모두 복 받고 모두가 함께 성불에 마음을 두다." 정도로 해석할 수 있는 구절인데, 미륵사를 대규모로 창건하고 탑을 세우면서 이런 명문을 새겨넣은 것을 보면, 백제 멸망 후 전 씨, 진 씨 등 백제의 고위층 유민들은 자신들의 7대조에 이르는 선조와 국왕들을 위해 불상만이 아니라 사찰까지 건립하였을 것이다.

아울러 천도재는 죽은 이의 혼령을 위로하고, 극락왕생을 바라며 베푸는 불가 의식인데, 천도재 가운데 가장 규모가 큰 것이 영산대재靈山大齋이다. 영산은 석가모니가 법화경을 설법하였다는 영취산靈鷲山을 이르며, 영산대재는 바로 그 석가모니의 영취산 설법을 재현하는 의식에서 비롯되어 전쟁이나 전염병 등으로 많은 사람이 희생되었을 때, 죽은 이의 혼령을 위로하기 위해, 그리고 남은 이들을 어루만지기 위해 치르는 불교식 진혼의 식이다. 주류성의 전씨들을 중심으로 살아남은 유민들이 함께 모여 비암사와 같은 불사를 창건하고 불상을 제작하여 봉헌하면서 영산대재와 같은 의식을 치렀을 것으로 짐작해볼 수 있는 것이다.

여하튼 계유명전씨아미타불비상을 비롯한 이들 세 구의 불상에 남아 있는 인명들은 백제 최상층 신분 시주자였음을 알려준다. 물론 비문에 이름은 없더라도 계유명전씨아미타불비상 조성에는 □五十人으로, 계유명삼존천불비상에는 二百五十□이라고 하여 많은 참여자가 있었으니 계유년 4월 15일에 조성한 백제 유민은 최소 4백 명 이상이 된다. 백강해전에서의 패배, 주류성 항복을 끝으로 백제 부흥 운동이 끝난 지도 어언 10여

세종시 전의면 다방리의 비암사. 계유명전씨아미타불비상은 바로 이 비암사 삼층석탑에서 나왔다.

년을 맞이한 시점이었고, 때마침 그 전 해(672) 가을 9월엔 신라와 당의 화해가 어느 정도 이루어져 신라가 포로로 잡아두었던 당나라 장수 겸이대후鉗耳大侯를 포함하여 왕예, 웅주도독부 사마 예군禰軍 등을 돌려보냈다. 백제 고토故土에 대한 당唐의 직접 지배 강화와, 그로 말미암아 백제 유민들에 대한 신라인들의 지배가 느슨해진 틈을 타서 조상과 백제국왕 및 대신들을 추모하면서 주류성 일대의 백제 유민들은 힘을 모아 불상

계유명전씨 아미타불비상(국립청주박물관 소장, 이오봉 촬영)

을 조성했던 것 같다. 그해(673년) 4월 15일 비운에 스러진 백제인들의 혼령을 위로하고 남아 있는 이들의 마음을 어루만지기 위해 비암사 또는 현재의 세종시 일대 어느 지역에 사찰을 창건하면서 불상을 조영하여 헌납한 것이다. 계유명전씨아미타불비상 명문의 맨 앞에 전씨가 등장하는 것으로 보아 이 불상을 봉안했던 사찰은 주류성을 중심으로 부흥 운동을 전개했던 전씨의 원찰이었을 가능성이 높다. 전씨全氏가 맨 처음에 기록되어 있는 것을 볼 때, 전씨가 주도적으로 사찰 창건과 불상 조영에 앞장섰을 테지만, 그 외에 진씨를 포함하여 불상의 조영에 참여한 이들 모두는 주류성을 중심으로 백제 부흥 운동에 앞장섰던 사람들임이 분명하다.

1) 계유명전씨아미타불비상(癸酉銘全氏阿彌陀佛碑像)[91]

이 불비상의 조성에 참여한 사람들로서 전씨全氏를 시작으로 述況, 二兮介, 달솔 身次, 은솔 출신 眞武, 与次, 三久知, 豆兎, 夫信, 上次, 林許, 그리고 백제의 승려 惠信師(혜신사), 惠明法師(혜명법사) 등이 명문 가운데 보인다. 앞서 설명하였듯이 계유명삼존천불비상과 같은 해, 같은 날짜에 만들었다.

(정면)

全氏□□

述況右□

二兮介等

同心敬造

阿彌陀佛

像觀音大

世至像□

□道□□

上爲國□

願敬造化

佛像卄也

此石佛像

內外幷(井)百

十六徒(走)□

---

91)   황수영, 『한국금석유문』, 일지사, 1976, p.246~248

…… 全氏□□, 述況右□, 二兮介 등이 한마음으로 나라를 위해 아미타불상과 관음대세지상을 예를 갖추어 만들다. …… 불상 20구를 예를 갖추어 만들다. ……

(좌측면) : 비문을 바라볼 때 좌측면(비문의 우측면)

□□癸酉年四月十五日兮□□首□□道推□發願敬□供爲□弥□乃□□止乃末

牟氏毛□□等□五十人知識共爲國王大臣

及七世父母含靈等發願敬造寺知識名記

達率身次願

日(日/國)□如(徒/走)

眞武大舍

木(木+目)大舍願

계유년 사월 십오일에 …… 때문에 공경히 발원하여 弥□乃□, □止乃末, 牟氏毛□□ 등을 비롯한 □오십 인이 함께 국왕 대신, 7세 부모, 모든 중생을 위해 예를 갖추어 절을 짓고 이에 관계한 지식의 인명을 기록한다. 達率身次, 日(日/國)□如(徒/走), 眞武大舍, 木(木+目)大舍 등이 발원한다.

이와 같이 발원자의 인명과 관등이 비교적 소상하게 기록되었다.

(우측면) : 비문을 바라볼 때 우측면(비문의 좌측면)

歲癸□年四月十五

日爲諸□□敬造此右

諸佛□□

□□□□

大舍□及願

使直大舍(直은 종전 眞으로 보았음)

道作公願

계유년 4월 15일에 (여러 불상) …… 을 위해 예를 갖추어 만들다. 이 오른 쪽의 …… 〈이하 인명과 관등〉 □□□□, 大舍□及願, 使直大舍(直은 종전 眞으로 보았음), 道作公 등이 발원한다.

마찬가지로 발원자 인명과 관등이 나열되어 있다.

(뒷면1단)

与次乃末(**与**는 종전엔 上으로 보았음)

三久知乃末

豆兎大舍願

□□□□

□□□□

与次乃末, 三久知乃末, 豆兎大舍願, □□□□, □□□□은 인명과 관등을 나열한 것으로 그 아래는 전과 동일하다.

(뒷면제2단)

□□大舍願

夫信大舍願

上次乃□

□□□□

□□□**師**

(뒷면제3단)

□大舍□小舍願

□久大舍願

□及□□舍願

□久大舍願

惠信師

(뒷면제4단)

□夫乃末願

林許乃末願

惠明法師

□身**(道/通)師**

普□□□

참고로, 2013년 국립청주박물관에서 RTI(Reflectance Transformation Imaging) 촬영기법으로 명문을 다시 찾아낸 글자들[92]은 고딕체로 구분하여 표시하였음을 밝혀 둔다.

---

92)   국립청주박물관,「불비상, 염원을 새기다」, 2013

2) 계유명삼존천불비상(癸酉銘三尊千佛碑像)[93]

충남 세종시 조치원읍 서광암瑞光庵에서 발견된 불상으로, 계유명전씨아미타불비상과 똑같이 계유년(673) 4월 15일에 제작되었다. 삼존불을 가운데 두고 그 주위로 많은 불상을 배치하였으며, 좌우 측면에 이 불비상을 만든 사람들과 조성 시기 등이 기록되어 있다. 비문 내용으로는 신라 문무왕 13년(673) 4월 15일 미차내弥次乃 지역에 사는 진모씨眞牟氏를 비롯하여 上生, 仁次, □宣, 贊不 등 250명의 백제 유민들이 국왕·대신 그리고 자신들의 7세 부모와 중생을 위해 여러 불상과 보살상을 만들었다고 기록하였다.

(우측면)

歲癸酉年四月十五日香

徒(釋迦)及諸佛菩薩像造

石記□□是者爲國王大

臣及七世父母法界衆生故敬

계유년 4월 15일 향도가 석가와 여러 불상 및 보살상을 만들고 돌에 기록하다. ······ 이 불상들은 국왕과 대신, 7세 부모와 모든 중생들을 위해 공경히 만들었다.

(좌측면)

造之□香徒名弥次乃(眞)

---

[93]　높이 91.0cm, 너비 47.5cm, 두께 14.5cm. 국보 제 108호(1962 12월 지정), 국립공주박물관 소장

牟氏大舍上生大舍□仁次大舍□

宣大舍贊不小舍大舍□+舍□□

□小舍□狗等二百五十□

향도의 이름은 미차내 (眞)牟氏 대사, 上生 대사, □仁次 대사, □宣 대사, 贊不 소사, 대사□+舍□□, □소사, □狗 등 250명이다.

계유명전씨아미타불비상의 제작에는 최소한 150명의 인원이 시주한 것으로 되어 있는 반면, 삼존천불비상 봉납에는 250명의 신도가 참여하였다. 두 불상 모두 백제의 상층 인물들이 제작을 주도하였지만, 여기서 눈여겨 볼만한 점이 따로 있다. 계유명전씨아미타불비상은 전 씨가 맨 앞에 발원자로 나오며, 계유명삼존천불비상은 미차내에 사는 진모 씨가 주축이 된 것으로 적혀 있다. 또 계유명전씨아미타불비상에는 眞武(진무)라는 사람이 있는데, 계유명삼존천불비상에는 미차내 (眞)牟氏가 있으니 이것으로 추정하건대 진 씨 일족은 전씨와 매우 깊은 관계를 갖고 있었으리라고 추정할 수 있다. (眞)牟氏의 (眞)은 어떤 글자인지 확실치는 않으나 일단 眞으로 본 것이고, 이 경우 진 씨와 牟氏를 별도의 성씨로 봐야 할지, 아니면 '진모 씨'를 나타낸 것인지는 알 수 없다. 만약 牟氏를 따로 떼어서 볼 경우, 부여 쌍북리 현내들에서 출토된 목간 가운데 奈率牟氏丁□ 寂信不丁一 □□酒丁一이라는 글자가 나와 나솔奈率 모 씨牟氏가 확인된 바 있으므로 백제 사회에서 모 씨의 존재도 부정할 수는 없겠다.

이들 비암사에서 나온 3점의 불비상 외에도 과거 연기군 지역에서 발견된 것들로서 연화사蓮花寺의 칠존불비상七尊佛碑像과 연화사 무인명불비상대좌戊寅銘佛碑像臺座가 더 있다. 연화사칠존불비상은 678년(문무왕 18년)에 제작되었다. 이 불상은 본래 연기군 서면(현 세종시 연서면) 쌍류리의 한 절터에 있던 것을 연화사에 옮겨놓은 것인데, 단지 연화사 무인명불비상 및 대좌는 무인년戊寅年이라는 명문으로 그 제작연대를 알 수 있었다. 다른 명문은 없으며, 불비상 및 대좌가 함께 있어서 연화사 무인명불비상대좌戊寅銘佛碑像臺座라는 이름으로도 부르는데 칠존불비상과 마찬가지로 678년(戊寅年)에 제작되었다.

이 외에도 기축명아미타불비상己丑銘阿彌陀佛碑像이 더 있다. 이것은 백제 멸망 후 대략 25~26년이 흐른 신라 신문왕 9년(689)인 기축년에 만들어졌다. 명문은 다음과 같다.

己丑年二月十五日
此爲七世父母及(宛)(子)(都)
阿彌陀佛及諸佛菩薩像
敬造

"기축년 2월 15일에 7세 부모와 □□□를 위하여 아미타불과 여러 불상과 여러 불보살상을 공경히 조성하다."

여기에도 역시 계유명전씨아미타불비상이나 계유명삼존천불비상과 같은 유형의 명문이 있어 과거 연기군(전의) 지역 백제 유민이 만든 불상임을 알 수 있다.

5. 구마노리성과 여자진(余自進)의 부흥 운동

『삼국사기』와 『구당서』·『신당서』·『자치통감』 등에 복신과 도침·흑치
상지·부여풍 등의 부흥 운동은 비교적 자세하게 실려 있지만, 중부 구마
노리성에서 부흥 운동을 했다는 여자진(餘自進) 관련 기사는 오직 『일본서기』
에만 간략히 전한다.

> "금년 7월 신라가 당나라 사람을 끌어들여 백제를 멸망시켰다. 임금과 신하는
> 모두 사로잡혔고, 백성들은 거의 흩어져 없어졌다. 이에 분개한 서부 은솔 귀
> 실복신(鬼室福信)과 덕솔 여자진(餘自進)이 임사기산(任射岐山)(임존산)과 구마노리성(久麻
> 怒利城)에 각기 웅거하면서 부흥 운동을 전개하고 있다. 이들은 처음에는 몽둥이
> 로 신라군을 격파하고 무기를 빼앗았다. 백제 부흥군이 강성해지자 당나라 군
> 대가 감히 넘보지 못했으며, 왕성까지 탈환하였다. 백제 사람들은 오로지 복
> 신의 신묘한 무력과 지략 덕분에 망한 나라가 다시 일어서게 되었다고 칭송한
> 다."[94]

이 기록에 보이는 귀실복신은 백제의 복신, 임사기산은 충남 예산군 대
흥면의 임존성(임존산, =봉수산)으로 볼 수 있다. 그러나 여자진이 누구인지,

---

[94]   『일본서기』 권 26, 제명 6년 9월 조

그에 대한 자세한 이야기는 전하는 바가 없으며 구마노리성이 어디에 있었던 성인지도 모른다. 구마노리성의 위치를 찾을 수 있는 정보가 기록에 남아 있지 않기 때문에 그에 관하여는 지금까지 누구도 답을 내놓지 못하고 있다.

그렇다고 여자진이 부흥 운동을 벌였다고 전하는 중부中部의 구마노리성(熊の裏城, =久麻怒利城)이 어디인지 전혀 알 수 없는 것일까? 바로 이런 경우에 우리가 활용할 수 있는 기본정보가 『삼국사기』의 지명 관련 자료이다. 지명은 시대환경과 문화·정치·사회 등과 관련된 인문 자료를 조금이라도 엿볼 수 있는 작은 정보창이다. 지명은 매우 고집스럽고, 질긴 생명력을 갖고 있다. 그 지명에 담겨있는 인문 정보는 때로는 다른 어떤 기록 못지않게 많은 이야기를 갖고 있다. 구마노리성도 예외일 수 없다. '구마노리'라는 이름은 비록 『일본서기』에 전하는 지명이지만, 그 가운데 의미 있는 어소語素를 하나하나 해체해보면 뜻밖의 사실을 유추해낼 수도 있을 것이다.

익산 금마면 동고도리의 성이 구마노리성일 것

다행히도 구마노리에 대해서는 고대 지명에 관한 도수희의 선행연구[95] 가 있어서 그 위치를 비교적 쉽게 가늠할 수 있다. 결론부터 먼저 밝히자면 전북 익산시 금마면金馬面의 동고도리東古都里 일대에 있었던 금마면 지역의 백제 말기 중심성을 구마노리성(=금마저성)으로 보고자 한다. 쉽게 요약하면 익산 금마저성의 일본식 표기가 구마노리성일 것으로 본다는 뜻이다. 『삼국사기』잡지 제5, 지리3에 금마저金馬渚에 관하여 다음과 같이 기록

---

95)   도수희, 『百濟語 硏究』(II), 재단법인 백제문화개발연구원, 1989

되어 있다.

금마군은 본래 백제의 금마저군金馬渚郡이다. 경덕왕이 이름을 고쳐서 지금도
그대로 따르고 있다. 거느리는 현은 셋이다. 옥야현沃野縣은 본래 백제 소력지현
所力只縣이다. 경덕왕이 이름을 고쳤으며 지금도 그대로 따른다. 야산현野山縣은
본래 백제의 알야산군閼也山郡이다. 경덕왕이 이름을 고쳤으며 지금의 낭산현郞
山縣이다. 우주현紆州縣은 본래 백제 우소저현于召渚縣이다. 경덕왕이 이름을 고쳤
으며 지금의 우주이다.[96]

『증보문헌비고』에 의하면 백제 소력지현은 전주 서북쪽 70리에 있는 마
을이었으며, 우소저현은 전주 북쪽 50리에 있었다. 고려에서 낭산현으로
불린 백제의 알야산현은 여산 서쪽 8리에 인접해 있었다.

이들 자료로써 우리는 신라의 삼국통일 이후 경덕왕 이전까지 금마저군
金馬渚郡이 백제 지명으로 남아 있었는데, 그것을 경덕왕이 금마군으로 고쳤
음을 알 수 있다. 그러나 『신증동국여지승람』 권33 익산군益山郡 건치연혁
建置沿革 조에는 그보다 이른 신문왕 때 금마저군을 금마군으로 바꾸었다고
하였다.

"(금마군은) 본래 마한국이다. 후조선왕 기준은 기자의 41대손이다. 위만의 난
을 피하여 바다로 남쪽 마한 땅으로 내려와 나라를 열고 국호를 마한이라고 하
였다. 백제 온조왕이 (마한을) 병합한 이후 금마저라고 하였다. 신라 신문왕이
이름을 고쳐 금마군으로 삼았는데 고려 시대에 와서 전주全州에 속하였다. 고려

---

96)   金馬郡本百濟金馬渚郡景德王改名今因之領縣三 沃野縣本百濟所力只縣景德王改名今因之 野山縣本
       百濟閼也山郡景德王改名今郞山縣 紆州縣本百濟于召渚縣景德王改名今紆州

충혜왕 5년 원나라 순제의 황후 기씨의 외향外鄕이어서 익주益州로 승격시켰다. 조선 태종 13년(1413)에 지금의 이름으로 고쳐서 군으로 삼았다."[97]

『삼국사기』에 경덕왕이 지명을 고쳤다고 한 것과 달리 『신증동국여지승람』엔 그보다 훨씬 전인 신문왕 때 금마저를 금마군으로 고친 것으로 되어 있다. 마한의 금마군을 백제가 금마저로, 백제의 금마저를 다시 신문왕이 금마군으로 환원한 셈이다. 그런데 이 내용은 『삼국사기』 권8 신문왕 4년(684) 겨울 10월과 11월 조의 다음 기록에서 비롯된 것으로 볼 수 있다.

"겨울 10월에 저물녘부터 날이 밝을 무렵까지 유성이 어지럽게 떨어졌다. 11월에 안승의 조카뻘 되는 장군 대문大文이 금마저에서 모반했다가 발각되어 처형되었다. 그 나머지 사람들은 대문이 사형당하는 것을 보고서 관리들을 살해하고 읍을 장악해 반역하였다. 왕이 장졸들에게 명령하여 이를 치게 하였는데, 맞받아 싸우다가 당주幢主 핍실逼實이 죽었다. 그 성을 함락시키고 그곳 사람들을 남쪽 지방의 주와 군으로 옮겼으며 그 지역을 금마군으로 삼았다."[98]

이 기사를 보면 금마군은 신문왕 때까지 금마저로 남아 있었고, 금마저군 한가운데에 금마저성金馬渚城이 있었을 것임을 미루어 알 수 있다. 문무왕 10년(670)에는 고구려 안승安勝[99]과 대형大兄 모잠牟岑 등을 받아들여 고구

---

[97] 本馬韓國後朝鮮王箕準箕子四十一代孫也 避衛滿之亂浮海而南至韓地開國仍號馬韓至百濟溫祚王幷之 自後號金馬渚 新羅神文王改金馬郡至高麗屬全州 忠惠王後五年 以元順帝皇后奇氏外鄕陞爲益州 本朝太宗十三年改今名爲郡

[98] 四年冬十月 自昏及曙 流星縱橫 十一月安勝族子將軍大文在金馬渚謀叛 事發伏誅 餘人見大文誅死 殺害官吏 據邑叛 王命將士討之 逆鬪 幢主逼實死之 陷其城 徙其人於國南州郡 以其地爲金馬郡

[99] 연정토(淵淨土)의 아들 또는 보장왕의 외손자로 알려져 있다.(저자 註)

려왕으로 봉하였고, 다시 문무왕 14년에 고구려인들을 받아들여 금마저에 정착시키면서 안승을 보덕왕報德王에 봉했다. 이들이 신라 정권에 반발한 이유는 정확히 알 수 없다. 다만 익산 지역은 백제 성왕 이후 무왕과 깊은 관련이 있고, 백제 말기 유력가문이었던 사택 씨沙宅氏의 근거지이기도 하였으므로, 안승이 이 지역에 정착했을 당시에도 백제인들의 신라에 대한 반감은 작지 않았다고 볼 수 있다. 사택 씨나 기타 백제 유력 가문과 함께 여자진을 비롯한 백제인들이 이곳에서 부흥 운동을 하였고, 663년에 부흥 백제가 멸망한 시점으로부터 다시 10여 년이 흘렀는데도 금마군 지역에서는 신라에 대한 반감이 매우 컸음을 짐작할 수 있다. 고구려인들에 대한 감시와 백제인에 비해 낮은 처우에 대한 고구려들의 불만이 함께 폭발하였을 것이다.

이상의 몇몇 기록들은 '금마저'라는 지명이 백제 시대에 처음 쓰였고, '금마'라는 이름은 그 이전 마한 시대부터 쓰던 것을 백제가 그대로 이어받아 쓴 것이라고 명확하게 밝히고 있다. 다만 『신증동국여지승람』에 "백제 온조왕이 병합한 이후부터 금마저라고 불렀다."(百濟溫祚王并之 自後號金馬渚)라고 한 구절에서 비로소 금마저로 불리게 된 시점을 알 수 있다. 온조계의 백제가 마한을 병합한 이후부터 금마저라고 했다고 하였으니 그 시기를 좁혀 볼 근거가 된다. 익산 지역에 백제의 영향력이 미치게 된 것은 대략 4~5세기로 볼 수 있다. 그러므로 정확히 말하면 온조왕 시대에 금마저를 병합한 게 아니다. 이 기록에 따르면 금마저는 아무리 빨리 올려 잡아도 4세기 후반 이후에 사용한 이름으로 볼 수 있다. 그 전엔 마한의 건마국乾馬國 또는 금마국金馬國이었을 것이며, 금마국을 통합하고 행정구역을 개편하면서 언젠가 우소저현于召渚縣을 신설하였고, 그 뒤에 다시 우소저현이 금마군에 편입되면서 금마저군이 되었다고 판단할 수 있다. 대체로 지명이 매우 고집스럽고 생명력이 강한 것을 감안할 때, 백제 시대 금마저군은 마한의 지명을 그대로 가져다 썼다는 기록을 신뢰할 만하다.

어찌 되었든 백제의 금마저군을 신문왕 4년(684)에 금마군으로 고쳤고, 그것을 다시 고려 충혜왕 5년에 익주益州, 조선 태종 13년에는 익산으로 고쳤다는 지명 변천사를 지금으로서는 믿을 수밖에 없다. 이에 대하여 도수희 또한 "백제와 마한으로부터 금마저라는 지명을 물려받아 그대로 존속시켰을 가능성도 있고, 건마국乾馬國[100]을 금마저金馬渚로 변경 표기하였을 가능성도 있으며, 전기의 명칭과는 전혀 다른 명칭인 금마저로 개신改新하였을 가능성도 있다."[101]라고 보았다. 요약하면 건마국에서 금마저란 지명이 나왔을 수도 있고, 백제가 금마국을 흡수한 이후에 생긴 지명일 수도 있다는 것이다. 그의 주장을 정리하면 금마면 일대가 금마저의 범위였고, 그중에 동고도리東古都里 일대가 금마저성이 있는 마한 및 백제의 치소治所였으리라고 본다는 것이다.

간단히 정리하면 마한으로부터 '금마'라는 지명을 물려받았고, 백제에서 우소저현을 금마군에 통합하면서 '금마저'란 지명이 탄생한 것으로 보는 게 자연스러울 것 같다. 금마저金馬渚의 渚는 물가 또는 삼각주를 포함한 섬의 형태를 가진 곳을 의미한다. 그렇다면 현재의 금마면 및 왕궁면 일대에서는 渚라는 글자를 붙일만한 지리 조건을 찾을 수 없는 것이 문제다. 하지만 거슬러 올라가 백제 시대라면 다를 수 있다. 이 지역에 만경강 상류의 북쪽 지류가 있었을 수도 있고, 금강의 지류가 이 일대까지 이어졌을 수도 있다. 그랬으므로 金馬란 지명에 그 지리 조건을 설명하는 渚

---

100) 「위지(魏志)」 마한 조에 마한 54국 가운데 하나인 乾馬國이 있으니 바로 이 건마국의 乾馬가 후에 金馬로 정착되었을 것이므로 금마저의 '금마'라는 지명은 마한시대로 소급된다고 도수희는 보았다.

101) 도수희, 「百濟語의 金馬渚에 대하여」, 「百濟語 研究」(II), p.205, 재단법인 백제문화개발연구원, 1989

라는 글자를 붙여 쓴 것이다. 여기서 도수희는 익산 왕궁면王宮面 왕궁리王宮里, 탑리塔里, 신정리新亭里, 궁평리宮坪里 일대가 마한 및 백제 시대에 금강의 지류권 상류였을 가능성이 있다는 현지 주민의 증언과 답사 경험을 제시하였다. 다음은 그가 소개한 현지 주민들의 증언 내용 가운데 일부이다.

"… 궁평 부락에서 우물을 팔 때 한두 길 깊이에서 개흙이 나오고, 판자 쪽도 가끔 나오는데 이것은 파선된 나무쪽이 아닌가 추측된다. …"

전체적으로 고려해볼 때 과거 백제 시대 그 지역의 주거지는 지금보다 한두 길 이상 아래에 있었으며 판자 조각은 판축성의 일부였을 가능성도 있다. 그것을 뒷받침하는 것으로서 "궁평리 앞들에 있는 논을 '살폴이논'이라고 전해오는데 여기서 '폴(폴)'은 중세국어 '펄'로 보면 언젠가 그곳이 갯펄이었다고 볼 수 있다. 주민들의 말로는 그 우물의 물도 짜고 지리적 여건이 금강 하류의 용안면龍安面과 흡사하다."[102]라고 한다.

뿐만 아니라 "島坪(슴들이, '섬들'이라는 뜻)이라는 지명이 있는데, 전설에 의하면 이곳은 배를 대는 선창 역할을 했으며 그곳엔 창리倉里, 창평리倉坪里와 같은 지명이 현재도 남아 있다."라고 하였다. 이런 증언들로 미루어 볼 때 왕궁면 왕궁리의 왕궁평, 궁평리 앞뜰 일대가 금강 지류이며, 소위 『삼국사기』에서 말한 우소저현于召渚縣이 바로 그 지역에 있었을 것이라고 도수희는 추정하였다. 『삼국사기』 권36 전주全州 조의 우소저현于召渚縣에 대한 기록 외에도 『신증동국여지승람』 권33 전주부全州府 고적 조에는 다음과 같은

---

102)   도수희, 「百濟語의 金馬渚에 대하여」, 『百濟語 研究』(II), p.210, 재단법인 백제문화개발연구원, 1989

내용이 있다.

우주(紆州, 紆는 汚로도 쓴다) 폐현은 전주 북 50리에 있다. 본래 백제 우소저현
이었다. 신라가 지금의 이름으로 고쳐 금마군의 소속 현으로 삼았다.[103]

물론 이것은 『삼국사기』의 내용과도 일치한다. 그러면 우소저현은 어디
인가. 우소저현이 우주현紆州縣으로 바뀌어 금마군의 속현이 되었다가 다시
폐현된 것을 감안하여 도수희는 금마저의 핵심 지역은 금마면이었을 것이
라고 보고, 다음과 같이 주장하였다.

"금마면 동고도리에 토성(옛 治所)이 있었으므로, 이 지역이 마한 시대 혹은 그
후의 핵심 지역일 것이다. 그러므로 이곳이 금마저일 가능성이 높다. …… 이렇
게 볼 때 금마저의 渚에 해당하는 물가 지역은 강경·망성望城·용안龍安·성당聖
堂·웅포熊浦 일대의 금강 하류라고 본다."

즉, 강경~웅포면이 반도半島와 같은, 물 가운데 사람이 살 수 있는 곳이
었을 것이라는 추리인데, 설득력이 있다. 다만 북으로는 금강의 지류(샛강)
가 닿았고 남으로는 만경강으로 흐르는 지류가 있어 이들 사이에 섬처럼
존재하던 곳이 바로 우소저였고, 후일의 금마저였다고 볼 수 있다.
또 금마와 같은 말인 '고마'(곰) 계통의 어휘가 웅포면熊浦面·공개나루(곰
개나루)·웅포리·웅포나루 등에 남아 있어 이런 것들도 금마와 관련이 있을
것이라고 도수희는 보았다. 유희의 『물명고』에 '고마는 첩妾이다'라고 하

---

103)　紆州廢縣(紆一作汚)在州北五十里 本百濟于召渚縣 新羅改今名爲金馬郡領縣高麗來屬

여 여자를 의미하는 말임을 설명하였지만, 이와 다른 계통의 말로서 '곰'의 선행형태인 '고마'도 엄연히 존재하였음을 강조한 것이다. 고려가요 동동動動에 "덕으란 곰배예 받잡고, 복으란 림배예 받잡고 ……"라는 구절이 있는데, 여기서 곰배는 뒤(항문)를 의미한다. 즉, 공주의 곰개는 후포後浦의 뜻이며, '곰개→공개'로의 변화 후에 '공'이 公으로, 곰개가 웅주熊州를 거쳐 공주公州로 바뀐 변천 과정을 알 수 있게 해준다.

더구나 익산 금마면과 금강 하류(웅포면)는 40~50리 거리밖에 안 되므로 그렇게 본다는 주장이다. 그러나 그보다는 강 상류 북쪽 줄기(지류) 가운데 丫(아) 자 형의 두 갈래 강(시내) 사이의 섬처럼 생긴 지형에 토성을 쌓아 마련한 치소가 금마저와 금마저성이었으리라고 보는 게 타당할 듯싶다. 이 경우 토성 주위를 에워싸고 흐르는 강(시내)은 자연 해자의 역할을 하였을 것이므로 이런 형태의 성은 적으로부터 성 내부를 방어하기에도 유리한 구조이다.

결국 도수희는 渚를 ㄴ리, ㄴ ㄹ(津)로 해석하였다. 나루와 나리川의 중간쯤에 해당하는 소릿값이었을 것으로 추정하였으며, 동시에 '금마'는 곰의 뜻인 '고마'의 다른 표기(金馬, =熊)이므로 '고마ㄴ리성'이 금마저성의 본래 이름일 것으로 본 것이다.[104] 그는 또 "금마(金馬, Koma)는 大, 巨, 熊, 北의 의미이고 乾馬와 金馬는 같은 말이며 그 뜻을 '큰'(大)"이라고 풀이하였다.

도수희의 이 견해가 매우 타당하다고 보며, 구마노리성을 현재의 금마면 동고도리 일대 어딘가에 있었을 것이라고 상정하는 바이다. 구마ㄴ리가 뒤의 '이'모음 영향을 받아 '너'와 '노'의 중간 소리로 변하여 실제로는 '노'와 흡사한 소리로 들렸기 때문에 『일본서기』에 '구마노리'로 표기했을

---

104) 도수희, 「百濟語의 金馬渚에 대하여」, 『百濟語 研究』(II), p.203~237, 재단법인 백제문화개발연구원, 1989

것이며, 그것을 편의상 熊の裏城(구마노리성)으로 적은 것이라고 이해할 수 있다. 그러나 이 이름에서 の裏(노리)는 '누리(노리)'란 소릿값을 나타내기 위한 선택이었던 동시에 '구마'의 내부(속), 다시 말해서 '금마면 내(안쪽)'라는 의미를 지시하기 위해 채택한 글자였을 것으로 보는 게 타당하다. 그러므로 이 말 하나로도 구마노리성은 지금의 금마면 내에 있었음을 추정할 수 있고, 그 핵심으로 지목할 수 있는 지역이 동고도리 일대이다.

백제는 성왕 시대에 왕궁면에 도성을 옮길 계획까지 갖고 있었다. 왕궁면 서쪽에 금마면이 있고, 금마면의 동쪽 지역이 고도리古都里이다. 그래서 통상 동고도리로 부른다. 왕궁면도 옛 도읍터인 '고도'였기 때문이다. 古都(고도)라는 지명으로 보아 일찍이 금마면 지역에 마한의 건마국乾馬國이 있었고, 그중에서도 동고도리 일대에 마한의 도성이 존재했으므로 고도리라는 지명이 생겼다. 백제가 금마면과 왕궁면 지역을 중심 터전으로 삼은 뒤에야 비로소 '동쪽에 있었던 마한의 옛 도읍'이라는 의미에서 동고도리라는 지명이 생겼을 것이므로, 금마면 동고도리 일대에 백제 시대 구마노리성(금마저성)이 있었을 것이라고 추리해낼 수 있다.

물론 '구마노리'의 '노리'를 '너리(넬)'의 표기로 볼 수도 있을 것 같다. '너리'가 후일 폐음절 '널'로 정착되었고, 이것이 소위 판板의 의미로 쓰였을 수도 있음을 감안하면 '노리성'은 본래 판축성板築城을 뜻하는 말이었을 가능성이 없지는 않다. 토성 밖으로는 진흙 뻘바닥의 샛강이 있어 자연 해자의 역할을 하였을 것이다. 서울 풍납토성의 동편과 북편으로 샛강이 있어 이것이 자연 해자가 되어 외적의 방어에 유용한 구조였던 것과 비슷하였을 것이다.

결론적으로, 금마저성을 『일본서기』에서 여자진이 부흥 운동을 한 중부의 구마노리성熊の裏城으로 비정하는 바이다. 백제 멸망 뒤 여자진余自進과

함께 일본으로 망명한 인물 가운데 사택 씨沙宅氏가 있는 것으로 보아 금마면 동고도리의 구마노리성에서 부흥 운동을 할 때, 그를 도왔던 익산 지역의 사택 씨 일가 일부도 여자진과 함께 일본으로 건너갔을 것으로 추정해 본다. 여자진은 여(餘, =余)라는 성씨를 쓰고 있는 것으로 보아 그의 먼 선조 또한 본래 부여 씨인 백제 왕가 사람이었음을 알 수 있다. 백제 말기, 왕의 자제 41명을 좌평으로 임명한 적이 있음을 보면[105] 그 역시 부여 씨로서 구마노리성의 성주였거나 성주와 가까운 신분이었을 수도 있다. 구마노리성久麻怒利城에서 부흥 운동을 한 여자진의 신분이 덕솔이었다고 하였으니, 『북사』에 "군郡에는 장수 3명이 있어 덕솔로 군장郡將을 삼았다. 병사 1,200명 이하 7백 명 이상을 거느렸다."[106]고 하여 백제의 군장郡將 신분에 관한 설명이 같은 것으로 보아 『일본서기』의 복신 및 여자진 부흥 운동 관련 자료 또한 믿을 만한 것으로 볼 수 있다. 복신이 무왕의 조카이면서 부여 씨라는 성 대신 귀실 씨鬼室氏라는 씨를 사용하였고, 흑치상지 역시 그의 증조 이전, 부여 씨 계통이었으나 흑치상지 가계의 봉토인 흑치黑齒를 씨로 사용한 전력을 볼 때, 여자진은 그보다도 의자왕과 더 가까운 왕의 친척이었거나 왕자 또는 사비성으로의 천도 이후 부여~익산 지역의 세력 가문인 사택 씨를 외향外鄕으로 둔 인물이었을 가능성이 있다.

대관사 괴변 기사는 김춘추의 죽음과 관련 있어

구마노리성 및 금마군과 관련하여 주목되는 것이 『삼국사기』 신라본기 권 제5 태종무열왕 8년(661년) 6월 조의 기록이다.

---

105) "의자왕 17년(657) 봄 정월, 왕의 서자 41명을 좌평으로 임명하고 각기 식읍을 내려주었다.(『삼국사기』 백제본기)

106) 郡有將三人 以德率爲之 統兵千二百人以下七百人以上

"6월에 대관사大官寺의 우물물이 피가 되고 금마군金馬郡 땅에서는 피가 5보 넓이가 되게 흐르더니 왕이 죽었다. 시호를 무열이라 하였으며 영경사永敬寺 북쪽에 장사지냈다. 태종이라는 호를 올렸다. 당나라 고종이 무열왕의 부고 소식을 듣고 낙성문洛城門에서 애도를 나타내었다."[107]

『삼국사절요三國史節要』에도 대략 같은 내용이 있다.

"6월 신라 대관사의 우물물이 붉은색을 띠었다. 금마군에서는 땅에 피가 흘러 넓이가 5보나 되었다."[108]

앞에서 『신증동국여지승람』 권33 익산군益山郡 건치연혁建置沿革 조를 소개하면서 신문왕 4년에 금마저를 금마군으로 고쳤다고 하였으니 위 기사는 신문왕 이후에 남긴 기록에서 가져온 것으로 볼 수 있다.

그런데, 대관사의 우물물이 핏빛을 띠고 금마군에서는 피가 흘러 그 폭이 5보나 되었다고 하였다. 핏빛을 띤 대관사의 우물물이나 금마군에서 피가 흘러 폭이 5보나 되었다는 것은 단순히 왕의 죽음을 미리 알리기 위해 설정한 재변 암시 기사로 볼 수 없다. 그것은 금마군에서 일어난 어떤 사건과 태종무열왕의 죽음이 관련이 있다고 봐야 한다. 그렇기에 대관사의 우물물이 핏빛으로 물들고 금마군에서 많은 피가 흘러 땅을 적신 이야기가 태종무열왕의 죽음에 앞서 나온 것이다. 이 해에 김춘추의 나이는 59세였으며 영경사 북쪽에 묻혔다.[109]

---

107)   六月大官寺井水爲血金馬郡地流血廣五步王薨諡曰武烈葬永敬寺比上號太宗高宗聞訃擧哀於洛城門
108)   六月 新羅大官寺井水赤 金馬郡地流血廣五步(『三國史節要』 9)
109)   新羅王金春秋薨 壽五十九 太子法敏立 上諡曰武烈 廟號太宗 葬永敬寺北 … (『三國史節要』 9)

더구나 당시 금마군의 중심, 즉 금마군의 치소治所는 바로 구마노리성(=금마저성)에 있었다. 태종무열왕 8년은 661년으로서 문무왕 원년에 해당하는데, 앞에 제시한 『삼국사기』 태종무열왕 8년 6월 조의 태종무열왕 사망 관련 기사는 그해 6월에 구마노리성과 금마군의 백제 부흥군을 공격하다가 많은 희생자를 낸 신라 측의 패전과 태종무열왕 김춘추의 죽음을 감춘 이야기로 봐야 하며, 또 그렇게 볼 수밖에 없다.

본래 중국에서는 팔가동정八家同井 또는 팔가일정八家一井이라 하여 8가구가 한 우물을 사용한다는 믿음이 있었다. 그것은 팔가일촌八家一村이라 하여 '여덟 집이 한 마을을 이룬다'라는 전통적인 관념에 기초를 두고 있다. 다시 말해서 一村은 우물 하나로 구성되며, 우물은 마을의 중심이라는 믿음을 토대로 한다. 본래 井이란 글자의 한가운데가 우물이고, 그 바깥의 8개 구획은 전지田地를 의미하였다. 소위 정전제의 기본 원리인데, 우물에는 군사용을 비롯하여 용도별로 여러 가지가 있다. 하지만 무엇보다도 우물은 취락의 중심을 의미한다. 여기서 우물의 역사·정치·군사·종교 및 문화적 의미를 모두 설명할 수는 없다. 다만 불사佛寺의 정수井水(우물물)는 본래 불가의 여덟 가지 공덕八功德을 의미한다. 이것은 중국과 한국이 공유한 개념이었다. 대관사를 굳이 사찰과 연결 짓는다면 승군과의 관련성을 논할 수는 있다. 그러니까 대관사의 우물물이 핏빛으로 바뀌었다는 것은 특정 대관사에 국한된 것이 아니라 승군을 비롯하여 많은 장병의 희생이 있었음을 암시하는 기사로 볼 수 있다.

661년 6월은 백제 부흥군의 활동이 거세게 일던 시기였고, 신라에서는 전염병이 돌면서 식량이 부족하고 병마의 징발조차 어려울 정도로 어수선한 때였다. 더구나 이 시기 신라는 사비도성이나 웅진성에 있던 당군은 물론, 평양으로 쳐들어간 당군의 식량도 조달해야 했으므로 인력과 물자가 모자라 대단히 고통스러웠다. 당연히 신라 정규군이 모자랐을 것이고, 그 때문에 승군을 활용했을 것이다. 고구려에서도 당군의 침입을 받아 남건이 전쟁을 지휘하던 시기에 승려 신성信誠에게 군사 업무를 위임했던 점을 보더라도 고구려에 승군이 존재했음을 알 수 있고, 복신과 함께 주류성에서 부흥 운동을 시작한 도침[110]은 백제 승려 조직의 우두머리였을 가능성이 있다. 신라에도 이와 맞먹는 승려 조직이 군사로 활용되었을 가능성이 있다. 더구나 大官寺라는 기구의 존재가 특이하다. 통상 大官寺라 하면 사찰을 떠올리게 된다. 그러면 이것이 경주 어딘가에 있던 사찰일까? 대관시大官寺이라는 명칭으로 보아 이것은 사찰이 아니라 군사 업무 관련 부서일 가능성이 아주 높다. 寺(사)는 본래 사찰이 아니라 행정기구였다. 그래서 본래 寺는 '시'로 읽었다. 寺(시)는 사찰이란 뜻으로 정착되기 이전에 중국에서 공무를 집행하는 행정관청에 쓰던 명칭이었다. 당나라의 홍려시鴻臚寺라든가 태부시太府寺[111] 같은 것이 그 예이다.

이 寺(시)에 관해서는 중국에서의 선행연구가 있으므로 자세한 설명을 생략한다. 그런데 大官寺를 '대관사'가 아니라 '대관시'로 본다면, 그것이 설령 임시기구였다고 할지라도 군사의 징집과 전공 포상 등까지 관할하던 부서였을 가능성이 있다. 비록 임시편제였을지라도 대관시는 병력을 총괄하던 기구였을 것이니 승군을 관리·감독하는 일을 겸했을 수도 있다. '대관시의 우물물이 피가 되었다'라는 것은 그만큼 많은 병력의 희생이 있었으며, 그들의 죽음은 금마저 일대의 백제 부흥군과의 치열한 전투를 의미

---

110) 무왕의 조카 복신은 일찍이 군사를 거느렸던 적이 있다. 이때 승려 도침과 함께 주류성에 웅거하여 당에 반기를 들고, 전왕의 아들로서 이전에 왜국에 볼모로 가 있던 부여풍을 맞아다가 왕으로 세우니 … (『삼국사기』 백제본기 의자왕 20년 조).

111) 『구당서』 고종본기 용삭2년 춘정월 을사(乙巳) 조에 "태부시에 소경 한 사람을 다시 두었다(太府寺更置少卿一員)"는 기록이 있다.

하는 것으로 파악할 수 있다.

금마저의 구마노리성을 공략하는 과정에서 신라 측의 많은 병력이 희생되었고, 태종무열왕도 독전督戰을 하다가 심각한 부상을 입었거나 그것이 아니면 구마노리성 공격전에서 최후를 맞았을 수도 있다. 그러나 태종무열왕의 죽음이 백제 부흥군의 사기를 높이는 반면, 신라군의 사기는 떨어트릴 수 있기에 그의 죽음을 둘러싼 문제는 일체 외부에 드러내지 않았을 가능성이 있다.

661년 봄부터 백제 부흥군의 운동은 더욱 치열하였다. 더구나 그해 3월 5일과 12일에는 부흥군이 두량윤성 남쪽에 진을 치려던 신라군대를 급히 습격하여 궤멸시킨 일이 있었다. 부흥군은 고사비성古沙比城 밖에 주둔하고 있으면서 한달 6일에 걸친 신라군의 두량윤성 공격을 막아냈다. 661년 6월, 태종무열왕의 죽음 전후에 부흥군의 격렬한 군사행동이 계속되고 있었던 사실을 『삼국사기』 신라본기 권 제7 문무왕(하) 6월 조의 다음 기사로써 어느 정도 알 수 있다.

"6월에 선왕(김춘추)이 돌아가시자 장례를 겨우 마쳤다. 미처 상복도 벗지 못했는데 (당나라의) 요청에 따라 군사를 딸려 보내지 못하였다. 그러던 차에 황제의 칙명이 군사를 발동하여 북쪽으로 보내라고 하고, 함자도총관 유덕민劉德敏 등도 칙명을 받들고 와서 우리 신라에게 평양으로 군량을 수송하라고 하였다. 이때 웅진에서도 사람을 보내어 웅진부성이 고립무원으로 위태롭다는 사정을 누누이 알려왔다. 유총관이 나(문무왕)와 일을 처리하면서 스스로 말하기를 '만약 먼저 평양으로 군량을 보낸다면 웅진 길이 끊어질까 염려되는 데다 웅진 길이 끊어지는 날이면 그곳에 남아 지키던 당나라 군사들은 그대로 적의 손아귀에 들게 되겠다'라고 하였다. 마침내 나(문무왕)와 함께 나가서 먼저 옹산성甕山

城을 쳐서 함락시키고 웅진현熊津峴에 성을 쌓아 웅진 길을 개통시켰다."

　당나라에서 고구려를 치면서 신라로 하여금 평양으로 군량을 보내라고
독촉하고 있는 마당인데 백제 부흥군이 대전 지역의 웅진도熊津道를 막고
당군을 위협하자 당군이 머물던 웅진부성이 위태로워진 상황을 자세히 그
리고 있다. 그만큼 부흥군의 세력은 강력하고 위협적이었다. '문무왕답설
인귀서'에 따르면 당시 웅진도독부[112]에 주둔하고 있던 당군 1천 명이 부
흥군을 공격하다가 오히려 한 사람도 살아 돌아가지 못하였다. 이렇게 고
립무원의 위태로운 상황을 맞은 웅진부성의 당군은 하루가 멀다고 신라에
지원을 요청하였다. 백제 부흥군이 대전·공주 지역에서 부흥 운동을 활발
하게 펼치고 있었고, 같은 시기 익산 지역에서도 신라 침략군에 맞서 부흥
군이 거세게 저항하였기 때문이다.

　백제 중부 지역에서의 부흥군 활약을 보여준 대표적인 예가 여자진을
중심으로 한 구마노리성인 셈인데, 663년 6월까지 신라가 백제 지역의 남
방 4주를 초토화하면서 왜군 지원군과 백제 부흥군을 거세게 몰아붙이는
군사행동을 전개한 것도, 이처럼 곳곳에서 백제 부흥군의 위세가 쉬이 꺾
이지 않았기 때문이다. 그래서 신라는 663년 7월부터 북방(대전·공주·부여 이
북의 충남 지방)을 본격적으로 공략하기에 앞서 남방을 정리한 것인데, 그로
부터 2년 전인 661년 6월에도 이 지역에서 백제 부흥군의 격렬한 저항이
있었다고 판단할 수 있다. 그것이 익산 금마저에서 벌어진 백제 부흥군과
신라군 사이의 싸움일 것이다. 그 싸움이 태종무열왕의 죽음과 관련이 있

<hr/>

112)　여기서 말하는 웅진부성이나 웅진도독부가 어딘지에 대해서는 약간 애매한 점이 있다. 웅진도독부라 하였
　　　으니 사비도성을 말하는 것으로 보아야 하겠지만, 웅진부성은 엄연히 사비성과 다른 곳이다. 사비에 설
　　　치한 웅진도독부가 있어서 웅진부성(熊津府城)이라고 하였을 것이라고 보더라도 한 가지 의문이 있다. 그
　　　당시 과연 사비성에 머물던 당군이 1천여 명밖에 되지 않았을까 하는 문제이다.

다고 볼 수 있다. 양측의 치열한 싸움은 그로부터 2년 뒤에 다시 되풀이되었다.

대관사大官寺 및 금마군에서의 괴변 사건은 661년 봄부터 거세게 일어난 백제인들이 부흥 운동과 연계된 일이었다고 판단할 수 있다. 다만 이 경우 백제의 오방五方 가운데 중방中方의 중심이 되는 성이 어디인가가 문제가 될 수 있다. 중방성은 전북 고부의 고사부리古沙夫里[113]일 것이다. 백제의 고사부리군이었고, 당시 고사부리군의 치소가 있었던 군성郡城을 두승산斗升山의 두승산성으로 보려고 한다. 백제의 남부 지방과 연결되는 주요 거점으로서 정읍이 동쪽에 있고, 부안 곰소만을 통해 들어온 왜군의 주둔에도 용이한 이점이 있는 만큼 백제 시대 두승산성은 중방에서도 상당히 중요한 요충이었을 것이다.

두승산과 두승산성에 대하여 『신증동국여지승람』은 "두승산은 군 동쪽 5리에 있다. 도순산이라고도 한다. 옛날의 석성이 있는데 성 둘레는 1만8백13척이다."[114]라고 하였다. 비록 조선의 기록이기는 하지만, 성의 규모로 보거나 그 위치를 고려할 때 두승산성의 규모와 중요성은 백제 시대에도 다르지 않았을 것이므로 두승산성과 구마노리성이 중방의 핵심 지역이었을 것으로 추정하는 바이다.

---

113) 『신증동국여지승람』 고부군(古阜郡) 건치연혁(建置沿革) 조에 "본래 백제 고사부리군이다. 신라가 지금의 이름으로 고쳤다. 고려 태조 19년에 영주로 불렀다."(本百濟古沙夫里郡新羅改今名高麗太祖十九年稱瀛州)라고 하였다.

114) 斗升山在郡東五里 一云都順山有古石城 周一萬八百十三尺

6. 두량윤성(豆良尹城)은 어디인가?

우리의 기록에 백제의 부흥 운동군이 활동한 주요 성으로서 두릉윤성豆
陵尹城과 두량윤성豆良尹城이 있다. 이들 둘은 어떻게 다르며 과연 두량윤성은
어디에 있던 성이었나? 그리고 윤성尹城은 무엇인가?

대전시 서구 흑석동의 흑석산성(밀암산성) 장대지로 추정되는 자리. 산장산성과 호응하는 관계였다.

두량윤성에 대한 몇몇 연구자들의 견해

두릉윤성과 두량윤성에 대해서는 조선 시대 이후 줄곧 혼란을 겪어왔

대전 흑석동산성 전경. 강가의 험한 바위 절벽을 끼고 있는 진현성(眞峴城)으로 추정한다.

다. 두 장소를 같은 곳으로 보거나 '두릉윤성은 충남 청양 정산'이라는 게 일반적인 인식이었다.

일찍이 안정복은 『동사강목』에서 두량윤성을 충남 정산으로 보았다. 그 것은 『삼국사기』 잡지雜志 제6 지리4 백제 편에 "열기현은 두릉윤성豆陵尹城이 라고도 하며, 두곶성豆串城이라고도 한다. 윤성尹城이라고도 한다."[115]라고 한 기록과, 『삼국사기』 잡지 제5 지리 3의 "열성현은 본래 백제 열기현으로서 경덕왕 때 이름을 고쳤는데 지금의 정산현이다."[116]라고 한 것을 바탕으로 내린 결론이었다. 그 역시 두릉윤성과 두량윤성을 같은 곳으로 본 것이다.

---

115)   悅己縣一云豆陵尹城一云豆串城一云尹城이란 자료를 바탕으로 한 것이다. 따라서 두릉윤성(豆陵尹城)을 두릉성(豆陵城)과 윤성(尹城)의 합성어로 보기도 한다. 정산에 있는 두릉성과 윤성 두 군데를 이르는 명칭으 로 보려는 것이다.

116)   悅城縣本百濟悅己縣景德王改名 今定山縣

대전 덕진산성(적오산성) 흔적 가운데 현재 남아 있는 성벽 일부.

　　일제강점기 두량윤성豆良(陵)尹城에 대한 일본인들의 연구도 대략 비슷하
였다. 먼저 츠다소우기치津田左右吉는 두량윤성을 주류성으로 보았다. 『삼국
사기』 신라본기 태종무열왕 8년(661년) 2~4월 기사의 두량윤성豆良尹城 전투
와 『삼국사기』 신라본기 문무왕 11년(671) 문무왕이 설인귀에게 보낸 답서
答書에 보이는 661년의 주류성 전투를 같은 것으로 파악하고 두량윤성豆良尹
城을 주류성으로 보았던 것이다. 그리고는 두량윤성 즉, 주류성을 충남 한
산韓山 부근에서 찾으려고 하였다.[117] 그가 『삼국사기』 신라본기 문무왕 2년
(663) 조의 攻豆陵(一云良)尹城周留城等諸城皆下之(두릉윤성·주류성 등을 공격하
여 모든 성을 함락시켰다)고 한 구절을 잘 살펴보았더라면 두량윤성이 주류성
이라는 잘못된 주장에 빠지지는 않았을 것이다. 결국 그의 주장은 『삼국사

117)　　津田左右吉,「百濟戰役地理考」,『朝鮮歷史地理』 제1권 p.170, p.254, 1913

기』지리지의 정산현定山縣에 관한 설명 및 『삼국사기』 문무왕 2년 조의 두
릉윤성과 주류성을 공격하여 함락한 내용을 부정한 셈이다.

이케우치히로시池內宏 또한 "고사비성古泗沘城 밖에 주둔하고 있던 신라군
이 나아가 공격한 두량윤성은 웅진강구熊津江口의 주류성"[118]이라며 츠다소
우기치津田左右吉와 마찬가지로 두량윤성을 주류성으로 보았다. 그는 백강을
금강 입구(금강하구 부근)로 보고 서천군 남쪽 길산천吉山川 인근[119]의 한산韓山
건지산성乾止山城을 주류성으로 보았다. '두량윤성이 주류성'이라는 주장을
벗어나지 못한 것이다.

이마니시류今西龍 역시 "『삼국사기』 신라본기의 두량윤성이 바로 문무왕
이 설인귀에게 보낸 답서 속의 주류성 …"[120]이라며 두량윤성과 주류성을
같은 것으로 파악한 점에서는 같다. 다만 그 위치를 전북 고부古阜 부근의
두승산斗升山에 설정하였는데, 그 뒤로 이병도는 '두릉윤성豆陵尹城은 두량윤
성豆良尹城이라고도 한다'라면서 충남 서천군 기산면의 영모리산성永慕里山城
으로 보았다.[121]

이런 시각은 그 후로 노도양盧道陽에게도 미쳐서 그 또한 주류성과 두량
윤성이 같은 것이라고 보았다. "신라에서는 두량윤성豆良尹城, 당나라에선
주류성이라고 했다"[122]라면서 "그곳이 바로 지금의 충남 청양군 정산면定山
面의 계봉산성이며 속칭 두릉성"이라고 하였다. 그런가 하면 "주류성이란
지명은 661년대에는 지금의 충남 청양군 정산면의 두릉윤성豆陵尹城을 지칭
하였고, 662년대에는 지라성支羅城"이라고도 하였는데, 이런 주장은 자료에

118) 池內宏, 「百濟滅亡後の動亂及び唐·羅·日三國の關係」, 『滿鮮地理歷史硏究報告』 14, p.84, p.25, 1934
119) 『滿鮮地理歷史報告書』 14
120) 今西龍, 「百濟略史」, 『百濟史硏究』, p.38, 1934
121) 李丙燾 譯註 『三國史記』 卷5 p.88
122) 盧道陽, 「百濟周留城考」, 『明知大論文集』 12輯, 1980

대한 기초적인 이해도 부족하고, 참으로 어처구니없는 논리다. 그러나 그는 거기서 한 발 더 나아가서 "663년 8월에 나당군에게 함락된 백제 부흥군의 최후의 근거지는 주류성"이라며, 그곳을 전라북도 부안군의 위금암산성位金岩山城에 갖다 대었다.[123] 그리고 두릉윤성豆陵尹城·지라성支羅城·주류성周留城은 시대에 따라 달리 불린 이름이며 결국 이들은 같은 지명이라고까지 하였는데, 이런 어설프고 해괴한 주장들이 어떻게 해서 나왔는지 도무지 이해할 수 없다.

그러면서 『삼국사기』 권37 지리지 백제 조의 열기현悅己縣 관련 기록[124]과 『신증동국여지승람』 권18 정산定山 조[125], 산천 조[126] 및 고적古跡 조[127]를 바탕으로 두릉윤성豆陵尹城은 충남 청양군 정산면 계봉산성에 틀림없다고 확신하고, "지금도 주민들은 그곳을 두릉성이라고 부르고 있다. 이곳은 현재 청양군 정산면定山面 백곡리白谷里와 청양군 목면木面 지곡리池谷里 사이에 있는 계봉산성(해발 210m)으로, 남문지와 북문지 일부가 남아 있으므로 이곳을 일단 주류성으로 비정하고 또 다른 주류성으로서 전북 부안의 위금암산성位金岩山城을 상정한다."[128]라고 하였다. 사료에 대한 치밀한 분석작업이 없었기에 이런 웃지 못할 주장이 나왔던 것이다. 어떻게 주류성이 금강 이북과 금강 이남에 각기 따로 하나씩 있단 말인가. 그는 김정호金正浩의 『대동지지』에서 정산定山[129]을 "본래 백제 두량윤성인데 두릉윤성이라고도 하고 두율성이라고도 하며 윤성이라고도 하고 열기라고도 한다."라는 것

---

123) 盧道陽, 「百濟周留城考」, 『明知大論文集』 12輯, p.13~33, 1980
124) 悅己縣 一云豆陵尹城 一云豆串城 一云尹城
125) 本百濟悅己縣(一云豆陵尹城) 新羅景德王改悅城 ……
126) 鷄鳳山一名白谷山 在縣東九里
127) 鷄鳳山城 石築一千二百尺 內有一井 又有軍倉 今廢
128) 盧道陽, 「百濟周留城考」, 『明知大論文集』 12輯, 1980
129) 本百濟豆良尹城(一作豆陵尹城一作豆率城一作尹城一作悅己)

과 '… 尹城時鷄鳳山下白谷里'(윤성이었을 때 계봉산 아래 백곡리)라는 구절 및 성지城池 조의 계봉산성[130]을 근거로 충남 정산의 계봉산성을 두량윤성이라고 본 것이다. 앞에서 설명한 대로 김정호는 새롭게 '두량윤성=두릉윤성=두율성=윤성=계봉산성'이라는 등식을 만들어냈는데, 그것도 사실이아니다.

이와 마찬가지 시각에서 심정보는 두릉윤성豆陵(良)尹城을 지금의 충청남도 청양군 정산면의 계봉산성鷄鳳山城으로 보았다.[131] 정산에서 부여까지는 30리이고, 공주까지는 50리이니 두릉윤성豆陵(良)尹城의 백제 부흥군이 사비성 탈환을 위한 공격에 매우 유리한 위치에 있기 때문이라는 근거에서다.

한편, 지헌영은 특이하게도 두량윤성豆良尹城과 두률성豆率城[132] 및 주유성州柔城을 같은 것으로 가정하고, "江西(熊津江西)에 백제 부흥군의 본거지였던 주류성(豆率城·州柔城)이 있었으며 江東(熊津江東)에 다른 하나의 周留城(豆良尹城)이 있었다."라고 보았다. "강동의 주류성[두량윤성豆良尹城]은 '대전~진잠鎭岑~부여[웅진부성熊津府城] 간의 웅진도熊津道 연도沿道에 위치한 군사적 요충"[133]이며 "웅진강(현재의 금강)을 중심으로 강동과 강서에 2개의 주류성이 있었으니, 강동의 주류성이 두량윤성이고 이 두량윤성은 지라성支羅城과 같은데, 그 위치는 대덕군大德郡 진잠면鎭岑面의 산장산성産長山城"[134]이라고 단정했다. 이곳을 두량윤성豆良尹城인 동시에 주류성으로 본다는 것이다. 향찰이나 지명에 대한 이해가 부족한데다 기본적인 자료에 대한 분석도 없어서 이처

---

130) 鷄鳳山古城卽古邑城周一千二百尺
131) 심정보는 이 豆陵(良)尹城을 정산면 내의 鷄鳳山城에 比定한 바 있다.(심정보,「百濟復興軍의 主要據點에 關한 硏究」,『百濟硏究』第14輯, p.162~165), 1983)
132) 이것은 周留城의 순우리말 '두루기'에 대한 신라 측의 향찰표기이므로 두솔성이 아니라 '두률성'으로 읽는 게 맞다.(필자 註)
133) 池憲英,「豆良尹城에 대하여」,『百濟硏究』第3輯, p.43
134) 대전시 유성구 산장산 해발 230m에 있는 성인데, 성북동산성으로도 불린다.

럼 두량윤성豆良尹城과 두률성豆率城·주유성州柔城을 제대로 구분하지 못한 것이다. 다만 그가 산장산성을 두량윤성으로 본 것은 취할 만하다.

전영래는 "문무왕답서에는 두량윤성豆良尹城이 주류성으로 되어 있으므로 이는 동명이사同名異寫[135]임을 알 수 있다"라며 두량이성豆良伊城은 신라 측의 기록이라고 판단하였다. 아울러 주류성에 대해서는 "성의 명칭도 중국 측은 주류성, 신라 측은 두량윤성豆良尹城(豆陵尹城)·두율성豆率城 등으로 되어 있고 『일본서기』에는 주유성으로 기록되어 있다."며 두량윤성과 주류성을 동일 지명으로 파악하였을 뿐 아니라 주류성을 "현 줄포만茁浦灣 인근의 부안군 상서면上西面에 있는 위금암산성位金岩山城과 그 주변에 비정된다."[136]라고 주장하였다. 대신 두량윤성은 우금암산성 동쪽에 있는 도룡이뫼, 즉 사산簑山이라고 하였다.

사료와 지명에 대한 신중한 접근이 없는 데다 한·중·일 3국의 기록을 제대로 분석하지 않고서 섣부른 단정을 하다 보니 어처구니없는 내용이 많다. 한 마디로 그의 주장에는 참고할 게 별로 없다. 그뿐 아니라 향찰 표기법에 대한 깊은 이해 없이 막연한 주장만을 앞세우다 보니 돌이킬 수 없는 실수를 많이 저질렀다. 무엇보다도 주류성을 전북권에서 찾고자 한 것부터가 잘못이다. 잘 모르면 쓰지 말았어야 하는 것 아닌가. 두량윤성과 주류성에 관하여 근세 사학의 문을 연 20세기 초부터 일본인들이 내세운 주장을 무비판적인 태도로 이어받아 온 국내 연구자들의 연구라는 것도 깊이 받아들일 만한 게 그간 별로 없었다. 두량윤성이 주류성이라거나 주류성이 강동과 강서에 각기 따로 있었다는 해괴한 이론이 대표적인 사례

---

135)   같은 이름을 다르게 표현한 것이라는 의미에서 사용한 말이다.

136)   全榮來, 「周留城·白江 位置比定에 관한 新硏究」 p.20, p.38, p.65, 1976

이다. 있지도 않은 일을 마치 있었던 사실처럼 꾸며대었으니 그런 것들이 야말로 한 마디로 '귀신 씨나락 까먹는 소리'이다.

끝으로, 김재붕金在鵬은 두릉윤성을 연기현의 백제 시대 지명인 두잉지현豆仍只縣에 있는 성 또는 두잉지현의 성으로 보고 연기군 서면西面 생천리生千里, 쌍류리雙流里 뒤에 있는 금이성金伊城에 비정하였다.[137] 그러나 두량윤성豆良尹城이나 두릉윤성豆陵尹城 모두 백제의 두잉지현豆仍只縣과는 관련이 없다. 두량윤성이 주류성과 가까운 곳에 있어야 한다는 점을 고려한 것일 테지만, 연서면 쌍류리(과거 연기군 서면) 일대는 애초 두잉지현이 아니었고, 백제 전기全岐에 속한 지역이었다. 당군에 의해 백제가 멸망한 직후에 구지현을 포함한 연기 및 전기 일대는 식민 통치기구인 동명도독부로 편제되었을 것으로 추정되며, 신라가 통일한 직후에도 이 지역은 연산군燕山郡에는 포함되지 않았다. 역시 지명이나 향찰에 대한 이해가 부족한 상태에서 막연하게 내세운 주장일 뿐이다.

이상으로 두릉윤성 및 두량윤성에 관한 몇몇 연구자들의 이해를 소개했지만, 그들은 모두 두릉윤성과 두량윤성을 같은 곳으로 보았다. 이미 김부식이 『삼국사기』를 편찬할 당시부터 두 곳을 구분하지 못한 까닭이다.

하지만 앞에 소개한 여러 견해들은 뚜렷한 근거를 바탕으로 한 게 아니라 막무가내 식의 주장에 불과하다. 남아 있는 기록과 자료를 종합적으로 분석한 뒤에 결론을 내렸더라면 두릉윤성이 두량윤성이고, 두량윤성이 주류성이라거나 전북 지역에 두량윤성이 있었다는 등의 허황한 주장에는 이르지 않았을 것이다.

---

137) 金在鵬,「全義 周留城 考證」, p.24~25, 1980

두량윤성은 어디에 있었나?

두량윤성이 어디에 있었던 요충인지, 그에 대한 연구들이 제법 있었지만 정확한 자료가 없으니 누구도 그 위치를 확정하지 못하고 지금에 이르렀다. 두량윤성은 웅진 동편, 즉 지금의 대전과 계룡시 일대에 있었던 성임은 분명해 보인다. 그 외의 지역을 후보지로 보는 이들도 있지만, 그것은 관련 자료를 제대로 이해하지 못한 탓이다.

두량윤성이 처음으로 기록에 나타나는 것은 『삼국사기』 신라본기 태종무열왕 8년과 백제본기이다.

A) "태종무열왕 8년(661) 봄 2월에 백제의 잔당들이 사비성에 쳐들어왔다. 왕이 이찬 품일을 대당장군大幢將軍으로 삼아 잡찬 김문왕金文王과 대아찬 양도良道, 아찬 충상 등을 부장으로 삼고, 잡찬 문충文忠을 상주장군上州將軍으로 삼아 아찬 진왕眞王을 부장으로 삼았다. 아찬 의복義服을 하주장군下州將軍으로, 무홀武㪁과 욱천旭川 등을 남천대감南川大監으로, 문품文品을 서당장군譽幢將軍으로, 의광義光을 낭당장군郎幢將軍으로 삼아서 달려가 구원하게 하였다.

3월 5일 중로中路에서 품일이 휘하 군사를 나누어 두량윤성豆良尹城(尹을 伊로도 쓴다) 남쪽으로 먼저 가서 군영을 세울 땅을 살펴보았다. 이때 우리 진영이 가지런히 정돈되지 못한 것을 내다 본 백제 사람들이 갑자기 군사를 내어 공격하였다. 우리 군사가 크게 놀라 흩어져 달아났다. 12일에 대군이 도착해 고사비성古沙比城 바깥에 진을 치고, 두량윤성으로 나아가 공격했으나 한 달 엿새가 되도록 이기지 못하였다. 여름 4월 19일 군사를 돌렸다. 왕은 군대가 패하였다는 소식을 듣고 크게 놀라 장군 김순·진흠·천존·죽지를 보내어 군대를 거느리고 가서 구원하게 하였다. 이들이 가시혜진에 이르러 군이 이미 퇴각하여 가소천에 이르렀다는 소식을 듣고 곧 되돌아왔다. 왕은 여러 장수들의 패전에 대해

벌을 차등 있게 내렸다."(『삼국사기』권 제5 신라본기 태종무열왕 8년)[138]

B) 고사古泗에 이르러 복신福信이 요격하여 그들을 패배시키니, 김흠이 갈령葛嶺의 길로 달아나 신라로 돌아가서 감히 다시 나오지 않았다. 얼마 지나서 복신이 도침道琛을 죽이고 그 무리를 병합하였다. 풍豐은 제어하지 못하고 다만 제사를 주관할 뿐이었다.[139](『삼국사기』28 백제본기 6)

4월 19일 이후 품일의 신라 군대가 패하여 돌아오고 있다는 소식을 접한 김순·진흠 등 추가 파병 병력은 중간에 갈령의 길로 달아나 버렸다. 그런데 위 자료 가운데 B)는 『자치통감』의 다음 내용을 옮겨 적은 것에 불과하다. 『자치통감』 고종본기를 보면 당시의 전후 사정을 보다 상세하게 알 수 있다.

C) 백제 승려 도침, 옛 장수 복신이 무리를 모아 주류성을 근거지로 삼고 옛 왕자 부여풍을 왜국에서 맞아들여 그를 왕으로 세웠다. 병사를 이끌고 가서 유인원의 백제부성(사비성)을 포위하였다. 조칙으로 유인궤를 검교대방주자사로 일으켜 왕문도의 무리(병사)를 이끌고 편리한 대로 가서 신라 병사를 데리고 유인원을 구하도록 하였다. …… 백제가 웅진강구에 양책兩柵을 세우니 유인궤는 신라 병사와 함께 공격하여 그를 깨트렸다. 죽이고 물에 빠져 죽은 자가 1만여 명이나 되었다. 이에 복신은 백제부성의 포위를 풀고 임존성으로 물러나 지켰다. 신라는 양식이 떨어져 돌아왔다. 도침은 자칭 영군장군, 복신은 상잠장군이라

---

138) 春二月 百濟殘賊 來攻泗沘城 王命伊飡品日爲大幢將軍 迊飡文王 大阿飡良圖 阿飡忠常等副之 迊飡文忠爲上州將軍 阿飡眞王副之 阿飡義服爲下州將軍 武(炎+坎의 오른쪽 방)旭川等爲南川大監 文品爲誓幢將軍 義光爲郎幢將軍 往救之 三月五日 至中路 品日分麾下軍 先行 往豆良尹(一作伊)城南 相營地 百濟人 望陣不整 猝出 急擊不意 我軍驚駭潰北 十二日 大軍來屯古沙比城外 進攻豆良尹城 一朔有六日 不克 夏四月十九日 班師 …… 王聞軍敗大驚 遣將軍金純眞欽天存竹旨 濟師救援 至加尸兮津 聞軍退 至可召川 乃還 王以諸將敗績 論罪有差

139) 至古泗 福信邀擊 敗之 欽自葛嶺道遁還新羅 不敢復出 尋而福信殺道琛 幷其衆 豐不能制 但主祭而已 (『三國史記』28 百濟本紀 6)

하면서 무리를 불러 모아 그 세력이 날로 커졌다. 유인궤는 군대가 작아서 나머지 유인원의 군사와 합쳐 사졸을 쉬게 하였다. 당 고종은 신라에 조칙을 내려 출병하도록 하였다. 신라 왕 김춘추가 조서를 받들어 장군 김흠에게 병사를 거느리고 가서 유인궤 등을 구하게 하였다. 신라 군대가 고사古泗에 이르자 복신이 맞아 쳐서 패주시켰다. 김흠이 갈령葛嶺으로부터 도망쳐 돌아오니 신라는 감히 다시 출병할 생각을 하지 못했다. 얼마 지나서 복신이 도침을 죽이고 나라와 병사를 마음대로 하였다.[140]

A)에서 말한 대로 이 싸움은 신라 하주下州로부터 상주上州에 이르기까지 상당히 많은 지역에서 모은 병사와 장수들이 투입된 전투였다. 상주上州는 지금의 경북 상주尙州이니 지금의 밀양 지역에 해당하는 하주의 병력도 상주로 집결했을 것이다. 그들 신라 병력은 상주에서 다시 대전 지역을 거쳐 부여로 가서 사비성을 구하게 한 것이다. 그러나 신라군은 도중에 두량윤성에서 대패하였다. 신라군은 처음에 고사비성 밖에 주둔하고, 군사를 나누어 두량윤성 앞으로 나아가 군영을 차렸다. 품일이 휘하 군사를 나누어 고사비성과 두량윤성 남쪽에 각기 따로 군사를 나누어 공격하였지만 고사비성도, 두량윤성도 함락시키지 못하였다. 그리하여 3월 12일부터 한 달 7일째에 마침내 신라군은 군사를 돌려 철수하였는데, 위 기사로 알 수 있는 것 하나는 두량윤성과 고사비성이 서로 멀지 않은 곳에 있다는 것이다.

---

[140] (三月) 初 蘇定方旣平百濟 留朗將劉仁願鎭守百濟府城 又以左衛中郎將王文度爲熊津 都督 撫其餘衆 1633) 文度濟海而卒 百濟僧道琛將福信聚衆據周留城 迎故王子豐於倭國而立之 引兵圍仁願於府城 詔起劉仁軌檢校帶方州刺史 將王文度之衆 便道發新羅兵以救仁願 …… 百濟立兩柵於熊津江口 仁軌 與新羅兵合擊 破之 殺溺死者萬餘人 道琛乃釋府城之圍 退保任存城 新羅糧盡 引還 道琛自稱領軍將 軍 福信自稱霜岑將軍 招集徒衆 其勢益張 仁軌衆少 與仁願合軍 休息士卒 上詔新羅出兵 新羅王春秋 奉詔 遣其將金欽將兵救仁軌等 至古泗 福信邀擊 敗之 欽自葛嶺 道遁還新羅 不敢復出 福信尋殺道琛 專總國兵(「資治通鑑」200 唐紀 16 高宗 上之下)

백제 부흥군이 661년 2월에 사비성을 포위 공격하자 신라군은 사비성 포위를 풀기 위해 두량윤성을 공격한 것이었다. 당의 요청을 받은 신라군이 사비성 대신 백제 부흥군이 장악한 고사비성과 두량윤성을 공격한 것인데, 웅진도를 빼앗고 사비성을 구하기 위해서는 두 성이 그만큼 중요한 요충이었음을 알려준다.

신라가 보은이나 옥천·영동 등지에서 부여로 통하는 웅진도를 열고, 사비성의 위기를 구하기 위해 신속하게 고사비성과 두량윤성으로 출정하던 때 가장 중요한 거점이 바로 지금의 대전 및 공주 지역이다. 그것을 A)에서 소위 중로中路라고 한 것이지만, 엉뚱하게도 고사비성의 고사비 또는 고사를 전북 고부라고 주장하는 이들이 있었다. 하지만 그들에겐 치명적인 문제점 두 가지가 있다. 기록과 자료에 대한 기초적인 이해조차 없다는 것과 그 당시의 사정을 전혀 이해하지 못하고 있다는 점이다. 물론 그 당시 전북 고부 지방에서도 백제 유민들의 백제국 국권회복운동은 있었겠지만, 그보다는 백제 부흥군의 왕성이 있는 북부권이 중심이었다. 부여풍과 복신, 도침의 부흥군은 웅진 동쪽, 지금의 대전 지방을 지키기 위해 부심하였고, 신라 또한 소위 '웅진도熊津道'를 열기 위해 총력을 기울였다. 자연히 신라 병력은 대전 인근의 옥천 및 영동 지방에 집중되었고, 그를 막기 위한 백제 부흥군도 웅진 동쪽 지역에 집중되었다. 그러므로 신라 영역인 경상도나 충북 영동 등지에서 보면 전북 고부는 너무나 동떨어져 있을 뿐 아니라 전혀 관련이 없는 곳이다. 고부에서 북으로 사비성까지는 직선거리로 90km가 넘는 길인데, 어찌해서 신라군이 그리 먼 길을 우회해야 하는가? 그것은 당시의 사정을 모르고 하는 얘기다. 남아 있는 사료에 대한 기본적인 이해 부족에 자료 분석도 제대로 하지 못한 문제는 제쳐두더라도 그 당시의 전체적인 구도와 맥락을 전혀 이해하지 못해서 그와 같은 주장을 하는 것이다. 고부를 거쳐 부여로 갔다면 그것은 중로中路가 아니라 원거리 '우회로'이다.

이런 주장을 버리지 못하다 보니 고사비성·두량윤성 공격 실패 후 신라군이 퇴각로로 선택한 갈령도葛嶺道 또한 전북에서 영남으로 넘어가는 길 어딘가에서 구하려 하였다. 원 사료에 대한 이해가 없었기 때문에 일부에서는 가시혜전 및 가소천을 경남 거창의 가조면 지역으로 이해하려는 엉터리 주장까지 등장한 일이 있는데, 그 당시 신라군과 복신의 부흥군이 첨예하게 대치한 곳은 누누이 설명한 대로 지금의 대전과 공주 지방이었다. 복신은 사비성 공격으로는 한계가 있다는 사실을 깨닫고, 661년 2월부터는 방향을 바꾸어 웅진 동쪽 지역을 장악하기 위해 힘을 쏟았다. 그것은 백제 부흥군으로서는 어쩔 수 없이 선택한 고육책이자 일종의 수정 전략이었다. 고구려와의 협력이 필요하였고, 신라가 북으로 이동하는 길목인 대전 지역을 차단함으로써 고구려와의 연합을 고려하는 동시에 신라가 북으로 진출하는 길을 막아 북부권 방어를 견고히 하기 위한 것이었다.

두릉윤성에 관하여 우선 『삼국사기』 문무왕 3년(663) 5월 조의 다음 기사를 살펴볼 필요가 있다.

D) 5월 …… 백제의 옛 장수 복신과 승려 도침이 전 왕의 아들 부여풍을 맞이해 왕으로 세우고, 유진랑장留鎭郎將 유인원을 웅진성[141]에서 포위하였다. 당 황제가 조서를 내려 유인궤를 검교대방주자사로 삼아 전 도독 왕문도王文度의 병력을 통솔하여 우리 군사와 함께 백제 진영으로 향하게 하였다. 도중에 여기저기서 싸워 진지를 함락시키니 향하는 곳마다 막아서는 이가 없었다. 복신 등은

---

141)　사비성의 '웅진부성'을 이른다.(저자 註)

유인원을 에워쌌던 포위를 풀고 임존성으로 물러가 지켰다. 얼마 후 복신이 도침을 죽여 그의 군사를 아우르고 당에 저항하여 도망한 이들을 불러들여 세력이 매우 커졌다. 유인궤는 유인원과 함께 무장을 풀고 군사를 쉬게 하면서 군사의 증원을 요청하였다. 이에 황제가 조서를 내려 우위위장군右威衛將軍 손인사를 보내 군사 40만 명을 거느리고 덕물도에 이르러서 웅진부성으로 나가게 하였다. 문무왕이 김유신 등 28명(30명이라고도 한다)의 장군들을 거느리고 나아가 그들과 함께 두릉윤성(豆陵尹城, 豆良尹城으로도 쓴다)과 주류성 등 여러 성을 쳐서 모두 함락시켰다. 부여풍은 몸을 빼내어 달아나고, 왕자 충승忠勝과 충지忠志 등은 그들의 무리를 이끌고 항복했는데, 유독 지수신遲受信만이 임존성에 웅거하여 항복하지 않았다. 겨울 10월 21일부터 공격했으나 이기지 못하고, 11월 4일에 군사를 되돌려 설리정舌利停으로 왔다. 전공을 논하여 차등 있게 포상하고 죄수를 크게 사면하였다. 또 의복을 만들어 머물러 지키고 있는 당나라 군사들에게 지급하였다.[142]

그러나 '문무왕 3년 5월'로 시작되는 D) 기사의 대부분은 문무왕 3년 5월의 사건을 다룬 내용이 아니라는 데 문제가 있다. 이 기사는 그 이전부터 663년 11월까지 2년 동안에 벌어진 사건을 한꺼번에 얼버무린 것이다. 정리하자면, 위 기사는 거기에 들어갈 내용도 아니었고, 명백히 잘못된 것임은 이미 앞에서 설명한 바 있다.

그렇다고 D)에 나오는 두릉윤성豆陵尹城이 661년 두릉윤성豆陵尹城 전투가

---

142) 三年五月 …… 百濟故將福信及浮圖道琛迎故王子扶餘豊立之圍留鎭郎將劉仁願於熊津城唐皇帝詔仁軌檢校帶方州刺使統前都督王文度之衆與我兵向百濟營轉鬪陷陣所向無前信等釋仁願圍退保任存城旣而福信殺道琛幷其衆招還返王勢甚張仁軌與仁願合解甲休士乃請益兵遣右威衛將軍孫仁師率兵四十萬 至德物島就熊津府城 王領金庾信等二十八(一云卅十)將軍與之合攻豆陵(一作良)尹城周留城等諸城皆下之扶餘豊脫身走走王子忠勝忠志等率其衆降獨遲受信據任存城不下自冬十月二十一日攻之不克十一月四日班師至舌(一作后)利停論功行賞有差大赦製衣裳給留鎭唐軍『삼국사기』신라본기 문무왕 3년(663)]

있던 때의 그 두릉윤성을 이르는 것도 아니다. 결론부터 말하자면 충남 청양의 두릉윤성에 관한 내용과 대전 지역의 두량윤성은 다르다. 김부식을 비롯해서 『삼국사기』 편찬자들은 두릉윤성과 두량윤성을 구분하지 못했던 것이다. 663년 9월 주류성 함락 당시 김유신과 28명의 신라 장군들이 두릉윤성을 공격하여 함락시켰는데, 각기의 내용을 좀 더 구체적으로 살펴볼 필요가 있다.

먼저 D)에서 "부여풍이 몸을 빼어 달아났다. 왕자 부여충지, 부여충승 등이 그 무리를 데리고 항복하였다"라는 것은 663년 8월 28일 2차 백강해전 패배 직후의 일이다. 임존성에서 항거하는 지수신을 겨울 10월 21일부터 공격했으나 이기지 못했다는 것은 주류성 및 두릉윤성 함락 후 임존성에서 있었던 일이며, 11월 4일 신라가 군대를 돌려 설리정으로 돌아간 것도 임존성의 흑치상지가 항복하기 전의 일이다.

또한 복신과 도침이 부여풍을 맞아 왕으로 세운 것과 그 직후 유인원의 사비성을 포위한 것(1차 사비성 포위)이라든가 유인궤가 왕문도를 대신한 일은 660년의 사건이며, 사비성의 유인원을 재차 포위 공격한 것은 661년 2월이다. 2차 사비성 포위 공격에서 복신 등이 패하여 물러나 임존성으로 들어간 사건은 『자치통감』에 의하면 용삭 원년(661) 3월 1일의 일로서 『구당서』 동이 백제전에도 똑같은 내용이 실려 있다. 더구나 왕문도가 웅진도독으로 온 것이 660년 9월 23일이다. 『삼국사기』 신라본기 태종무열왕 7년(660) 9월 23일 기록엔 이날 복신 및 도침 등이 1차 사비성 포위 공격을 감행하였다. 왕문도는 그로부터 닷새 뒤인 9월 28일 보은 삼년산성에서 갑자기 사망하였다.[143] 그러므로 유인궤가 왕문도를 대신한 것은 그로부터

---

143) 唐皇帝遣左衛中郎將王文度爲熊津都督二十八日至三年山城傳詔文度面東立大王面西立錫命後文度
欲以宣物授王忽疾作便死 … 『삼국사기』 신라본기 태종무열왕 7년(660) 9월]

한참 후이다. 유인궤가 서해를 건너와 왕문도를 대신한 때부터 복신·도침이 임존성을 발판으로 사비성을 재차 공격하기 전에 있었던 일이니 그 또한 문무왕 3년(663) 5월 기록에 실려야 할 내용이 아니었다. 연월일시를 분명하게 가려서 나눠 써야 하는 연대기의 기록에서 이와 같이 하나로 뭉뚱그려서 쓰면서 연대와 월일을 모두 그릇되게 한 것은 그야말로 사료로서의 『삼국사기』 신뢰도를 떨어트리는 일이다. 물론 그것이 중국 측 기록의 잘못은 아니다. 백제의 전쟁 상대국으로서 군진軍陣에는 모든 사항을 기록하는 사람이 따로 있어서 정확한 기록을 바탕으로 후일 『구당서』·『신당서』 그리고 『자치통감』과 같은 중국 사서가 나왔으므로 중국 측의 기록을 믿지 않을 수 없다.

위 『삼국사기』의 D) 기사는 이런 문제점 말고도 몇 가지 문제가 더 있다. "손인사가 40만 병력을 데리고 덕물도로 와서 웅진부로 나아갔다"라는 것도 잘못된 기사이다. 중국의 어떤 기록에도 그 같은 사실이 없다. 손인사가 데리고 온 병력은 7천 명이 전부였음이 중국의 사료로 증명된다. 소정방이 660년 9월 3일에 철수할 때 김인태의 병력 7천 명을 사비도성에 남겨두어 지키도록 했는데, 증명할 자료는 남아 있지 않지만 663년 7월 손인사 부대의 추가 파병은 아마도 신라 병력이 철수한 데 따른 병력 충원 조치가 아닌가 싶다.

앞에서 설명한 대로 부여풍이 고구려로 도망친 것은 663년 8월 28일이고, 문무왕이 김유신 등 28 장군으로 하여금 두릉윤성·주류성 등을 함락시킨 것은 663년 9월 8일의 사건이다. 즉, 나당군 수군이 기벌포(백강)해전에서 이기고, 김유신 등 28장군이 거느린 신라 육군은 따로 두릉윤성과 주류성을 공격하였다. 나당연합군의 총력전은 663년 7~9월에 있었던 일이므로 이런 모든 기사가 문무왕 3년(663) 5월 기사와는 관련이 없다. 그러니까 앞의 문무왕 3년 5월 기사는 그 자체가 오류이다.

그것만이 아니다. 복신이 도침을 죽이고, 도침이 거느렸던 무리를 아우른 것을 『삼국사기』 백제본기 의자왕 20년 조에서는 662년 6월 이전의 일로 기록하였는데, 그것도 663년 5월 기사에 엮어 넣었으니 잘못이다.

여기서 또 하나 '옛 왕자 부여풍을 맞이하여 그를 왕으로 세웠다'(迎故王子扶餘豊立之)는 구절도 문제이다. 『삼국사기』 백제본기 의자왕 조에서는 부여풍을 왕으로 추대한 시기를 '용삭 원년 3월'(龍朔元年三月, =661년 3월)의 일로 제시하였다.[144] 그래 놓고는 다시 『삼국사기』 신라본기에서는 663년(문무왕 3년, =龍朔 3년)의 일로 적었으니 과연 어느 것을 취하고, 어느 것을 버릴 것인가?

그렇지만 중국 측의 자료에는 부여풍을 주류성에서 왕으로 맞이한 시기를 660년 9월과 661년 3월 이전의 두 가지로 기록하였다. 이들 몇몇 자료를 면밀히 분석하여 부여풍을 부흥 백제국의 왕으로 옹립한 때를 660년 9월의 일로 확정하였다. 이에 대해서는 따로 설명하였다.

하지만 문제는 또 있다. A)는 661년 3~4월 웅진도를 확보하는 동시에 사비성의 포위를 풀기 위해 고사비성과 두량윤성을 공격한 내용이고, D)는 663년 9월 주류성과 함께 두릉윤성을 공격한 기사인데, 두릉윤성과 두량윤성이 같은 곳인 것처럼 기술한 문제이다. A)의 두량윤성은 현재의 대전~공주 지역 어딘가에 있는 성이어야 하고, D)의 두릉윤성은 최종적으로 금강 이북의 주류성과 함께 함락된 성이니 주류성과 그리 멀지 않은 곳에 있어야 한다. 결론적으로 D)의 두릉윤성을 청양 정산의 두릉이성豆陵伊城 또

---

144) 武王從子福信嘗將兵 乃與浮屠道琛據周留城叛 迎古王子扶餘豊 嘗質於倭國者 立之爲王 西北部皆應 引兵圍仁願於都城 詔起劉仁軌檢校帶方州刺史 將王文道之衆 便遣發新羅兵以救仁願 …… 福信等立 兩柵於熊津江口以拒之 仁軌與新羅兵合擊之 我軍敗走入柵 阻水橋狹 墮溺及戰死者萬餘人 福信等乃 釋都城之圍 退保任存城 新羅人糧盡引還 時龍朔元年三月也(『삼국사기』 백제본기 제6 의자왕)

는 두릉성豆陵城으로 보는 게 타당하다.

고사비성 및 두량윤성 전투에서 백제군의 승리

661년 3월 1일 사세가 불리해진 백제 부흥군의 도침은 사비성 포위를 풀고 다시 웅진강을 건너 임존성으로 물러났다. 웅진강 도하작전에서 1만여 명의 부흥군이 희생되어 타격이 컸다. 이렇게 2차 사비성 공격전에서 패한 도침과 달리 복신은 강동 지역에서 승리를 거두었다. 백제 부흥군은 비록 두 차례의 사비도성 공성전에서는 패했으나 바로 이 웅진 동편에서는 잘 싸워 지켰다. 백제 부흥군은 당군을 돕기 위해 현재의 대전 지역으로 출정한 신라군에 맞서 661년 3~4월, 대전 지역에서 다시 맞붙었다. 이 싸움에서 복신군은 신라 정규군을 크게 패배시켰다. 그만큼 백제 부흥군의 세력이 컸고, 웅진 동쪽 대전 지방은 복신의 수중에서 벗어나지 않았다. 그것은 그 당시 복신과 도침 등에 대한 백제 유민들의 호응도가 높았기 때문이다.

그런데 앞의 A)에서 보듯이 신라군이 큰 규모로 출정한 것은 백제 부흥군이 당군의 보급로인 웅진도를 끊기 위해 사비성과 웅진 동쪽 두 지역을 양면 공격한 데 따른 대응이었다.

기사 A)는 백제 부흥군과 신라군이 두량윤성을 두고 치열하게 싸우던 모습을 가장 상세하게 전해주는 자료인데, 이 기사 뒤로는 퇴각하던 신라군이 백제 부흥군에게 연거푸 패한 빈골양 전투와 각산 전투도 함께 기록되어 있다. 그러나 이들 싸움에 관한 자료는 다른 기록에는 보이지 않는다.

A)의 기록에서 주목되는 것은 신라군이 '고사비성 밖에 진을 치고, (거기서) 나아가 두량윤성을 공격하였다'라는 사실이다. 이 기사를 바탕으로 고사비성과 두량윤성은 서로 멀지 않은 거리에 있었음을 알 수 있다. '고사

비성 밖에다가 진을 치고, 거기서 나아가 두량윤성을 공격하였다'라는 기사의 내용으로 보건대 신라가 백제 땅으로 진군한 순서로 보면 고사비성을 거쳐 두량윤성으로 나아갔을 것이므로 고사비성보다 두량윤성이 사비도성 방향에 더 가까이 있었음을 알 수 있다. 즉, 고사비성이 동쪽에, 두량윤성은 서쪽에 있었다는 뜻이 되며, 두 성이 있는 지역을 공주와 부여로 가는 중간 지대인 '중로中路'라고 하였으니 오늘의 대전 지방에서 고사비성과 두량윤성을 구해야 마땅하다. 그 당시 신라와 당은 지금의 대전 지방을 강동지지江東之地라 하여 '강동 땅'으로 인식하였고, 때로는 '웅진 동쪽'으로 불렀다. 그것을 간단히 정리해서 보여주는 기록이 『삼국사기』 권 제7 신라본기 문무왕 하 11년 조의 다음 E)이다.

E) 현경 6년(661)에 이르러 복신의 무리가 점차 많아져 강동 땅(江東之地)을 차지하였다. 웅진의 당군 1천 명이 가서 적(=백제)의 무리를 쳤으나 오히려 적에게 패하여 한 사람도 살아서 돌아오지 못했다. 이때 패배한 이후로 웅진으로부터의 원군 요청이 밤낮을 이었다. 신라는 질병이 많아 군대를 징발하기 어려웠지만 간절한 요청을 거절할 수가 없어서 드디어 군대를 발동하여 가서 주류성을 포위하였다. 적들은 우리의 군대가 적은 것을 알고 곧 와서 공격하니 우리는 크게 병마를 잃고 이로움을 얻지 못한 채 되돌아왔다. 그리하여 남방의 여러 성이 한꺼번에 모두 반란을 일으켜 나란히 복신에게로 넘어갔다.(『삼국사기』 권 제7 신라본기 문무왕 하 11년)[145]

---

145) (文武王十一年) 秋七月二十六日大唐摠管薛仁貴使琳潤法師寄書曰 … 大王報書云 … 至顯慶六年 福信徒黨漸多 侵取江東之地 熊津漢兵一千 往打賊徒 被賊摧破 一人不歸 自敗已來 熊津請兵 日夕相繼 新羅多有疫病 不可徵發兵馬 苦請難違 遂發兵衆 往圍周留城 賊知兵小 遂卽來打 大捐兵馬 失利而歸 南方諸城 一時摠叛 並屬福信

A)와 E)는 별개의 사건을 다룬 기사이다. A) 사건이 있고 나서 E)의 신라군이 주류성을 공격한 것인데, 웅진부성의 당군 1천 명이 웅진 동쪽 강동 땅으로 나갔다가 한 사람도 살아서 돌아가지 못했고, 결국 신라군이 나서서 이번에는 거꾸로 부여풍과 복신군의 근거지인 주류성을 공격하였다. 신라군은 강동 땅에 집중한 백제 부흥군의 전력을 약화시킬 목적으로 부흥군의 중심지인 금강 이북의 주류성을 공격하였지만 신라군은 그곳에서도 대패하였다. 이렇게 백제 부흥을 외친 이들이 승세를 잡아가자 백제 남방 지역의 성들도 복신에게 호응하였다. 신라군은 강동 땅에서도 대패한 뒤로, 고사비성 및 두량윤성을 포함하여 대전 지방에 발을 들여놓을 수 없는 처지가 되었다.

그러면 두량윤성은 어디쯤에 있었을까? 뒤에서 자세히 설명한 대로, 먼저 고사비성의 후보지로서 대전 덕진동의 적오산성을 제시하였다. 두량윤성과 공주·부여로 가는 길을 확보할 수 있고, 동시에 주류성과 두릉윤성으로 통하는 길목인 점을 고려한 것이다. A)의 고사비성이 B)와 C)에서 말한 고사古泗일 것인데, 신라 장수 품일이 군대의 일부를 고사비성 앞에 주둔시켜 놓고, 나머지 군사를 데리고 두량윤성으로 간 것은 두량윤성이 그만큼 더 중요한 곳이었기 때문이다. A)에서 "3월 5일 중로中路에서 품일이 휘하 군사를 나누어"라고 한 구절의 '중로中路'는 "신라군이 사비성으로 가던 중에"라는 의미로 이해해야 할 것이다. '사비성으로 가는 도중에'라는 의미로 쓴 말이니 '中途(중도)에'라는 말과 같은 것이고, 결국 두량윤성이 공주·부여 쪽에 더 가까이 있다는 뜻이다. 아울러 고사비성 밖에 신라군을 집결시켜놓은 것은 고사비성의 백제 부흥군을 그 자리에 묶어놓는 동시에 신라군의 퇴각로를 확보해 두려는 의도였을 것이다. 그러므로 두량윤성과 고사비성은 아무리 멀어도 하룻길 이내에 있었을 것이라고 판단할 수 있다. 그렇다면 거기서 서쪽, 즉 부여 사비성 방향으로 두량윤성이 있을 만한 곳은 어디일까? 덕진동 적오산성에서 직선거리로 대략 16km 정도인 산장산의 산장산성(産長山城, 대전 유성구 방동)을 가장 유력한 장소로 꼽아볼 수 있겠다. 이곳은 공주와 부여로 가는 길을 통제할 수 있는 마지막 관문 역할을 할 수 있으며, 남쪽으로 툭 튀어나온 산줄기가 절묘하게 형성되어 산성의 입지 조건으로도 훌륭하다. 품일의 신라군이 군영을 설치한 곳을 '성 남쪽'이라 했는데, 실제로 이 산장산성 주변에서 신라군이 군영을 설치할만한 곳은 성 남쪽밖에 없다. 지금은 유성구에서 계룡시로 통하는 일종의 '외길 길목'에 해당하는데, 그 당시에도 신라군이 부여나 공주로 가려면 반드시 통과해야만 하는 곳이었다. 백제의 황등야산군 진잠현으로서 황등야산군에서는 맨 앞의 전초기지에 해당한다. 임강고험(臨江高險, 강에 접해 있으며 높고 험한)의 요건을 갖춘 곳이라는 진현성(眞峴城, 대전 서구 흑석

기록상의 진현성(眞峴城) 자리로 추정하고 있는 대전 흑석동산성의 입구.

동)에서 북쪽으로 4km 남짓한 거리에 있으며, 대전시 유성구 방동 및 계룡시 두마면 일대를 한꺼번에 통제할 수 있는 웅진 동쪽의 마지막 길목이라고 할 수 있다. 간단히 정리하자면 부여로 가는 웅진도의 가장 중요한 마지막 요충이 바로 두량윤성이었던 것이다.

A)와 E) 기사는 대략 661년 2~6월경 신라와 당군을 상대로 백제 부흥군이 강동 땅(江東之地)에서 벌인 군사작전에 승리한 내용을 요약해놓은 것이지만, E)의 기사에서 말한 '웅진의 당군 1천 명'이란 구절의 웅진은 사비도성의 웅진부성을 가리키는 것이며, 웅진성의 '웅진'을 말하는 것이 아니다. 공주에서 볼 때 웅진 동쪽이면 갑천을 기준으로 그 동쪽을 가리키는 것으로 볼 수 있지만, 갑천을 끼고 있는 곳이면 그 서쪽이라 하여도 웅진 동쪽에서 벗어나지는 않을 것이다.

그 무렵 복신·부여풍에 대한 백제인들의 호응도는 매우 높았다. 고사비성·두량윤성에서 패한 신라군이 퇴각하면서 빈골양과 각산에서 다시 패하여 돌아간 걸 보더라도 두량윤성과 고사비성에서 빈골양·각산성에 이르는 신라군의 퇴각로 주변 여러 지역도 부여풍과 복신에게 호응한 사실을 알 수 있다. 그러면 이제 그곳이 어느 지역이냐가 중요하다. 통상 신라가 백제를 공격할 때 상주나 옥천·영동 또는 보은 지역을 이용했다. 그중에서도 만약 신라군의 출발지가 상주였다면 신라군은 대전에서 옥천-보은-갈령도-상주의 코스를 밟아 퇴각하였을 것이므로, 대전→상주의 퇴각로 가운데 대전 주변의 웅진도 연변에 고사비성과 두량윤성이 있어야 하고, 그 동쪽에 빈골양·각산성이 있었다고 판단할 수밖에 없다.

661년 3월 품일 등 11명의 신라 장군이 두량윤성과 고사비성을 공격하다가 패퇴하자 김흠순과 진흠·천존 등의 증원군을 추가로 보낸 내용이 『삼국사기』 열전 김유신전(중)에 F)와 C)로 정리되어 있다. 김순·진흠·천존·죽지 등이 데리고 나갔던 신라 군대가 가시혜진에서 돌아온 A)의 내용은 예문 C)에서 '김흠이 갈령도로부터 도망해 돌아온' 사건을 말한 것이며, 다음의 F)는 C)와 같은 내용이지만 김유신전에서 간략히 정리한 것이다.

F) 용삭 원년(661) 봄에 왕은 "백제의 남은 무리가 아직도 남아 있으니 그들을 멸망시키지 않으면 안 되겠다."라고 하고는 이찬 품일品日, 소판 문왕文王, 대아찬 양도 등을 장군으로 삼아 토벌하게 했으나 이기지 못하였다. 이에 다시 이찬 흠순欽純, 진흠眞欽, 천존天存, 소판 죽지竹旨 등을 보내 군대를 증원해 주었다.(『삼국사기』 권 제42 열전 제2 김유신전 중)[146]

그렇다면 이제 B)에서 거론한 갈령도葛嶺道 역시 향찰로 풀어야 할 것이다. '갈'은 우리말 '가을'의 축약형 '갈'[秋]로 볼 수 있을 것이고, 옥천이나 영동에서 상주로 넘어가는 추풍령과 그 주변의 산길을 '갈령도'로 상정해 볼 수 있다.

한편, C)에서 661년 봄, 도침의 부흥군이 사비도성을 포위하여 싸우다가 많은 희생자를 내고 임존성으로 퇴각한 직후에, 고사비성과 두량윤성에서는 품일의 부대가 복신군에게 대패하여 물러났다. 661년 3~4월 고사비성 공격 때 품일의 군대가 나가서 싸운 곳이 두량윤성이었다. 그런데 그로부터 2년 뒤인 문무왕 3년 5월 조에서는 김유신 등 28명의 신라 장수들이 두릉윤성豆陵尹城을 공격하여 함락시켰다고 하였다. 이 두릉윤성을 두량윤성豆良尹城이라고도 한다고 하였지만 이 기사에서 말한 두릉윤성은 두량윤성豆良尹城이 아니다. 김부식과 『삼국사기』 편자들이 두릉윤성豆陵尹城과 두

---

146) 龍朔元年春 王謂百濟餘燼尙在 不可不滅 以伊湌品日 蘇判文王 大阿湌良圖等爲將軍 往伐之 不克 又 遣伊湌欽純(一作欽春)眞欽天存蘇判竹旨等濟師

량윤성豆良尹城을 같은 곳이라고 혼동하여 잘못 전한 탓이지만, 두릉윤성豆陵尹城이 충남 청양 정산이라면 두량윤성豆良尹城은 현재의 대전·공주 지역에 따로 있어야 한다. 그래서 그곳을 앞에서 산장산성으로 설명하였다. 청양 정산이 본래 두릉이성豆陵伊城인데 두릉윤성豆陵尹城으로도 쓴 것이 아니라면, 그리고 두릉윤성과 별도로 두량윤성이 있었던 게 사실이라면 이 문제를 전혀 다른 각도에서 재검토해야 한다. 이에 대해서는 뒤에 다시 자세하게 거론할 것이다.

당시 고구려는 백제와 연합하여 신라를 공격하였다. 그것을 알려주는 것이 다음 기록이다.

G) 그러자 고구려와 말갈이 '신라의 정예군이 모두 백제에 가 있어서 국내가 허술할 것이니 칠 만하겠다'라고 하여 군대를 출동시켜 수륙 양면으로 진격해 북한산성을 포위하였다. 고구려군은 성의 서쪽에 군진을 치고, 말갈군은 성의 동쪽에 주둔해 열흘 내내 공격해오니 성 가운데 사람들이 두려워하였다. 그때 갑자기 큰 별이 적의 군영에 떨어지고 뇌성이 치면서 비가 쏟아지니 적들이 놀라고 의아해하여 포위를 풀고 달아났다.

위 G)에서 고구려와 말갈의 수군 및 육군이 북한산성을 포위한 사건은 『삼국사기』 태종무열왕 8년(661) 5월 9일 "고구려 장군 뇌음신惱音信과 말갈 장군 생해生偕가 술천성述川城으로 쳐들어왔다가 이기지 못하자 방향을 바꿔 북한산성을 공격하였다"라고 한 사실을 이른다. 신라가 고사비성·두량윤성에서 퇴각한 직후, 고구려가 북한산성을 공격한 것이다.

그런데 A)에서 품일의 군대가 661년 3월 5일 두량윤성 밖에 진을 치고 공격하였고, 12일에는 다시 증파된 신라의 대군 일부가 고사비성古沙比城 밖에 진을 치고, 나머지는 두량윤성으로 나아가 공격하였다. 신라군이 고사비성과 두량윤성을 동시에 공격한 목적은 무엇보다도 웅진도를 확보하여 사비성을 구하는데 있었다. 품일의 군대가 두량윤성에서 대패하고 12일에 추가 파병된 군대마저 패하여 4월 19일에 퇴각하자 이번에는 김흠을 다시 보냈다. 그러나 김흠 또한 고사古泗에 이르러 복신에게 요격당해 패하고 갈령 방면의 길로 달아났다. 그 사건은 A) 이후에 벌어진 내용으로서 C)와 E)도 그와 연계된 일이다.

그런데 이 고사비성을 C)의『자치통감』과 B)의『삼국사기』백제본기에서 고사古泗라고 하였다. 이것은 '옛 사비성'이란 뜻의 고사비성古泗沘城을 줄여서 쓴 것이 아니라면 사비성과는 전혀 다른 이름일 수 있다. 그 당시의 시점에서 사비성은 웅진부성 또는 사비성이었다. 더구나 품일의 군대가 공격한 고사비성과 두량윤성은 사비성에 이르는 노정의 중간지대에 있었음을 A)에서 중로中路라는 말로 설명하였으니 그렇게 볼 수밖에 없다. 품일이 공격목표로 한 두량윤성과 고사비성이 사비성으로 가는 길목에 있는 백제 부흥군의 주요 거점 성이었기 때문에 고사비성古沙比城과 함께 두량윤성은 앞에서 설명한 대로 웅진의 동쪽, 그것도 유등천이나 갑천 주변의 대전 지역에 있었던 것이 더욱 분명해진다.

결국『삼국사기』에 충남 청양 정산의 두릉이성豆陵伊尹城과 두량윤성豆良尹城을 같은 곳으로 잘못 기록하였음을 A)와 D)의 기사로써 바로잡을 수 있을 것이다. 다시 말해서 정산은 두릉성[147]이나 두릉윤성이지 두량윤성은 아니다. 대전 갑천 서쪽에서 두량윤성을 찾아야 할 것이라는 얘기다.

한편, 중국 기록에 두릉윤성이나 두량윤성 및 주류성과 관련된 기사는

---

147) 『삼국사기』지리지에는 충남 청양 정산을 두릉성(豆陵城) 또는 윤성(尹城)이라고 한다고 하였다.

다음 두 가지 사건이 주목된다.

H) 용삭 원년(661) 3월에 대방주자사帶方州刺史 유인궤가 백제의 나머지 무리를
웅진 북쪽에서 대파하였다.[148]

I) 용삭 연간에 웅진도독熊津都督이 되어 대방주자사 유인궤와 함께 웅진 동쪽에
서 백제의 나머지 적을 크게 깨트렸다.[149]

H)는 웅진 북쪽, I)는 웅진 동쪽을 지시하고 있다. 웅진 북쪽이라면 금강
건너 청양 정산이나 공주 정안으로부터 주류성 가까이에 이르는 범위까지
해당되므로 그 중심을 청양 정산의 두릉윤성으로 상정해볼 수 있다. 반면
I)에서 거론한 웅진 동쪽은 지금의 대전 지역을 가리킨다. 대전 지역의 요
충으로서 고사비성, 진현성, 두량윤성과 같은 곳들을 모두 포괄하는 것으
로 볼 수 있겠다.

문무왕 11년 가을 7월 26일에 대당 총관摠管 설인귀가 보낸 서신에 대한
문무왕의 답서를 보면 그간 두량윤성豆良尹城과 주류성周留城을 혼동하게 된
이유를 알 수 있다.

J) 현경 6년(661) … 복신은 승세를 타고 다시 부성을 포위하였으므로, 이 때문
에 웅진은 길이 끊겨서 소금과 간장이 떨어지게 되었다. 이에 곧 건장한 남자
들을 모집하여 비밀스러운 길로 소금을 보내어 구원하였다. …[150] 『삼국사기』 7

148) (龍朔元年) 三月 帶方州刺史劉仁軌 大破百濟餘衆於熊津之北(『冊府元龜』 986 外臣部 31 征討 5)
149) 龍朔中 爲熊津都督 與帶方州刺史劉仁軌 大破百濟餘賊於熊津之東(『冊府元龜』 366 將帥部 27 機略 6 劉仁
      願)
150) 福信乘勝 復圍府城 因卽熊津道斷 絶於鹽鼓 卽募健兒 偸道送鹽 救其乏困 … (『三國史記』 7 新羅本紀 7 文
      武王 下)

J)는 E) 다음에 이어지는 내용인데, 여기서 '현경顯慶' 6년은 용삭龍朔 원년인 661년을 말한다. 복신군이 웅진 동쪽의 두량윤성·고사비성 등을 잘 지켜내어 신라군이 패퇴하였고, 당군도 패하자 사비성으로부터 당군의 출병 요청을 받은 신라군이 이번엔 두량윤성 대신 주류성을 치러 갔다. 그러나 신라군은 주류성에서 또 다시 패하여 물러났다. 그래서 웅진으로 가는 길이 끊겨 당군의 소금과 된장이 떨어진 것인데, 아마도 H)에서 말한 '웅진 북쪽'에는 E)에서 공격한 주류성까지 포함한 게 아닌가 싶다.

지금까지 설명한 대로 복신군이 웅진 동쪽 두량윤성·고사비성 등에서 신라군과 당군을 저지한 이유가 신라와 당(사비성) 사이의 보급로인 웅진도를 차단하는 것이었음을 이 대목에서 다시 확인할 수 있다. I)에서 거론하였듯이 소금과 간장 같은 보급품을 공급하는 양도를 차단하는 백제 부흥군의 가장 중요한 요충이 J)에서 제시한 대로 웅진 동쪽이었고, 그곳의 중심이 바로 두량윤성이었으리라고 판단할 수 있다.

아울러 "복신이 승세를 타고 다시 부성을 포위하여 웅진 길이 끊겼다."[151]라고 한 구절에서 재차 부성을 포위한 것이 언제의 일인지 살펴볼 필요가 있다. 우선 여기서 부성이라 하면 사비성의 웅진도독부를 이른다. 661년 2월 중 2차 사비성 포위 작전이 진행되던 때, 웅진 동쪽에서도 백제 부흥군이 활발히 움직였다. 3월 5일 품일의 군사가 고사비성과 두량윤성 싸움을 시작하여 4월 19일에 패퇴하여 신라군이 철수하였고, 그 뒤로 한동안 신라군은 대전 지방에 대한 공격을 시도하지 않았다. 그리고 그

---

151)   福信乘勝 復圍府城 因卽熊津道斷

해 봄, 신라에서는 전염병이 창궐하여 병마를 징발할 수도 없는 처지였다. 5월엔 G)에서 설명한 대로 고구려가 수륙 양면으로 북한산성을 공격하여 신라를 압박하였다. 그리고 6월엔 김춘추가 사망하였다. 그때 당 고종은 고구려를 치느라 신라병을 뽑아 북으로 보내라 하고, 평양으로는 군량을 보내라고 재촉하였다. 군사와 물자가 부족하여 신라는 4월부터 6월까지 대전 지역에는 군사를 다시 보낼 수도 없었다. 그해 12월에야 비로소 웅진과 평양으로 식량을 보냈으나 웅진으로 식량을 운송하던 이들이 모두 얼어 죽었다고 하였으니 그해 6월경에는 대전 및 사비성에 신라는 병사와 양식을 보낼 처지가 못 되었다. 전후 사정으로 보아 661년 6~7월 이전에 사비성을 포위했다면 '다시 부성을 포위했다'라고 한 기록은 2월의 2차 사비성 포위 작전을 이른 말로 이해할 수 있다. 그러니까 그 전 해(660) 9~10월 1차 사비성 포위 공격 이후 두 번째 포위 공격이었으므로 '다시 부성을 포위하였다'(復圍府城)라고 한 것이다.

결국 661년 3월 신라군이 두량윤성을 공격한 목적은 1차적으로 웅진도를 차지한 다음, 백제 부흥군의 사비성 포위를 풀어 당군을 구하기 위한 것이었다. 다음은 평양과 고구려로 병력과 양식을 운송하기 위한 통로를 확보하는 데 있었다. 복신의 부흥군이 그것을 차단하려 했던 것인데, 백제 부흥군의 활동상을 알려주는 것이 C)와 E)이다. E)의 문무왕답서에서 "복신의 무리가 점차 많아져서 강 동쪽 땅을 침입하여 취했다"[152]라고 한 것은 『자치통감』 C)에서 "무리를 불러 모아 그 세력이 점차 커졌다"[153]라고 한 것과 같은 내용으로 볼 수 있으니 이것 역시 661년 2~3월 이후의 일이다.

---

152)   信徒黨漸多 侵取江東之地
153)   招集徒衆其勢盆張

문무왕답서에서 신라군이 주류성을 공격했다가 철수한 이유를 "병사와 말을 크게 잃고 손해만 보고 돌아왔다"(大損兵馬 失利而歸)라고 한 반면, 두릉윤성을 공격했다가 철수한 배경에 대해서는 『삼국사기』 백제본기와 『구당서』 등에서 신라 병사들의 양식이 떨어진 때문이라고 밝혔다. 이렇게 신라군이 철수한 뒤에 "남방의 모든 성이 일시에 반란을 일으켜 복신에게 속했다."[154]라고 『삼국사기』 문무왕답설인귀서에 기록하였는데, 그것은 661년 3월 두량윤성과 고사비성 전투에서의 패배와 4월 이후 김흠이 갈령도로부터 도망친 뒤의 상황을 정리한 이야기이다.

661년 4월 고사비성과 두량윤성에서의 패배 이후 신라군은 한동안 대전 지역으로의 출병을 꺼리게 되었다. 그러다가 그 이듬해로 들어서서는 서서히 역전되기 시작하였다. 드디어 7월 30일 진현성이 함락되고 대전 지역에서 신라군과 백제 부흥군 사이에 뺏고 빼앗기는 전투가 이어졌다. 그렇지만 두량윤성이 나당군에게 함락된 것이 언제인지가 분명치 않다. 다만 H)에서 661년 3월 유인궤가 웅진 북쪽에서 백제인들을 무찌른 것을 두릉윤성전으로 본다면 I)에서 유인원이 웅진도독이 되어 대방주자사 유인궤와 함께 백제의 나머지 적을 크게 깨트렸다는 웅진의 동쪽은 공주의 동쪽 지역을 가리키지만, 동시에 두량윤성을 지칭한 것으로도 볼 수 있으니 두량윤성 함락시점은 진현성 등이 함락되던 662년 7월 30일 전후의 일로 추정해볼 수 있겠다.

반면 두릉윤성과 주류성이 함락된 것은 부흥 운동의 마지막 시기인 663년 9월 8일이다. 『삼국사기』 신라본기 문무왕 3년 기사에는 두량윤성과 주류성을 함락시키던 당시의 사정을 D)에서 "태종무열왕이 김유신 등 28

---

154)   南方諸城 一時摠叛 並屬福信

장군을 거느리고 그들(당군)과 합하여 두릉윤성과 주류성 등 여러 성을 공격하여 모두 항복시켰다."라고 전하고 있다.

두릉이성의 '두릉이'는 백제어 '두렝이'의 향찰표기

그렇지만 여전히 남아 있는 의문은 있다. 두릉윤성豆陵尹城과 두량윤성豆良尹城의 차이가 무엇인가 하는 것이다. 이 문제를 놓고 고민하다가 1980년대에 충남 예산·청양·당진·서산 지역을 답사하면서 그 지역 방언을 조사한 적이 있다. 그 일대에서 쓰던 노인들의 말 가운데 '투렝이한다' 또는 '투렝이질한다'라는 방언이 있었는데, 결론부터 말하자면 이 말이 두릉윤성을 이해하는 열쇠가 될 수 있다. 어린아이가 생긋생긋 웃는다거나 무언가 스스로 흥에 겨워할 때 그것을 '투렝이한다'라는 말로 간단히 정리하였다. 스스로 즐거워하며 입술을 부는 행동을 의미하기도 한다. 청양 정산定山을 백제 시대 열성悅城이라 하여 '기쁠 열悅' 자를 써서 열기悅己라고 하였으니 이것이 스스로 즐거워하거나 기뻐서 하는 행동인 '투렝이'와 관련이 있다고 보는 것이다. 투렝이로 격음화되기 전의 백제 시대엔 '두렝이'로 썼을 것이고, 이것을 두릉이豆陵伊로 표기했으리라고 보는 것이다. 다만 홍성 지역에서는 '투렝이'라는 말이 어떻게 쓰이는지는 미처 조사하지 못했지만, 최근 개인적으로 다시 여러 경로를 통해 수소문한 조사에서는 그 말을 아는 이가 없었다. 충남 서부권 말이 대개 같아서 그곳에서도 다르지 않았을 테지만 대략 1980년대생부터는 그 말을 앞세대로부터 전해 받지 못한 것으로 조사되었다.

충남 정산을 『삼국사기』 지리지에 두릉윤성豆陵尹城 또는 두릉이성豆陵伊城으로 기록하였으니 여기서 '두릉이'를 백제어 '두렝이'의 향찰표기로 확정해도 좋겠다. 두릉이성이 지금의 청양 정산이니 두량윤성은 그럼 어디일까?『삼국사기』지리지에 기록된 대로 두릉이성을 청양으로 확정하면 두량윤성은 다른 곳에서 찾아야 할 것이다.

신라 품일의 군대가 661년 3월 고사비성과 두량윤성을 공격하였으나 한 달 엿새가 되도록 함락시키지 못하고 철수한 기사를 토대로 고사비성에서 가까운 두량윤성을 현재의 대전 지역에서 찾아야 하는 것은 당연하다. 대전 지역 중에서도 부여·공주로 넘어가는 길목에 있었던 것이다. 백제 시대 대전 서부 지역에서 황산벌(연산)에 이르기 전의 중요한 요충은 진잠 지역이 된다. 백제 시대 진잠현이 지금의 진산면(금산)과 함께 황등야산군에 속해 있었으므로 현재의 계룡시 두마면으로부터 대전시 유성구 일대에 두량윤성이 있어서 황산벌로 가는 마지막 요충 역할을 했을 것이다. 그중에서도 두마면豆磨面은 서대전西大田 지역을 방어하기 좋은 요지이다. 공주와 부여, 노성魯城과 연산 지역으로 가는 길목으로서 공주 남쪽 지역을 장악하려면 이곳을 차지해야 한다. 유성儒城이 서쪽 공주로 가는 길을 차단하는 길목이라면 두마면은 대전에서 공주 계룡을 거쳐 논산이나 부여로 통하는 마지막 길목에 있다.『충청도읍지』연산현지連山縣誌에는 "두마면은 연산현 북쪽에 있다. 연산현 관아에서 20리 거리."[155]라하여 연산을 중심으로 거리를 표시하고 있는데, 이것 또한 조선 시대에도 연산 지역 방어에 두마면 일대가 그만큼 중요했음을 알려주는 증거로 볼 수 있다.

결국 유성구 방동의 산장산성과 그 뒤편 성북동토성을 백제 시대의 진잠현에 있었던 두량윤성으로 상정하였고, 바로 이런 시각에서 "두릉윤성豆陵尹城을 두량윤성豆良尹城이라고도 한다"라는『삼국사기』의 기록은 잘못이라

---

155)   豆磨面在縣北自官距二十里

고 이미 앞에서 밝혔다.

두릉윤성과 두량윤성의 윤성(尹城)은 무엇인가?

다음으로, 두릉윤성(두릉이성)과 두량윤성에 관하여 다음으로 살펴볼 것
은 윤성尹城의 문제이다. 두릉성 또는 두릉이성, 두량성으로 써도 될 것을
왜 굳이 윤성이란 말을 추가하였을까에 관한 문제 제기이다. 먼저『구당
서』백제전 및『자치통감』고종본기에 … 支羅城及尹城 …이란 구절이 있
으니 이것을 두 가지 시각에서 접근해볼 수 있겠다. 백제에서는 유력가문
또는 토착 세력에게 성을 맡겨 통치하는 성주제를 시행했으니 우선 윤성
尹城을 윤씨에게 준 성으로 생각해볼 수 있겠다. 다음은『자치통감』의 윤성
관련 기록.

K) 7월에 백제 왕 풍과 복신 등은 유인원 등이 외로운 성에 원군이 없다고 여겨
서 사신을 파견해 위로하기를, "대사 등은 언제 서쪽으로 돌아가는가? 마땅히
사람을 보내어 배웅할 것이다."라고 하였다. 유인원·유인궤 등이 준비가 안 된
것을 알고 갑자기 나가서 그들을 공격하니, 지라성·윤성과 대산·사정 등의 목
책을 빼앗고 죽이며 사로잡은 자가 매우 많았다. (이에) 병사를 나누어 지키게
하였다.[156]

L) 용삭 2년(662) 7월에 유인원·유인궤 등은 병사를 이끌고 복신의 무리를 웅
진 동쪽에서 크게 깨트리고 지라성, 윤성, 대산·사정 등의 목책을 빼앗고 병사
를 나누어 그곳을 지키게 하였다(7월 1일부터 29일 사이). 복신 등은 진현성이 강
에 임하여 높고 험준하며 또 요충에 해당한다고 여겨서 병사를 더하여 지켰다.

---

156) (七月) 時百濟王豊與福信等以仁願等孤城無援 遣使謂之日大使等何時西還 當遣相 送仁願仁軌知其無
備 忽出擊之 拔其支羅城及尹城大山沙井等柵 殺獲甚衆 分兵守(『資治通鑑』200 唐紀 16 高宗 上之下)

7월 30일 유인궤는 신라 병사를 이끌고 밤을 틈타 성 사면을 타고 풀에 매달려 올라가서, 동틀 무렵에 그 성을 점령하고 800명의 목을 베었다. 마침내 신라의 군량을 운반하는 통로가 통하였다. 유인원은 병사를 더해 줄 것을 본국에 요청하였다. 그리하여 당 고종은 조서를 내려 치주·청주·내주·해주의 병사 7천 명을 징발하고 좌위위장군 손인사를 파견하여 무리를 통솔하여 바다 건너 웅진(사비성)에 나아가 유인원의 무리를 보태게 하였다(이상 7월 1일).[157]

여러 성 가운데 하나로 윤성이 거론되었을 뿐, 윤성과 다른 성의 관계를 알 수 없다. 그리고 손인사가 실제로 7천의 병력을 거느리고 백제 땅에 건너온 것은 그로부터 1년 뒤인 663년 7월이었음을 따로 설명하였다. L)에서 662년 7월 중에 지라성·윤성, 대산책·사정책을 빼앗았고, 7월 30일엔 진현성을 빼앗아 신라의 군량 운송로가 통하게 되었다고 하였으니 이 무렵을 두량윤성 함락 시기로 보아야 할 것 같다.

그러면 본론으로 돌아가서, 두릉성·두량성으로 써도 될 것을 왜 굳이 윤성이라는 명칭을 붙였을까? 그 이유에 대하여 살펴봐야 할 점은 백제성의 조직과 운용 방법에 관한 것이다. 고구려와 마찬가지로 백제의 성은 모성母城과 그를 둘러싼 여러 개의 자성子城으로 구성되어 있었으므로 이 점에 주목할 필요가 있겠다. "백제의 군현郡縣에는 군장을 두어 다스리면서 그 예하에 소성小城을 소속시켰다"라는 『북사北史』의 내용으로 보면 군현의 중심인 군성郡城을 모성, 군성에 소속된 작은 규모의 성을 자성(子城, =小城)으로 판단할 수 있다. 즉, 이들 모성이 자성을 지휘하는 지방 군현의 중심이었을 것이다. 그러나 그 외에 군이나 현의 중심이자 통치기구인 치소治所

157) 『구당서』199上 열전 149上 동이 백제전

가 있는 곳은 아니지만 여러 개의 자성을 거느린 군사적 요충지로서 군치郡治[158]나 현치(縣治)[159]에 버금가는 곳을 윤성이라고 불렀을 것이다. 다시 말해서 군성郡城 또는 그 이상의 부성府城만큼이나 중요한 곳으로서 성주가 상주하는 성을 특별히 윤성尹城으로 표기하였을 가능성이다. 이런 관점에서 보면 두릉윤성은 본래 두릉이성 또는 두릉성이지만 그곳이 소부리주 가운데 유일하게 금강 이북에 있는 성이었으므로 『삼국사기』에 다음과 같이 실리게 되었을 것이다.

> 열기현悅己縣-두릉윤성豆陵尹城이라고도 하고 두곶성豆串城이라고도 하며 윤성尹城이라고도 한다.

신라가 백제를 병합하고 나서 웅천주熊川州로 삼은 뒤, 열기현(청양 정산)에 관한 설명으로 붙인 내용인데, 두릉성·두곶성을 굳이 윤성이라고 한 까닭은 바로 두릉성이 청양 열기현(정산)의 모성이자 현치(縣治, 현의 치소)였음을 나타낸 것으로 볼 수 있다. 이와 마찬가지로 두량윤성은 본래 두량성으로서 주변에 여러 개의 자성을 거느린, 그 지역의 중심 성이었을 것으로 이해할 수 있다. 본래 尹은 성씨 외에 통상 '다스린다'라는 개념으로 쓰이는 글자이다. 중국 은허 출토 갑골문에서 확인된 바로는 은상殷商 왕조 시대 왕 아래에 다윤多尹이 있었다. '다수의 尹(윤)'이라는 지배층을 이르는데, 이 경우 尹은 왕 아래 고위 통치집단의 한 부류이며, 이후 尹은 지배층을 의미하는 말로 굳어졌다. 따라서 윤성이 성주 윤 씨 일가에게 주어진 성이

---

158)   군의 치소(治所)
159)   현의 치소

아니라면 모성으로 이해할 수 있다. 이렇게 보면 앞에서 "그 지라성 및 윤성, 대산책·사정책 등을 빼앗고 복신의 남은 무리를 웅진 동쪽에서 크게 깨트렸다."[160]라고 한 『구당서』 백제전의 윤성은 지라성이나 대산책 등의 모성을 가리키는 용어일 수 있다. '支羅城及尹城(지라성 및 윤성)'이란 기록을 감안할 때 지라성의 윤성이 두량윤성이라는 뜻으로 해석할 수 있다.

일찍이 신경준申景濬(1712~1781)은 『여암전집旅菴全集』 권6 강계고疆界考 윤성尹城 조에서 다음과 같이 기록하였다.

M) "『삼국사기』를 살펴보면 용삭 2년(662)에 유인궤가 윤성尹城을 빼앗고 용삭 3년(663)에 두릉성豆陵城을 빼앗았으니 두릉윤성豆陵尹城은 2개의 성이다. 네 글자 이름의 한 개 성이 아니라 2개의 성을 합쳐서 청양 정산현 하나의 성으로 만들었다. 마침내 2개의 성을 하나로 합쳐서 1개 현의 이름으로 부른 것이다."[161]

두릉성과 윤성을 따로 이해한 것인데, M)에서 윤성과 관련하여 '… 劉仁軌拔尹城'(유인궤가 윤성을 빼앗았다)고 한 것은 『삼국사기』 백제본기 6 의자왕 조에도 거론한 바와 같이 "지라성 및 윤성, 대산책, 사정책 등을 빼앗고 웅진 동쪽에서 복신의 나머지 무리를 크게 깨트렸다"라고 한 것을 가리킨다. 이때의 윤성은 지라성 등의 모성을 가리키며, 두량윤성을 의미하는 것일 수 있음을 앞에서 설명하였다.

반면 '癸亥拔豆陵'(용삭 3년 계해년에 두릉성을 빼앗았다)는 것은 신라본기 6, 문무왕 조의 "왕은 김유신 등 28 장군으로 하여금 두릉윤성을 공격하였

---

160)　拔其支羅城及尹城大山沙井等柵 大破福信餘衆於熊津之東
161)　按三國史 龍朔壬戌(662) 劉仁軌拔尹城 癸亥(663)拔豆陵 然則豆陵尹城乃二城也 非一城四字號也 蓋二城合爲定山一縣 遂合二城爲一縣號也

다"[162]라고 한 구절을 가리킨다. 그러나 신경준은 청양 정산의 두릉성과 웅진 동쪽의 두량윤성을 따로 구분하지 못했으므로 그 둘을 하나로 합쳐서 정산현에 있는 한 개의 성으로 이해한 데다 두릉윤성을 두릉성과 윤성으로 파악하여 M)과 같이 말한 것이다. 결국 그는 청양 정산의 현성縣城 두릉성豆陵城과 웅진 동쪽(대전지방)의 두량윤성이 따로 있었음을 간파하지 못하고 '두릉성=두량성'으로 이해하면서 여기에 별도의 윤성을 가져다가 두릉윤성(또는 두량윤성)으로 만들고는 김부식의 『삼국사기』 기록을 비판한 것이다.

윤성·대산책·사정책 등은 웅진 동쪽의 성으로 거론되고 있는 만큼 지라성 또한 갑천 및 유등천 등편의 대전 서남부 지역에 있던 부흥 운동 거점 성의 하나로 파악해야 할 것 같다. 앞 K)에서 "그 지라성과 윤성·대산책·사정책 등을 빼앗았다"[163]라고 한 『구당서』와 『자치통감』의 기록[164], 그리고 "그 지라성과 윤성을 빼앗았다"[165]고 한 『책부원구』(권366)[166]의 구절을 보더라도 그렇게 이해할 수밖에 없다. 다시 말해서 여기서의 윤성이라 함은 지라성·대산책·사정책 등 여러 개의 자성子城을 관할하던 모성母城을 가리키는 것으로 볼 수 있다. 진현성 가까이에 있는 그 지역의 중심성으로서 웅진도의 마지막 요충인 두량윤성을 '윤성'으로 표기했을 것이다. 이렇

162) 王領金庾信等二十八人將軍與之合攻豆陵(一作良)尹城

163) … 拔其支羅城及尹城大山沙井等柵 …

164) (七月) 時百濟王豊與福信等以仁願等孤城無援 遣使謂之曰 大使等何時西還 當遣相送 仁願仁軌知其無備 忽出擊之 拔其支羅城及尹城大山沙井等柵 殺獲甚衆 分兵守之(『資治通鑑』 200 唐紀 16 高宗 上之下)

165) … 拔其支離城及尹城 …

166) (龍朔中) 時 扶餘豊及福信等 以仁願等孤城無援 遣使謂曰 大使等何時西還 當遣相送也 仁願遂與仁軌 掩其不備出擊之 拔其支離城及尹城大山沙井等柵 殺獲甚衆 仍分兵 以鎭守之 福信等以眞峴城臨江高險 又當衝要 加兵守之 仁軌伺其稍怠 引新羅之兵 乘夜薄城 四面攀草而上 比明而入據其城 遂通新羅軍糧之路1825) 仁願乃奏請益其 兵 詔發淄靑萊海之兵七千人赴熊津 以益仁願之衆(『册府元龜』 366 將帥部 27 機略 6 劉仁願)

게 해석해야만 백제 진잠현의 현성이자 모성인 두량윤성을 이해할 수 있는 것이다.

아울러 중국 측의 자료에는 支羅城(지라성)을 支離城(지리성)이라고 하였다. 두 지명은 백제 향찰로 봐야 할 것인데, 그것을 '질현성'의 음차로 보는 견해가 있어 아주 그럴듯해 보인다. 다만 지라성은 周留城(주류성)과는 분명히 다른 곳이다. 그런데도 豆陵尹城=支羅城=周留城이라거나 支羅城=周留城이라고 우기는 이상한 일이 계속되어 왔다. 김부식이 "지라성을 혹은 주류성이라고도 한다"(支羅城或云周留城)[167]라고 잘못 전한 탓이다.

그럼에도 윤성尹城·대산大山·사정沙井을 웅진 서남 지역에서 찾아야 한다는 엉뚱한 소리를 늘어놓는 이들이 있었다. 대산大山이 부여군 홍산鴻山의 옛 지명[168]으로 되어 있으니까 대산책은 웅진 서남부에 있어야 한다고 본 것이다. 또 사정책沙井柵은 어디에 있는 목책이었는지 알 수 없다고 하는 이도 있었다. 하지만 『구당서』·『자치통감』과 『책부원구』 등의 해당 기록을 면밀히 살펴보면 지라성·윤성·대산책·사정책은 모두 웅진 동쪽에 있어야 하며, 이 경우 '동쪽'은 일단 갑천과 유등천의 동쪽 지역으로 이해해야 한다. 그러면 현재의 대전 서남부 지역이고, 웅진의 동남부가 될 수밖에 없다. 결국 최근에는 대전 서남부의 사정동 일대 어딘가에 설치한 목책이 사정책이었을 것이라고 보게 되었다.

요약하자면 두릉성을 윤성이라고 한 것이나 '지라성 및 윤성·대산책·사정책'에서의 윤성이며 두량윤성 또한 백제의 모성이란 관점에서 바라봐야 할 것 같다. 앞에서 설명한 대로 "군성이나 현성 또는 그와 별도로 해당

---

167) 『삼국사기』 권36 지리, 三國有未詳地分

168) 『新增東國輿地勝覽』 권19, 鴻山條, 本百濟大山縣新羅景德王改翰山

지역의 중요한 요충으로서 여러 개의 자성을 거느린 거점 성"을 윤성으로 정의할 수 있을 것이다. 이런 전통이 후일 고려와 조선에서 부府나 성의 책임자로서 종2품인 부윤府尹과 그 아래 판윤判尹이란 직제로 정착되는 게 아닐까? 조선 시대 주부主簿가 본래 고구려의 품계였던 것을 감안하면 그럴 가능성이 충분하다고 보는 바이다.

7. 고사비성은 어디인가?

신라와 사비성(웅진부성) 사이의 가장 중요한 통로이자 보급로인 웅진도
熊津道 가운데 하나의 거점 성으로서 고사비성은 두량윤성과 함께 부여-공
주-대전 구간에 있던 백제 부흥군에게 매우 중요한 요충지였다. 복신·도
침 등이 대전 지역을 지키기 위해 부심하면서 공을 들인 곳들인데, 고사비
성이 나당군에게 언제 함락되었는지는 알 수 없다. 다만 662년 7월 30일
진현성이 함락된 시기에 고사비성도 함락되었으리라고 추정해본다.

그런데 고사비성과 관련된 『삼국사기』 태종무열왕 8년(661) 조의 다음
기사를 주목할 필요가 있다.

> 가) (신라 장수) 품일이 휘하 군사를 나누어 먼저 두량윤성(豆良尹城, 尹을 伊로도
> 쓴다) 남쪽으로 가서 진영을 세울 곳을 살펴보았다. 이때 백제 사람들이 우리
> 진영이 정돈되지 않은 것을 보고 튀어나와 갑자기 공격하니 우리 군사가 크게
> 놀라 흩어져 달아났다. 12일에 대군이 도착하여 고사비성古沙比城 바깥에 주둔
> 하고 두량윤성으로 진격해 나갔으나 한 달 엿새가 되도록 이기지 못하였다.[169]

이것은 신라군이 백제 부흥군의 주요 거점인 고사비성과 두량윤성을 공

---

169) 『삼국사기』 태종무열왕 8년 3월 5일 및 3월 12일

격하다가 크게 패한 기사이다. 북부 주류성의 복신과 도침, 임존성의 흑치상지·사타상여가 본격적으로 부흥 운동을 시작한 이후 첫봄을 맞던 해의 일인데, 여기서 먼저 고려해야 할 점은 두 가지이다. 첫째 고사비성과 두량윤성은 웅진부성(사비성)의 당군과 신라를 이어주는 웅진도(대전-공주-부여)에서 가장 중요한 요충이라는 사실이고, 다른 하나는 '고사비'라는 지명을 언어와 인문지리의 여건을 고려하여 그 위치를 찾되, 두량윤성 동쪽 어딘가에서 구해야 한다는 것이다.

당시 백제 부흥군은 사비성을 되찾기 위해 사비성을 포위 공격하여 당군을 신라군으로부터 고립시키는 전략을 폈다. 그래서 660년 가을 사비성 공격에 실패하고도 661년 2월에 다시 2차 사비성 공격과 함께 신라의 군수물자 보급로인 웅진도를 차단하는 전략을 병행하였다. 고사비성과 두량윤성을 공주~부여 노선 주변에서 찾아야 하는 이유가 여기에 있다.

앞의 가) 기사에서 3월 12일 신라 군대가 고사비성 밖에 주둔했던 것은 고사비성의 백제 부흥군을 성 안에 묶어두기 위한 전략이었다. 고사비성과 두량윤성이 멀지 않은 곳에 있으면서 서로 호응하는 관계였을 것이다. 품일의 신라군이 3월 5일과 12일에 연달아 고사비성과 두량윤성으로 집결한 것은 고립된 사비성을 구하고, 그곳에 머무는 당군과 신라군에게 양식을 전하기 위함이었다. 백제 부흥군의 포위를 풀고, 부흥군에 막힌 '웅진도'를 열기 위한 군사행동이었던 것인데, 당시 고사비성 바깥에 신라군이 주둔하고, 그 일부가 두량윤성으로 갔으니까 고사비성과 두량윤성은 서로 멀지 않은 곳에 있었다. 더구나 두 성은 신라군이 공주나 부여로 가는 길에 반드시 거쳐야 하는 요충이었을 것이다. 조선 시대의 지리서나 『읍지』와 같은 자료를 보면 사람이 하루에 걸을 수 있는 거리를 대략 70~80리로 적고 있는 것을 감안해 보면 "신라 대군이 고사비성 밖에 주둔

하고 두량윤성으로 진격했다"라는 위 기사를 토대로 고사비성에서 두량
윤성까지는 최대 하룻길인 70~80리 범위 안에서 찾는 것이 바람직할 것
이다. 앞에서 신라군의 진행 방향으로 볼 때 두량윤성이 유성구 방동의 산
장선성일 것이라고 이미 정리하였으니 그 거리는 직선으로 약 40리 길이
다. 물론 고사비성은 주류성으로 이동하기에도 좋은 길목에 있었다.

　다음은 지명과 언어에 관한 것으로, 역시 이 문제를 푸는 데 가장 중요
한 열쇠가 될 수 있다. 그럼 먼저, 고사비성古沙比城의 고사비古沙比는 무슨 의
미를 갖고 있는 지명일까? 그것을 속 시원히 알려주는 자료는 없다. 다만
각종 지리서에 남아 있는 지명을 가지고 이와 유사한 곳을 찾아야 한다.
우선 古沙比(고사비)를 古+沙比(옛 사비)로 해체하여 이해해야 할 것 같다. 백
제 시대는 물론 그 이전 언젠가 왕도인 사비성과 마찬가지로 沙比라는 이
름으로 불린 적이 있어서 古沙比라고 했을 것이다. 그러니까 부여 사비가
생기기 전에 이곳이 먼저 '사비'라는 지명으로 불렸을 것인데, 부여에 '사
비' 신도시가 들어선 뒤로, 옛날 사비를 古沙比로 고쳐 부르게 되었을 가
능성을 염두에 둔다는 뜻이다.

　지금까지 일부에서 태종무열왕 8년(661) 3월 5일 '신라군이 고사비성古沙
比城 바깥에 주둔하고, 거기서 나아가 두량윤성을 공격했다'라는 기록을 두
고, 그 고사비성이 전북 고부의 백제지명 '古沙夫里'라고 본 이들이 있다.
다시 돌아볼 가치도 없는 주장이지만, 그들은 백강을 변산 줄포만(또는 동진
강) 또는 만경강이라고 주장하면서 이와 연계하여 고사부리를 '고사비'로
이해하였다. 가)에 나오는 고사비성古沙比城을 전북 고부의 백제 시대 이름
고사부리古沙夫里로 보는 얼빠진 주장들이 제기되어 한때 혼란스럽게 하였
다. 그러나 고사비古沙比·고사비古泗沘가 고사부리古沙夫里와 같다고 보는 것은
기본을 모르는 얘기다. 앞 절의 예문 A)와 E) 전체를 지배하는 맥락을 제

대로 이해하지 못했기 때문에 '고사'를 전북, 그것도 정읍 서쪽에서 찾았 던 것이다.

옛사람들이 한자를 빌어 우리말 지명을 표기할 때 그냥 아무렇게나 지 은 것이 아니다. 무척이나 고심하고, 신중하게 한자를 선택하였다. 고사비 古沙比와 고사부리古沙夫里가 같다는 주장은 한 마디로 우리말의 향찰표기는 아예 고려하지 않은 해석이다. 고사부리의 '부리夫里'는 벌판을 의미한다. '부리'로 표기했지만, '불' 또는 '벌'을 나타낸 것이다. 전라도 지역에서 벌 판·평야의 의미로 '부리夫里'라는 지명이 쓰인 전통은 아주 오래되었다. 이 를테면 금산군 부리현富利縣도 그 하나의 예이며, 나주 반남潘南이 본래 백제 의 반나부리현半奈夫里縣이었고, 남평南平을 백제에서 미동부리현未多夫里縣, 고 창현高敞縣을 모량부리현毛良夫里縣이라고 한 것도 마찬가지다.

참고로, 소부리주所夫里州의 소부리所夫里는 후에 '솝리'로 축약되었다. 본 래 백제·마한 지역에서 지명으로 쓰인 夫里(부리)나 그 이전 마한 시대의 지명 卑離(비리)는 '벌판'의 뜻인 '벌'의 한자 차용(향찰) 표기명이었다. 소부 리所夫里의 경우 '소(솔, 松)+부리'로 이해할 수 있다. 그 본래의 의미가 송원 松原이었는데, 그것이 나중에 '솝리'로 축약되었다가 한자 지명으로 裏里(이 리)가 되었다. '솝'이 '속'으로 변화한 것은 이화작용異化作用의 결과이며, '소 부리'를 裏里(이리, 솝리)로 표기한 것은 본래의 뜻을 잘못 적용한 사례이다.

또, 대구를 본래 달구화현達句火縣이라고 하였는데, 그 가운데 火가 '불'→'벌'로의 변화를 보여준다. '벌판'의 뜻인 고어 '부리'(불)를 火로 표기 한 것은 신라 향찰의 전통으로 볼 수 있다. 고사부리 역시 마찬가지이다. '고사부리'의 지형 조건을 나타낸 말이 '부리'(벌판)이고, 실제 지명은 고사 古沙이다. 이것이 어찌 고사비古沙比와 같다는 것인가. 古泗는 고사古沙의 다 른 표기일 수 있지만, 고사비古沙比의 축약형을 고사古沙로 볼 수는 없다. 그렇다고 당군과 신라군이 주둔해 있던 사비성, 즉 웅진부성을 古泗沘로 지칭했을 가능성도 없다. 부여 사비성을 '옛 사비'란 뜻으로 쓰지 않았고, 이미 '웅진부성'으로 대체한 시점이었다.

고사비성은 백제 소비포현의 현성(縣城)이었을 것

이상의 몇 가지 조건을 감안할 때 앞에서 이미 설명한 대로 두량윤성이나 古沙比城(고사비성)을 지금의 대전 지역에서 구할 수밖에 없다. 사비도성으로 가는 웅진도熊津道 주변의 주요 거점 성을 공략하기 위해 신라군이 집결한 것인데, 어찌해서 전북 고부 지방을 고사비성의 후보지로 거론하는가. 기록과 당시의 사정을 제대로 이해하지 못한 데서 이런 엉뚱한 주장이 나온 것이다. 대전-공주-부여에 이르는 길(웅진도)을 확보하기 위해 신라군이 가장 짧은 거리로 진입할 수 있는 거점이 경북 상주나 김천 지역이다. 충북 영동이나 옥천에서 논산 또는 대전 서부 땅을 거쳐 부여로 가야 하는 마당에 왜 거꾸로 전북 고부 지방으로 내려갔다는 것인가? 고부로 갔다면 거기서 다시 부여로 올라가야 하는데, 군사작전치고 세상에 그처럼 멍청한 짓이 어디 있는가. 신라군이 함양에서 남원을 거쳐 올라오는 길이었다면 그럴 수 있겠지만, 당시 백제 부흥군이 사비도성을 포위하고 웅진 동쪽 지역을 차지하기 위해 신라군과 대전 지역을 놓고 다투던 마당에 그와는 동떨어진 전북 고부로 군사를 보냈을 수는 없다.

그러면 대전 지역에서는 어디가 중요한 곳이었을까? 대략 금산-진산에서 대전 지방의 흑석리-진잠 노선 주변이나 그 동쪽의 대전 덕진동 일대를 우선하여 고려할 수 있다. 그중에서도 대전 덕진동을 눈여겨 볼 필요가 있겠다. 『신증동국여지승람』에는 공주목公州牧에 속한 곳으로서 회덕현 동쪽으로 5리(州東五里)에 있었던 덕진폐현德津廢縣에 대한 설명이 있다. 덕진현

德津縣은 본래 백제의 소비포현所比浦縣인데 신라가 적오현赤烏縣으로 지명을 바꾼 뒤, 비풍군比豊郡[170] 휘하의 현으로 두었다가 조선 시대에는 이미 폐현廢縣이 된 상태였다. 『충청도읍지』에 의하면 공주에서 덕진현까지는 동쪽으로 50리이며 덕진산성까지는 60리라고 되어 있다.[171] 덕진현에서 덕진산성까지 10리 떨어져 있었던 것이다. 『세종실록지리지』에는 "원래 백제 소비포현인데 신라가 적오현으로 고쳤다."[172]라고 하였다.

소비포현을 신라가 적오현赤烏縣으로 개명한 것을 보면, 소비포현과 적오현의 대응으로부터 所比=赤의 관계를 이끌어낼 수 있다. 아울러 所比(소비)를 泗沘(사비)의 다른 표기로 이해할 수 있다. 사비泗沘는 고대 백제어에서 본래 '붉다'는 뜻으로 쓰였으니 사비하를 그 의미대로 번역했다면 赤河(적하)이고, 사비성泗沘城은 적성赤城이라야 했다. 부여를 사비라고 부른 것은 일본어 さび와 근원을 같이하는 것으로, 아마도 부여 일대의 흙이 붉은 데서 비롯되었을 것이라고 본다. 실제로 여러 차례의 발굴에서 확인한 바 있지만, 관북리 왕궁터 주변의 흙은 짙붉은 색을 띠며 백마강 건너편 왕흥사 일대의 흙도 붉은색이다.

백제 소비포현所比浦縣의 '所比'는 사비泗沘의 다른 표기로 볼 수 있다. 다시 말해서 '所比'를 '붉다'는 의미의 泗沘(さび)로 이해하였으므로 부여 泗沘(사비)와 구분하기 위해 덕진현 자리에 있었던 원래의 所比를 古泗沘, 古沙比, 古泗 등으로 쓴 것이라고 판단할 수 있다.

이런 근거로써 고사비성은 백제 소비포현이자 조선의 덕진현이 있었던 대전시 유성구 덕진동 탄동초등학교 뒷산 적오산(赤烏山, 해발 255m)의 적오

---

170)   新羅의 比豊郡, 百濟의 雨述郡으로 후의 懷德

171)   東路自官門距懷德縣界六十里距淸州牧界九十里 … (『忠淸道邑誌』 公州, 道路)

172)   本百濟所比浦縣新羅改爲赤烏縣 …

산성일 것으로 추정하는 바이다. 덕진현의 현성(縣城, 현의 치소)인 덕진산성 德津山城의 둘레는 약 730m로서 백제의 성으로서는 규모가 제법 큰 석축성 이다. 남동쪽으로 대전 분지를 감시할 수 있을 만큼 시계가 트여 있어서 매우 유리한 위치에 있다.[173]

좌평 정무(正武)의 부흥 운동과 두시원악

사비성 함락 직후, 소정방이 군사를 풀어 백제인을 약탈하고 무자비하 게 살육하는 광경을 목격한 흑치상지는 임존성에서, 복신과 도침은 주류 성에서 일어나 부흥 운동을 전개하였다. 그러나 흑치상지 말고도 "좌평佐平 정무正武가 무리를 모아 두시원악豆尸原嶽에 주둔하면서 당군과 신라군을 습 격하여 약탈하였다."[174]라고 기록은 전한다. 8월 2일, 나당군이 사비성에 서 승전 축하연으로 술자리를 가진 직후의 일이다.

그리고 나서 8월 26일 소정방은 군대를 이끌고 임존성으로 가서 큰 목 책을 공격하였다. 하지만 임존성의 백제 부흥군 수가 많고, 예산 대흥 봉 수산(임존성)의 지세가 험해서 당군은 이기지 못하고, 그저 작은 목책만을 부수었을 뿐이다. 이후 소정방은 사비성으로 철수하였고, 마침내 9월 3일 에 그는 병력을 데리고 본국으로 철수하였다. 그가 임존성을 내버려 두고 철수한 까닭은 고구려의 요동과 평양을 치기 위함이었다.

그러면 좌평 정무가 최초 부흥 운동을 시작한 두시원악은 어디일까? 앞 에서 소개한 『삼국사기』 태종무열왕 7년 8월 기사는 너무나 간단해서 그 것을 가지고 두시원악의 위치를 찾기는 어렵다. 어디에도 '두시원악'에 관

---

173) 성주탁, 1991, 「백제 소비포현성지(일명 덕진산성)」, 『백제연구』 22
174) 『삼국사기』 신라본기 태종무열왕 7년 8월 조에 "百濟餘賊 據南岑貞峴□□□城 又佐平正武聚衆 屯豆尸 原嶽 抄掠唐羅人"이라 하였다.

한 기록이 없기 때문이다. 다만, 두시원악과 매우 유사한 지명은 있다. 『삼국사기』권 제36 잡지 제5의 전주全州 관할 進禮郡(진례군) 조이다.

"진례군進禮郡은 본래 백제의 진잉을군進仍乙郡인데 신라 경덕왕이 이름을 고쳤으며 지금도 그대로 부른다. 거느리는 현은 셋이다. 이성현伊城縣은 본래 백제의 두시이현豆尸伊縣인데 경덕왕이 이름을 고쳤다. 지금의 부리현富利縣이다. 청거현淸渠縣은 본래 백제의 물거현勿居縣인데 경덕왕이 이름을 고쳤으며 지금도 그대로 부른다. 단천현丹川縣은 본래 백제의 적천현赤川縣인데 경덕왕이 이름을 고쳤으며 지금의 주계현朱溪縣이다."

부리현은 지금의 금산군 부리면이고, 적천 및 주계는 전북 무주이다. 물거현勿居縣은 신라에서 청거현淸渠縣으로 바뀌었다가 조선 시대에 들어와서 용담군龍潭郡으로 바뀌었으니 지금의 진안 용담이다.

이상의 내용을 〈도표〉로 간단히 정리하면 다음과 같다.

주명(州名)	백제 군명(郡名)	백제 현명(縣名)	신라 지명	고려 지명	조선 지명
全州(전주)	進仍乙郡(진잉을군)	豆尸伊縣(두시이현)	伊城縣(이성현)	富利縣(부리현)	富利縣
		勿居縣(물거현)	淸渠縣(청거현)	淸渠縣(청거현)	龍潭郡
		赤川縣(적천현)	丹川縣(단천현)	朱溪縣(주계현)	茂朱郡

이들 가운데 두시원악과 유사한 지명은 두시이현이다. 신라 향찰에서는 尸를 '리을'(또는 '리')로 읽는 만큼, 후일 두시이豆尸伊를 부리富利로 고쳤으니 그곳은 고려 이후 계속 금산군 부리면의 지명으로 남았다. 그렇다면 이곳이 좌평 정무가 부흥 운동을 개시한 곳일까? 사비성 함락 직후, 그것도 신라의 국경과 가장 가까운 곳에서 그것이 가능했을지는 미지수이다. 바로

그 두시이豆尸伊와 이성伊城이라는 이름으로 말미암아 이곳이 소위 두릉윤성豆陵尹城 혹은 두량윤성豆良尹城이 아닐까 하는 의견을 일부에서 제기한 바 있다. 豆尸伊가 백제 향찰이니 그것을 신라 향찰로 옮기면 두릉이豆陵伊가 될 수도 있다고 보았기 때문이다. 그러나 신라와 백제 향찰 표기법상의 차이와 한자에 실은 소릿값에 차이가 있을 수 있기에 그렇다고 확정할 수는 없다. 『증보문헌비고』에 의하면 백제의 두시이현은 신라의 이성현으로서 고려에서 부리현으로 불렸으며 두시이의 豆를 富라고도 한다고 하였다.

하지만 정무의 근거지는 두시원豆尸原이었지 두시이豆尸伊도 아니다. 서로 정확히 대응하지 않으므로 엄밀히 말하면 둘은 서로 다른 곳이라고 할 수 있다. 다만 原(원)이라 했고, 거기에 嶽(악)이란 글자가 붙어 있으니 벌판에 우뚝 솟은 산이 있는 곳일 테고, 사비성이나 웅진성에서는 조금 떨어져 있었을 것이다. '좌평 정무가 무리를 모아 두시원악에 주둔하고 당나라 및 신라인을 습격하여 약탈하였다'라고 했으니 두시원악을 신라 및 당군이 주둔한 사비성 인근의 벌판을 끼고 있는 산악 지형으로 볼 수밖에 없다. 하지만 그곳이 어디인지는 현재 남아 있는 자료만으로는 더 이상 알아낼 만한 것이 없다.

8. 전의 주류성은 부흥 백제의 왕성, 북부의 중심은 목천

주류성에 대한 여러 기록

주류성이 어디인지 지금까지 아무도 그 답을 내놓지 못하고 있다. 그 이유는 무엇보다도 기본적인 자료들에 대한 면밀한 분석작업이라든가 연구 방법의 부재에 있다. 물론 주류성의 위치를 명확히 알려주는 기록은 없다. 그러나 그 위치를 추정할 수 있는 자료가 있다. 국권을 되찾기 위해 끝까지 항전했던 백제 유민들의 부흥 운동 중심지를 서부와 북부로 지칭하면서 임존성과 주류성을 설명해주는 자료이다. 이런 기본적인 자료를 바탕으로 다른 기록과 대조해 교차검증하면서 백제 지명과 향찰을 동원하면 주류성의 위치를 정확히 확정할 수 있다. 그럼에도 지금까지 누구 하나 이런 기본 자료를 진지하게 검토하지 않았고, 지명과 향찰에 깊이 있는 연구를 하지 않아 백강이라든가 주류성 문제는 여전히 백제사 최대의 미스터리로 남아 있게 되었다.

먼저, 백제 최후의 부흥 운동 중심이었던 서부와 북부 그리고 주류성에 관련된 기록을 검토해보기로 한다. (이하 인용 자료 가운데 제시한 괄호 안의 연월일은 다른 자료와의 교차검증으로 얻은 결과이다.)

① 『구당서』 열전 동이 백제전

현경 5년(660) 우위낭장 왕문도를 웅진도독으로 삼아 병사를 총괄하여 그곳을 지키게 하였다(660년 9월 23일).¹⁷⁵⁾ 왕문도는 바다를 건너서 죽었다(9월 28일 삼년산성에서 급사).¹⁷⁶⁾ 백제의 승려 도침, 옛 장수 복신이 무리를 이끌고 주류성에 거점을 마련하고 반란을 일으켰다. 왜국에 사신을 보내어 옛 왕자 부여풍을 맞이하여 왕으로 세우니 그 서부와 북부가 모두 성을 뒤집어[翻城] 부여풍에 호응하였다. 그때 낭장 유인원이 백제부성(=사비성)에 남아서 지키고 있었는데, 도침 등이 병사를 이끌고 와서 그를 포위하였다. 대방주자사 유인궤는 왕문도를 대신하여 무리를 거느리고, 편리한 대로 신라 병사를 뽑아 가지고 가서 세력을 합하여 유인원을 구하였다. 옮겨 다니며 싸우면서 앞으로 나아가는데 향하는 곳마다 모두 함락시켰다. 도침 등이 웅진강 입구에 두 개의 목책을 세우고 관군에게 맞섰다. 유인궤가 신라 병사와 사면에서 그들을 협공하였다. 적의 무리가 물러나 달아나서 목책으로 들어가는데, 물에 막히고 다리가 좁아서 물에 떨어지거나 싸우다가 죽은 자가 1만여 명이나 되었다(10월 30일).¹⁷⁷⁾

② 『구당서』 열전 유인궤전

(현경 5년) 고종이 요동을 정벌하였을 때 유인궤로 하여금 수군을 감독하고 통솔하게 하였으나 기일에 늦어서 관직에서 쫓겨났다.¹⁷⁸⁾ 그러나 특

---

¹⁷⁵⁾ 괄호 안의 연대와 월일은 다른 자료와 교차검증하여 계산해낸 것으로 이하 동일

¹⁷⁶⁾ (秋九月) 二十八日 至三年山城傳詔 文度面東立 大王面西立 錫命後 文度欲以宣物授王 忽疾作便死 從者攝位 畢事(『三國史記』 5 新羅本紀 5)

¹⁷⁷⁾ (顯慶五年) 命右衛郞將王文度爲熊津都督 總兵以鎭之 文度濟海而卒 百濟僧道琛將福信率衆據周留城以叛 遣使往倭國 迎故王子扶餘豐立爲王 其西部北部並翻城應之 時郞將劉仁願留鎭於百濟府城 道琛等引兵圍之 帶方州刺史劉仁軌代文度統衆 便道發新羅兵合契以救仁願 轉鬥而前 所向皆下 道琛等於熊津江口立兩柵以拒官軍 仁軌與新羅兵四面夾擊之 賊衆退走入柵 阻水橋狹 墮水及戰死萬餘人(舊唐書 199上 列傳 149上 東夷 百濟)

¹⁷⁸⁾ 이와 관련하여 「劉仁願 紀功碑」에 "정관 22년(648)에 다시 행군자총관(行軍子摠管)에 임명되어 요동(고구려)을 경략하러 나가서 공적인 일로 이름이 제외되었다. 그해에 다시 우무위(右武衛) 신통부(神通府)의 좌과의도위(左果毅都尉)를 제수받았다."라는 구절이 있다. 그러나 『책부원구』에는 다음과 같은 상세한 내용이 있다.

별히 백의종군을 명령하니 정성을 다하였다. 이때 소정방이 백제를 평정하고 낭장 유인원이 백제부성(=사비성)에서 남아서 지키고 있었는데, 또 다시 좌위중랑장 왕문도를 웅진도독으로 삼아 그 나머지 무리를 안무하게 하였다(9월 23일). 왕문도는 바다를 건너와서 병으로 죽었다(9월 28일). 백제의 가짜 승려 도침, 옛 장수 복신이 무리를 이끌고 다시 반란을 일으키고, 옛 왕자 부여풍을 왕으로 삼아 병사를 이끌고 와서 부성(사비성)에서 유인원을 포위하였다. 유인궤에게 조서를 내려 검교대방주자사로 삼고, 왕문도를 대신하여 무리를 거느리고 가서 편리한 대로 신라의 병사를 뽑아 유인원을 구하게 하였는데, 옮겨 다니며 싸우면서 앞으로 나아가는 유인궤의 군대가 정연하고 엄하여서 향하는 곳마다 모두 함락시켰다.[179]

③『신당서』열전 동이 백제전

(현경 5년 9월) 유인궤로 하여금 왕문도를 대신하게 하였다. 장(璋, =백제무왕)의 조카 복신福信이 일찍이 병사를 거느린 바 있어 승려 도침道琛과 함께 주류성周留城에서 반란을 일으키고, 옛 왕자 부여풍扶餘豊을 왜에서 맞이하여

"유인원(劉仁願)은 정관 연간(627~649)에 우위위장군(右威衛將軍)·비열도행군총관(卑列道行軍總管)이 되어 사공(司空) 이적(李勣)과 날짜를 정해 만나기로 하였다. 그런데 지체하여 이르지 못하니 역마로 불러 수도에 이르렀다. 황제가 "자고로 군법에는 기일에 늦으면 모두 죽는다."라고 말했다. 그러자 유인원이 이뢰었다. "신은 전후 40여 명을 이적(李勣)에게 사자로 보냈지만 도로가 험하고 막혀서 모두 이르지 못하였고, 마지막 한 사자만이 비로소 대군에 도착할 수 있었습니다. 신은 또 연진(延津) 등 7성을 공격하여 얻고 평양을 공격하려 하였는데, 이적의 병마가 갑자기 돌아서 돌아갔습니다. 일에는 원인과 까닭이 있으니 신의 탓이 아닙니다." 황제가 말하였다. "너는 병사 1만여 명을 거느렸고 모두 날랜 군졸인데, 성읍을 함락시킨 것은 1천 명도 되지 않는다. 이것으로 조목조목 나누어 설명하여 다시 거짓말을 만드는구나." 마침내 찾아서 내보내고 묘당(廟堂)에서 그를 참수하려고 하였다. 유인원이 호소하여 소리를 그치지 않으니, 황제는 그가 동해를 지킨 부지런함이 있었으므로, 특별히 죽음을 면하게 하고 요주(姚州)에 유배를 보냈다.(『冊府元龜』447 將帥部 108 違約 劉仁願)

179) (顯慶五年) 高宗征遼 令仁軌監統水軍 以後期坐免 特令以白衣隨軍自効 時蘇定方旣平百濟 留郎將劉仁願於百濟府城鎭守 又以左衛中郞將王文度爲熊津都督 安撫其餘衆 文度濟海病卒 百濟爲僧道琛舊將福信率衆復叛 立故王子扶餘豊爲王 引兵圍仁願於府城 詔仁軌檢校帶方州刺史 代文度統衆 便道發新羅兵合勢以救仁願 轉鬪而前 仁軌軍容整肅 所向皆下(『舊唐書』84 列傳 34 劉仁軌)

왕으로 세웠다. 서부가 모두 응하자 병사를 이끌고 와서 유인원의 웅진부
성(사비도성)을 포위하였다.[180]

④ 『신당서』 열전 유인궤전

현경 5년에 백제를 정벌하였다. 이의부李義府가 유인궤에게 죄를 이유
로 쫓아내려고 하여 조운(漕運, 배로 물건을 실어나르는 일)을 감독하게 하였으
나, 배가 전복되어 사라지니 그 일로 유인궤는 관직에서 쫓겨나 백의종군
하였다. 처음에 소정방이 백제를 평정하고, 낭장 유인원을 남겨두어 그 성
을 지키게 하였다. 또 좌위중랑장 왕문도를 웅진도독으로 삼아 나머지 무
리들을 안무하고 받아들이게 하였는데(9월 23일), 왕문도가 죽었다(9월 28일).
백제의 옛 장수 복신, 승려 도침이 옛 왕자 부여풍을 왕으로 세우고 병사
를 데리고 와서 유인원을 포위하였다. 조서를 내려 유인궤를 검교대방주
자사로 삼고, 왕문도의 무리를 통솔하되 신라의 병사를 징발하여 지원하
게 하였다. 옮겨 다니며 싸우면서 진영을 함락시켜 향하는 곳마다 앞에 아
무도 없었다.[181]

⑤ 『삼국사기』 백제본기

유인궤로 하여금 왕문도를 대신하게 하였다. 무왕武王의 조카 복신이 일
찍이 병사를 거느린 바 있어 승려 도침과 주류성에서 반란을 일으키고, 왜

---

180) (顯慶五年九月) 以劉仁軌代之 璋從子福信嘗將兵 乃與浮屠道琛據周留城反 迎故王子扶餘豐於倭 立爲
王 西部皆應 引兵圍仁願(『新唐書』 220 列傳 145 東夷 百濟)

181) 顯慶五年 伐遼 義府欲斥以罪 使督漕 而船果覆沒 坐免官 白衣隨軍 初 蘇定方旣平百濟 留郎將劉仁願
守其城 左衛中郎將王文度爲熊津都督 撫納殘黨 文度死 百濟故將福信及浮屠道琛迎故王子扶餘豐立
之 引兵圍仁願 詔仁軌檢校帶方州刺史 統文度之衆 幷發新羅兵爲援 仁軌將兵嚴整 轉鬥陷陣 所向無
前(『新唐書』 108 列傳 33 劉仁軌)

에 인질로 갔던 옛 왕자 부여풍을 맞이하여 왕으로 세웠다. 서부와 북부가 모두 응하자, 병사를 끌고 유인원을 도성에서 포위하였다. 유인궤에게 조서를 내려 검교대방주자사檢校帶方州刺史로 삼고 왕문도의 무리를 거느리면서 편의대로 신라의 병사를 징발하여 유인원을 구원하게 하였다.[182]

⑥ 『삼국사기』 신라본기

백제 옛 장수 복신 및 승려 도침이 옛 왕자 부여풍을 맞이하여 왕으로 옹립하고, 유진 낭장 유인원을 웅진성에서 포위하였다. 당 황제가 조서를 내려 유인궤를 검교대방주자사로 임명하고 이전의 도독 왕문도 무리(군대)와 우리 병사를 통솔하게 하였다. 백제 진영으로 향하면서 옮겨 다니며 싸우고 진을 함락시키니 향하는 곳마다 앞에는 아무도 없었다.[183]

⑦ 『자치통감』 고종(高宗) 편

백제 승려 도침과 옛 장수 복신이 무리를 모아 주류성에 거점을 마련하고, 옛 왕자 풍을 왜국에서 맞이하여 왕으로 세웠다. 병사를 이끌고 가서 유인원을 부성에서 포위하자 (당나라에서는) 조서를 내려 유인궤를 검교대방주자사로 삼고 왕문도의 무리와 신라의 병사를 거느리고 가서 유인원을 구하게 하였다.[184]

---

182) 以劉仁軌代之 武王從子福信嘗將兵 乃與浮屠道琛據周留城叛 迎古王子扶餘豐 嘗質於倭國者 立之爲王 西北部皆應 引兵圍仁願於都城 詔起劉仁軌檢校帶方州刺史 將王文度之衆 便道發新羅兵 以救仁願(『三國史記』 28 百濟本紀 6)
183) 百濟故將福信及浮圖道琛 迎故王子扶餘豊立之 圍留鎭郎將劉仁願於熊津城 唐皇帝詔仁軌檢校帶方州刺史 統前都督王文度之衆與我兵 向百濟營 轉鬪陷陳1501) 所向無前(『三國史記』 6 新羅本紀 6)
184) 百濟僧道琛故將福信聚衆據周留城 迎故王子豊於倭國而立之 引兵圍仁願於府城 詔起劉仁軌檢校帶方州刺史 將王文度之衆 便道發新羅兵以救仁願(『資治通鑑』 200 唐紀 16 高宗 上之下)

⑧ 『삼국사절요』 10

처음에 백제 무왕의 조카 복신이 병사를 거느리고 승려 도침과 주류성에 근거하여 반란을 일으키고, 옛 왕자 풍豊을 맞이하여 왕으로 세웠다. 풍은 일찍이 왜에 인질로 갔던 자이다. 서부와 북부가 모두 응하자, 병사를 불러 유인원을 웅진성에서 포위하였다. 이때 낭장 유인궤가 죄에 연루되어 백의종군하였는데, 당의 황제가 조서를 내려 검교대방주자사로 삼고 이전의 도독 왕문도의 무리를 거느리고 가서 편의대로 신라 병사를 징발하여 유인원을 구하게 하였다. 유인궤가 기뻐하며 "하늘이 장차 이 늙은이를 부귀하게 하려는구나!"라고 하였다. 당의 달력 및 피휘(避諱, =당 황제의 이름) 등을 청해 가지고 가면서 "나는 동이를 평정하고, 대당大唐의 정삭[185]을 해외에 반포하겠다."라고 하였다. 유인궤는 군대를 엄정하게 부려서 옮겨가며 싸우면서 앞으로 나아갔다.[186]

이상의 기록 중에서 ①, ③, ⑤, ⑧의 자료는 한결같이 복신과 도침이 주류성을 근거지로 삼아 부여풍을 왜에서 맞다가 왕으로 세우고는 국권회복운동을 벌이자 서부와 북부의 모든 성들이 복신과 도침에게 호응한 것으로 그리고 있다. 이상의 여러 자료들은 모두 복신과 도침이 '북부 주류성'에서 부여풍을 왕으로 맞은 사실을 전하고 있지만, 그중에서도 특히 ③은 "복신과 도침이 주류성에서 부여풍을 맞아 왕으로 세우니 서부가 모두

---

185) 정삭(正朔)은 책력, 즉 달력을 의미한다. 본래의 의미는 '정월 초하루와 매달 초하루'이다. 다시 말해서 '정삭(正朔)이라는 말에는 당나라의 날짜기준과 연호 모두를 포괄하는 의미가 있다.

186) 初 百濟武王從子福信 將兵與浮屠道琛 據周留城叛 迎故王子豐立爲王 豐嘗質於倭者也 西北部皆應 引兵圍劉仁願於熊津城 時 郞將劉仁軌 坐罪白衣從軍 唐詔以爲檢校帶方州刺史 將前都督王文度之衆 便道發新羅兵 以救仁願 仁軌喜曰 天將富貴此翁矣 請唐曆及廟諱而行曰 吾欲歸平東夷 頒大唐正朔於海表 仁軌御軍嚴整 轉鬪而前(『三國史節要』 10)

응했다."라고 하여 북부 주류성의 부여풍을 중심으로 한 부흥 운동에 서부 및 임존성의 흑치상지와 사타상여 등으로 대표되는 세력이 호응한 것으로 그리고 있다. 이런 방식으로 주류성이 북부의 중심지였음을 알려주고 있지만, 주류성은 북부 부흥 운동의 중심이었을 뿐 아니라 부흥 백제국의 왕성이 있는 곳이었다.

서부 임존성과 북부 주류성은 북방성 관할 지역

복신과 도침은 주류성에서 일어났지만, 그보다 먼저 백제 국권회복운동에 뛰어든 이는 임존성의 흑치상지와 사타상여 등이었다. 흑치상지와 사타상여 등이 660년 8월 중에 백제 서부의 중심인 임존성으로 가서 국권 회복을 위해 일어났으며, 그 뒤에 다시 복신과 도침이 주류성에서 부여풍을 왕으로 세우자 서부 임존성의 흑치상지·사타상여 등이 복신과 도침 및 부여풍에 호응한 것으로 볼 수 있다.

먼저, 흑치상지가 임존성에서 적극적으로 부흥 운동을 전개한 시점과 동기를 비교적 상세하게 전하는 자료는 많다. 우선 흑치상지 묘지명을 포함하여 『구당서』·『신당서』 등 중국 측의 기록들이다. 흑치상지는 의자왕의 항복 직후, 당에 순순히 투항하였다. 그러나 당군과 신라군이 의자왕과 부여륭 등을 몹시 심하게 다루고, 건장한 백제인 남녀를 살육하며 약탈하자 두려움을 느끼고 자신의 근거지였던 서부 임존성으로 돌아가서 세력을 규합하여 당과 신라에 항전하였다. 그 과정을 요약한 것이 다음 자료들이다.

A) 현경 5년에 소정방이 백제를 평정하자, 흑치상지는 부하를 이끌고 관례에 따라 항복하였다. 이때 소정방이 그 왕 및 태자 부여륭 등을 잡아 묶어 가두고 이어서 병사를 풀어 약탈하자 건장한 사내가 많이 죽었다. 흑치상지가 두려워

하며 측근 10여 명과 함께 도망쳐 본부(=서부)로 돌아가서, 도망가고 흩어진 무리를 모아 임존산任存山을 함께 지키고 목책을 세워 스스로 굳건히 하였다. 10여 일 사이에 귀부하는 자가 3만여 명이나 되었다. 소정방이 병사를 보내어 그를 공격하자, 흑치상지가 죽음을 각오한 병사를 거느리고 맞서 싸우니 관군이 패배하였다. 마침내 본국의 200여 성을 회복하였고 소정방은 토벌할 수 없어서 돌아왔다.(『구당서』109 열전 59 黑齒常之)

B) 처음에 소정방이 백제를 쳐서 평정하자 달솔 겸 풍달군장風達郡將 흑치상지는 부하를 이끌고 항복하였다. 소정방이 의자왕을 가두고 병사를 풀어 크게 약탈하자 흑치상지가 두려워하여 측근 10여 명과 함께 달아나 도망하여 흩어진 무리를 불러 모아 임존산을 스스로 굳건히 지켰다. 10일이 지나지 않아 귀부하는 자가 3만 명이나 되었다. 소정방이 병사를 보내어 공격하자 흑치상지가 맞서 싸워 그들을 패배시켰다. 마침내 다시 200여 성을 취하였고 소정방은 이길 수 없었다. 흑치상지는 별부장 사타상여와 험한 곳에 의거하여 복신에게 응하였다.(『삼국사절요』10)

C) 소정방이 백제를 평정하자 흑치상지는 부하를 이끌고 항복하였다. 그러나 소정방이 늙은 왕을 가두고 병사를 풀어 크게 약탈하자 흑치상지가 두려워하여 측근 추장 10여 명과 함께 달아나서, 도망하여 흩어진 무리를 불러 모으고 임존산에서 스스로 굳게 지켰다. 10일이 지나지 않아 귀부하는 자가 3만 명이나 되었다. 소정방이 병사를 몰아 그를 공격하였으나, 이기지 못하였다. 마침내 200여 성을 회복하였다.(『삼국사기』44 열전 4 黑齒常之)

D) 처음에 흑치상지가 도망가고 흩어진 무리를 불러 모으자, 10여 일 사이에 귀부하는 자가 3만여 명이나 되었다. 소정방이 병사를 파견하여 그를 공격하자, 흑치상지가 맞서 싸워 그들을 패배시켰다. 다시 본국의 200여 성을 취하였고, 소정방은 이길 수 없었다. 흑치상지는 별부장別部將 사타상여沙吒相如와 각각

험한 곳에 의지하여 복신에게 호응하였다.(『삼국사기』 28 백제본기 6)

E) 소정방이 백제를 평정하자 흑치상지는 부하를 이끌고 항복하였다. 그러나 소정방이 늙은 왕을 가두고 병사를 풀어 크게 약탈하니 흑치상지가 두려워하여 측근 추장 10여 명과 함께 도망쳤다. 흑치상지는 도망하여 흩어진 무리를 불러 모으고 임존산에 의거하여 스스로 굳건히 하였다. 10일이 지나지 않아 귀부하는 자가 3만 명이나 되었다. 소정방이 병사를 몰아 그를 공격하였으나 이기지 못하였다. 흑치상지는 마침내 200여 성을 회복하였다.(『신당서』 110 열전 35 諸夷蕃將 黑齒常之)

"처음에 소정방이 백제를 침공하여 무너뜨리자 사타상여·흑치상지는 도망가고 흩어진 무리를 불러 모아 험한 곳에 거점을 마련하고 복신에게 응하였다."라고 한 『신당서』(108 열전 33) 유인궤전劉仁軌傳의 내용은 사타상여·흑치상지 등이 660년 8월 중에 임존성에서 일어난 뒤에 북부 주류성에서 도침과 복신이 부여풍을 왜로부터 맞다가 왕으로 세웠고, 그 뒤에 사타상여·흑치상지 등이 북부 주류성에 호응한 과정을 순서대로 기록한 것으로 볼 수 있다. 따라서 "이보다 앞서 백제 수령首領 사타상여·흑치상지가 소정방의 군대가 돌아간 후부터 도망가고 흩어진 무리를 불러 모으고, 각각 험한 곳에 의거하여 복신에게 응하였다."라고 하여 『구당서』(84 열전 34) 유인궤전에 '소정방의 군대가 돌아간 직후부터'로 부흥 운동 시작 시점을 늦춰 기록한 것은 사실이 아니다. 『삼국사기』 신라본기 태종무열왕 7년(660) 기록에는 "(소정방이) 8월 26일에 임존성의 큰 목책을 공격했으나 적의 병력이 많고 지형이 험준하여 이기지 못하고 다만 작은 목책만을 부수었다."[187]

---

[187]   二十六日攻任存大柵兵多地險不能克但攻破小柵(『삼국사기』 신라본기 태종무열왕 7년)

라고 한 내용도 있으므로, 흑치상지와 사타상여 등은 적어도 8월 2일 의자
왕의 항복 의식이 있기 전에 이미 임존성에서 거병한 사실을 알 수 있다.
더구나 '10여 일 사이에 3만 명이나 모였다'라는 내용을 토대로 생각해보
면 8월 초순경에는 3만의 백제 부흥군이 이미 임존성에 모여 있었으리라고
추정할 수 있다.

소정방이 군대를 돌려 당나라로 회군한 것은 660년 9월 3일이었다. 의자
왕의 항복 직후부터 의자왕과 부여륭 등을 심하게 다루고, 백제인 장정들
을 살육하며 약탈하였으므로 7월 18일부터 8월 2일 사이에 흑치상지와 사
타상여 등이 서부 임존성에서 일어난 것이 분명하다. 당유인원기공비唐劉仁
願紀功碑에도 "현경 5년(660) 이에 반역을 도모하였으니 곧 가짜 승려 도침과
가짜 한솔扞率 귀실복신鬼室福信이 있었다. 민간에서 나와 무리의 우두머리가
되어 사납고 교활한 무리를 불러 모아 임존성을 근거로 하여 벌떼처럼 모
이고 고슴도치의 털처럼 일어나서 산을 메우고 골짜기를 채웠다."[188]라고
적었다. 비록 이 기록에서는 복신과 도침이 맨 처음에 임존성에서 거병한
것으로 그리고 있지만, 다른 자료와 맞춰 보면 복신은 애초 임존성이 아니
라 주류성에서 일어났음을 알게 된다. 다만 복신과 도침이 주류성에서 부
여풍을 왕으로 세우고 당군에 항전한 시점이 소정방의 회군 뒤인 것이다.

주류성의 위치를 확정 짓는데 중요한 자료 하나를 더 봐야 하겠다. 『삼
국사기』 7, 신라본기 7의 다음 내용이다.

F) 용삭 3년(663)에 이르러 총관 손인사가 군사를 거느리고 와서 부성府城(웅
　진부성, 즉 사비성을 지칭)을 구원하자 신라 역시 병마를 동원하여 함께 치게 되

---

188)　仍圖反逆 即有僞僧道琛僞扞率鬼室福信 出自閭巷 爲其魁首 招集狂狡 堡據任存 蜂屯蝟起 彌山滿谷
　　　（「唐劉仁願紀功碑」）

었다. 일행이 주류성 아래에 이르렀다. 이때 왜국의 수군이 백제를 돕기 위해 와서 왜의 선박 1천 척이 백사白沙에 정박해 있었고, 백제의 정예 기병이 해안 언덕 위에서 배를 지키고 있었다. 우리 신라의 날랜 기병이 당군의 선봉이 되어 우선 물가 언덕의 적진을 깨트리니 주류성이 낙담하여 마침내 항복하였다. "남쪽 지방이 평정되어서 군사를 돌려 북쪽을 친 것인데"(南方已定廻軍北伐), 임존성 한 곳만이 어리석게도 항복하지 않으니 두 나라 군사가 힘을 합쳐 함께 성 하나를 쳤으나 굳게 지키면서 막고 저항하는 바람에 쳐부수지 못하였다.[189]

이것은 당나라 장수 설인귀가 임윤법사에게 들려 보낸 편지에 대한 신라 문무왕의 답서(문무왕답설인귀서) 가운데 일부인데, 위 기사는 9월 7~8일 마지막(4차) 백강해전을 주류성에서 바라보고 있었음을 전해주고 있다. 위 F) 자료에서 말한 백사白沙는 백강이나 그 인근 강변 마을일 것으로 짐작되지만 그곳이 어딘지는 분명치 않다. 다만 백제 기병이 지키고 있던 해안의 배를 신라 기병이 깨트리자 주류성이 항복했다는 내용이 뒤에 이어지는 것으로 보아 그것은 9월 8일의 4차 백강해전을 거론한 내용으로 볼 수 있다. 9월 8일의 조금물때에 1천 척의 왜군 선박을 댄 백사 및 백강은 현재의 삽교호 내 당진시 우강~신평 일대와 그 맞은편 인주 지역까지로 볼 수 있다. 백제 시대 삽교호 바닥이 지금보다 훨씬 낮았으므로 아산 인주면의 곡교천 입구까지도 백강의 범위로 고려해볼 수 있겠다. 삽교천은 아산·천안·예산·당진의 곡창 지대를 끼고 있어 이들 지역이 이른바 내포內浦의 핵

---

[189]   …… 至龍朔三年 摠管孫仁師領兵來救府城 新羅兵馬 亦發同征 行至周留城下 此時 倭國船兵 來助百濟 倭船千艘 停在白沙 百濟精騎 岸上守船 新羅驍騎 爲漢前鋒 先破岸陣 周留失膽 遂卽降下 南方已定 廻軍北伐 任存一城 執迷下降 兩軍併力 共打一城 固守拒捍 不能打得 …… (『三國史記』 7 新羅本紀 7 文武王 下)

운주산 정상에 세운 백제얼탑. 백제 시대 말, 운주산 정상은 일종의 망루(望樓) 역할을 했을 것으로 보인다.

심이다. 그만큼 삽교천은 중요한 요충이 된다. 임존성과 아산 및 천안 지역의 높은 산에서는 삽교천이 다 내려다보이며, 전의 읍내에서 동쪽 전동면으로 약 2km 남짓한 거리에 있는 운주산성에서도 삽교천의 일부를 맑은 날에 볼 수 있다. 백강해전에서 백제군과 왜의 수군이 패하는 것을 목격하고는 주류성의 백제 유민들이 항복했다는 기록을 바탕으로 생각해보면 북부 주류성 관할 지역의 웬만한 산과 서부 임존성에서도 신라·당과 백제·왜 사이의 백강해전 현장을 고스란히 지켜보았을 것이다.

한편 위 F)의 문무왕답설인귀서 가운데 가장 중요한 구절이 "남방이정회군북벌南方已定廻軍北伐이다. 『북사北史』 백제전에 전하는 대로 말기 백제 5방五方의 하나이자 '북방'의 중심인 북방성이 공주 웅진성이었으니까[190)]

---

190)   …… 其都曰居拔城亦曰固麻城 其外更有五方 中方曰古沙城 東方曰得安城 南方曰久知下城 西方曰刀先城 北方曰熊津城(『북사』 백제전)

운주산성 내부.

북벌은 바로 이 북방 지역(웅주, 즉 웅진성 관할 지역)에 대한 당나라와 신라의
마지막 총공격이었던 것이다. 나당군은 백제 남방 지역에 이어 중방中方
지역을 평정한 뒤에 비로소 북벌을 시작하였다. 북벌 대상은 백제의 북
방이었고, 그중에서도 북부의 주류성과 서부의 임존성이 핵심이었다(물
론 최종적으로 가림성도 해당된다). 당과 신라의 수군은 북벌 과정에서 주류성
으로 가는 길에 네 차례의 백강해전을 치렀다. 그러므로 백강은 주류성
으로 가는 길목, 그것도 주류성 인근의 아산, 천안 지역 산에서 바라보이
는 곳에 있어야 마땅하다.

  여러 기록에 임존성을 서부의 중심으로 설명하고 있으니 북벌 대상 가
운데 서부 임존성을 제외하면 북부의 중심이 주류성임은 의심의 여지가
없다. 그러면 북부와 서부의 경계는 어디가 될 것인가. 대체로 무한천이
그 구분선이 될 것이며, 그 동쪽으로부터 금강 이북이 주류성의 관할 범위

운주산성 성벽 가운데 복원된 모습의 서문지 일대.

가 될 것이다.

백제의 북방성 관할 지역 가운데 금강 이북 지역이 최소 서부와 북부로 구성되어 있었던 것이다. 충남 북부 지역의 지형을 감안할 때 백제의 서부는 현재의 서산·당진·예산·청양·홍성·보령 일대를 아우르는 개념이며 북부는 아산·천안 지역을 아우르는 범위로 판단할 수 있다. 금강 이북의 공주권(유구, 신풍, 정안 등)도 북부에 포함될 것이다.

앞에서 여러 차례 언급한 대로 서부의 중심은 예산 대흥의 임존성이고, 북부의 중심은 주류성이었다. 북부는 본래 현재의 천안시 일대인 대목악군大木岳郡으로부터 일모산군一牟山郡과 금강 이북의 청주시 일대까지를 아우르는 개념이었을 것이다. 대목악군의 중심은 현재의 천안 목천읍이었지만, 백제 시대의 목천은 지금의 천안과 아산 지역 일부까지 아우르는 광역 개념으로 볼 수 있다. 그중에서도 백제 부흥군의 항전 지역으로서 가장 중요한 역할을 한 곳은 부흥 백제국의 왕성이 있던 전의 일대(현재의 전동면·전의면·연서면·소정면 등)이다.

그런데 문제는 공주 및 대전 지방이다. 당시 이 일대가 어디에 속한 곳이었는지는 모르지만 갑천 동편 지역을 '강동 땅'으로 구분하였으니 여기서는 편의상 북방성 동부로 이해해보자. 『구당서』 소정방전에 "그 대장 예식이 또 의자를 데리고 와서 항복하였다."[191]라고 한 것이나 『삼국사기』에 "의자왕이 태자 및 웅진방령 군軍 등을 데리고"[192]라고 한 구절이 있는데, 의자왕과 부여륭이 마지막에 믿었던 인물이 북방성의 방령인 예군禰軍이었다. 기록에 예군을 웅진 방령으로, 그 동생 예식禰植을 대장으로 표현하였는데, 이들 예군·예식진 형제의 배신은 백제인들의 수치심과 커다란 분노를 유발하였을 것이다. 중국인을 받아들여 고위층에 임명했더니 나라를 중국에 팔았다는 배신감과 그로 인한 위기감을 갖게 되었을 것이다. 한때 수도였던 곳인 만큼 다른 어느 곳보다 물자와 인력이 넉넉했을 것이고, 복신과 도침이 공주·대전 지방에서 활발하게 부흥 운동을 전개할 수 있었던 것도 이 지역 백제인들의 희생과 도움 없이는 어려웠을 것이다. 부여풍과 복신·도침·흑치상지·사타상여 등은 그것을 백제 국권회복운동의 동력으로 삼았을 것이다.

『신증동국여지승람』은 전의 지역을 포함한 연기군(현재의 세종시 일대)에 관해서 연기군 건치연혁建置沿革 조에서 다음과 같이 기록하고 있다. 이 자료를 통해 청주 및 전의 지역이 어떤 변화를 거쳤는지를 들여다볼 수 있다.

1) 본래 백제의 두잉지현豆仍只縣이다. 신라가 지명을 연산군으로 고쳤다. 고려

---

191)　其大將禰植又將義慈來降
192)　義慈率太子及熊津方領軍等

현종 때 청주에 속했으며 명종 때 감무를 두었다. 이후 목주木州로 하였다. ……

조선 태종 14년(1414) 전의에 병합하고 전기라고 고쳤다.[193]

신라가 두잉지현을 연산군燕山郡으로 통폐합했고, 고려 시대에 연기燕岐와 전의全義를 합쳐 전기全岐로 만들었다는 것이다. 하지만 전기全岐란 명칭은 통폐합에 의해 생긴 것이 아니라 백제 시대 명칭으로의 회귀로 보인다. 全岐는 '全'과 백제어 '기岐'를 결합한 지명이다. 그것이 나중에 全城으로 바뀌었으니 그렇게 볼 수밖에 없다.

다른 자료를 보면 지금의 내수읍인 충북 청주시 청원구 북일면과 청원구 북이면·상당구 문의면 등 청주시 일원과 보은군 회인면까지도 본래 백제 두잉지현(신라 연기군)의 범위였다. 그중에서 청주가 독립하고 그 나머지를 조선 태종 시대에 전기全岐로 통합한 것이다. 즉, 백제 두잉지현의 대부분을 차지하던 청주시 일원이 독립하고, 그 나머지 서편 지역이 전기에 통합된 것인데, 이런 근거로 보면 백제 말기 신라와 백제 동북단 경계는 안성-장호원-증평 언저리에 형성되었던 것 같다. 『신증동국여지승람』(권18) 전의현全義縣 건치연혁 조에는 전의현을 다음과 같이 기록하였다.

2) 본래 백제 구지현仇只縣이다. 신라가 금지현金池縣으로 고치고 대록군大麓郡의 소속 현으로 삼았다. 고려에 이르러 지금의 이름으로 고쳤고, 조선조에 청주에 속하게 하였다. 태조 4년 감무監務를 두었고, 태종 13년(1413) 현감을 두었으며 태종 14년에 연기燕岐와 합쳐 전기현全岐縣으로 삼았다. 태종 16년에 관원과 현

---

193) 本百濟豆仍只縣新羅改今名燕山郡領縣高麗顯宗屬淸州明宗置監務後以木州 … 太宗十四年幷于全義 改稱全岐 …

감을 예전대로 다시 돌렸다. 군명은 구지仇知·금지金池·전기全岐이다.[194]

구지仇知는 백제의 현 이름이고, 그것을 신라가 금지金池로 개명하였다. 고려 시대에는 전의全義라 하던 것을 조선 시대에 전기현全岐縣으로 삼았다고 했으니 여기엔 전기현이란 이름이 아예 없다.

전의 지역은 상당히 독특한 위치에 있다. 그것이 정치·경제 및 군사적으로도 상당한 의미를 갖고 있었다. 예로부터 삼한의 기름진 땅과 서해안 천해淺海 지대를 끼고 있어 어염과 해산물을 풍부하게 공급받을 수 있고, 외적의 피해가 적은 곳이었다. 서북으로는 아산과 천안, 동으로는 청주, 남동으로는 회덕·문의·대전, 남으로는 공주를 끼고 있는 사통팔달의 요충이다. 지금의 전의를 중심으로 그 지역을 좀 더 자세히 들여다 보면 북으로는 수신·목천·병천·옥산, 동으로는 전동·조치원·청주, 동남으로 신탄진·문의·회덕·대전, 동북으로는 오창과 진천, 서북으로는 소정과 광덕·탕정·아산 및 천안이 이어진다. 더구나 주변에 높은 산과 물을 끼고 있어 전의 일대는 군사적으로 중요한 요해처이기도 하다.

우선 북쪽 소정면 고려산에서부터 남쪽으로 덕현천이 전의 읍내 서편을 가르며, 동쪽에는 복암천이 감싸고 돌면서 읍내 남쪽 조천과 만난다. 전의 남쪽 비암사가 있는 차령산맥 큰 줄기로부터 북류하는 조천이 복암천·덕현천과 전의 읍내에서 만나 丫(아) 자형 합수머리를 이룬 뒤, 전동·조치원을 거쳐 미호천으로 들어간다. 전의읍 고려산과 운주산 북쪽 목천읍엔 백운산·세성산 그리고 전의 동북쪽 수신면과 성남면으로는 차령산맥 줄기를 따라 새남산·매봉산·망경산·동림산의 연봉이 이어지며, 이것이 다시

---

[194]   本百濟仇只縣新羅改金池縣一作地爲大麓郡領縣高麗改今名屬淸州本朝 太祖四年置監務太宗十三年例爲縣監明年合燕岐爲全岐縣 十六年復舊官員縣監 郡名 仇知 金池 全岐

운주산에서 이어지는 전의 지역 산자락에는 많은 산성들이 있다. 이들이 서로 연계되어 하나의 방어
체계를 가졌을 것으로 보인다.

전동면의 송학산·오봉산으로 연결된다. 전의 남쪽으로는 작성산·금성산
이 차례로 늘어서서 공주로 닿고, 전의 동쪽으로 운주산성을 비롯하여 큰
봉우리 세 개가 감싸고 있어서 「전성지全城誌」 형승 조에 "세 봉우리가 수려
하게 솟아서 평야를 에워싸고, 두 물줄기가 나뉘어 흐르며 옛 성을 감싸고
도네."[195]라는 김휴金休의 시가 실리게 되었다.

그리고 『충청도읍지』 전의현 건치연혁 조에는 다음과 같이 되어 있다.

3) "본래 백제 구지현仇池縣이다.[196] 신라가 금지金池(池는 地로도 쓴다)로 바꾸어
   대록군大麓郡(지금의 木川) 관할 현으로 삼았다. 고려에서 목천으로 바꿨으며 조

---

195)   三峰圍野二水繞城 故檢校金休詩云三峰聳秀圍平野二水分流繞故城
196)   郡名은 仇池, 金池, 全歧, 全城, 全義이다.

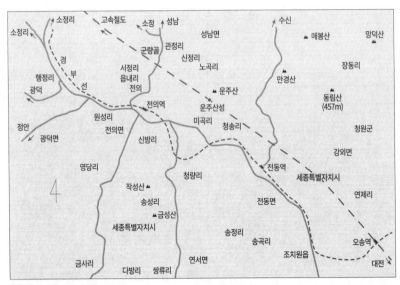

전의 지역 주요 산들과 산성 지도

선 태조 4년에 감무監務를 두었다. 태종 13년(1413)에 현감을 두었으며 그다음
해 연기燕岐를 전기현全岐縣으로 만들었다가 태종 16년(1416)에 다시 각각 예전
대로 복귀하였다. 중간에 전성부사全城府使를 두고 읍치(邑治, 읍의 치소)를 운주
산성에 설치하였다고 하며, 후에 강등하여 현감을 두었다. 예전 읍의 치소는
지금의 향교 서쪽에 있다고 하나 그 연대를 고증할 수 있는 문헌이 없다."[197]

그런데 여기서 중요한 것은 조선 시대 운주산성에 읍치를 두었다는 것
과 전의향교 북쪽의 전의읍성이 전의의 치소治所였다는 사실이다.

이 내용은 『동국여지승람』과 대략 동일하다. 그래서 "동으로 청주 경계

---

197) (建置沿革) 本百濟仇池縣新羅改金池(池一作地)爲大麓郡(今木川)領縣高麗改今名本朝太祖四年置監務太
宗十三年例爲縣監明年燕岐爲全岐縣十六年各復舊一云中間置全城府使設邑治於雲住山城後降縣監
舊邑治在今鄕校之西云而文獻無徵年代不可攷

까지는 20리, 서로는 청주 경계까지 10리, 남으로는 연기 경계까지 20리, 북으로는 목천 경계 10리, 남으로 공주 접경 20리, 서북 천안 경계까지 10리이고 동서 30리에 남북 30리, 전의에서 공주 감영까지는 70리이고, 청주 병영은 70리, 보령의 수영水營까지는 200리"로 되어 있다.

전의 지역 내에는 대충 꼽아도 11개의 주요 산이 있고, 그 산마다 대부분 성이 있다. 그중 몇 군데를 예로 들면 "증산甑山은 속칭 쌍거봉으로, 전의현 북쪽 5리에 있는 진산이다. 그곳에는 증성(甑城, 토성)이 있었으며, 거기서 다시 북쪽으로 약 10리 거리에는 월조산이 있다.[198] 전의현 북쪽 13리 거리에는 고려산(해발 307m), 동쪽 8리에는 운주산(460m)[199]과 운주산성[200], 남쪽 8리에는 이성산(220m)과 이성[201]이 있다. 또 전의현 남쪽 8리에는 운점산[202]이 있다. 거기서 남쪽으로 10리에 있는 철성산(금성산)은 금이산이라고도 하며, 높이 424m[203]의 산정에 금성산성이 있다. 그곳을 금이성으로도 부른다. 남쪽으로 15리에는 국사봉[204], 20리에는 비암산[205], 그리고 남쪽으로 25리에 오봉산[206]이 있다."

여러 인문 지리 자료를 바탕으로 종합해 보면 구지현의 현성縣城이 주류

---

[198] 月照山在縣北十里卽本邑諸山之祖 (월조산은 전의현 북 10리 거리에 있다. 본읍의 여러 산의 조산이다.)

[199] 雲住山在縣東八里上有古城遺址登臨可以通望境內有祈雨祭壇 (운주산은 전성현 동쪽 8리에 있다. 산 위에 옛 성터 유지가 있다. 성에 올라 사방을 내다볼 수 있다. 성 경내에 기우제단이 있다.)

[200] 雲住城-在雲住山上曾置全城府使時設邑治於此今廢只有形址 (운주성 : 운주산에 있다. 산 위에 일찍이 전성부사 시에 여기에 읍치를 설치하였다. 지금은 폐지되었으나 그 유지의 형태가 남아 있다.)

[201] 李城-在李城山上頂平廣中有層壇麗朝太師李棹所居遺基嘗於壇之南北各置一亭冬則居南亭夏則居北亭云 (이성 : "이성산 정상에 판판하고 넓은 가운데 층층이 계단이 있다. 고려 태사 이도(李棹)가 살던 곳으로 그 터가 남아 있다. 그는 일찍이 남쪽과 북쪽에 각기 단을 만들고, 거기에 정자 하나씩을 세웠는데, 겨울엔 남정에서 살고 여름엔 북정에서 살았다."라고 한다.)

[202] 雲霽山一名鵲城山在縣南八里爲邑治對案上有祈雨祭壇 (운점산 : 일명 작성산이다. 현 남쪽 8리에 있다.)

[203] 鐵城山一名金城山在縣南十里 (철성산 : 일명 금성산이다. 현 남쪽 10리에 있다.)

[204] 國師峰在縣南十五里上有石壇鐵馬峰之西南接公州界 (국사봉 : 현 남쪽 15리에 있다. 산 위에는 돌로 만든 제단이 있다. 철마봉의 서남쪽으로 공주 경계와 접해 있다.)

[205] 碑巖山在縣南二十里 (비암산 : 현 남쪽 20리에 있다.)

[206] 五峰山在縣南二十五里山南爲燕岐地 (오봉산 : 현 남쪽 25리에 있다. 산 남쪽은 연기 땅이다.)

성이었다. 전의에 부흥 백제국의 항전 성이자 왕성으로서 주류성이 있었으며, 추정이지만 대목악군(목천읍)에 부흥 백제 왕궁의 별궁 역할을 하던 곳이 따로 있었을지도 모른다.

백제 시대 전기全岐 즉, 전성의 중심은 대략 지금의 세종시 전의면·전동면·소정면·연서면 등이었을 것이다. 물론 그 주변의 광덕·풍세 및 현재의 아산 지역 일부도 전기에 포함되었을 수 있다.

전의 주류성을 북부 최대의 항전 성으로 볼 경우 목천에서 남쪽 소정면과 성남면을 포함하여 전동면·연서면 등에 이르는 지역의 여러 산성들은 서로 긴밀한 관계를 갖고 전체가 하나의 중요한 요충 역할을 했을 것이다. 그러므로 해당 지역에 남아 있는 산성들 가운데 백제 시대에 축조한 성이 있다면 그곳은 백제의 재건을 꿈꾸며 부흥 운동에 뛰어들었던 백제인들이 주류성의 전초기지로 활용한 장소들이었을 것이다. 특히 소정면은 흑성산 아래 목천읍과 인접해 있는 데다 목천에서 남쪽 전의까지는 8km 남짓한 거리이다. 목천과 전의는 소정면을 가운데 두고 도로가 이어져 있으니 백제 시대에도 이 일대가 북부의 중심지로서 백제 유민들이 서로 긴밀하게 호응하며 부흥 운동을 하였을 것이다. 물론 목천·병천·수신·옥산·조치원 등지에 흩어져 있는 크고 작은 산성들이 주류성의 1차 방어선이자 부흥 백제의 왕성을 지키는 전초 거점들로서 그들 모두가 자성子城의 역할을 맡았을 것이다. 『북사』 권 94, 열전 82, 백제전에 5방제에 관한 설명이 있다.

오방五方에 각기 방령方領 1인이 있고, 달솔을 방령으로 삼으며 방좌方佐가 그를 보좌한다. 방方에는 10개의 군郡이 있고, 군에는 장수가 3인이 있는데 덕솔로 군장郡將을 삼는다. 병사 1,200명 이하 700명 이상을 통솔한다. 성 내외의 나머지

소성小城은 모두 나누어 예속된다.[207]

　성 안팎의 소성은 군장이 다스리는 군성郡城에 속한다고 하였으니, 군현 郡縣의 성을 중심으로 각기 그 아래에 '소성'인 자성子城을 나누어 소속시켰 던 것이다. 즉, 군성이나 현성을 모성으로, 그 아래에 여러 소성小城들을 자 성으로 조직하여 행정 및 군사를 편제하였던 것이다.

　바로 이런 관점에서 전성(全城, 全歧, =주류성)을 모성母城으로 하여 그 주변 의 소성小城들이 자성子城의 기능을 하였다고 볼 수 있다. 다시 말해서 전성 주변의 금이산성(금성산성), 증산성, 이성산성, 송성과 같은 여러 개의 크고 작은 성들이 자성으로서 서로 긴밀하게 연결되어 공격과 방어를 맡았을 것이므로 이들 산성에 대해서도 앞으로 깊이 있게 규명할 필요가 있다. 전 의全義를 중심으로 하여 현재의 세종시(과거 연기군, 전의면·전동면·연서면·소정면· 풍세면·광덕면) 지역 전체에 흩어져 있는 소규모 성들이 주류성과 이어져 있 었던 것이다.

　예를 들어 그중에서도 운주산과 운주산성은 전성의 가장 중요한 성으로 서 특히 사방을 조망할 수 있는 요충이어서 망루의 역할을 겸했을 수도 있 다. 그만큼 중요한 곳이었기에 운주산성을 후일 신라가 확장 증축하여 다 시 사용한 것이다. 운주산성이 있는 운주산에서는 청주시와 청원군이 한 눈에 보이고, 남쪽으로 조치원-청주 일대의 평야와 서쪽 전의 읍내와 전 동면, 북으로 천안시와 목천, 아산만, 서북으로 삽교천이 내려다 보인다. 백제 북방 지역 중에서도 북부의 요충지였는데, 운주산성 1차 발굴에서는 백제 시대의 유물이 발견되지 않아서 백제 말기에 이 산성에서 과연 부흥

---

207) 　五方各有方領一人 以達率爲之 方佐貳之 方有十郡 郡有將三人 以德率爲之 統兵一千二百人以下 七百人以上 城之內外人庶及餘小城 咸分隸焉

운동이 있었는지에 대한 의문이 있었다. 운주산성 내 극히 일부인 논밭 7천여 평에 대한 발굴에서 석축 산성임을 확인하기는 하였으나 통일신라 이후 고려 시대 건물지와 기와편, 그리고 성벽을 확인하는 데 그쳤지만, 그 후로 소규모 추가발굴에서 백제 토기 등을 확인하였다. 앞으로 더 정밀한 발굴을 통해 깊이 있는 내용이 밝혀지기를 기대한다.

전의 지역과 운주산성에는 백제의 국권회복운동에 관련된 여러 가지 전승 설화가 전해온다. 그중에서 '삼천굴'과 '피수골' 설화가 있다. "주류성이 항복했을 때, 운주산에 3천 명이 들어갈 수 있는 굴이 있어 삼천굴이라 하는데, 그곳에 있던 백제 유민들을 끌어내기 위해 당군이 굴 입구에 불을 질렀으며, 연기와 화염에 못 이겨 탈출하는 유민들을 남김없이 참수해 버렸다. 그때 많은 사람들이 흘린 핏물이 흘러내려 피수골이 되었다."라는 슬프고 잔인한 이야기이다. 하지만 삼천굴의 존재 여부는 알 수 없고, '피수골'이란 명칭도 글자의 조합으로 보건대 핏물이 흘러내려서 피수골이 되었다기보다는 '被囚골'(피수골, =포로가 된 골짜기)이 와전된 것이라고 보는 게 훨씬 타당할 듯싶다. 이 외에도 전의 지역에는 백제 부흥 운동과 관련된 전설이 많이 있다.

주류성은 부여풍을 중심으로 한 부흥 백제의 왕도이자 국권 회복과 백제 부흥이라는 상징성을 갖고 있는 장소였다. 결국 유인궤의 당군과 신라군은 이런 주류성을 평정함으로써 백제 유민들의 부흥 운동 의지를 꺾는 것이 가림성과 임존성을 쳐서 함락시키는 것보다 중요하다고 판단하고, 당군과 신라군을 주류성에 집중하는 과정에서 백제 평정의 결전장으로서 백강을 택해 대해전을 기획한 것이다. 주류성 항복 직후, 신라군과 당군은 전의 주류성을 철저히 파괴하였을 것이며, 주류성을 차지한 신라는 후일 주류성을 개축하여 활용하였을 것이다.

백제 온조왕의 십신과 천안 전 씨 설화

세종시(과거 연기군)에서 나온 계유명전씨아미타불비상을 통해 그것을 만들어 불전에 바친 시주자로서 전 씨가 맨 앞에 올라 있는 것을 알았고, 그로써 천안 지역에 백제 전 씨가 존재했음을 확인하였다. 이들 백제 전 씨는 본래 천안 전 씨 전섭을 시조로 한다고 『천안 전 씨대동보天安全氏大同譜』에 전하고 있다. 본래 족보라는 것이 가계마다 선조를 미화하고 과장하는 경향이 있어서 족보에서 다루고 있는 이야기는 믿기 어려운 것들이 많이 있다. 우리나라에서 족보가 만들어진 것은 대략 고려 시대부터이므로, 그 이전의 성씨별 족보의 내용을 곧이곧대로 다 믿을 수는 없다. 그렇지만 적어도 시조에 관한 이야기만큼은 실제 사실을 반영한 것들이 꽤 있다.

우리나라의 몇몇 유명 성씨 가계의 시조始祖에 관한 이야기는 구전과 함께 기록이 전해오면서 조금씩은 왜곡되거나 과장된 측면도 없지는 않겠지만, 신빙성이 높은 것들이 제법 많이 있다. 물론 그렇다고 해서 가계의 족보를 역사에 이용하는 데는 위험성이 매우 높아 크게 경계해야 한다. 하지만 천안 전 씨 족보에 보이는 전 씨의 시조 설화 또한 조심스러운 면은 있으나 백제사 연구에 참고할 만한 것이 있다고 판단된다.

천안 전 씨 족보에는 전 씨의 시조를 백제 온조왕의 십신十臣 가운데 한 사람이었던 전섭全聶이라고 전하고 있다. 섭聶이라는 한자는 본래 귀 耳자 세 개를 겹쳐놓은 것으로, 귀를 모아야 알아들을 만큼 작은 소리로 속삭이는 것을 의미한다. 즉 영어의 Whisper에 해당한다. 그런데 여기서 전섭의 封號(봉호)를 歡城君(환성군)이라고 전하고 있다. 그가 받았다는 봉호 또한 상당한 의미가 있을 것이다. 충남 천안이나 현재의 성환읍을 반영하는 이름이라고 볼 수 있을 것 같기 때문이다. 『천안 전 씨대동보』의 전씨관면록全氏冠冕錄에는 환성군歡城君 전섭全聶의 사적事蹟을 이렇게 전하고 있다.

백제 시조 온조왕은 환성군을 십제+濟 공신에 봉하였다. 온조는 곧 고구려 동명왕 주몽의 셋째 아들로서 바다를 건너와 남쪽 부여에 도읍을 세우니 그때 10신이 함께 건넜으므로 개국공신의 호로써 십제국이라고 하였다. 전 씨 가계에 전해오기를 환성歡城은 천안天安의 옛 이름이라 하는데 그것은 잘못 전해진 것이다. 고려의 역사에 이르기를 술사術士인 예방倪方이 고려 태조에게 이르기를, "삼국의 세력이 솥발처럼 정립鼎立하여 5룡이 여의주를 다투는 것 같으니 만약 천호千戸를 두어 고을의 병사를 단련하여 지키면 후백제는 스스로 항복하고 신라를 도모할 수 있을 것입니다."라고 하였다. 태조가 그러리라 믿고 산에 올라 두루 돌아보고 천안을 세웠다. 태조 13년(경인년, 930), 당나라 명제明帝 5년(明宗 5년)에 고양군 숭인면 이문동(현재의 서울 동대문구) 천장산 아래에 제단을 마련하고 제사를 지냈다.[208]

위 기록 가운데 '전 씨 가계에 전해오기를 환성歡城은 천안의 옛 이름이라고 전해 오지만 이것은 잘못된 전승'이라고 하였는데, 그것이 오히려 신뢰할만한 기록이라고 본다. 현재의 성거聖居에 위례성이 있었다고 하였고, 성거는 글자 뜻 그대로 성스러운 분이 사신 곳을 의미한다. 성스러운 사람은 온조왕이라고 이해하면 되는데, 이런 배경을 감안할 때 지금의 성환은 백제 시대에 환성歡城이었을 가능성이 없지 않다. 다시 말해 성환 일대에서 처음에 온조왕을 보좌한 전 씨 가문이 후일 성환·직산·성거 일대를 포함하여 지금의 천안시(동남구 목천읍·병천면·광덕면·풍세면·수신면 등 포함)와 전의

---

208) 百濟始祖溫祚王以十濟功臣封歡城君 溫祚即高句麗東明王朱蒙之三子浮海而南建都于扶餘時與十臣同渡故以開國功臣號曰十濟國號則統十臣之職曰百濟 元年癸卯漢成帝鴻嘉三年 事載東史 全氏家傳云歡城天安故號者乃誤傳也麗史云術士倪方奏高麗太祖曰三國鼎峙之勢如五龍爭珠若置千戸邑鍊兵守禦則後百濟自降新羅可圖也太祖然之登山周覽仍建天祖安 太祖十三年庚寅後唐明帝五年壇享高陽郡崇仁面里門洞天藏山下

(전의면·전동면·소정면·연서면) 일대까지 봉토로 받았거나 그 이전에 천안 지역을 근거지로 하여 성장한 세력이었을 가능성이 있다. 더욱이 위례성이 있었다고 전해오는 성거읍聖居邑(천안시 서북구 성거읍)과 천안 지역에는 "'왕건이 성거읍과 직산 일대가 도읍 터로 적당한지를 알아보기 위해 세 차례나 방문했으나 백성을 먹일 물이 없다'라고 하여 마침내 포기하고 그냥 돌아갔다."라는 이야기가 지금도 구전으로 전해오고 있다.

과거 백제 시대 전성全城의 범위를 지금의 세종시 전의·전동·소정·연서면, 천안 풍세·광덕 등지까지로 보고자 한다. 그것을 알 수 있는 기록이 바로 『충청도읍지忠淸道邑誌』(권9)이다. 그 책의 천안군天安郡 인물 조에도 전섭全聶을 "백제 온조왕이 십제공신으로 환성군에 봉했다"[209]라고 기록하였다. 환성은 지금의 입장·성환·성거·천안 및 아산 지역 일부까지를 포함한 범위였을 것이다. 지금의 풍세면 등 천안 동남구 지역과 전의·전동·소정·광덕 일대가 모두 포함되는 광역개념으로 이해하면 되겠다. 『천안 전 씨대동보天安全氏大同譜』에는 이런 내용이 더 있다.

"전씨의 도시조는 전섭全聶이다. 백제 온조왕의 십제공신十濟功臣 좌보左輔로서 한漢 홍가鴻嘉 3년 癸卯(계묘, 기원전 18년)에 환성군歡城君에 봉해졌다. 그리고 『동사東史』를 살펴보면 온조왕이 전섭과 오간烏干, 마려馬黎, 을음乙音, 해루解婁, 흘우屹于, 곽충郭忠, 한세기韓世奇 등 10명이 십제국十濟國을 세웠다. 그 후에 백제국百濟國으로 개칭되었다. … 승상의 휘諱는 호虎이다. 익翼의 아들이며 환성군의 손자이다. 전반全槃은 백제 기루왕己婁王(77~127)때 낭장郞將이 되어 한漢 나라에 들어가 표기대장군驃騎大將軍이 되어 공을 세웠다. 이에 관서홍농후關西弘農侯

---

[209]　百濟溫祚以十濟功臣封歡城君

에 봉해졌으며 부인은 백 씨白氏로서 상서헌尙書憲의 딸이다. 그의 묘는 현재 홍
농진곡弘農津谷 남도南道에 있다. 또, 전반全槃은 백제 낭장으로서 누란樓蘭을 격파
하고 그 왕을 사로잡았으며 마침내 차사車師를 격파하고 돌아와 관서홍농후關西
弘農侯에 봉해졌다. 시호는 문충文忠이며 무덤은 중국 홍농에 있다. 이는 후한 장
제章帝 건초建初(기원후 76~83) 때의 일이다.[210]"

이처럼 천안 전 씨들은 전섭을 자기네들의 도시조都始祖로 믿고 있다. 그
리고 "환성歡城은 천안의 옛 이름이라고 전씨가에 전해온다"라는 내용과
함께 서울 동대문구 이문동 산 15번지 천장산天藏山 아래에 전섭의 제단을
마련하고 제사를 지내고 있다는 것까지 전하고 있어 매우 흥미롭다.

백제 멸망 후 천안 전 씨들 함경도 단천으로 사민된 듯

그런데 『천안 전 씨대동보』에는 함경남도 단천읍端川邑 파도면波道面 동호
리東湖里 자지봉紫芝峰 아래 간좌곤향지원艮坐坤向之原에도 전섭의 무덤과 함께
사당이 있는 것으로 전하고 있다. 남대천南大川 북쪽 동해를 내려다보는 곳
인데, 그렇다면 그곳이 전섭의 출신지는 아닐 것이고, 백제 멸망 이후 신
라의 사민책으로 전 씨 가문을 함경남도 단천에 붙이면서 전섭의 사당을
그곳으로 옮긴 것으로 이해할 수 있겠다. 『충청도읍지』에도 전섭에 관한
기록이 있는 것으로 보아 『천안 전 씨대동보』의 시조 관련 기록을 완전히
외면할 수도 없다. 아마도 신라가 백제를 평정한 뒤, 전의全義 지역의 전 씨
가계를 함경도로 사민徙民함으로써 단천에 전섭의 제단이 만들어진 것은
마치 고령 대가야의 멸망 뒤에 대가야 유력 세력을 강원도 삼척 지방으로

---

210) 丞相諱虎翼之子歡城君之孫百濟己婁王朝爲郎將赴漢拜驃騎大將軍樓蘭虜其王遂破車師而還勳封關
      西弘農侯 諡文忠墓在弘農 漢章帝建初時也

사민한 것과 크게 다르지 않다고 볼 수 있다.

전 씨 가문이 백제에서 상당한 지위에 있었을 가능성은 충분하다. 또 전섭의 손자인 전반全槃에 관한 내용이나 이야기 전개가 매우 구체적인 데다 연호年號까지 밝히고 있고, 또 누란을 격파하고 그 왕을 사로잡았다는 이야기까지 그 전부를 거짓이라고 보기는 어려울 것 같다.

이러한 기록은 온조왕 시대부터 전해지던 어떤 기록에서 따온 것일 수도 있고, 구전으로 전해오던 것을 후일 기록으로 남긴 것일 수도 있겠다. 어느 정도 신뢰가 가는 내용이지만 실제 『후한서』의 장제본기에는 이를 뒷받침해줄 만한 내용이 없다. 홍농후 전반全槃에 대한 기록 역시 아마도 그 전부터 전해오던 어떤 기록에서 그대로 옮겨놓은 것이라고 추정해볼 수 있겠는데, 백제 기루왕이라든가 표기대장군 그리고 누란·차사·홍농과 같은 지명이 등장하는 것으로 보아 전혀 터무니없는 내용으로 보기는 어렵겠다.

또 백제인으로서 평범한 사람이었다면 후한으로 들어가 표기대장군이 되어 서역으로 나가서 차사와 누란까지 정복하는 일은 있을 수가 없다. 그가 중국에 나가서 곧바로 낭장郞將이 된 것으로 기술하였으니 애초 그는 백제에서 상당한 지위에 있었던 것으로 볼 수 있다.

그러면 우리는 『천안 전 씨대동보』 시조 설화를 얼마나 믿어야 할까? 박혁거세가 박 씨의 시조가 되었다든가 백제 온조의 출자出自와 주몽의 건국설화 등도 모두 천안 전 씨의 도시조라 하는 전섭의 일과 대략 같은 맥락의 이야기라고 하겠다. 그러나 전섭에 관한 기록은 여느 시조 설화와는 달리, 보다 구체적이며 시대와 정황이 어느 정도 맞는 것들이 있어 사실성이 한층 높다고 판단된다.

그렇지만 천안 전 씨에 관해서 고려 멸망과 함께 왕 씨가 전 씨로 바뀌었으므로 천안 전 씨天安全氏의 기록을 믿을 수 없다는 의견이 있을 수 있다. 물론 이런 의심과 반론은 정당한 것이다. 그렇지만 이 문제는 비단 천안 전 씨에만 국한된 일은 아닐 것이다. 조선의 개국과 동시에 비운을 겪게 된 왕 씨들의 호적을 고쳐 王氏를 전 씨田氏나 全氏로 바꾸었다는 설화가 있어 全氏는 본래 王氏였다는 논란이 있을 수 있다. 고려 왕 씨를 정선 전 씨旌善全氏 외에도 천안 전 씨天安田氏, 담양 전 씨潭陽田氏 등으로 성을 바꿨다는 소문이 전해오고 있기 때문이다. 하지만 왕 씨를 田氏로 바꿀 수 있었던 것은 그 이전에 이미 담양 전 씨田氏가 있었으므로 천안 전 씨田氏가 있을 수 있었고, 고려 말 이전에 천안 일대에 천안 전 씨天安全氏란 족성이 있었기에 왕 씨 중 누군가를 천안 전 씨로 입적시킬 수 있었던 것이다. 그들 天安全氏(천안 전 씨)는 전의·천안·성환 지역에 오래도록 뿌리를 내린 가문으로서 백제 全氏에서 유래한 이들로 볼 수 있다.

더욱이 『삼국사기』 백제본기 온조 편에 기록되어 있듯이 온조가 오이·마려 등 10명의 신하를 거느리고 처음에 십제국十濟國을 세웠다가 나중에 백제국으로 고쳤다는 설화가 있고, 『천안 전 씨대동보』에는 천안 전 씨의 도시조인 전섭이 온조의 십신 중 한 사람이었다고 한 것을 보더라도 백제에 전 씨는 분명히 있었다. 천안 전 씨가 백제에 있었음을 실증적으로 보여주는 사례가 계유명전씨아미타불삼존비상(癸酉銘全氏阿彌陀佛三尊碑像, 국보 제106호)[211]과 계유명삼존천불비상이다. 계유명전씨아미타불삼존비상(673년)에는 全氏가 맨앞에 시주자 이름으로 등장하는데. 이런 것을 보면 백제 부흥 운동기에 전 씨가 전의·천안 지역에서 상당히 큰 역할을 했을 것임을 알 수 있다. 이들을 주축으로 복신과 도침 같은 승려집단이 승군 조직

---

211) 癸酉銘全氏阿彌陀佛三尊四面碑佛石像이라는 이름으로도 부른다.

의 우두머리로서 백제 국권회복운동에 참여한 것으로 볼 수 있다. 주류성의 성주이자 천안 및 전의 일대의 지배자였던 전 씨 일가는 빼앗긴 나라를 되찾기 위해 끝까지 노력하였고, 주류성 항복 이후엔 전쟁통에 스러진 혼령들을 달래기 위해 계유명전씨아미타불삼존비상과 같은 석불상을 만들어 불전에 봉납하였다. 불상을 조영하여 불전에 바친 이들은 당시에 전 씨 가문의 비원사찰로서 비암사와 같은 사찰을 창건하였을 것이다.

그로부터 1천4백여 년이 지난 뒤로 해마다 4월 15일이면 비암사에서 백제 유민의 한과 아픔을 달래주기 위해 백제대제를 지낸다. 계유명전씨아미타불삼존비상이나 계유명삼존천불비상이 만들어진 673년 4월 15일을 기념일로 정한 것이다. 백제 멸망의 한을 가슴에 담고 불상을 만들어 바친 백제 유민들의 염원을 기리기 위한 것으로서 세종시에서 주관하는 이런 행사가 보다 격조 있는 모습으로 해마다 거르지 않고 치러지기를 바란다. 천안 전 씨 종친회에서도 큰 관심을 갖고 백제대제에 참석하는 이유 또한 계유명전씨아미타불삼존비상의 발원자들이 천안 전 씨의 조상들이라고 믿기 때문이다. 계유명전씨아미타불삼존비상의 첫머리에 이 불비상의 조영과 봉납에 앞장선 이가 전 씨이고, 『천안 전 씨대동보』에도 백제 시대 온조왕의 십신 가운데 한 사람으로서 천안 전 씨 시조가 전해지고 있으니 천안 전 씨들이 백제대제에 참석하는 것은 자연스러운 일일 것이다.

9. 주류성은 어디인가?

주류성에 관한 제설(諸說)의 문제점들

주류성이 어디인지를 놓고 그간 많은 주장들이 제기되었다. 충남 서천에 주류성이 있었다고 보는 충남 서천설舒川說과 한산韓山에 있었다는 한산설을 비롯하여 홍성설洪城說, 부여 충화면설, 과거 연기군에 있었다는 연기설燕岐說, 그리고 전북 부안설扶安說 등이 그것이다. 이런 주장들이 어지럽게 제기된 까닭은 기본적으로 사료에 대한 분석과 체계적인 연구가 없었고, 제대로 된 연구방법도 없었기 때문이다. 한 마디로 연구자들의 '실력 부족' 탓이다. 그것을 잘 보여주는 대표적인 사례가 주류성周留城과 두량윤성[豆良(陵)尹城]·두루성豆率城을 모두 다 같은 곳이라고 보는 견해다. 그 때문에 생긴 혼란이 무척 컸다. 모르는 것은 모른다고 하는 것이 연구자의 기본적인 소양일진대 알지도 못하면서 그것들이 모두 같다고 한 것은 무슨 배짱이란 말인가. 두량윤성은 제쳐두고라도 周留城과 豆率城이 무엇인지, 나아가 향찰에 대한 기본지식조차 없는 상태에서 각자 제멋대로 아무 데나 갖다 붙이며 주류성이라고 주장한 데서 많은 문제가 생겼다. 한국고대사를 연구하면서 한국고대어와 향찰, 지명 등에 대한 지식 및 기본 사료에 대한 세심한 연구와 분석 없이 어쩌면 그리도 무책임하게 주장만 늘어놓았는지, 모두 겸손한 자세로 되돌아가 반성해야 마땅하다.

주류성에 관하여 지금까지 제시된 여러 가지 잡다한 주장들을 굳이 알

아둘 필요는 없겠다. 제대로 된 연구라고 볼 수 없는 것들이 대부분이니 굳이 기억해둘 게 무엇이 있겠는가. 백강(기벌포)과 마찬가지로 그간 여러 사람이 주류성에 관하여 내놓은 주장들은 다시 거론할 가치가 없는 허무 맹랑한 이야기들이다. 기벌포(백강) 및 주류성에 관한 기왕의 연구들은 몽땅 폐기하고, 이제부터 다시 시작해야 한다. 하지만 비록 잘못된 주장들이긴 해도 이런 잘못을 되풀이하지 않으려면 한 번쯤은 정리해둔다는 선에서 간략하게 지금까지 제기된 제설諸說을 요약해본다.

1) 먼저 츠다소우기치津田左右吉의 설이다. 그는 주류성을 충남 서천군 한산韓山의 건지산성乾止山城으로[212], 그리고 백강을 지금의 금강 입구(장항 및 서천)로 보고 주류성이 그 근처에 있을 것이라고 믿었다. 나중에 이케우치히로시池內宏도 『만선지리역사보고서滿鮮地理歷史報告書』(14)에서 서천 한산 설에 동조했다.

2) 김부식金富軾(1075~1151) – 그는 『삼국사기』[213]에서 '支羅城或云周留城(지라성을 혹은 주류성이라고도 한다)'라고 하였다. 『삼국사기』 편찬의 총책임자로서 그토록 지명에 무지한 상태에서 밑도 끝도 없이 주류성을 支羅城(지라성)으로 기록해놓는 바람에 큰 혼란이 생겼다. 좋게 생각하면, 그 당시에 이미 주류성이 어딘지 알 수 없었기에 자신이 그리 생각한다는 차원에서 지라성을 주류성이라고 적은 것이겠지만, 그것이 큰 문제였다.

3) 가루베지온輕部慈恩 – 일제시대 공주고보公州高普에 재직하면서 백제사를 연구한 그는 「백제논고百濟論考」[214] 주류성고周留城考에서 충남 부여군 충화면忠化面의 주봉산周峰山 아래에 있는 성을 주류성으로 보았다. 열정은 좋았으나 식견이 너

---

212) 津田左右吉,「百濟戰役地理考」,「朝鮮歷史地理 1」 p.170, 1913
213) 권27 지리지 三國未詳之分
214) 日本大學 文理學部 硏究年報에 발표

무 부족하였고, 자다가 남의 다리 긁는 식으로 무책임하게 써놓은 이런 주장들이 많은 혼란을 야기하였다.

4) 진덕화陳惠華 - 그 자신이 편찬한『대청일통지大清一統志』(1743)에서 '주류성은 전주 서쪽에 있으며 그 서북에는 가림성이 있다'[215]라고 하여 전북 주류성에 힘을 보탰다. 그러나 중국 청나라의 문인이 조선朝鮮의 지명을 어찌 상세히 알 수 있었겠는가. 우리 지명에 무지한 자가 기술한 것이므로 전혀 믿을 게 못 된다. 『구당서』·『신당서』·『자치통감』의 당군 백제 침공 관련 기록만이라도 면밀히 살펴보았더라면 그런 결론에는 이르지 않았을 것이다. 지명과 기록을 일일이 대조해 보지 않은 잘못이 있다.

5) 신경준申景濬(1712~1781) - 그는 자신의『여암전집旅菴全集』(권5) 강역고疆域考에서 주류성을 논증하려 했으나 '周留城今未詳'(주류성은 현재 미상)이라며 그 위치를 밝히지 못했다.

6) 안정복安鼎福(1712~1791)도『동사강목東史綱目』에서 주류성에 대해 관심을 가졌으나 그 위치를 제시하지 못했다.

7) 한진서韓鎭書 -『해동역사海東繹史』(續 권8 地理考)에서 주류성을 비교적 상세히 다루었다.『일본서기』의 蓋疏留州柔並周留之音轉也('소류'·'주유'는 '주류'의 소릿값이 굴러서 변한 것이다)라고 한 구절을 인용하여 주류성을 일본 문헌에는 疏留(소류), 州柔(주유)로 기록하였으며, 김부식이 '支羅城或云周留城'(지라성은 주류성이라고도 한다)고 한 구절을 비판하였다. 그는 '金氏地志 支羅城云周留城者誤也'(김부식의 지리지에 지라성을 주류성이라고 한다고 한 것은 잘못이다)라면서『삼국사기』지리지의 잘못을 간결하게 지적하였으니 이것은 기억해둘 만하다.

하지만 신경준, 안정복, 한진서 등 조선 시대 유학자들은 역사적 사실을 검증

---

215)　周留城在全州西 又西北有加林城

하고 규명하는 '과학으로서의 역사'를 몰랐으므로 그들을 탓할 수는 없다.

8) 오하라토시다케大原利武 - 그는 『조선사강좌朝鮮史講座』의 '조선역사지리朝鮮史地理'에서 백강白江을 지금의 전북 만경강萬頃江으로 추정하고, 주류성을 『일본서기』의 주유州柔와 같은 것으로 보면서 전북 김제군 수류면水流面 어딘가가 주류성일 것이라고 주장하였다.

그와 비슷한 시각에서 오다쇼고小田省吾는 백강이 동진강이며 기벌포는 동진강구東津江口에 있고, 주류성은 전북 부안읍 일대 어딘가에 있을 것이라고 하였다.

9) 이케우치히로시池內宏 - 그는 "신라의 선봉군先鋒軍과 고사비성古泗沘城 밖에 주둔한 본군本軍의 작전목표였던 두량윤성豆良(陵)尹城은 '웅진강구의 주류성"[216]이라며 두량윤성豆良尹城과 주류성이 같은 곳이라고 보고, 충남 서천군 남부의 길산천吉山川 하류 얕으막한 구릉지 어딘가에 주류성이 있을 것이라고 하였다. 한국과 중국의 자료에 대한 분석도 없고, 백제 향찰 표기법에 관한 기초지식이 없는 일본인이 주류성과 두량윤성의 차이를 몰랐으니 이런 식의 억지 주장이 나올 수밖에 없었다.

10) 이마니시류今西龍 - 그 역시 『삼국사기』 본기의 두량윤성豆良尹城이 바로 문무왕답설인귀서에 나오는 주류성"[217]이라며 『백제사연구百濟史研究』 「주류성고周留城考」에서 이케우치히로시池內宏와 마찬가지로 두량윤성이 주류성이며 전북 고부의 두승산斗升山에 있는 산성을 주류성이라고 주장했다가 후에 다시 전북 부안의 위금암산성位金岩山城이 주류성이라고 자신의 견해를 바꾸었다. 안타까운 일이지만 두 가지 주장 모두 틀렸다.

이와 같이 주류성을 전북 지역에서 찾으려 한 일본인들은 기본적인 자료에 대한 1차적 이해조차 없었으므로 앞으로 이들의 연구내용을 논할 가치가 없다.

---

216) 池內宏, 「百濟滅亡後の動亂及び唐·羅·日三國の關係」, 『滿鮮地理歷史硏究報告』 14, p.84, 1934
217) 今西龍, 「百濟略史」, 『百濟史硏究』, p.38, 1934

11) 이병도李丙燾 - 두시원악豆尸原嶽을 청양군 정산면, 두량윤성豆良尹城을 충남 금산군 부리면으로 보고, "두릉윤성豆陵尹城은 두량윤성豆良尹城이라고도 한다"라 면서 충남 서천군 기산면 영모리산성永慕里山城으로 추정하였다. 다만 그는 두시 원악과 두량윤성·두릉윤성을 각기 다른 지명으로 파악했다.

그런가 하면 그는 진단학회震檀學會의 『한국사韓國史』에서 웅진강구를 백강으로 보고 주류성을 충남 한산에 있다[218]고 수정하였지만 모두 다 잠꼬대 같은 이야 기이다.

12) 안재홍安在鴻 - 『조선상고사감朝鮮上古史鑑』

"'周留'는 '두루'의 이두吏讀이니 周留城으로 쓰고 '두룻기'라고 읽는다"라고 하 였다. 그가 이두와 향찰에 밝아서 주류성을 '두룻기'로 밝혀낸 것은 훌륭하다. 다만 주류성을 전북 부안의 위금암산성位金岩山城으로 보는 이마니시류今西龍에 동조하는 실수를 저질렀다.

13) 지헌영池憲英 - "강서江西(웅진강 서편)에 백제 부흥군의 본거지였던 주류성 [豆率城·州柔城]이 있었으며 강동江東(웅진강 동편)에 또 다른 주류성[豆良尹城]이 있 었다"라고 주장하였다. "강동의 주류성[豆良尹城]은 웅진도熊津道의 신라령新羅領 에서 백제령인 '대전~진잠~부여(웅진부성)'으로 가는 연도沿道에 위치한 군사 적 요충"[219]이라며 웅진강 동편의 강동 주류성이 두량윤성이고 이 두량윤성이 지라성支羅城으로서 대덕군大德郡(현재의 대전직할시) 진잠면鎭岑面의 산장산성이 그곳이라고 하였다.

그러나 지헌영이 강동과 강서에 각기 따로 주류성이 있었다거나 두량

---

218) 『韓國史』(震檀學會) '百濟人의 復興運動'
219) 池憲英, 「豆良尹城에 대하여」, 『百濟研究』 第3輯, p.43

윤성이 주류성이라고 한 것은 사실이 아니다. 다만 산장산성을 두량윤성으로 본 것만큼은 탁견이라고 할 수 있다. 강서와 강동 주류성(두량윤성)이 각기 따로 있었다는 주장은 자료에 대한 기본적인 검토가 부족한 데서 나온 상상일 뿐이다. 『구당서』 동이 백제전의 "용삭 2년 7월 유인원·유인궤 등이 … 복신의 남은 무리를 웅진 동쪽에서 크게 깨트렸다. 지라성·윤성·대산책·사정책 등의 목책을 뽑아내고 죽이거나 사로잡은 자가 매우 많았다."라는 구절만이라도 제대로 이해했더라면 이런 쓸모없는 주장을 내놓지는 않았을 것이다. 웅진 동쪽(현재의 대전 지방)에 있는 성으로서 지라성과 사정책 등을 거론하고 있고, 사정책은 지금의 대전시 중구 사정동 일대에 있는 목책이었을 것이니 지라성이 주류성이라면 말이 되지 않는다. 그는 역사와 소설, 사실과 허구가 무엇인지를 구분하지 못한 모양이다. 또 그는 주류성과 豆率城(두루성)·州柔城(주유성)을 같은 곳으로 보았는데, 그것은 취할 만하다.

14) 노도양盧道陽 - 두량윤성豆陵尹城과 주류성이 같은 지명이라고 주장. 한·중·일의 여러 문헌을 검토하고 현지를 답사한 결과로 보면 주류성이란 지명은 661년대에는 지금의 충남 청양군 정산면의 두릉윤성, 662년대에는 지라성支羅城이라며, 다만 663년 8월에 나당군에게 함락된 백제 부흥군 최후의 근거지인 주류성은 전북 부안군 변산반도에 있는 위금암산성"[220]이라는 가설을 세웠다. 하지만 두릉윤성·지라성·주류성은 연대별로 달리 불린 이름일 뿐, 한 가지 지명이라고 본 근거를 제대로 제시하지 못하였다. 사실이 아니라 허구인 까닭이다. 핵심을 정확히 파악하지 못해서 이런 궤변을 지어낸 것이다. 그의 주장 역

---

220)   盧道陽, 「百濟周留城考」, 『明知大論文集』 12輯, p.13~33, 1980??

시 다시 돌아볼 게 못 된다.

15) 전영래全榮來 – "문무왕답설인귀서에 두량윤성이 주류성으로 되어 있다"라
며 "중국 측은 周留城, 신라 측은 두량윤성豆陵尹城, 두루성豆率城, 『일본서기』에
는 주류성周留城으로 되어 있다."라고 가정하고 주류성을 줄포만苗浦灣 인근의
부안군 상서면上西面에 있는 위금암산성과 그 주변"221)이라고 하였다. 사료에
대한 기본적인 분석도 없이 마구잡이로 갖다 붙인 그의 주장에는 취할 만한 게
별로 없다. 비유하자면, '일본인들이 쳐놓은 그물에 걸려서 한 치도 헤어나지
못하는 물고기 신세'와 같은 꼴이다.

16) 김재붕金在鵬 – 두릉윤성을 연기현燕岐縣의 백제 시대 지명인 두잉지현豆仍只
縣에 있는 성 또는 두잉지현의 성(=현성)으로 보고 연기군(현 세종시) 서면의 금
이성金伊城으로 보았다.222) 막연한 추정으로서 근거가 있는 것은 아니었다. 주
장을 앞세우기 전에 자료에 대한 깊은 이해와 분석이 있었어야 했다. 정확한
근거를 바탕으로 자신의 견해를 논증할 줄 몰랐다. 자료에 대한 폭넓은 이해가
있었더라면 섣불리 내놓지 못했을 이야기이다.

17) 이 외에 홍성 주류성설이 더 있다(박성흥). 홍성 장곡산성을 주류성으로 보
려는 것인데, 그곳은 백제 서부 관할의 성이었지 북부의 성이 아니므로 믿을
만한 주장이 못 된다. 주류성은 백제 서부가 아니라 북부에 있어야 한다. 아울
러 장곡산성 내에서 사시량현沙尸良縣이란 명문이 있는 기와 조각이 나왔으므로
사시량현의 현성縣城으로 보는 게 타당하다. 역시 기본 자료와 고고학 성과에
대한 이해가 너무 부족하였기에 이런 주장이 나왔다.

221)   全榮來, 「周留城·白江 位置比定에 관한 新研究」 p.20, p.38, p.65, 1976
222)   金在鵬, 「全義 周留城 考證」, p.24~25, 1980

이상의 여러 주장 가운데 한진서가 "지라성이 주류성이라고 한 김부식의 기록은 잘못"이라고 지적한 것과 안재홍이 주류성을 '두룻기'로 해석한 견해 외에는 취할 것이 별로 없다. 특히 일본인들과 그들의 주장을 여과 없이 수용한 이들의 잠꼬대 같은 이야기들은 이제 깨끗이 청산해야 한다. 그 누구도 아직까지 주류성에 관한 문제의 핵심을 제대로 파악하지 못하였기 때문에 여러 엉터리 주장이 어지럽게 제기되어 혼란만을 키워온 것이다.

그렇다면 주류성은 어디인가?

앞에서 한·중·일 삼국의 기본적인 사료史料는 물론, 비문이나 묘지명 및 불상과 같은 고고학 발굴자료와 한국고대어라든가 향찰, 지명과 같은 각종 인문 지리 자료를 바탕으로 충남 전의의 옛 지명 '전기全歧, 전성全城'이 백제의 주류성이었음을 상세하게 설명하였다. 그렇지만 그것만으로는 부족하다. 그러면 전의 지역에서도 과연 어디가 주류성이란 말인가?

10여 년 전 백강·주류성 원고를 처음 준비할 때부터 지금까지 저자가 밝힌 '전의 주류성'설의 내용과 방향은 대략 정해져 있었다. 그렇지만 전의 중에서도 과연 어디가 주류성인가에 대해서는 확정하지 않고 보류 상태로 남겨두었다. 그간 자료를 분석하고, 그것을 바탕으로 수많은 곳을 직접 답사하였으나 어쩐 일인지 전의면 지역은 항상 답사 대상지에서 제외되어 있었다. 현장 답사를 하지 못한 데 대한 아쉬움과 미련이 남아 있던 차에 다행히도 출판사의 도움으로 2023년 3월 하순 전의 지역을 답사할 기회가 생겼다. 비로소 지도에서는 수없이 보아왔지만, 지도만으로는 알 수 없는 소중한 사실들을 알게 되었다. 무엇보다도 우선 그 답사를 통해 지금까지 기술한 원고의 내용이 틀리지 않았음을 다시 확인할 수 있었다.

답사를 통해 얻은 소득은 주류성의 위치를 확정하였다는 데 있다. 그간엔 막연히 '주류성은 전의'라는 결론만을 내린 데 불과하였다. 물론 지금까지 제기된 여러 가지 주장들로부터 나 자신 스스로 흔들리지 않고, 좀더 냉정하게 판단하기 위해 전의 지역 현장 답사를 미루어 둔 측면도 얼마간은 있었던 게 사실이다.

현재의 충남 세종시 전의면은 조선 시대 전의현이 있던 곳이다. 그러나고려 시대 이후로 전의의 중심지가 몇 차례 변화하였다. 전의현 현성縣城이전의 및 전동 지역 2~3군데로 옮겨졌다가 지금의 전의향교 뒤편 구릉지로 그 중심이 이동하였다. 전의 읍내에서 있어서 일부에서는 읍내리산성이라고도 부른 적이 있지만, 바로 이곳이 조선 시대 전의현의 현성 자리였다. 이 일대에서는 백제 시대 토기편이 많이 채집되었다는 보고가 있었다. 아마도 백제 시대부터 토성의 형태로라도 성이 존재했을 것으로 추정되지만, 일찍부터 파괴되어 지금은 그 흔적을 거의 알 수 없게 되었다.

그런데 전의에서 동쪽 직선거리로 약 2.5km 거리에 운주산이 있고, 그정상에 운주산성이 있다. 일부 관심 있는 사람 몇몇이 주류성의 후보지로거론해 온 곳인데, 운주산성 북쪽은 천안시 동남구 성남면, 서쪽은 전의 그리고 나머지 산 주변 대부분은 세종시 전동면 관할 지역이다. 산 정상 북쪽은 대개 가파른 절벽 지형으로서 백제 시대에 쌓은 석성을 두르고 있다.

운주산 정상에 오르면 북으로 천안, 동으로는 청주, 남으로는 공주, 서로는 아산·예산·당진 지역을 모두 내다볼 수 있다. 백제 서부의 중심이었던 임존성에서는 삽교천과 주변 지역을 훤히 내다볼 수 있는데, 운주산은그보다도 시계가 훨씬 넓다. 정상에 올라보지 않고는 이곳이 왜 백제 북부에서 가장 중요한 요충이었는지를 깨닫지 못한다. 운주산성 내부는 부여 가림성(성흥산성)이나 공주 공산성보다도 넓게 느껴진다. 더구나 성 내부에는 수원이 풍부해서 많은 양의 식수 조달이 가능하므로 적지 않은 군사가 상주할 수 있었고, 얼마간의 둔전屯田까지도 경영하였을 것이라는 짐작이 든다. 산의 규모와 여러 가지 여건을 감안할 때 이곳이 바로 백제의 주류성이라는 확신을 갖게 된다. 『일본서기』 천지천황 원년(662) 12월 초하루 기사에 다음과 같은 내용이 있어 백제 주류성에 관한 설명이 운주산성의 여건과 동일하다고 판단된다.

"지금 우리가 있는 州柔[주유, 소류성疏留城이라고도 표기]는 전답과는 멀리 떨어져 있고, 농업과 양잠에 적합한 땅이 아니다. 이곳은 항전을 위한 곳이다(是拒戰之場). 이곳에 오래 머물게 되면 백성이 굶주리게 될 것이다. 그러므로 지금은 피성避城으로 옮겨야 한다. …… 지금 적이 공격해오지 못하는 까닭은 산이 험한 곳에 주류성을 두고 진력을 다해 지키고 있고, 산이 높고 골짜기가 깊어서 지키기는 쉽고 공격하기는 어렵기 때문이다. 이곳이 지대가 낮은 땅이라면 어찌 오늘까지 흔들리지 않고 지킬 수 있었겠는가."

불과 30~40년 전까지만 해도 전의나 전동면 지역은 산 깊은 오지였다. 지금도 상당히 외진 곳이고, 지대가 높다. 사람의 거주 지역에서 멀고, 숲으로 에워싸였을 백제 시대로 올라가면 전의 지역은 차령산맥 중간의 험준한 오지로서 도로도 별로 없고 매우 불편하였을 것이다.

더구나 운주산과 산성이 높은 곳에 있다 보니 부여풍과 그의 측근들은 산꼭대기 운주산성에서 생활하지는 않았을 것이다. 산으로의 출입은 남쪽 전동면 미곡리를 통하는 것이 가장 용이하므로 운주산 입구의 평지인 미곡나 전의 읍내 어딘가 평지에 마련한 성과 가옥에서 부여풍과 부흥 운동을 주도한 사람들이 살았을 것이며, 운주산성은 이를테면 비상시 끝까지 항전을 위한 방어 성으로서 부흥 백제의 방어를 책임진 곳이었다고 판단된다. 그래서 『일본서기』에도 거전拒戰 즉, 항전을 위한 곳이라고 설명하였다. 해발 400m가 넘는 운주산상에 부여풍이 거주했다고는 보기 어려운 만큼, 앞서 밝힌 대로 부여풍의 왕성은 평지에 따로 마련되어 있었다고 보는 것이 타당할 것이다. 그래서 운주산 남쪽 미곡리의 평지라든가 전의읍성 자리와 같은 전의면 소재지 일대 어딘가에 부여풍의 생활공간인 거주용 왕성(평지성)이 임시로라도 따로 마련되어 있었다고 보는 것이다.

산 정상은 사방에서 오는 적군의 동태를 파악하고, 아군의 움직임을 통제할 수 있는 망루로서 이곳만한 장소가 이 일대에는 다시 없다. 그만큼 군사 전략적으로 중요한 요충지였고, 백제의 일반적인 여느 성보다 규모가 크고 높아서 상주군이 배치되어 있었을 가능성이 아주 높다. 그렇다면 산성 내에는 식량이나 기타 장비 등을 저장하는 창고나 숙소와 같은 건물지가 상당수 있었을 터인데, 실제로 운주산성 내부에는 건물지로 볼 수 있는 곳들이 여럿 있다. 결국 이런 조건으로 가정해보면 부여풍이나 부흥 운동 지도층과의 연락이라든가 소통을 위해 운주산성의 상주군 가운데 일부가 전령으로서 수시로 움직였을 것이다. 운주산성과 부여풍 및 부흥 운동 지도층과의 연락이라든가 주류성(운주산성)과 긴밀하게 연계되어 있던 주변의 여러 자성子城들과의 정보교환을 위해서도 많은 인력이 수시로 오갔을 것이다. 그러므로 전의 읍내 전성이라든가 운주산성을 중심으로 그 주변에 흩어져 있는 산성들과의 연계를 고려해야 할 필요가 있다. 이를테면 고려산성(전의 고등리), 증산성(전의 서정리), 전성(전의 읍내), 이성산성(전동 신방리), 금이산성(전동 달전리) 등 상당히 많은 수의 산성들이 호응하는 관계에 있었다. 이와 같은 자잘한 자성들이 전성(백제 시대 全岐)이나 모성인 주류성(운주산성)을 중심으로 함께 '집단방어'를 하는 체제였음이 분명하다.

전의 지역에서 주류성으로 추정할만한 장소로는 현재의 운주산성이 유일하다. 무엇보다도 주류성에 관한 설명으로 유일한 기록인 『일본서기』의 내용과 운주산성의 여건을 비교해보더라도 그렇게 판단할 수밖에 없다. 다시 말해서 지금까지 우리가 접할 수 있는 여러 자료와 유적 및 유물들은 한결같이 운주산성이 바로 백제의 주류성임을 가리키고 있다. 누구도 그 것을 이제까지 인정하려 하지 않았고, 또 앞으로도 굳이 인정하고 싶지 않은 이들도 있을 것이다. 그렇지만 설사 자신들의 주장과 다르다 해도 타당한 근거와 필요한 요건을 갖춘 견해라면 충분히 경청하고 사실대로 받아들이는 것이 올바른 역사 연구자의 자세이다. 이런 일에도 이해관계라든가 자신의 직위나 지위에 대한 안위를 걱정하기 전에 정의의 편에 서는 용기와 아량 그리고 결단이 필요하다. 우리는 그런 용기 있는 과정을 통해서 서로 발전해 온 역사를 갖고 있다.

10. 피성(避城)은 어디인가?

　백제 부흥 운동기의 지명으로서 주류성과 함께 피성이 어딘가도 문제다. 피성 또한 잠시나마 부흥 운동의 도성都城이었기 때문에 사실 주류성만큼이나 중요할 수 있다. 그런데 피성避城이라고 하는 지명은 우리와 중국의 기록에는 없다. 다만 『일본서기』에만 전하는 지명이다.

　겨울 12월 병술일 초하루 날 백제 왕 풍장은 좌평 복신, 사이노무라지 등과 협의하여 "우리가 있는 이 주류성은 전답과 멀고 토지가 척박하여 농업과 양잠에 적합한 땅이 아니다. 이곳은 항전을 위한 곳이다. 여기 너무 오래 있으면 백성이 먹을 식량에 곤란을 겪을 것이다. 그러므로 지금은 피성으로 옮겨야 한다. 피성은 서북으로는 고련단경수古連旦涇之水가 흐르고, 동남으로는 심니거언지방深泥巨堰之防의 제방이 있다. 주위는 밭이어서 비가 잘 내리고 농작물이 잘 되니 삼한에서 가장 풍요로운 곳이며 의식의 근원이라고 할 정도로 좋은 곳이다. 평지이니 어찌 옮기지 않겠는가?"라고 하였다. 에지노다구츠朴市田來津 만이 "피성과 적이 있는 곳은 하룻밤에 갈 수 있는 거리다. 만약 공격을 받으면 후회해도 늦다. 사람이 굶주리는 것보다 나라가 망하느냐 망하지 않느냐가 더 중하지 않은가? 지금 적이 함부로 공격해오지 않는 것은 주류성이 험한 산에 의지하여 방어하고 있고, 산이 높고 계곡이 깊어서 지키기는 쉽고 공격하기는 어려운 곳에 있기 때문이다. 이곳이 평지라면 어찌 지금까지 수비를 견고하게 할 수 있었겠는가?"하고 간언하였다.

그러나 풍장 등은 마침내 이런 간언을 듣지 않고 피성으로 도읍을 옮겼다. 이
해에 백제를 구원하기 위해 무기를 수선하고 선박을 정비하였으며 군병의 식
량을 비축하였다. 이 해는 임술년이었다.[223]

이상의 『일본서기』 설명 내용으로 보면 피성은 서북쪽으로는 고련단경
지수古連旦涇之水라는 물을 두르고 있고, 동남쪽으로는 심니거언지방深泥巨堰之
防이라는 거대한 제방이 있으며 그 주변은 지대가 낮은 논밭이라고 하였
다. 더구나 피성에서 적(신라)이 있는 곳까지 하룻밤에 갈 수 있는 거리라고
하였으니 일단 신라 땅에서 하룻밤 거리인 국경지대에 피성이 있어야 한
다. 백제 왕 부여풍은 662년 12월 초 좌평 복신, 왜군 장수 사카이노무라
지(狹井連) 등과 의논하여 주류성에서 피성으로 옮겨 갔다. 주류성에서 피성
으로 옮긴 이유는 간단하다. 주류성이 논밭(경작지)과는 멀리 떨어져 있기
때문이었다. 땅이 거친 자갈밭이어서 농사지을 곳이 못 되며 산이 높고 험
해서 항전을 위한 터전으로는 훌륭하지만 주류성에 오래 머물다가는 굶어
죽고 말 것이라는 판단에 따른 결정이었다. 부여풍이 옮겨 간 피성은 삼한
에서 가장 풍요로운 땅이었다. 실제로 주류성이 있던 전의는 해발고도가
상당히 높은 곳이다.

그렇다면 대체 주류성에서 가까운 곳으로서 신라의 국경과 인접한 곳은

---

223) 冬十二月丙戌朔百濟王豐璋其臣佐平福信等與狹井連關名朴市田來津議曰此州柔者遠隔田畝土地磽
確非農桑之地是拒戰之場此焉久處、民可飢饉今可遷於避城避城者西北帶以古連旦涇之水東南據深
泥巨堰之防綠以周田決渠降雨華實之毛則三韓之上腴焉衣食之源則二儀之陳區矣雖曰地卑豈不遷歟
於是朴市田來津獨進而諫曰避城與敵所在之間一夜可行相近茲甚若有不虞其悔難也者矣夫飢者後也
亡者先也今敵所以不妄來者州柔設置山險盡爲防禦山峻高而谿隘守易而攻難之故也若處卑地何以固
居而不搖動及今日乎遂不聽諫而都避城是歲爲救百濟修繕兵甲備具船舶儲設軍粮是年也太歲壬戌(『일
본서기』 권 제27, 천지천황)

어디일까? 아산·천안 일대로 볼 수 있다. 그러나 그중에서도 지대가 낮은 지역이라야 피성이 있을 만한 조건에 부합한다. 더구나 꽃이 피고 열매를 맺어 그 소출로 인한 이익이 있어서[華實之毛] 삼한三韓에서 가장 풍요로운 땅이라는 설명에 그 단서가 있다고 판단한다.

그러면 피성避城은 어떤 곳일까? 여기서 말하는 피성避城을 어떻게 이해할 것인가의 문제인데, 먼저 피성이 피난성避難城을 의미하는 말일 수 있다는 점을 감안해보는 게 좋겠다. 피성이 피난성의 의미를 가진 지명이라면 백제 부흥 운동을 주도한 이들이 임시로 머무는 성일 테니 제2의 임시수도라는 뜻이 된다. 그래서 『일본서기』에 '마침내 간언하는 바를 듣지 않고 피성에 도읍하였다'(遂不聽諫而都避城)라고 하였다. 물론 피성이 피난성의 의미가 아니라 하더라도 일단 주류성에 견줄 만한 곳이었으니 주류성에서 피성으로 도읍지를 옮긴 것이라고 볼 수 있다. 662년 12월 초하루에 있었던 일이니 한겨울 주류성의 식량난이 의외로 다급했던 것 같다. 그러면 적지, 즉 신라 땅에서 하룻밤 거리로서 부여풍이 옮겨갈 만한 곳으로는 목천木川을 떠올릴 수 있다. 목천은 당시 북부北部의 중심이자 대목악군大木岳郡의 군성郡城이 있던 곳이다. 만약 목천에 피성이 있었다면 거기서 신라 땅인 진천까지는 하룻밤에 갈 수 있는 거리이니 충분히 가능성이 있다.

다음은 피성避城을 우리말 지명의 한자 표기명, 즉 향찰로 이해할 경우이다. 이 경우라면 避城(피성)의 避(피)를 논밭에 자생하는 '피'로 이해할 수 있다. 다시 말해서 피避를 한자 '피 직[稷]'이란 글자로 이해하면 피성은 稷城(직성) 즉, 지금의 직산성稷山城으로 볼 수 있다. 직산에 당시 백제의 피성이 있었다면 신라 땅 안성까지 하룻밤에 걸어갈 수 있으니 그 또한 지형과 거리에 부합한다. 백제는 팽성~성환 지역을 최북단으로 하여 평택~안성의 신라와 국경을 마주하고 있었다. 더구나 그 지역은 전의 주류성보다는 훨씬 지대가 낮고 비옥한 땅이다. 인근 팽성, 둔포, 영인, 음봉, 탕정, 염치 등 비옥한 천안 아산의 평야 지대를 끼고 있는 곳이니 『일본서기』에 묘사한 조건에도 맞는다.

더구나 성환, 성거聖居 등이 직산에서 분리되기 전이라면 온조왕 설화가 있는 성거읍에는 위례성도 있고 백제가 전통적으로 중시한 지역이었던 만큼 한성백제가 공주로 수도를 옮기면서 이곳 어딘가를 잠시 거쳐 갔을 수도 있다. 그만큼 중시한 지역이니 식량 문제를 해결하기 위해 물을 끼고 있고, 논밭이 많은 이 일대 어딘가로 옮겨 간 것으로 볼 수 있다. 서북의 고련단경지수古連旦涇之水가 어딘지는 알 수 없으나 자연 하천임이 틀림없고, 동남쪽 심니거언지방深泥巨堰之防이라는 것도 주변의 뻘 바닥이 두터워 큰 제방으로 에워싸인 하천임을 미루어 알 수 있다. 더구나 농사지어 그 소출로 인한 이익이 삼한에서 으뜸인 곳이라 하였으니(華實之毛) 그 말뜻과 삼한이라고 한 구체적인 지명으로 보아 내포內浦 지방을 지칭하는 것임을 알 수 있다. 내포라는 이름도 사실은 통일신라 때 생긴 지명이지만, 그 내포 중에서도 성환, 성거, 직산, 둔포, 탕정, 염치, 영인, 팽성 일대를 가리키는 것으로 보면 古連旦涇之水를 현재의 아산호(안성천) 물줄기로 이해할 수 있고, 深泥巨堰之防을 미호천과 연기燕岐 지역의 금강(웅진강)으로 볼 수 있겠다. 이 지역은 삼한에서 가장 풍요로운 곳 중 하나임이 틀림없다.

그런데 피성을 지금의 전북 김제라고 주장한 이들이 있었다. 어이없고 황당한 주장이지만, 김제金堤의 백제 시대 이름이 벽골碧骨이므로 避와 碧이 비슷한 글자라는 것을 이유로 들어 피성을 전북 김제라고 들이댄 것이었다. "金堤郡本百濟碧骨郡 景德王改名"(김제군은 본래 백제 벽골군이다. 경덕왕이 이름을 고쳤다)고 한 『삼국사기』 지리지의 내용을 가져다가 아무런 근거도 제시하지 않고 막연하게 김제 벽골군을 피성이라고 단정한 것이다. 이런 식의 주장이 그동안 아무렇지도 않게 통했다는 것도 이해할 수 없는 일이다. 주류성을 전북 부안~정읍 어딘가에 있었다고 주장하다 보니 피성도 거기서 가까운 김제에 갖다 붙이고는 천연덕스레 시치미를 뗀 것인데, 그런 식의 허황된 주장을 어찌 올바른 역사 연구 방법이라 하겠는가? 우선 김제에서는 신라 땅까지 하룻밤에 걸어갈 수 있는 곳이 없으니 그 조건부터 만족시키지 못한다.

『일본서기』에 적(신라)이 있는 곳까지의 거리를 '하룻밤에 갈 수 있는 거리'로 표현하였으니 전의 주류성과 가까운 곳으로서 신라 땅에서 피성까지 하룻밤에 갈 수 있는 거리라면 피성이 있을 만한 후보지를 말기의 백제 북단 국경지대 중에서도 성환, 직산, 성거 그리고 아산 탕정, 음봉 일대로 좁혀 볼 수 있다. 지대가 낮다는 점을 감안하면 탕정, 영인, 음봉과 같은 지역을 중심으로 하여 직산과 성환, 성거를 아우르는 범위를 고려해보는 게 어떨까?

하지만 피성으로 도읍을 옮긴 부여풍은 두 달도 채 안 되어 다시 주류성으로 돌아갔다. 무엇인가 신라 측의 반격이 예상되어 미리 대처한 것으로 볼 수 있는데, 그 직후인 663년 2~3월에는 백제의 요청에 따라 백제 남부지역으로 들어온 왜군이 신라군과 치열한 싸움을 벌이지만 결국 백제의 남반 4주가 신라의 손에 넘어가게 된다. 이런 일련의 사건들을 보면 662년 겨울 주류성에서는 주둔군이나 백제 유민들의 식량 조달이 적지 않은 문제가 되었고, 사람들이 동요했으리라 짐작할 수 있다. 사비성을 탈환하여 다시 수도를 찾고, 백제를 되살려야 한다는 초조함이 부여풍과 부흥 운동 지도층을 덮치고 있는 시점이었던 것 같다. 부여풍이 일본에서 돌아와 2년 3개월째를 맞아 가림성(성흥산성), 임존성과 현재의 충남 지역 주요 거점들이 백제 유민들의 지지 속에 굳건하게 버티고 있었다. 그런데도 부여풍은 주류성에서 피성으로의 천도를 주장하였다. 주류성이 너무 외진 산속에 있어서 물자와 인력 조달에 상당한 애로를 겪은 것 말고는 부여풍이 피성으로의 천도를 고집했던 이유를 찾기 어렵다. 추정이지만, 백제의 북단 국경지대를 발판으로 부여풍은 백제 부흥군이 보다 더 적극적으로 신라에 대한 공세를 취해 줄 것을 요구하기 위한 방편으로 '피성 천도'를 주문했던 게 아닌가 생각해본다. 그로부터 불과 2~3달 뒤에 왜에 요청한 군대가 백제 남방 지역에 대규모로 들어와서 신라군과 싸우지만, 결국 참패하고 백제는 남반 4주를 내어주게 된다. 그 과정을 들여다 보면 662년 말로 들어서면서 부여풍은 남방과 북방에서 동시에 신라를 공격할 계획을 세우고 천도했으나 신라 측의 대응이 예상보다 강력하여 두 달도 안 되어 주류성으로 회귀한 것이 아닐까? 관련 자료가 없으니 어느 것이든 그 이상의 추정은 어렵다.

II

백제 멸망기 인물 열전

1. 사비도성 함락과 함께 일어선 부흥 운동 지도자들

나당연합군의 침략으로 도성 사비성 함락에 이어 열흘도 안 되는 사이에 백제 왕이 항복을 하자 백제 왕조의 부흥을 위해 일어선 사람들이 많았다. 그들은 의자왕의 항복 직후부터 부흥 운동을 시작하였다. 초기의 부흥 운동은 각지에서 자발적으로 일어난 것 같다. 북부 주류성에서 일어난 복신과 도침 외에도 두시원악을 중심으로 한 정무正武를 비롯하여 서부의 흑치상지와 사타상여 그리고 중부 구마노리성의 여자진 등과 같은 인물들이 부흥 운동을 전개한 것을 보면 초기에는 백제 전역에서 뜻있는 백제 상층부 사람들이 자진하여 백제 부흥을 위한 싸움에 나섰음을 알 수 있다.

1) 부여풍(扶餘豊)

복신은 부흥 운동 시작과 함께 당시 왜에 가 있던 왕자 부여풍扶餘豊을 주류성에서 맞아들여 부흥 백제의 왕으로 앉혔다. 부여풍은 풍豊, 여풍餘豊과 같은 이름으로도 기록되었다. 『일본서기』에는 여풍장餘豊璋, 풍장豊璋으로도 표기하였다. 그 때문에 풍장이 부여풍의 다른 이름인지에 대한 논란이 있다. 하지만 여러 자료를 종합해 보면 의자왕의 아들 풍의 성은 본래 백제 왕가의 성씨인 부여扶餘이고 이름이 풍豊 또는 풍장豊璋이니 그의 본명은 부여풍扶餘豊 또는 부여풍장扶餘豊璋이다. 그러나 편의상 여기서는 부여풍 또는 풍, 풍장, 풍왕이라는 이름을 함께 사용하기로 한다.

풍장이라는 이름이 가장 이른 시기에 보이는 것은 『일본서기』 서명천황
舒明天皇 3년 기록이다.

> "3월 경신일(초하루)에 백제 왕 의자가 왕자 풍장豊璋을 들여보내어 인질로 삼았
> 다."[224]

그러나 이 기사는 연대에 문제가 있다. 먼저 서명舒明 3년은 무왕 32년
(631)이니 기사 자체가 성립되지 않는다. 그 당시 의자왕은 왕의 자리에 없
었기 때문이다. 이 때문에 서명 3년을 서명 30년(658)으로 보는 견해가 나
왔다. 그렇게 되면 왕자 풍이 왜에 인질로 간 것은 백제 멸망 2년 전이 되
지만, 서명천황은 재위 13년(641)에 죽었으므로 이것 또한 사실로 보기 어
렵다. 그래서 노중국은 백제 멸망 20년 전인 서명 13년(641)으로 보았다.
앞에서 소개하였듯이 "서명천황 치세 때 의자왕이 그 아들 풍장 및 선광禪
廣을 보내어 천황을 모시게 하였다"라는 기사가 『속일본기』에 전하고 있으
니 그렇게 볼 충분한 근거가 된다. 그러나 이와 또 달리 『삼국사기』 백제
본기 의자왕 13년(653) 조에는 다음과 같은 기록이 있어 의자왕 13년 부여
풍이 왜에 인질로 건너간 것으로 볼 수도 있다.

> "의자왕 13년(653) 가을 8월에 왕이 왜국과 우호를 맺었다."(『삼국사기』 백제본기
> 의자왕 13년 조)

이에 따르면 부여풍과 부여선광은 653년에 왜로 건너간 것이 된다. 결

---

224) 三月庚申朔百濟王義慈入王子豊璋爲質(『일본서기』 권23 舒明天皇 3년)

국 여기서 의자왕 13년을 서명천황 13년(641)으로 볼 것인가, 아니면 그대로 의자왕 13년으로 볼 것인가의 문제가 남아 있다.

한편, 부여풍이 과연 일본 측 기록에 등장하는 풍장과 동일 인물인가에 대한 논란은 다음의 『일본서기』로부터 비롯되었다.

A) 좌우 대신이 곧 백관과 백제의 군君 풍장豊璋 및 그의 동생 색성塞城, 충승忠勝을 데리고 …[225]

B) 왕자 풍장 및 처자를 그 숙부 충승 등과 함께 보냈다. 그를 정식으로 보낸 시기는 7년 조에 보인다.[226]

위 『일본서기』의 A), B) 두 기록 때문에 풍장(부여풍)과 그의 형제 또는 숙부와의 관계뿐만 아니라 풍장이 과연 풍과 동일 인물인가 하는 점까지도 의심하게 되었다. 그러나 B)는 『일본서기』 권 26, 제명천황 6년(660) 10월 조의 기록에 대한 세주細注이므로 기록자의 실수로 볼 수도 있다. 다음 기록으로 볼 때 A)가 사실에 가까울 수도 있다는 판단이 든다.

C) 천평신호天平神護 2년(768) 6월 임자(일)에 형부경 종3위 백제 왕 경복이 죽었다. 그의 선조는 백제국 의자왕으로부터 나왔다. 고시강본궁어우高市岡本宮馭宇(=舒明)[227] 천황 시대에 의자왕의 아들 풍장왕 및 선광왕을 보내 중국에 들어와 왕을 모시게 하였다. 후강본後岡本 조정(=齊明天皇)[228] 때에 이르러 의자왕의 군대

---

225) 左右大臣乃率百官及百濟君豊璋 其弟塞城忠勝 … (『일본서기』 권25 효덕기 白雉 원년)
226) 送王子豊璋及妻子與其叔父忠勝等 其正發遣之時 見于七年(『일본서기』 권26 제명기 6년 10월)
227) 원문의 '고시강본궁어우(高市岡本宮馭宇) 천황은 서명천황(舒明天皇, 629~641)을 가리킨다.
228) 일본 제명천황(齊明天皇) 시대를 말한다.

가 당나라에 패하여 항복하자 그 신하 좌평 복신이 사직을 다시 일으켜 멀리서 풍장을 맞아들여 끊어진 (백제의) 계통을 이었다. 풍장은 사람을 모아 왕업을 이은 뒤에 거짓으로 꾸며낸 참언 때문에 죄가 없는 데도 복신을 죽였다.[229]

C)는 백제 멸망 후 100여 년이 지난 뒤에 남긴 기록이지만, 왜에 건너가 살았던 경복왕의 선조가 의자왕의 아들 선광왕이라는 사실 외에도 색성塞城, 충승忠勝 등과 같은 풍의 형제들이 왜에서 살고 있었음을 알려준다. 이런 인물들의 존재를 통해 부여풍과 그의 동생 부여용 외에도 왜에 내려가 있으면서 백제 부흥을 위해 힘쓴 이들이 많이 있었을 것이다.

2) 부여용(扶餘勇)

신라와 당의 침입으로 사비성이 함락되고, 의자왕과 많은 이들이 포로로 붙잡혔으나 그는 일본으로 달아났다. 일본에서 백제의 재건을 위해 노력한 인물인데, 그의 행적은 알려진 게 별로 많지 않다. 백제의 재건을 위해 당과 신라를 상대로 한 항전 과정에서 큰 역할을 하였음에도 이제까지 부여용에 대하여 누구도 자세히 다루지 않았지만, 앞으로는 부여용에 관한 깊이 있는 연구가 뒤따라야 할 것이다.

그는 부여륭과 부여풍의 동생이다. 그가 일본으로 건너가 부흥 운동을 도운 사실이 『구당서』(84, 열전 34) 유인궤전에 간략하게 실려 있다.

… 황제가 그 말을 깊이 받아들였다. 또 유인원을 파견하여 병사를 이끌고 바

---

229) 天平神護二年六月壬子 刑部卿從三位百濟王敬福薨 其先者出自百濟國義慈王 高市岡本宮馭宇天皇御世 義慈王遣其子豊璋王及禪廣王入侍 (水 +自)于後岡本朝廷 義慈王兵敗降唐 其臣佐平福信 尅復社稷 遠迎豊璋 紹興絕統 豊璋纂基之後 以讒橫殺福信(『속일본기』 권27 칭덕기 天平神護二年)

다를 건너가서 옛 진병鎭兵[230]과 교대하게 하였다. 이어서 부여륭에게 웅진도독을 제수하고 그 나머지 무리를 불러 모으게 하였다. 부여용扶餘勇은 부여륭扶餘隆의 아우인데, 이때 도망가서 왜국에 있으면서 부여풍扶餘豐에 호응하였다. 그래서 유인궤가 표문으로 그것을 말한 것이다. 유인궤는 바다를 건너 서쪽으로 돌아왔다. 처음에 유인궤가 장차 대방주로 출발하려 할 때 사람들에게 말하기를, "하늘이 장차 이 늙은이를 부귀하게 하려는구나!"라고 하였다. 주사州司에 역일(曆日; 책력) 한 권과 일곱 가지 피휘避諱[231]를 내줄 것을 청하였다. 사람들이 그 까닭을 괴이하게 여기자 유인궤가 답하기를, "요해遼海를 평정하는 일을 헤아려 보건대, 나라의 정삭을 반포하여 오랑캐의 풍속이 존중하고 받들게 할 것이다."라고 하였다. 이때에 이르러 모두 그 말과 같이 되었다. …[232]

아마도 의자왕과 부여륭 등 13,000명 가까운 백제인들이 포로로 잡히기 전에 부여용은 일본으로 도망하였고, 일본으로 가서는 백제를 다시 일으키기 위해 동분서주하였을 것이다. "부여풍이 북쪽에 있고, 부여용이 남쪽에 있으면서 고구려와 백제가 서로 돕고 있으며 일본 역시 백제와 호응하고 있다"라는 내용으로 미루어 부여용이 백제와 일본 사이에서 상당히 중요한 역할을 하였음을 충분히 짐작할 수 있다. 『책부원구冊府元龜』장수부 유인궤 편에도 부여용에 관한 내용이 실려 있다.

---

230) 사비성(웅진부성)에 머물고 있던 당군 병사들(저자 註)
231) 당 고종으로부터 그의 선조 7대의 실명(實名)을 이르는 말
232) 伏惟陛下旣得百濟 欲取高麗 須外內同心 上下齊奮 擧無遺策 始可成功 百姓旣有此議 更宜改調 臣恐是逆耳之事 無人爲陛下盡言 自顧老病日侵 殘生詎幾 奄忽長逝 銜恨九泉 所以披露肝膽 昧死聞奏 上深納其言 又遣劉仁願率兵渡海 與舊鎭兵交代 仍授扶餘隆熊津都督 遣以招輯其餘衆 扶餘勇者 扶餘隆之弟也 是時走在倭國 以爲扶餘豐之應 故仁軌表言之 於是仁軌浮海西還 初仁軌將發帶方州 謂人日 天將富貴此翁耳 於州司請曆日一卷 幷七廟諱 人怪其故 答日 擬削平遼海 頒示國家正朔 使夷俗遵奉焉 至是皆如其言(『舊唐書』 84 列傳 34 劉仁軌)

… 폐하께서 만약 고구려를 멸망시키고자 한다면 백제 땅을 버려서는 안 됩니다. 부여풍이 현재 북쪽에 있고 부여용扶餘勇이 남쪽에 있으며 고구려와 백제는 예전부터 서로를 도왔고, 왜인들은 비록 멀리 떨어져 있으나 역시 백제와 서로 호응하고 있습니다. 그러니 만약 백제에 군사를 남겨두지 않는다면 백제는 도로 한 나라가 될 것입니다. 또 백제를 진압하고 둔전屯田을 설치한 것은 군사들도 한마음 한뜻으로 일한 데 힘입은 것입니다. 그런데 지금 병사들 사이에 이미 이런 의논이 있으니, 전에 시행하던 대로 그대로 시행해서는 안 됩니다. 모름지기 그들이 바다를 건너서 원정한 데 대한 관훈官勳과 백제를 평정하고 고구려를 정벌하러 간 데 대한 공훈을 돌려주어야만 할 것입니다. 그리고 이외에도 별도로 포상하고 위로하는 칙서를 내려서 모집해 온 군사들의 마음을 일으켜야만 합니다. 만약 오늘 이전에 시행하던 대로 그대로 조처한다면 신은 아마도 군사들이 늙고 지쳐서 공을 이루지 못게 될까 염려스럽습니다. ……

… 삼가 생각건대 폐하께서는 이미 백제를 평정하였고, 다시 고구려를 취하려고 하십니다. 그런데 모름지기 안과 밖이 한마음이 되고 위와 아래가 함께 분발하게 한 다음, 빠뜨린 계책 없이 실행해야만 비로소 성공할 수 있을 것입니다. 백성들에게 이미 이런 의논이 있으니 다시금 조처 하는 것이 마땅합니다. 신은 이처럼 귀에 거슬리는 말을 폐하께 다 아뢸 사람이 없을까 염려스럽습니다. 저 자신을 돌아보건대 늙고 병듦이 날로 심해지고 있으니 앞으로 얼마나 더 살겠습니까. 갑작스럽게 죽게 된다면 구천九泉에서 원통함을 품고 있을 것입니다. 이에 간담을 피력하여 죽음을 무릅쓰고 폐하께 아뢰는 바입니다." 그러자 고종이 그 말을 깊게 받아들였다. 우위위장군右威衛將軍 유인원을 파견하여 군사를 거느리고 백제로 건너가 먼저 와있던 군사들과 교체해 지키게 하였다. 그리고는 이어 부여륭을 웅진도독에 제수하고는 본국으로 돌아가게 하여 신라와 더불어 화친을 하고 남은 백성들을 불러 모으게 하였다. 부여용은 부여풍의

동생이다. 당시에 달아나서 왜국에 가 있으면서 부여풍에게 호응할 것이라고 말하였다. 그러므로 유인궤가 표문에서 말한 것이다.[233](『책부원구』)

뿐만 아니라 『구당서』 유인궤전에도 부여용이 일본에 내려가 부여풍을 돕고 있는 내용이 실려 있다.

"폐하께서 만약 고구려를 멸망시키고자 한다면 백제 땅을 버려서는 안 됩니다. 부여풍이 현재 북쪽에 있고 부여용이 남쪽에 있으며 고구려와 백제는 예전부터 서로를 도왔고, 왜인들은 비록 멀리 떨어져 있으나 역시 백제와 서로 호응하고 있습니다. 그러니 만약 백제에 군사를 남겨두지 않는다면 백제는 도로 한 나라가 될 것입니다. 그런데 지금 병사들 사이에 이미 이런 의논이 있으니, 전에 하던 대로 시행해서는 안 됩니다. …… 이에 간담을 피력하여 죽음을 무릅쓰고 폐하께 아뢰는 바입니다."

그러자 고종이 그 말을 깊게 받아들였다. 우위위장군 유인원을 파견하여 군사를 거느리고 백제로 건너가 먼저 와있던 군사들과 교체해 지키게 하였다. 그리고는 이어 부여륭에게 웅진도독을 제수하고는 본국으로 돌아가 신라와 더불어 화친하고 남은 백성들을 불러 모으게 하였다. 부여용은 부여풍의 동생이다. 당시에 달아나서 왜국에 가 있으면서 부여풍에게 호응할 것이라고 말하였으므로 유인궤가 표문에서 말한 것이다. 이에 유인궤는 바다를 건너서 본국으로 돌아

---

233) 陛下若欲殄滅高麗 不可棄百濟土地 餘豊在北 餘勇在南 百濟高麗 舊相黨援 倭人雖遠 亦明影響 若無兵馬 還成一國 旣須鎭壓 又置屯田 事籍兵士 同心同德 兵士旣有此議 不可便成功効 除此之外 更須褒賞 明勅慰勞 以起兵士之心 若依今日已前處置 臣恐師老且疲 無所成就 …… 伏惟陛下 自旣得百濟已亡 欲取高麗 須內外同心 上下齊奮 擧無遺策 始可成功 百姓旣有此議 更宜改調 臣恐是逆耳之事 無人爲陛下盡言 自顧老病日侵 殘生能幾 奄忽是逝 喞恨九泉 所以披露肝膽 昧死奏陳 帝深納其言 遣右威衛將軍劉仁願率兵渡海與舊鎭兵交代 仍授扶餘隆熊津都督 遣歸本國 共新羅和親 以招集其衆之 扶餘勇者 扶餘豊之弟也 時走在倭國 以扶餘豊之應 故仁軌表言之(『册府元龜』 366 將帥部 27 機略 6 劉仁軌)

왔다.[234)]

이상과 같이 『책부원구』와 『구당서』의 내용이 거의 같다.

유인궤는 남과 북에서 서로 호응하고 있는 부여풍과 부여용을 그대로 내버려 두면 백제가 다시 부활할 것이라며 매우 걱정스러운 심정으로 당 고종에게 표문으로 건의하고 있는 것이다. 그런데 『전당문全唐文』 158 유인 궤전에도 똑같은 내용이 있다.

"폐하께서 만약 고구려를 멸망시키고자 한다면 백제 땅을 버려서는 안 됩니다. 부여풍이 현재 북쪽에 있고 부여용이 남쪽에 있으며 고구려와 백제는 예전부 터 서로 도왔고 왜인들은 비록 멀리 떨어져 있으나 역시 백제와 서로 호응하고 있습니다. 그러니 만약 백제에 군사를 남겨두지 않는다면 백제는 도로 한 나라 가 될 것입니다. 또 백제를 진압하고 둔전屯田을 설치한 것은 군사들도 한마음 한뜻이 되어 일한 데에 힘입는 것입니다. 그런데 지금 병사들 사이에 이미 이 런 의논이 있으니, 전에 시행하던 대로 그대로 시행해서는 안 됩니다. 모름지 기 그들이 바다를 건너 원정한 데 대한 관훈官勳과 백제를 평정하고 고구려를 정벌하러 간 데 대한 공훈을 돌려주어야만 할 것입니다. 그리고 이외에도 별도 로 포상하고 위로하는 칙서를 내려서 모집해 온 군사들의 마음을 일으켜 주어

---

234) 陛下若欲殄滅高麗 不可棄百濟土地 餘豊在北 餘勇在南 百濟高麗 舊相黨援 倭人雖遠 亦相影響 若無 兵馬 還成一國 既須鎭壓 又置屯田 事藉兵士 同心同德 兵士既有此議 不可膠柱因循 須還其渡海官勳 及平百濟向平壤功效 除此之外 更相襃賞 明敕慰勞 以起兵募之心 若依今日以前布置 臣恐師老且疲 無所成功 …… 伏惟陛下旣得百濟 欲取高麗 須外內同心 上下齊奮 擧無遺策 始可成功 百姓旣有此議 更宜改調 臣恐是逆耳之事 無人爲陛下盡言 自顧老病日侵 殘生詎幾 奄忽長逝 銜恨九泉 所以披露肝 膽 昧死開奏 上深納其言 又遣劉仁願率兵渡海 與舊鎭兵交代 仍授扶餘隆熊津都督 遣以招輯其餘衆 扶餘勇者 扶餘隆之弟也 是時走在倭國 以爲扶餘豊之應 故仁軌表言之 於是仁軌浮海西還 初仁軌將發 帶方州 謂人曰 天將富貴此翁耳 於州司請曆日一卷 幷七廟諱 人怪其故 答曰 擬削平遼海 頒示國家正 朔 使夷俗遵奉焉 至是皆如其言(『舊唐書』84 列傳 34 劉仁軌)

야만 합니다. ……"235)

   이런 기록들로 보면 사비도성이 함락되고 의자왕과 왕족 등이 포로로
잡혀가자 부여용이 일본으로 달아났을 것이다. 그리고 그가 부여풍을 도
왔다고 하였으니 부여풍을 귀국시키는 데에도 큰 역할을 했을 것이다. 부
여풍이 백제국의 왕이 된 뒤에도 왜군의 지원이라든가 기타 여러 가지 도
움을 주었다.

   참고로, 이 부여용이 후일 일본의 천지천황天智天皇이 되었다는 견해가 있
는데, 개연성이 있다. 앞으로 그에 대한 연구도 반드시 필요하다.

3) 흑치상지(黑齒常之)

   1929년 10월, 중국 하남성河南省 낙양洛陽의 망산邙山에서 그의 아들 흑치
준 묘지와 함께 발견된 흑치상지 묘지黑齒常之墓誌236)에 의하면 흑치상지는
630년(무왕 31)에 태어나 31세의 나이인 660년 8월 경부터 663년까지 백제
부흥 운동을 하였다. 주류성 함락 직후인 663년 11월 이후 당에 항복하면
서 임존성에서 부흥 운동을 계속하던 지수신과 부흥군을 진압하였다. 그
뒤에는 부여륭과 마찬가지로 당으로 건너가 서안西安 만년현萬年縣에 배치되

---

235)   陛下若欲殄滅高麗 不可棄百濟土地 餘豐在北 餘勇在南 百濟高麗舊相黨援 倭人雖遠 亦相影響 若無
        兵馬 還成一國 既須鎭壓 又置屯田 事藉兵士同心同德 兵士既有此議 不可膠柱因循 須還其渡海官勳
        及平百濟向平壤功效 除此之外 更須褒賞 明勅慰勞 以起兵士之心 若依今日已前處置 臣恐師老且疲
        無所成就 臣又見晉代平吳 史籍具載 內有武帝張華 外有羊祜杜預 籌謀策畫 經緯諮詢 王濬之徒 折衝
        萬里 樓船戰艦 已到石頭 賈充王渾之輩 猶欲斬張華以謝天下 武帝報云 平吳之計 出自朕意 張華同朕
        見耳 非其本心 是非不同 乖背如此 平吳之後 猶欲苦繩王濬 賴武帝擁護 始得保全 不逢武帝聖明 王濬
        不存首領 臣每讀其書 未嘗不撫心長嘆 伏惟陛下既得百濟 欲取高麗 須內外同心 上下齊奮 舉無遺策
        始可成功 百姓既有此議 更宜改調 臣恐是逆耳之事 無人爲陛下進言 自顧老病日侵 殘生能幾 奄忽長
        逝 銜恨九泉 所以披露肝膽 昧死奏陳(『全唐文』158 劉仁軌 陳破百濟軍事表)
236)   남경박물관에 있다. 묘지는 41행으로 구성되어 있으며, 행마다 41자씩 모두 1604자로 되어 있다.

었다. 그리고 다시 인덕麟德(664~665) 무렵에 당의 절충도위折衝都尉가 되어 웅진성熊津城으로 파견되었다. 그의 묘지명에 의하면 함형咸亨 3년(672)에 충무장군忠武將軍, 행대방주장사行帶方州長史가 되었으며, 곧이어 백제 남부의 관리인 사지절사반주제군사使持節沙泮州諸軍事를 거쳐 사반주자사沙泮州刺史가 되었다.[237] 그 후에는 좌령군장군左領軍將軍 겸 웅진도독부사마熊津都督府司馬가 되었다. 흑치상지는 689년 10월, 60세의 나이에 모함을 받고 옥에 갇혀 처형되었다. 흑치상치에 관한 기록으로『신당서』흑치상지 열전이 가장 자세하지만, 열전에는 없는 자료가 묘지명에 있다.

"부군府君의 이름은 상지常之이고 자字는 항원恒元으로서 백제 사람이다. 그 조상은 부여 씨扶餘氏로부터 나왔는데 흑치黑齒에 봉해졌기 때문에 자손들이 이를 씨氏로 삼았다. 그 가문은 달솔이었다. 달솔은 지금의 병부상서兵部尙書와 같으며, 본국에서는 2품 관등에 해당한다. 증조부는 이름이 문대文大이고, 할아버지는 덕현德顯이며, 아버지는 사차沙次로서, 모두 관등이 달솔에 이르렀다."

묘지명에 이르기를 "(흑치상지는) 20세가 안 되어 가문의 신분에 따라 달솔達率을 받았다."라고 하였으니 흑치상지는 애초 달솔의 신분으로서 군장郡將의 직책을 지낸 것으로 볼 수 있다. 묘지명에는 그가 흑치부군黑齒府君으로 되어 있는데, 이것은 백제 중앙의 직제가 아니다. 흑치부군이라는 신분명으로 보면 적어도 증조부 이전 흑치부黑齒府를 다스리던 가문 사람임이 분명하다.

흑치상지에 대해서는『삼국사기』권 제44, 열전 제4 흑치상지전에도 어

---

237) 咸亨三年(672) 以功加忠武將軍行帶方州長史 尋遷使持節沙泮州諸軍事沙泮州刺史 授上柱國(「黑齒常之墓誌銘」)

느 정도 소개가 되어 있다. 그러나 그것은 『구당서』와 『신당서』 흑치상지 열전편을 옮긴 것이므로 차라리 『구당서』 흑치상지 열전 전문을 소개하는 것이 나을 것 같다.

　흑치상지는 백제 서부西部 사람이다. 신장은 7척 남짓, 날래고 용감하며 꾀와 지략이 있었다. 처음에 백제에서 달솔로 관직에 나가 군장郡將을 겸했는데, 군장은 마치 중국의 자사刺史와 같은 것이다. 현경顯慶 5년(660) 소정방이 백제를 쳐서 평정하였는데, 흑치상지는 자신의 관할 지역인 서부 사람들을 데리고 관례에 따라 항복하고 관인官印을 보내왔다. 그때 소정방은 왕과 태자 륭隆 등을 잡아두고, 거듭 병사를 풀어 빼앗고 노략질하며 사내 장정들을 많이 죽였다. 이에 흑치상지는 두렵고 무서워 마침내 좌우 10여 인과 함께 서부로 달아나 숨은 사람들을 모아 함께 임존산任存山을 지켰다. 목책을 세우고 스스로 굳게 지키니 돌아와 그에게 붙좇는 이들이 3만여 명이었다. 소정방은 병력을 보내어 임존성을 공격하였으나 흑치상지의 명에 따라 죽기를 무릅쓰고 병사들이 맞아 싸우니 당군이 잇달아 패하였다. 흑치상지는 마침내 백제의 2백여 성을 회복하였고, 소정방은 토벌을 할 수가 없어 돌아왔다. 용삭龍朔 3년(663) 당 고종은 사신을 보내어 불러서 타이르자 흑치상지는 끝내 그 무리를 이끌고 항복하였다. 여러 차례 관직을 바꾸어 좌령군원외장군左領軍員外將軍이 되었다. 의봉儀鳳(676~678) 연간에 토번吐蕃이 서쪽 변경을 침입하자 흑치상지는 이경현을 따라 토번을 쳤다. 유심례劉審禮가 적의 계략에 빠지자 이경현이 추격하려 했으나 토번 군대가 물러가고 진창과 도랑이 험하여 거기서 벗어날 계책이 없었다.[238] 흑치상지가 밤

---

238)　흑치상지 묘지에는 "이때 중서령(中書令) 이경현(李敬玄)이 하원도경략대사(河源道經略大使)가 되었는데, 군사들이 그의 지휘권을 빼앗았다. 거기에 또 다시 수군대사(水軍大使)였던 유심례(劉審禮)가 패하여 죽었는

에 용감한 병사 5백 명을 데리고 나아가 불시에 적의 군영을 들이치니 토번 수령 발지설跋地設이 군대를 버리고 밤에 달아났고, 이로 말미암아 이경현이 돌아올 수 있었다. 당 고종이 그 재주와 지략을 칭찬하고, 발탁하여 좌무위장군겸검교좌우림군左武衛將軍兼檢校左羽林軍의 관직과 금 5백 냥, 명주 5백 필疋을 주고 거듭 하원군부사河源軍副使를 제수하였다. 그때 토번의 찬파贊婆와 소화귀素和貴 등 적의 무리 3만여 명이 양비천良非川에 주둔하였는데, 흑치상지는 정예 기병 3천 명을 데리고 밤에 적의 군영을 기습하여 2천여 명의 목을 베고 양과 말 수만 마리를 얻었다. 찬파 등은 말 한 마리를 타고 도주하였다. 흑치상지를 발탁하여 대사大使로 삼고 또 상으로 비단 등 4백 필을 주었다. 흑치상지는 하원군河源軍으로 적을 맞아 치며, 병력을 충원하여 눌러 지키려 하였으나 운송하는 비용이 드는 것을 염려하여 마침내 봉화와 경계병을 70여 군데에 두어 밭 5천여 경頃을 개척하여 경영하니 한 해에 거두어들이는 곡식이 1백여만 석이 되었다. 개요開耀(681년) 중에 찬파 등이 청해靑海에 주둔하니 흑치상지가 정예 기병 1만 명을 거느리고 쳐서 깨트리고 그 저장한 양식을 불사르고 돌아왔다. 흑치상지가 군대에 머물러있는 7년 동안 토번은 흑치상지를 매우 두려워하고 꺼려서 감히 다시 변방의 우환거리가 되지 않았다. 사성嗣聖(684년) 원년에 좌무위대장군左武衛大將軍과 검교좌우림군檢校左羽林軍이 되었다. 수공垂拱 2년(686) 돌궐이 변경을 침입하자 흑치상지에게 명령하여 병사를 데리고 가서 그들을 막게 했다. 양정홀兩井忽에 이르러서 3천여 명의 적 무리를 만났는데, 적들은 흑치상지를 보고 다투어 말에서 내려 갑옷을 벗었다. 마침내 기병 2백여 기를 데리고 흑치상지 자신이 선봉에 서서 곧바로 적을 무찌르니 드디어 적이 갑옷을 버리고

데, 이 무렵 흑치상지가 좌무위장군(左武衛將軍)으로 직책을 옮기고 이경현을 대신하여 대사(大使)가 되었다"고 하였다.

흩어졌다. 얼마가 지나서 적의 무리가 크게 이르는데 해가 바야흐로 지고 있었다. 흑치상지가 나무를 자르도록 하여 군영 가운데서 그것으로 불을 질러 마치 봉수烽燧처럼 태우니 그때 마침 동남쪽에서 갑자기 큰바람이 일어났다. 적들은 구원병이 서로 호응하여 와서 낭패해질까 의심하여 밤에 달아났다. 그 공으로 흑치상지는 연국공燕國公으로 승진하였다. 수공垂拱 3년 (687) 돌궐이 삭주朔州로 침입해 들어오니 흑치상지는 또 대총관이 되어 이다조李多祚·왕구언王九言을 부총관으로 삼아 황화퇴黄花堆까지 추격하여 크게 깨트렸다. 적들은 40여 리를 흩어져 적북磧北으로 달아났다. 당시 중랑장 촌보벽爨寶璧이 표문을 올려 남은 적을 끝까지 추격하여 제압할 것을 청했다. 흑치상지는 촌보벽과 함께 만나서 그를 지원하여 적을 깨트리도록 하였으나 촌보벽은 아침저녁으로 공을 탐하여 흑치상지와 계책을 의논하지도 않고 먼저 나아가서 마침내 전군이 몰살을 당하였다. 나중에 주흥周興 등이 우응양장군右鷹揚將軍 조회절趙懷節 등과 함께 흑치상지가 모반을 꾀했다고 무고하여 감옥에 갇히었고, 마침내 스스로 목을 매어 죽었다. 흑치상지는 일찍이 자신이 타는 말에 상처를 입힌 병사가 있었는데, 부사副使 우사장牛師獎 등이 그에게 채찍을 칠 것을 청했다. 흑치상지는 이르기를 '어찌 내 개인의 말에 상처를 냈다 하여 관병官兵을 때리겠는가'라고 말하고는 마침내 그를 용서하였다. 흑치상지는 자신이 상으로 받은 금붙이와 비단 등을 모두 장졸들에게 나누어 주었는데, 그가 죽자 장졸들이 매우 애통해했다.[239]

---

239) 黑齒常之百濟西部人長七尺餘驍勇有謀略初在本蕃仕爲達率兼郡將猶中國之刺史也顯慶五年蘇定方討平百濟常之率所部隨例送降款時蘇定方縱左王及太子隆等仍縱兵劫掠丁壯老多被戮常之恐懼遂與左右十餘人遁歸本部鳩集亡逸扶保任存山築柵以自固旬日而歸附者三萬餘人定方遣兵攻之常之領敢死之士拒戰官軍敗績遂復本國二百餘城定方不能討而還龍朔三年高宗遣使招諭之常之盡率其衆陪累轉左領軍員外將軍儀鳳中吐蕃犯邊常之從李敬玄擊之劉審禮之沒賊敬玄欲抽軍却阻泥溝而計無所出常之夜率敢死之兵五百人進掩賊營吐蕃首領跋地設棄軍宵遁敬玄因此得還高宗歎其才略擢授左武衛將軍兼檢校左羽林軍賜金五百兩絹五百疋仍充河源軍副使時吐蕃贊婆及素和貴等賊徒三萬餘屯於良

다만 이상의 기록이 『삼국사기』 열전 흑치상지편과 다른 것이라면 (흑
치상지가) '백제의 달솔로서 풍달군風達郡의 군장郡將을 겸했다'(『신당서』)라는
것과 주흥의 무고로 '체포되어 옥에 갇혔다가 교수형에 처해졌다'라고 한
것이다. 『구당서』에는 '감옥에 갇혀 스스로 목을 매어 죽었다'라고 하였
다. 그렇지만, 무고를 당해 모반죄로 투옥되었으므로 교수형을 당했을 것
이다. 하지만 그가 '풍달군 군장을 겸했다'라는 것은 어디서 온 것인지 그
출전을 알 수 없다.

흑치상지에 관한 가장 중요한 일차적 자료는 '흑치상지 묘지명'이다. 그
에 의하면 흑치상지의 선조는 부여 씨扶餘氏이며 흑치부에 봉토를 받아 그
자손이 흑치를 씨氏로 삼았다고 하였으니 본래 그의 선조는 백제 왕가 사
람이었다.[240] 그러니까 이 기록대로라면 성씨는 부여흑치扶餘黑齒이고, 씨명
氏名은 흑치상지이며 상지常之는 죽은 뒤의 이름이다. 흑치상지의 약관 이전
이름은 항원恒元이었다.[241] 흑치상지의 선조가 흑치부를 봉토로 받은 시기
를 흑치상지의 6~7대조로 본다는 견해가 있는데,[242] 이 견해는 참고할 만

非川常之率精騎三千夜襲賊營殺獲二千級獲羊馬數萬贊婆等單騎而遁擢常之爲大使又賞物四百疋常
之以河源軍正當賊衝欲加兵鎭守恐有運轉之費遂遠置烽戌七十餘所度開營田五千餘頃歲收百餘萬石
開耀中贊婆等屯於靑海常之率精兵一萬騎襲破之燒其糧貯而還常之在軍七年吐蕃深畏憚之不敢復爲
邊患聖元年左武衛大將軍仍檢校左羽林軍垂拱二年突厥犯邊常之率兵拒之踰右埇俄而忽逢賊三千
餘衆常之見賊徒爭下馬着甲遂領二百餘騎身當先鋒直衝賊遂棄甲而散俄頃賊衆大至及日將暮常之令
伐木營中燃火如烽燧時東南忽有大風起賊疑有救兵相應狼狽夜遁以功進燕國公三年突厥入寇朔州常
之又充大總管以李多祚王九言爲副追躡至黃花堆大破之追奔四十餘里賊散走磧北時有中郎將爨寶璧
表請窮追餘賊制之與寶璧會遙爲聲援寶璧以爲破賊在朝夕貪功先行竟不與軍之謀議遂全軍而沒尋
爲周興等誣構云與右鷹揚將軍趙懷節等謀反繋獄遂自縊而死常之嘗有所乘馬爲兵士所損副使牛師獎
等請鞭之常之日豈可以損私馬而決官兵乎竟赦之前後所得賞賜金帛等皆分給將士及死時甚惜之(『구당
서』권 제109 열전 제59 흑치상지전)

240) 흑치상지에 관한 연구로는 다음과 같은 것들이 있다.
　　李文基, 「百濟 黑齒常之 父子 墓誌銘의 檢討」, 『韓國學報』 64집, 일지사, 1991
　　이도학, 「백제장군 흑치상지 평전-한 무장의 비장한 생애에 대한 변명」, 주류성, 1996
　　한국고대사회연구소, 「흑치상지 묘지명」, 『역주한국고대금석문』 Ⅰ (고구려·백제·낙랑편), 1992
241) 府君諱常之 字恒元 百濟人也 其先出自扶餘氏 封於黑齒 子孫因以爲氏焉(흑치상지 묘지명)
242) 노중국, 「백제의 식읍제에 대한 일고찰」, 『경북사학』 23집, 경북사학회, 2000, p.70

하다.

흑치상지가 봉토로 받았다는 흑치부黑齒府에 대하여 흑치黑齒의 훈訓이 '검은 니'이니 흑치국이 있었다는 필리핀 지역을 흑치부로 본 견해도 있지만[243], 그것은 받아들이기 어려운 주장이다. 黑齒는 우리말 '검은 니'이고, 여기서 '니(이)'는 내[川]·노[壤]와 같으므로 검은내(黑川), 즉, 검은노(黑壤) 등으로 해석할 수 있다고 하여 이것을 충남 예산의 덕산德山에 갖다 댄 주장이 더 있다. 『삼국사기』 권 제36, 지리3 웅주 이산군伊山郡 편에 금무현今武縣이 있는데, 그에 대한 설명으로 "금무현은 본래 백제 금물현今勿縣이다. 경덕왕이 이름을 고쳤으며 지금의 덕풍현德豐縣이다."[244]라고 한 구절을 바탕으로 내놓은 주장이다. 백제의 금물현을 신라 경덕왕이 금무현으로 바꾸었고, 고려 시대에 덕풍현이 되었다. 바로 이 '금물今勿'이 우리말 '검을'의 음차이므로 黑齒의 뜻에 가깝다고 판단하여 흑치를 덕산으로 보는 견해[245]이다. 하지만 여기서 거론한 덕산은, 본래 예산 고덕古德을 가리키는 것임을 먼저 밝혀두어야겠다.

흑치상지의 증조 이전 또는 6~7대 조가 봉토로 받은 흑치부와 흑치상지 자신이 받은 서부 풍달군을 구분하지 못하고 이런 주장들을 하고 있는 것 같다. 그래서 노중국은 "흑치 지역은 바로 흑치상지 가문의 세력 기반이 된 곳이며, 임존성이 있는 대흥과 아주 가까운 거리에 있다. 따라서 흑치상지가 풍달군에서 군대를 일으킨 후, 곧바로 임존성으로 와서 활동한 것도 그의 기반이 덕산 지역에 있었기 때문인 것으로 보인다."[246]라고 하

---

243) 이도학, 『백제장군 흑치상지 평전-한 무장의 비장한 생애에 대한 변명』, 주류성, 1996, p.51~52

244) 今武縣本百濟今勿縣 景德王改名 今德豐縣[삼국사기』 권 제36, 지리3 웅주 이산군(伊山郡) 조]

245) 유원재, 「백제 흑치 씨의 흑치에 대한 검토」, 『백제문화』 28, 공주대 백제문화연구소, 1999, p.2~5

246) 노중국, 『백제 부흥 운동사』, 일조각, 2003, p.94

였다. 그러나 흑치부가 반드시 서부 가까이에 있어야 할 이유는 없다.

이런 주장은 명확한 근거를 바탕으로 한 것도 아니고, 흑치부와 서부(풍달군)를 같은 곳으로 본 것부터 잘못이다. 『구당서』 열전 흑치상지 편에 "흑치상지는 관할 지역인 서부를 데리고 관례에 따라 항복하고 인장印章을 보내왔다"[247]라고 했고, "흑치상지는 백제 서부 사람"이라고 하였다. 그리고 "좌우 10여명과 함께 서부로 달아나, 도망하고 숨은 사람들을 모아 함께 임존산을 지켰다."라고 하였지만, 본래 부여 씨(백제 왕가) 출신으로서 증조부 이전에 이미 흑치부를 봉토로 받은 가문이었다고 봐야 한다. 흑치부와 서부는 엄연히 다른데 어찌해서 흑치부를 서부에 갖다 대는가?

『삼국사기』 지리지 웅주 편을 보면 현재의 충남 지방은 웅주熊州 관할 지역이었고, 웅주에는 현재의 청주 지방을 포함하여 총 13개의 군이 있었다. 백제의 행정조직은 당의 주부군현州府郡縣 체제를 그대로 도입하여 웅주 아래에 몇 개의 부府가 있었던 것으로 볼 수 있다. 즉 몇 개의 군을 묶어서 하나의 부府로 편제한 것이거나 중요한 지역에 부를 따로 두었다고 할 수 있다. 여러 개의 백제 부府 가운데 흑치부가 그 하나인 셈이다. 그러니까 흑치부는 적어도 그의 증조 이전 선대先代에서 받은 봉토이고, 서부는 흑치상지 자신 또는 증조 이후에 받은 봉토라야 한다. 따라서 흑치상지의 서부를 곧바로 흑치부로 인정하고, 그것을 충남 예산 고덕에 갖다 대는 것은 옳지 않다.

그리고 또, 웅주에 동부와 서부西部가 있었다는 기록은 없다. 다만 흑치상지를 서부인이라고 하였고, 그가 달솔의 신분으로서 풍달군의 군장郡將을 지냈다고 하였으니 백제 말기 서부의 치소治所가 바로 풍달군에 있었을

---

247) 顯慶五年蘇定方討平百濟常之率所部隨例送降欵

가능성이 높다. 그러나 풍달군이라는 지명은 『신당서』 열전 흑치상지전에만 나오며 그 위치는 알 수 없다.

본래 백제는 사비도성 외에 지방을 오방五方으로 나누고 각 방에는 방령(方領, 방의 책임자) 한 사람을 두었는데, 그 직책은 달솔이 맡았다. 방령 밑에는 방좌方佐 두 사람을 두었으며, 각 방은 10군으로 조직되어 있었다. 군에는 3인의 군장이 있어 덕솔이 맡았는데, 군장 관할의 병사는 700~1,200명이었다.[248] 백제 말기에는 달솔이 많아져서 달솔 신분의 흑치상지가 통상 덕솔이 맡는 직책인 군장을 겸했을 가능성도 있다.

그러나 『삼국사기』 지리지를 포함하여 기타 자료 어디에도 풍달군에 관한 자료가 없다. 먼저 사비도성에서 보아 강서江西 지역에 해당하는 가림군加林郡(마산·대산), 설림군(남포·비인), 마시산군(우견현·금물현), 혜군(벌수지·여촌·사평), 임성군(고량부리현·오산현), 결기군(신촌·사시량), 기군(성대혜·지육)이 백제의 서부에 해당한다. 이렇게 나누어 보면 임성군(청양·예산)과 그 서편 지역이 서부였다. 이들 가운데 금물현은 우견현과 함께 마시산군 관할 현이었다. 우견현을 홍성군 갈산면으로 보는 견해가 있는데, 그렇다면 지금의 홍성읍이 마시산군의 군치郡治에 해당할 것으로 추정된다. 결기군은 홍성군 결성면이며, 기군은 지금의 태안과 서산시 지곡면이다. 이들 어디에서도 흑치부의 부도府都나 서부 풍달군을 찾을 수 없다. "금물현今勿縣이 고려시대 덕풍현德豊縣으로 바뀌는 것으로 보아 이곳이 풍달군"이었으리라고 보는 견해가 있지만, 현재로서는 그것을 인정할 수 없다. 그런 식으로 굳이 '금물'에 '흑치'를 대입시킨다면 오히려 개로왕 이전 금물노군今勿奴郡[249]의 금물

---

248) 五方各有方領一人以達率爲之方佐貳之方有十郡郡有將三人以德率爲之統兵一千二百人以下七百人以上(「북사」)

249) 一名萬弩郡, 或云首知或云新知新羅改黑壤郡 ……

노(충북 진천) 일대를 흑치부로 볼 수도 있을 것이다.

흑치상지의 가문에 대해서는 '흑치상지 묘지명黑齒常之墓誌銘'에 비교적 자세하게 기록되어 있다. "그 가문은 대를 이어 달솔이 되었다. 달솔이란 직책은 중국(당나라)의 병부상서와 같고 백제 본국에서는 2품관이었다. 증조의 이름은 문대이고 조부 이름은 덕현이며 아버지의 이름은 사차이다. 모두 관등이 달솔에 이르렀다."[250]라는 기록대로라면 적어도 흑치상지의 증조부(흑치문대) 때부터 달솔이란 직책을 맡았을 것이란 추정이 가능하다. 그래서 이와 같은 표현이 나왔을 것이다. 다만 고조 위로는 직책을 알 수 없다. 그 위로는 부여 왕통인 부여 씨였을 것이니 왕족의 후예로서 흑치상지의 증조부 때부터 달솔 신분을 가졌을 것이다. 다시 말해서 흑치상지의 증조부 때부터 그의 가계가 백제 왕통으로부터 조금 더 멀어졌을 가능성이 있다. 과거 왕조 시대에 조상과 관작을 증조까지 밝히는 게 관례였고, 증조 때에 이미 흑치 씨를 받았다면 부여 씨는 그 위의 선대先代 때의 성씨이다. 『구당서』 열전에 흑치상지의 출신지를 백제 서부인西部人이라고 한 것을 근거로 백제 지방조직의 하나인 서부를 서방西方으로 이해하려는 견해도 있다.[251] 노중국은 이에 대하여 "그러나 궁남지에서 발견된 목간에 '서부후항西部後巷'이 보이고 있으므로 이 서부는 왕도의 행정조직으로서의 서부로 보아야 한다. 그렇다고 하면 그는 왕도의 서부 출신자라 할 수 있다."[252]라고 분석하였다. 『신당서』 권 109 열전 흑치상지전에는 나이 30세

---

250) 其家世相承爲達率 達率之職 猶今兵部尚書 於本國二品官也 曾祖諱文大 祖諱德顯 考諱沙次 並官至 達率「흑치상지 묘지명」, 한국고대사회연구소, 『역주한국고대금석문』 I (고구려·백제·낙랑편), 1992]

251) 김영심, 「6~7세기 백제의 지방통치체제-지방관을 중심으로」, 『한국고대사연구』 11집, 한국고대사학회, 1997
이도학, 「百濟 黑齒常之墓誌銘의 檢討」, 『우리文化』 34집, 1991, p.45

252) 노중국, 『백제 부흥 운동사』, 일조각, 2003, p.95

(660년)에 풍달군의 수장으로 있다가 의자왕이 나당연합군에 항복하면서 "예에 따라 항복하고 관인官印을 보냈다"(隨例送降款)라고 하였다. 또 『자치통감』 권 200 당기 17 고종 용삭 3년 9월 조에는 "소정방이 바야흐로 백제를 평정하자 흑치상지 자신이 거느린 서부의 무리가 항복하였다"라고 하였다. 흑치상지는 서부의 백성과 서부의 군대를 거느리고 당에 순순히 항복 절차를 따른 것이니 이들 기록에 의하면 임존성이 풍달군 내에 있었거나 서부 임존성이 풍달군의 치소였다고 판단할 수 있다.

소정방의 당군에 항복했던 흑치상지가 다시 도망쳐서 부흥 운동에 뛰어든 시기에 관해서는 다음 내용을 참고할 필요가 있다.

"그러나 나당점령군이 의자왕과 왕자 융을 포로로 잡은 후 군대를 풀어 크게 노략질을 하고 많은 장정들을 죽이는 것을 보자 흑치상지는 자기에게도 화가 미칠까 두려워 마침내 좌우 사람들을 거느리고 자신의 본거지로 돌아가 부흥군을 일으켰던 것이다. 흑치상지가 거병한 시기에 대해서는 소정방이 귀국하기 전에 거병하였다는 기록도 있고[253] 소정방이 귀국한 이후 거병한 것으로 기록한 자료도 있다.[254] 이 중 어느 것이 정확한 것인지는 단정하기 어렵다. 그러나 흑치상지가 임존성을 근거로 하여 당군과 싸웠다는 것과 이 전투가 소정방이 회군하기 전에 이루어졌다는 사실에 근거할 때 그가 660년 7월 18일 이후에서 8월 26일 이전의 어느 시기에 부흥군을 일으켰다고 보는 것이 타당할 것이다."[255]

---

253) … 定方遣兵攻之 常之領敢死之士拒戰 官軍敗績 遂復本國二百餘城 定方不能討而還 … (『구당서』 권 109 열전 흑치상지전)

254) 先是 百濟首領沙吒相如黑齒常之 自定方軍廻後 鳩集亡散 各據嶮以應福信(『구당서』 권84 열전 유인궤전)

255) 노중국, 『백제 부흥 운동사』, 일조각, 2003, p.96

흑치상지의 거병 시점에 관해서는 이 견해가 설득력이 있다. 다만 7월 18일 이후 8월 2~3일경을 전후한 시기에 부흥 운동을 시작했으리라고 보는 게 훨씬 타당할 것이다.

한편 「흑치상지 묘지명」에 그가 약관 이전에 달솔을 받았다[256]고 한 것은 그의 가문이 최소한 흑치상지의 증조 이후 대대로 달솔이었음을 말한 것이다. 아울러 『삼국사기』 열전 흑치상지 편의 "백제 달솔 겸 풍달군장이 되었는데, 이것은 당나라의 자사와 같은 것이라고 한다."[257]라는 내용은 『신당서』 흑치상지전[258]에서 베낀 내용이다. 이것을 『구당서』에서는 "처음에 백제에 있을 때 달솔 겸 군장 벼슬을 하였으니 (그것은) 중국의 자사와 같은 것이다."[259]라고 하였고, 『자치통감』은 "백제의 달솔 겸 군장 벼슬을 하였으니 중국의 자사와 같은 것이다."[260]라고 옮겨놓았다.

『구당서』 흑치상지전에는 흑치상지가 소정방의 당군에 투항했다가 임존성으로 도망쳐서 저항한 모습을 다음과 같이 전하고 있다.

"현경 5년(660) 소정방이 백제를 평정하자 흑치상지는 서부를 거느리고 예에 따라 관인官印을 보내고 항복하였다. 그때 소정방은 의자왕과 태자 등을 잡아두고, 병사를 놓아 노략질을 하니 장정이 많이 살육당했다. 흑치상지는 두려워서 마침내 좌우 10여 인과 함께 도망하여 서부로 돌아가서 도망하고 흩어진 사람들을 불러모아 함께 임존산을 지켰다. 목책을 설치하고 스스로 굳게 지키니 열흘만에 돌아와 따르는 자가 3만여 명이었다. 소정방은 병사를 보내어 공격하였

---

256) 未弱官 以地籍授達率(「黑齒常之 墓誌銘」)

257) 爲百濟達率兼風達郡將 猶唐刺史云(『三國史記』 44 列傳 4 黑齒常之)

258) 爲百濟達率兼風達郡將 猶唐刺史云(『新唐書』 110 列傳 35 諸夷蕃將 黑齒常之)

259) 初在本蕃 仕爲達率兼郡將 猶中國之刺史也(『舊唐書』 109 列傳 59 黑齒常之)

260) 仕百濟爲達率兼郡將 猶中國刺史也(『資治通鑑』 201 唐紀 17 高宗 中之上)

는데, 죽기를 무릅쓰고 싸우는 흑치상지의 병사들로 관군(당군)이 잇달아 패하였다. 마침내 백제 본국의 2백여 성이 회복되었다. 소정방은 치지 못하고 돌아왔다."[261]

그 대략적인 내용이 흑치상지 묘지명과 비슷하다. 『삼국사기』 백제본기에 "처음에 흑치상지는 도망하여 흩어진 무리를 불러 모으니 열흘 사이에 돌아와 따르는 자가 3만여 명이나 되었다. 소정방이 병사를 보내어 그를 공격하자 흑치상지가 막아 싸워 물리치고 2백여 성을 회복하였다. 소정방은 이기지 못하였다. 흑치상지는 별부장 사타상여와 함께 험한 곳에 의지하여 복신과 호응하였다. 이때 와서(663년 11월 이후 어느 시점에) 항복하였다."[262]라고 하였는데, 이것은 다음의 『신당서』 열전 흑치상지전을 그대로 베낀 것이다.

"소정방이 백제를 평정하자 흑치상지는 서부와 함께 항복하였다. 그러나 소정방이 늙은 의자왕을 가두고 병사를 놓아 크게 약탈하자 흑치상지는 두려워하였다. 좌우 추장 10여 인과 함께 도망하여 달아난 이들을 휘파람을 불어서 불러 모으고 임존산에 의지하여 스스로 지키니 10일이 안 되어 돌아온 자가 3만이었다. 소정방은 병사를 닦달하여 그를 공격했으나 이기지 못하였다. 흑치상지는 마침내 2백여 성을 회복하였다."[263](『신당서』 열전 흑치상지전)

---

261) 顯慶五年 蘇定方討平百濟 常之率所部隨例送降款 時定方縶左王及太子隆等 仍縱兵劫掠 丁壯者多被戮 常之恐懼 遂與左右十餘人遁歸本部 鳩集亡逸 共保任存山 築柵以自固 旬日而歸附者三萬餘人 定方遣兵攻之 常之領敢死之士拒戰 官軍敗績 遂復本國二百餘城 定方不能討而還(『舊唐書』109 列傳 59 黑齒常之)

262) 初 黑齒常之嘯聚亡散 旬日間歸附者三萬餘人 定方遣兵攻之 常之拒戰敗之 復取二百餘城 定方不能克 常之與別部將沙吒相如據嶮 以應福信(『三國史記』28 百濟本紀 6)

263) 蘇定方平百濟 常之以所部降 而定方囚老王 縱兵大掠 常之懼 與左右酋長十餘人遁去 嘯合逋亡 依任

이와 똑같은 내용을 『삼국사기』 흑치상지전에도 그대로 옮겨 적었다.[264] 그리고 『자치통감』에도 같은 내용이 있다.

"소정방이 백제를 평정하자 흑치상지는 자신의 서부와 그 무리를 데리고 항복하였다. 소정방이 그 왕과 왕자를 잡고 병사를 놓아 겁략하니 많은 사람이 죽었다. 흑치상지는 두려워 좌우 10여 명과 함께 도망하여 서부로 돌아가서 도망하고 흩어진 무리를 모아 임존산을 지켰다. 목책을 세워 스스로 굳게 지키니 열흘 사이에 돌아와 따르는 자가 3만여 명이었다. 소정방은 병사를 보내 그를 공격했으나 흑치상지가 막아 싸워 당병이 불리하였다. 흑치상지는 2백여 성을 취하였다. 소정방은 이기지 못하고 돌아갔다. 흑치상지와 별부장 사타상여는 각기 험한 곳에 의지하여 복신에게 호응하였다."[265]

다만 복신과 흑치상지 중 누가 먼저 국권회복운동을 시작했는지는 알 수 없다.

소정방이 군사를 풀어서 노략질하고, 백제의 장정을 살육하자 흑치상지가 서부로 돌아가서 부흥 운동을 시작한 것은 아마도 7월 18일 의자왕의 항복 이후 대략 7월 말부터 8월 2일 전후의 일로 볼 수 있다. 『삼국사기』 신라본기 태종무열왕 7년 8월 2일 당군과 신라군 수뇌부가 의자왕과 부여

存山自固 不旬日 歸者三萬 定方勒兵攻之 不克 常之遂復二百餘城(『新唐書』 110 列傳 35 諸夷蕃將 黑齒常之)

264) 蘇定方平百濟 常之以所部降 而定方囚老王 縱兵大掠 常之懼 與左右酋長十餘人遯去 嘯合遁亡 依任存山自固 不旬日 歸者三萬 定方勒兵攻之 不克 遂復二百餘城(『三國史記』 44 列傳 4 黑齒常之)

265) 蘇定方克百濟 常之帥所部隨衆降 定方繫其王及太子 縱兵劫掠 壯者多死 常之懼 與左右十餘人遁歸本部 收集亡散 保任存山 結柵以自固 旬月間歸附者三萬餘人 定方遣兵攻之 常之拒戰 唐兵不利 常之復取二百餘城 定方 不能克而還 常之與別部將沙吒相如 各據險以應福信(『資治通鑑』 201 唐紀 17 高宗 中之上)

륭을 당하堂下에 앉혀놓고 승전 축하연을 펼친 기사에 이어 "백제의 잔당들이 남잠성南岑城, 정현성貞峴城 등에 모여 항거하였으며 좌평 정무正武는 무리를 모아 두시원악에 주둔하고서 당과 신라 사람들을 노략질하였다."라고 하였고, 뒤이어 8월 26일 기사에 "임존의 큰 목책을 공격하였으나 적의 병력이 많고 지형이 험준하여 이기지 못했다. 다만 작은 목책만을 쳐부수었다."라고 하였으니 적어도 흑치상지는 7월 말로부터 8월 2일 이전에 임존성으로 돌아갔을 것이고, 8월 2일~25일은 그가 이미 3만여 명의 민병을 모아 부흥 운동을 시작한 기간으로 볼 수 있다.

그런데 『구당서』 열전 유인궤전에는 "이보다 앞서 백제 수령首領 사타상여·흑치상지가 소정방의 군대가 돌아간 후부터 도망가고 흩어진 무리를 불러 모으고, 각각 험한 곳에 의거하여 복신에게 응하였다."[266]라고 하였고, 『신당서』 열전 유인궤전에도 "처음에 소정방이 백제를 깨트렸을 때 수령 사타상여와 흑치상지는 도망하고 흩어진 사람들을 불러 모아 험한 곳에 의지하여 복신에게 호응하였다."[267]라고 하였으니 이 내용만으로 보면 660년 9월 3일 소정방이 당나라로 철군한 뒤부터 흑치상지가 부흥 운동을 한 것처럼 잘못 이해할 수 있다. 그러나 『구당서』와 『신당서』 열전 유인궤전의 위 내용은 흑치상지가 복신에게 호응한 시기를 소정방의 철군 이후로 제시한 것이라고 보아야 한다. 이때부터 시작된 부흥 운동은 663년 11월 초순 이후까지 줄기차게 이어졌다. 그리하여 『삼국사기』 신라본기 문무왕 3년(663) 기록에 "유독 지수신만이 임존성에서 항복하지 않았다. 겨울 10월 21일부터 임존성을 공격하였으나 이기지 못하고 11월 4일 군사를

---

266)   先是 百濟首領沙吒相如黑齒常之自蘇定方軍迴後 鳩集亡散 各據險以應福信(『舊唐書』 84 列傳 34 劉仁軌)

267)   始 定方破百濟 酋領沙吒相如黑齒常之嘯亡散 據險以應福信(『新唐書』 108 列傳 33 劉仁軌)

돌려 설리정舌利停으로 돌아왔다."라고 하였다. 그러니까 이때 신라군이 돌아가고, 그 후로 당군도 임존성을 더 이상 공격하지 않았다. 대신 당나라는 흑치상지와 사타상여를 회유하는 전략으로 방법을 바꾸었다.『구당서』와『신당서』·『책부원구』에는 흑치상지를 회유한 사실을 다음과 같이 전하고 있다.

1) 용삭 3년(663) 당 고종은 사신을 보내어 그를 타일렀다. 흑치상지는 그 무리를 데리고 항복하였다. 여러 차례 옮겨서 좌령군원외장군이 되었다.[268]

2) 용삭 중(661~663년)에 고종은 사신을 보내어 타일렀다. 이에 유인궤에게 나아가 항복하였다. 여러 차례 옮겨서 좌령군원외장군 양주자사가 되었다.[269]

3) 당 고종 용삭 3년 백제 서부인 흑치상지가 와서 항복하였다. 흑치상지는 신장이 7척 남짓 되고 날래고 용감하며 지략이 있었다.[270]

1)~3)에 의하면 663년 10~11월 임존성을 공격하고도 함락시키지 못하자 당 고종의 밀명으로 흑치상지를 회유하는 전략으로 방향을 바꾼 것이다.

『삼국사기』열전 흑치상지전[271]은 흑치상지를 회유한 사실만을 간단하게 전하고 있지만『자치통감』과『삼국사절요』에는 그 과정이 좀 더 자세하게 정리되어 있다.

백제가 이미 패하고 나서 모두 그 무리를 이끌고 항복하였다. 유인궤는 흑치상

---

268) 龍朔三年 高宗遣使招諭之 常之盡率其衆降 累轉左領軍員外將軍(『舊唐書』109 列傳 59 黑齒常之)

269) 龍朔中(663) 高宗遣使招諭 乃詣劉仁軌降 累遷左領軍員外將軍洋州刺史(『新唐書』110 列傳 35 諸夷蕃將 黑齒常之)

270) 唐高宗 龍朔三年 百濟西部人黑齒嘗之來降 常之長七尺餘 驍勇有謀畧(『冊府元龜』997 外臣部 42 狀貌)

271) 龍朔中 高宗遣使招諭 乃詣劉仁斬降 入唐爲左領軍員外將軍佯(洋)州刺(『三國史記』44 列傳 4 黑齒常之)

지와 사타상여로 하여금 스스로 그 무리를 거느리고 가서 임존성을 취하게 하였다. 이어서 군량과 무기로 그들을 도왔다. 손인사가 "이 무리들은 짐승 같은 마음을 갖고 있는데, 어떻게 믿을 수 있습니까?"라고 하였다. 이에 유인궤가 "내가 두 사람을 보기에 모두 충성스럽고 용맹하며 모략이 있어서 신의가 두텁고 의리를 중시한다. 다만 지난번에 의탁한 바는 아직 그 사람을 얻지 못하였을 뿐이다. 지금 바로 그들이 감격하여 본보기를 세울 때이니, 쓰고 의심하지 않는다."라고 말하였다. 마침내 그 군량과 무기를 지급하고 병사를 나누어 그들을 따르게 하여 임존성을 공격하여 함락시켰다. 지수신은 처자를 버리고 고구려로 도망갔다.(『자치통감』)[272]

처음에 소정방이 백제를 침략하여 평정하자, 달솔 겸 풍달군장風達郡將 흑치상지는 부하를 이끌고 항복하였다. 소정방이 의자왕을 가두고 병사를 풀어 크게 약탈하자, 흑치상지가 두려워하여 측근 10여 명과 도망쳐서, 도망하여 흩어진 무리를 불러 모으고 임존산에 의거하여 스스로 굳건히 하였다. 10일이 지나지 않아 귀부하는 자가 3만 명이나 되었다. 소정방이 병사를 파견하여 그를 공격하자, 흑치상지가 맞서 싸워 그들을 패배시켰다. 마침내 다시 200여 성을 취하였고 소정방은 흑치상지를 이길 수 없었다. 흑치상지는 별부장 사타상여와 함께 험한 임존성에 의거하여 복신에게 호응하였다. 당 고종이 사신을 보내어 불러서 깨우치니, 이에 유인궤에게 나아가 항복하였다. 유인궤는 진심으로 그들을 대하여 임존성을 취하여 스스로 본보기가 되게 하고, 곧 갑옷·무기·군량 등

---

272) 百濟旣敗 皆帥其衆降 劉仁軌使常之相如 自將其衆 取任存城 仍以糧仗助之 孫仁師曰 此屬獸心 何可信也 仁軌曰 吾觀二人皆忠勇有謀 敦信重義 但曏者所託 未得其人 今正是其感激立效之時 不用疑也 遂給其糧仗 分兵隨之 攻拔任存城 遲受信棄妻子 奔高麗 詔劉仁軌將兵鎭百濟 召孫仁師劉仁願還百濟 兵火之餘 比屋彫殘2045) 僵尸滿野 仁軌始命瘞骸骨 籍戶口 理村聚 署官長 通道塗 立橋梁 補隄堰 復陂塘 課耕桑 賑貧乏 養孤老 立唐社稷 頒正朔及廟諱2046) 百濟大悅閭境 各安其業 然後脩屯田 儲糗糧 訓士卒 以圖高麗(『자치통감』)

을 지급하였다. 손인사가 '야심은 믿기 어려우니, 만약 갑옷을 주고 곡식을 구제한다면 이것은 노략질을 돕는 것입니다'라고 말하였다. 이에 유인궤가 '내가 흑치상지와 사타상여 두 사람을 보니 충성스럽고 모략이 있어서 기회를 따라 공을 세울 수 있는데 오히려 어째서 의심하는가?'라고 하였다. 마침내 그 모략을 이용하여 임존성을 취하였다. 지수신은 처자를 맡기고 고구려로 도망가니 나머지 무리는 모두 평정되었다."(『삼국사절요』)[273]

이처럼 흑치상지를 회유하여 당군에 항복시킨 배경에는 아마도 부여륭을 비롯하여 잡혀간 백제 왕자와 왕족 및 많은 포로들에 관한 문제가 있었을 것이다. 그들의 안위를 협상 조건으로 내걸자 흑치상지는 마지못해 그에 응했을 수도 있다. 당군이 흑치상지를 회유한 배경에는 임존성이 너무나 높고 험한 곳에 있고, 성이 견고한 데다 식량이 풍부하여 군사력만으로는 성을 함락시킬 수 없다는 판단이 있었을 것이다. 그것을 잘 보여주는 기록이 『삼국사기』 김유신전의 다음 내용이다.

"용삭 3년(663) 계해에 (⋯) 오직 임존성만 땅이 험하고 성이 단단한 데다가 식량도 많았다. 이런 까닭에 30일이나 공격하였으나 함락시킬 수 없었다."[274]

---

273) (冬十一月) 初 蘇定方討平百濟 達率兼風達郡將黑齒常之 以所部降 定方囚義慈 縱兵大掠 常之懼 與左右十餘人遯去 嘯合遁亡 依任存山自固 不旬日 歸者三萬 定方遣兵攻之 常之拒戰敗之 遂復二百餘城 定方不能克 常之與別部沙吒相如據險 以應福信至是 帝遣使招諭 乃詣仁軌降 仁軌以赤心待之 俾取任存自效 卽給鎧仗粮糒 仁師曰 野心難信 若授甲濟粟 是資寇也 仁軌曰 吾觀常之相如二人 忠而有謀 可以因機立功 尙何疑哉 迄用其謀 取任存城 受信委妻子 奔高勾麗 餘黨悉平 常之 百濟西部人 長七尺餘 驍毅有謀略 入唐爲左領軍員外將軍洋州刺史 累從征伐積功 授爵賞殊等 久之 爲燕然道大摠管 與李多祚等 擊突厥破之 左監門衛中郎將寶璧 欲窮追邀功 詔與常之共討 寶璧獨進 爲虜所覆 擧軍沒 寶璧下吏誅 常之坐無功 會周興等誣其與鷹揚將軍趙懷節叛 捕繫詔獄 投繯死 常之御下有恩 所乘馬爲士所箠 或請罪之 答曰 何遽以私馬鞭官兵乎 前後賞賜 分麾下無留貲 及死 人皆哀其枉(『三國史節要』 10)

274) (龍朔三年癸亥) 唯任存城 地險城固 而又粮多 是以攻之三旬 不能下(『三國史記』 42 列傳 2 金庾信 中)

10월 21일부터 임존성을 공격하기 시작하여 한 달이나 되도록 함락시키지 못했고, 11월 4일에 신라군은 그냥 철수해버렸다. 그러나 그 뒤로 임존성이 함락되고 지수신이 고구려로 도망하였는데, 그 시기가 정확히 언제인지는 알 수 없다. 흑치상지를 타일러서 항복을 받아낸 것은 그해 겨울 이후일 것이다. 겨울철엔 전쟁을 계속하기 어려웠을 것이므로 잠시 휴전 상태에 있다가 임존성은 664년 2~3월 이후 언젠가 당군에게 함락되었고, 이로써 백제 부흥 운동이 완전히 막을 내린 것으로 볼 수 있다.

4) 사타상여(沙吒相如)

사타(沙吒)라는 성씨가 사택(沙宅)과 소릿값이 비슷하므로 일단 사택 씨(沙宅氏)일 것으로 보고 있다. 사택 씨는 공주에서 사비로 천도한 이후 백제 최고의 지배층 신분으로 등장한다. 백제의 대성팔족 가운데 하나인데, 이들 사택 씨의 세력이 익산을 중심으로 형성되었으므로 사타상여의 세력 기반은 대략 지금의 전북 지역에 있었을 것이다. 무왕 때 미륵사지 서탑을 만들면서 시주를 한 무왕의 왕후와 관련된 인물로 사택적덕(沙宅積德)이 있고, 그 이전 성왕 시대에 상좌평 사택기루(沙宅己婁), 나지성을 세력기반으로 한 시택지적(砂宅智積), 백제 멸망 후 당나라에 포로로 잡혀간 대좌평 사택천복 등이 백제 최고위층 인물로 기록되어 있는 것을 보면 이 사택 씨 가문이 백제에서 상당한 세력을 갖고 있었음이 분명하다. 성왕 21년(543년)의 『일본서기』 기사에는 다음과 같은 기록이 있다.

"12월에 백제 성명왕이 다시 앞서의 조서를 여러 신하들에게 두루 보이며 '천황의 조칙이 이러하니 마땅히 어떻게 할 것인가?'라고 묻자 상좌평 사택기루, 중좌평 목협마나, 하좌평 목윤귀, 덕솔 비리막고, 덕솔 동성도천, 덕솔 목협매

순, 덕솔 국수다, 나솔 연비신나 등이 함께 의논하여 말하기를 ……"[275]

성왕 때 이미 사택 씨가 상좌평으로 활약한 기록이 있다. 그런데 사타상
여가 부흥 운동을 할 때 별부장別部將으로 활동하였다는 사실만 전할 뿐, 좀
더 구체적인 내용이 없다. 그리고 '별부장別部將'이라는 명칭을 놓고도 그것
을 어떻게 해석할 것인가에 따라 의견이 엇갈리고 있다. 사비도성과 별도
로 제2의 도성을 익산에 마련한 사비 시대에 익산을 별부別部로 볼 수 있다
는 견해를 제시한 이가 있다.[276] 그러나 사타상여가 익산 지방의 세력 근거
지를 잃어버린 뒤, 그 지역 출신 일부를 모아 부흥 운동을 하였을 수도 있
으므로 사타상여의 부대를 일종의 별동부대로 인식하여 같은 부흥군 내에
서도 별부의 장군이란 뜻으로 사용된 명칭일 것이라고 보는 시각도 있다.
하지만, 만약 사택 씨의 권력 기반이 되었던 익산 지역이 수도에 버금가는
부도副都였다면 그 표현이 달라야 할 것 같다. 요약하자면, 익산 지방을 사
비 별부別部로 볼만한 근거가 부족하다. 別府(별부)라고 했더라면 달랐을 것
이다.

사타상여는 흑치상지와 함께 660년 8월부터 이미 부흥군을 일으켰고,
부여풍을 왕으로 추대한 뒤에는 북부 주류성의 복신에 호응하고 있었다.
사타상여의 활동을 알려주는 기록이 『삼국사기』 백제본기와 『일본서기』
에 전하고 있다.

흑치상지는 별부장 사타상여와 함께 험한 곳에 의지하여 복신에 호응하였

---

275) 十二月 百濟聖明王復以前詔 普示群臣曰 天皇詔勅如是 當復何如 上佐平沙宅己婁 中佐平木劦麻那
      下佐平木尹貴 德率鼻利莫古 德率東城道天 德率木劦昧淳 德率國雖多 奈率燕比善那等 同議曰 ……
      (『일본서기』 권19 欽明天皇 4년)
276) 김주성, 「백제 무왕의 사찰건립과 권력강화」, 『한국고대사연구』 6집, 한국고대사학회, 1992, p.264

다.(『삼국사기』 백제본기)[277]

위 자료는 사타상여가 북부 주류성의 복신군에 호응하였음을 알려준다. 다만 사타상여와 더불어 복신에게 호응하였다고 하였고, 험한 곳을 근거로 하였다고 했으니 사타상여가 처음 일어난 곳을 전북 익산 지역으로 보는 게 옳을 것 같다.

5) 복신(福信)

『삼국사기』 백제본기 무왕 28년(627) 조의 기록에는 왕질王姪, 의자왕 20년(660) 기록에는 무왕종자(武王從子福信)라고 되어 있어서 일단 무왕의 조카라는 사실을 알 수 있다.[278] 무왕 형제의 자식이 분명하므로 복신은 의자왕과 4촌이고, 의자왕의 아들 륭隆 및 풍豊의 당숙이 된다. 복신을 무왕의 조카라고 하였으니 본래 백제 왕가의 성씨인 부여 씨扶餘氏가 틀림없고, 부여복신扶餘福信이라고 해야 하건만, 한국과 중국·일본의 기록 어디에도 그렇게 되어 있는 것이 없다. 그냥 복신이라고 하거나 귀실복신鬼室福信으로 기록하였는데, 그 대표적인 사례가 『일본서기』에 남아 있다.

"천지천황 원년(662) 봄 정월 27일에 백제의 좌평 귀실복신鬼室福信에게 화살 십만 척隻, 명주실絲 5백 근斤, 면綿 1천 근斤, 베[布] 1천 단端, 위(韋, 무두질한 가죽) 1천 장張, 도종(稻種, 벼 종자) 3천 곡(斛, =가마)을 내려주었다."[279]

---

277) 常之與別部將沙咤相如據嶮 以應福信(『삼국사기』 권 제28 백제본기 의자왕 20년)

278) 무왕 28년(627) 가을 8월 조에 "왕의 조카 복신을 당에 들여보내어 조공하였다."라고 하였다.

279) 元年春正月辛卯朔丁巳 賜百濟佐平鬼室福信矢十萬隻 絲五百斤 綿一千斤 布一千端 韋一千張 稻種三千斛

그런데 『신찬성씨록』에는 복신이 '귀실'이란 성씨를 갖게 된 배경에 대하여 짤막하게 기록되어 있다.

"백제공, 귀신으로 말미암아 감화하였다는 뜻에서 성씨를 귀실鬼室로 삼도록 하였다."[280]

『신찬성씨록』의 이 기록으로 보건대 복신의 가문은 신관神官의 직책을 가졌던 것으로 보인다. 통상 감화라고 하면 感化라고 써야 한다. 그러나 『신찬성씨록』에서는 感和라고 썼다. 이것은 '감동하여 응하다'(화합하다)라는 뜻이므로 국가의 점복과 기우 등을 전담하던 사람이었을 것으로 추정하고자 한다. 귀신을 부르고 인간과 귀신의 감응을 주재하는 신관이 아니면 붙일 수 없는 설명이기 때문이다. 더구나 귀실鬼室이라는 것은 '귀신의 집'이므로 그는 본래 토속 신을 주재하는 자리에 있었다고 판단된다. 복신이 임존성에서 승려 도침과 함께 부흥 운동을 전개하게 된 것도, 도침 자신이 불교와 같은 종교까지도 관할하는 직위에 있었고, 전통적인 토속신을 함께 섬기던 사람이었기 때문에 귀실 씨를 갖게 된 것으로 볼 수 있을 것 같다.

아울러 여기서 비로소 백제인들은 성과 씨를 따로 구분하여 썼음을 다시 확인할 수 있다. 이를테면 흑치상지의 경우 그 본래의 성은 부여인데, 그의 선조대에 흑치로 씨(氏)를 삼았다고 하였고, 복신의 경우도 본래 부여라는 성을 두고도 귀실이라는 씨를 『신찬성씨록』에서 설명하였으니 복신은 귀실 씨의 복신인 것이다. 따라서 그의 풀네임(Full Name)은 부여귀실복신이다. 다른 기록에는 그가 본래 백제 왕가인 부여扶餘에서 갈라져 나왔으

---

280) 百濟公因鬼神感和之義 命氏爲鬼室(『新撰姓氏錄』右京 諸蕃 下 百濟公)

므로 성은 부여라고 하였고, 『일본서기』와 유인원기공비에는 귀실복신鬼室
福信이라고 하였다.

그런데 유인원기공비[281]에는 "반역을 도모하여 가짜 중 도침, 한솔 귀실
복신은 여항閭巷의 평민 출신으로서 그들의 괴수가 되어 사람을 모아 임존
성에 의지하여 지키니 벌떼가 모이고 고슴도치가 일어서듯 산과 계곡에
가득 찼다."[282]라고 하여 귀실복신이 서부와 북부에서 활발히 부흥 운동을
하였음을 알 수 있다. 그러나 도침은 가짜 중도 아니었고, 복신은 평민도
아니었다. 그래 놓고 또 유인원기공비에는 귀실복신의 신분을 한솔扞率이
라고 하여 하나의 기록에 이처럼 서로 모순이 있다.

사비성 및 웅진성 함락과 의자왕 및 백제 상층부 사람들이 포로가 되어
낙양으로 끌려간 직후, 복신이 부흥 운동을 시작할 당시에 그의 관등은 한
솔 또는 은솔이었다. 『일본서기』 권26 제명齊明 6년(660) 조에도 은솔로 기
록되어 있다. 그는 부흥 운동을 한 뒤에야 좌평이란 관등을 갖게 되었다.
귀족과 평민, 노예의 신분이 명확한 고대 사회에서 평민이 하루아침에 최
상층 귀족 은솔로 뛰어오를 수는 없다. 다만 그의 모계 신분이 그다지 세
력가가 아니었을 수는 있겠다. 백제에서도 그 모계에 따라 신분의 서열이
주어졌을 가능성을 엿볼 수 있는 기록이 당유인원기공비이다. 이 비문에
복신의 신분을 유추할 수 있는 구절이 있다. 복신이 본래 "항려에서 나왔
다"(出自巷閭)라고 한 것이다. 따라서 복신의 어머니는 일단 백제 유력가문
의 여자가 아닌 것으로 볼 수 있다. 항려는 특별할 것이 없는 일반 마을의
거리를 뜻한다. 복신의 외가가 본래 평민이었거나 평민이 아니라도 그다

---

281) 국립부여박물관 비각에 所載
282) 仍圖反逆 卽有僞僧道琛僞扞率鬼室福信 出自閭巷 爲其魁首 招集狂狡 堡據任存 蜂屯蝟起 彌山滿谷
　　 (「唐劉仁願紀功碑」)

지 높은 신분은 아니었을 것이다. 그러나 복신의 좌평이란 높은 신분은 후에 그 아들 귀실집사에게 영향을 주었다. 그가 일본에 내려가서 높은 대우를 받는데, 『일본서기』 천지천황 4년(665) 봄 2월 조에 귀실집사의 신분을 알려주는 기록이 있다.

> "… 이달에 백제국 관위官位의 등급을 백제와 왜 사이의 대응 원칙을 헤아려 좌평 복신의 공으로써 그 아들 귀실집사鬼室集斯에게 소금하小錦下를 주었다. (그는 본래 관위가 달솔이었다.) 또 백제의 백성 남녀 4백여 명을 근강국近江國 신전군神前郡에 살게 하였다 …."[283]

복신은 무왕 28년(627)에 당나라에 외교 사신으로 가서 활동한 바 있다. 그러나 그가 당에서 돌아온 이후에 어떤 활동을 했는지, 그것을 알 수 있는 기록은 없다. 가정이지만, 그가 당나라에 외교사절로 갔을 때 약관의 나이였다면 663년 5월 부여풍에게 죽임을 당할 때는 56세였을 것이니 부여풍보다 나이가 많았을 수 있다. 『삼국사기』 백제본기 의자왕 20년 조에 "무왕의 조카 복신은 일찍이 군사를 거느린 적이 있어 이때 승려 도침과 함께 주류성에서 당에 반기를 들고 일어나 전 왕의 아들로서 이전에 왜국에 볼모로 가 있던 부여풍을 맞아다가 왕으로 세우니 …"라고 하였다. 또 『신당서』 열전 백제전에서는 복신에 대하여 "(그가) 일찍이 병사를 거느렸다"(嘗將兵)라고 하였고, 『구당서』 권 199(상) 열전 백제전에는 "예전에 장수였다"(故將)라고 하였으니 그가 좌평으로 관등이 올라가기 전에 이미 상당한 지위에서 장수 노릇을 했음을 알 수 있다. 백제에서 통상 장군이라 하면 군장郡

---

[283] 是月 勘校百濟國官位階級 仍以佐平福信之功 授鬼室集斯小錦下(其本位達率) 復以百濟百姓男女四百餘人 居于近江國神前郡

將 이상의 신분을 말하므로 그 역시 어느 군의 책임자였을 것이다. 즉, 그는 아버지와 조부의 관위官位를 이어받아 달솔로서 군장郡將의 직위를 가졌던 것이다. 『한원』 백제 조에 이르기를 "백제는 사비성 왕도 5부에 각기 5백 명의 군대를 두고 달솔로 하여금 지휘하도록 하였다."라고 한 기록에 비춰 보면 그가 왕도에 머물면서 이러한 병사를 거느린 입장은 아니었던 것 같다. 오히려 왕도를 벗어난 곳에서 병사를 거느린 장군의 직을 수행했을 가능성이 있다. 애초 '부여귀실'이란 성씨를 가진 복신은 본래 백제 왕가의 피를 이어받은 인물로서 국권을 되찾기 위해 앞장설만한 위치에 있었다.

중국 측의 자료에는 복신과 함께 도침의 부흥 운동 사실이 간략하게 정리되어 있다. 그 대표적인 예가 다음 자료들이다.

1) 백제 승려 도침과 옛 장수 복신이 무리를 모아 주류성을 근거로 삼고 반란을 일으켰다.(『구당서』 백제전)[284]

2) 거듭해서 반역을 꾀하였다. 즉, 가짜 승려 도침과 가짜 한솔 귀실복신이 있었는데 항려 출신으로 우두머리가 되었다. 미치고 교활한 무리를 모아 임존성을 근거로 삼았다. 벌처럼 모이고 고슴도치처럼 일어나니 널리 산과 골짜기에 가득 찼다.(『당유인원기공비』)[285]

3) … 처음 소정방이 백제를 평정한 후, 낭장 유인원의 군대를 남겨두어 백제부성을 지키게 하였다. … 백제 승려 도침과 옛 장수 복신이 무리를 모아 주류성에 근거하고 옛 왕자 풍을 왜국에서 맞이하여 왕으로 세웠다.[286]

---

284) 百濟僧道琛將舊將福信率衆據周留城以叛(『구당서』 권199 상 열전 백제전)

285) 仍圖反逆卽有僞僧道琛僞扞率鬼室福信出自巷閭爲其魁首招集狂狡堡據任存蜂屯蝟起彌山滿谷[당유인원기공비, 『역주한국고대금석문』 I (고구려·백제·낙랑편), 한국고대사회연구소, 1992]

286) 初蘇定方旣平百濟 留郞將劉仁願鎭守百濟府城 … 百濟僧道琛 故將福信聚衆據周留城 迎故王子豊於倭國而立之(『자치통감』 권200 당기16 용삭 원년 3월)

4) … (9월에) 복신 등이 드디어 같은 나라 사람들을 비둘기 모으듯 모아서 왕성
을 보위하니 나라 사람들이 (그들을) 높여서 말하기를 "좌평 복신, 좌평 여자진"
이라고 하였다. 오직 복신만이 뛰어난 무예의 권세를 일으켜 이미 망한 나라를
일으켰다.(『일본서기』 제명천황 6년)[287]

이처럼 복신과 도침을 중심으로 부흥군이 결집하였다. 당시 복신이 불
러 모은 부흥군이 얼마나 많았으면 "벌처럼 모이고 고슴도치처럼 일어나
산과 골짜기에 가득 찼다"(蜂屯蝟起彌山滿谷)라고 했겠는가? 여기서 부흥군을
벌떼로, 그들이 모인 것을 둔(屯)으로 표현한 것이 흥미롭다. 屯은 '진을 친
다'는 뜻을 갖고 있는 글자인 동시에 '머무른다'는 뜻도 있다. 이를테면 평
소에는 농사를 짓는 농민이었다가 유사시 군사로 동원되어 전장에 서는
것을 뜻하기도 하는 만큼, 봉둔蜂屯은 그 자체로 벌떼처럼 많은 민병을 뜻
하는 말이기도 하다. 해석에 따라 차이가 있겠으나 여기서는 정규 상시 주
둔병을 이르는 말은 아닌 것이 분명하다.

다만 3)은 『자치통감』에 수록된 용삭 원년(661년) 3월의 기록이다. 이 내
용은 그 이전의 사실을 다루고 있는 것으로, 복신이 부여풍을 왜국에서 불
러들여 왕으로 세우고 주류성에서 부흥 운동을 전개하였음을 알려준다.

복신과 도침의 부흥 운동 관련 기록들이 대부분 복신 중심으로 그려진
것은 소정방의 회군과 함께 대부분이 당나라로 포로로 잡혀가고, 백제 땅
에 왕족이나 왕자는 거의 남아 있지 않았기 때문이었을 것이다. 왕자라 해
야 일본에 가 있던 몇몇이 전부였다. 복신은 의자왕의 4촌인 데다 비록 적
통은 아니지만 의자왕과 가장 가까운 왕족이었으므로 부흥 운동에 나설

---

287) (九月) … 福信等遂鳩集同國 共保王城 國人尊曰佐平福信 佐平自進 唯福信起神武之權 興旣亡之國(『일
본서기』 권26 제명기 6년)

만한 입장에 있었다. 더구나 그를 고장故將 또는 구장舊將이라는 표현을 써서 "예전에 장수였다"라고 전하고 있으니 백제 멸망 이전에 장수의 직책을 맡은 것으로 보아 백제 부흥군의 수장이 될만한 신분과 충분한 자격을 갖고 있었다. 일본에 가 있던 왕자 부여풍을 맞이해 왕으로 옹립하는 과정에서 복신은 백제의 백성들로부터 많은 지지를 받았고, 그로 말미암아 좌평이란 관등에 오를 수 있었을 것이다.

복신의 활동이 힘을 발휘하게 된 계기는 아무래도 8월 26일에 있었던 소정방 부대와의 임존성 전투였다. 도침과 함께 임존성을 근거로 소정방의 군대를 막아 싸우면서 백제의 부흥을 바라는 많은 백제인들로부터 그들은 칭송을 받았을 것이다. 또 의지만 있으면 백제를 다시 일으킬 수 있다는 희망을 갖게 한 것이 임존성 전투였다고 평가할 수 있겠다.

그런데 다음 5)의 기사는 소정방이 당나라로 회군한 9월 초 이후의 사정을 전하고 있다. 그 내용은 대략 9월 하순 이후 11월 무렵까지의 사정을 정리한 것으로 볼 수 있다.

5) 대군이 돌아간 뒤에 적의 신하 복신이 강 서쪽에서 일어나 남은 무리를 모아 백제부성을 포위하고 성 밖의 목책을 먼저 쳐부수어 군수물자를 모두 빼앗아 갔다.[288]

백제부성은 사비성을 이르는 것이니 위 5)는 660년 9월 23일 복신 주도로 사비성을 공격하여 얻은 전과를 설명한 내용이다.

---

[288] 　大軍廻後 賊臣福信 起於江西 取集餘燼 圍逼府城 先破外柵 摠奪軍資(『삼국사기』 권 제7 신라본기 문무왕 하 11년)

6) 도침(道琛)

사비도성 함락 후, 복신과 함께 주류성에서 부흥 운동을 시작하였으니 애초부터 그는 복신과 어울릴만한 신분이었을 것이다. 도침은 본래 승려로서 백제 부흥군의 장군이었다는 사실만 알고 있을 뿐, 그의 출신이나 가문에 대해서는 알려진 것이 거의 없다. 다만 도침과 불교와의 관계를 거론한 다음 자료는 당시의 불교와 도침을 이해하는데 다소의 도움이 될 것이다.

1) "사비 시대 백제는 인도에서 들어온 계율주의 불교와 중국을 거쳐온 열반과 법화사상, 그리고 미륵신앙이 성행하였다."[289]

2) "무왕 시대에는 지명법사知命法師를 중심으로 한 미륵신앙과 혜현惠現을 중심으로 한 법화사상이 주류를 이룬 것 같다. 지명법사는 무왕의 부탁으로 미륵사 창건에 참여하였고, 혜현은 법화경을 독송하면서 많은 신도들의 추앙을 받았다. 그러나 혜현은 달나산으로 숨어버린 것으로 미루어 볼 때 무왕 대에는 지명법사의 미륵신앙이 더욱 성행하였던 것 같다. 승려 도침도 이러한 불교계의 상황과 무관하지는 않다."[290]

도침이 미륵신앙과 법화신앙 어느 쪽을 중심으로 하였는지, 또 당시 불교계에서 어느 정도의 위치에 있었는지는 알 수 없다. 다만 그가 부흥군을 일으킨 후, 복신과 행동을 같이했다는 사실로 미루어볼 때 평소 복신과 친밀한 관계에 있던 인물이라고 할 수 있다. 어쩌면 그는 유력한 귀족 출신이든가 아니면 왕족으로서 승려가 된 인물인지도 모르겠다. 고구려·

289) 안계현, 「백제 불교에 관한 제문제」, 『백제불교문화의 연구』, 충남대학교 백제연구소, 1979
김영태, 『백제불교사상사연구』, 동국대학교 출판부, 1985, p.35~41
290) 성주탁, 「百濟僧 道琛의 思想的 背景과 復興活動」, 『은산별신제한일학술대회 요지집』, 1992, p.12~13

백제·신라 모두 불교는 왕실 불교였고, 고려 시대에도 귀족층에서 승려가 된 사람이 많았던 점을 고려해보면 백제 사회에서도 그같은 경향이 있었으리라고 짐작해볼 수 있다. 즉, 도침 또한 백제 왕실에서 나온 부여 씨일 가능성이 전혀 없는 것은 아니며, 백제 사회에서 승군의 활동이 충분히 있을 수 있다. 고구려의 경우 당나라의 공격을 받아 위태로운 지경에 이르렀을 때 실권자인 '남건이 승려 신성信誠에게 군사를 위임한 것'[291]처럼 도침도 똑같은 승려였던 것만은 분명하다.

그런데 부흥 운동 과정에서 복신은 도침을 죽였다. 도침을 죽인 이유가 무엇인지는 알 수 없다. 『신당서』권220 열전 백제전에는 복신이 도침을 죽인 뒤에 "그의 군대를 아울렀다"(幷其兵)라고 하였고, 『구당서』(권199 상 열전) 백제전에는 "그 병사 무리를 아울렀다"(幷其兵衆)라고 하였으니 복신이 부흥군의 대장으로서 도침과 같은 승려들이 거느렸던 군대를 자신의 군사로 편입한 것이라고 이해할 수 있다. 더구나 부여 은산별신제恩山別神祭에서 복신과 함께 모시고 있는 승려 토진대사土進大師가 도침이라고 전해온다는 이야기로 보거나 백제 향찰을 감안할 때 그 소릿값이 유사하여 '토진과 도침은 동일인물'이라는 설을 믿고 싶어진다.[292]

아무튼 초기 백제의 구국운동 과정에서 도침은 중요한 역할을 하였으며, 승려 집단의 우두머리로서 계유명전씨아미타불비상 등에 보이는 혜신사, 혜명법사와도 밀접한 관련이 있었을 것이다. 도침은 처음에 복신과 함께 주류성에서 일어나 부흥 운동을 하였다.그런데 임존성의 흑치상지가 부여풍

291) 泉男建猶閉門拒守 頻遣兵出戰 皆敗 男建以軍事委浮圖信誠(『삼국사기』 권 제22 고구려본기 보장왕 하 27년 조)

292) 임동권, 『한국민속학론고』, 선명문화사, 1971, p.188
       이필영, 「민간신앙의 분석」 『부여의 민간신앙』, 부여문화원, 2001, p.392

에 호응한 시점부터 도침이 임존성으로 자리를 옮기면서 서부와 북부가 긴밀하게 보조를 맞춘 것 같다. 예산 임존성 옆의 대련사에 그가 머물렀다는 전승이 남아 있는 것으로 보아 661년 3월 1일 사비성 공격 후 임존성으로 돌아와 복신에 의해 죽임을 당하기까지 그곳에 머무른 것으로 볼 수 있다.

7) 여자진(餘自進)

중국과 한국의 기록에는 여자진이란 인물에 대한 기록이 없다. 단지 일본 자료에만 나타난다. 『일본서기』 권26 제명천황 6년(660) 9월 조에 이런 내용이 있다.

> 9월 5일에 백제가 달솔(이름은 누락되었다)과 사미각종 등을 보내어 말하기를 "금년 7월에 신라가 힘을 믿고 세력을 지어 이웃과 친하지 않고 당나라 사람을 끌어들여 백제를 뒤집어엎었다. … 이에 서부 은솔 귀실복신은 결연히 분노를 일으키어 임사기산을 근거로 삼았으며, 달솔 여자진은 중부의 구마노리성을 근거지로 삼아 각자 한 군데의 군영을 설치하고 흩어진 군졸을 꾀어 모았다." 라고 하였다.[293]

이 기사를 보면 백제 멸망 직후인 9월 5일 이전에 백제에서는 왜에 사신을 보내어 복신·여자진 등을 중심으로 부흥 운동을 본격적으로 전개하고 있었음을 왜에 알린 것으로 되어 있다. 그때 왜에 병력 지원을 요청하면서 백제의 상황을 전한 것으로 보인다. 『삼국사기』 문무왕답서에 따르면 소

---

[293] 九月己亥朔癸卯 百濟遣達率(闕名) 沙彌覺從等來奏曰 今年七月 新羅恃力作勢 不親於隣 引構唐人 傾覆百濟 … 於是 西部恩率鬼室福信 赫然發憤 據任射岐山 達率餘自進據中部久麻奴利城 各營一所 誘聚散卒(『일본서기』 권26 제명기 6년 9월)

정방의 대군이 당나라로 회군한 것은 660년 9월 3일이다. 백제 부흥군이 사비성에 주둔한 유인원의 군대를 1차 포위 공격한 것은 그해 9~10월이다. 정확한 자료가 없어서 증명할 수 있는 것은 아니지만, 그 무렵 여러 지역에서 동시에 부흥 운동이 전개된 것 같다. 여자진은 중부 구마노리성을 터전으로 대략 663년 5월경까지는 부흥 운동을 계속했던 것 같다. 다만 그에 관한 구체적인 자료는 없으니 어디까지나 추정이다. 여자진과 유사한 인물로 여자신餘自信이 일본 기록에 보이는데, 이에 대해서는 두 가지 견해가 있다. 여자진이 바로 여자신이라고 보는 견해와 그 두 사람을 형제간으로 보는 것인데, 일본 기록에는 여자신이 좌평을 지냈다고 하였으니 그들을 형제 사이로 보는 게 무리가 없을 듯하다.

8) 규해糺解

규해라는 인물에 대해서는 한국과 중국의 기록에는 없다. 다만 『일본서기』에만 전해오는 이름이다. 『일본서기』 권26 제명천황齊明天皇 7년(661)에 복신이 규해를 일본에서 맞아들이는 기사가 나온다.

1) 제명천황 7년(661년) 여름 4월 백제의 복신이 사신을 보내어 표문을 올리고 그 왕자 규해를 맞이할 것을 요청하였다. 승려 도현의 『일본세기』에 이르기를 "백제의 복신이 국서를 보내 동조(東朝 : 일본 조정)에 그 왕자 규해를 맞아들일 것을 빌었다."라고 하였다.294)

2) 천지천황 2년(663) 여름 5월 계축癸丑 삭(朔, =초하루)에 견상군(犬上君, 이름은 전하지 않는다)은 고려(=고구려)에 급히 가서 출병 사실을 고하고 돌아왔다. 石城

---

294)   夏四月 百濟福信遣使上表 乞迎其王子糺解(釋道顯日本世紀曰 百濟福信獻書 新其君糺解於東朝 或本云 四月 天皇遷居于朝倉宮)(『일본서기』 권26 齊明紀 7년 조)

(부여 석성)에서 견상군犬上君을 보고, 규해糺解는 거듭 복신의 죄를 말하였다.[295]

위의 두 기사를 비교해보면 백제 부흥 운동 당시의 백제 사정을 조금은 유추해볼 수 있다. 먼저 1)에서 표문을 올렸다고 하였으니 이때 백제는 일본에 군사 지원을 요청하면서 왕자를 데려가겠다고 요구한 게 아닌가 싶다. 복신이 규해를 보내줄 것을 요청한 것이 661년 4월의 일로 되어 있으니 기록대로라면 아마도 부여풍을 옹립한 이후 7개월째에 규해마저 불러들여 부흥 백제국의 민심과 정국을 안정시키려 했을 수 있다. 그것이 아니면 부여풍과 함께 규해의 귀국을 요청했거나.

그러면 규해는 복신 및 부여풍과 어떤 관계일까? 먼저 위 예문 1)의 원문(한문)에서 그 문장의 주어는 '복신'이다. '백제의 복신이 일본 천황에게 표문을 올려서 그 왕자 규해를 맞이할 것을 요구하였다'(乞迎其王子糺解)라고 하였으니 '그 왕자'라는 표현을 감안하면 '그 왕(其王)'은 부여풍이라야 한다. 복신이 부여풍을 7개월 전에 부흥 백제국의 왕으로 옹립하였고, 1)의 내용이 부여풍을 대신하여 복신이 쓴 외교문서에서 나온 이야기일 것이니, 그렇다면 규해는 마땅히 부여풍의 아들이라야 한다. 더구나 그 뒤에 『일본세기日本世紀』의 내용을 가져다가 祈其君糺解(그 군 규해를 데려가기를 빌었다)고 하여 규해의 신분을 왕 아래의 군君으로 명확히 구분하였다. 君(군)은 통상 왕자를 가리킨다. 앞에서 '그 왕자(其王子)'라고 하였으니 君은 군주나 임금이 아니라 왕자로 새겨야 한다. 그리고 예문 2)에서 규해가 견상군에게 복신의 죄를 말하고 있는 것으로 보아 규해와 부여풍의 입장이 같았음을 알 수 있다. 이런 여러 가지 정상을 고려할 때 규해가 백제 왕 부여풍의

---

295) 夏五月癸丑朔 犬上君(闕名)馳告兵事於高麗而還 見糺解於石城 糺解仍語福信之罪

아들이라야 '그 왕자 규해'라는 표현이 당시의 정황과 부합한다.

부여풍과 복신 사이에 불화가 생긴 것은 아마도 당나라와 신라의 이간책에 따른 것이 아닌가 추정된다. 따로 설명한 대로 복신이 제거된 직후 신라 측에서 기민하게 군대를 동원하여 움직이는 것을 보면 "복신이 부여풍에게 모반할 마음을 가졌다"는 거짓 정보를 부여풍 측에게 전하여 복신과 부여풍 사이의 틈이 벌어지게 한 뒤, 복신이 제거되기를 기다렸던 게 아닌가 추측해 볼 수도 있겠다.

9) 정무(正武)

백제 부흥군의 지휘관으로서 맨 처음 등장하는 사람이 좌평 정무이다. 기록상으로는 흑치상지와 거의 같은 시기에 정무가 백제 부흥 운동에 뛰어들었다. 그러나 정무의 성씨가 무엇인지는 기록에 나타나 있지 않아 알 수 없다. 다만 그는 두시원악豆尸原岳을 근거지로 삼아 나당연합 침략군에 저항하여 싸웠다. 그가 부흥 운동을 시작한 시점이 언제인지는 분명치 않으나 의자왕이 항복 의식을 치르고, 나당연합군이 백제침략의 성공을 축하하는 잔치를 벌이던 660년 8월 2일을 전후한 시기로부터 소정방이 예산 대흥으로 가서 임존성을 공격한 8월 26일까지의 어느 시기일 것이다.

그러면 그가 근거지로 삼았던 두시원악豆尸原岳은 어디일까? 백제의 지명이지만, 그것을 신라 향찰로 읽으면 두리원악이 된다. '두리'를 훗날 신라 측에서 의역한 것이 '부리'일 것으로 보면 지금의 금산군 부리면일 수도 있겠다. 백제와 신라의 경계 지대로서 백제의 최전선에 해당하는 이곳이 신라에서 대전 지역으로 진출할 때 가장 먼저 거쳐야 하는 곳이므로 군사적으로 매우 유리한 위치에 있었기 때문에 정무는 이곳을 거점으로 부흥군을 일으킨 것이 아닐까? 그러나 그곳은 사비도성과는 너무 멀리 떨어져 있고, 신라 국경과는 너무 가까워서 부흥군 세력을 지속적으로 공급받을 수 없는 문제가 있다. 다만 두시원악을 청양이나 공주 등에 비정한 견해가 있는데,[296] 아마도 부여~공주~대전 인근에 있었을 가능성이 가장 높다. 그러나 현재로서는 두시원악의 정확한 위치를 알 수 없다.

---

296)   심정보, 「백제 부흥군의 주요 거점에 관한 연구」, 「백제연구」 14, 충남대학교 백제연구소, 1983, p.152~153, p.162

2. 부여풍은 언제 부흥 백제국의 왕이 되었나?

　660년 8월 2일, 사비도성에서는 의자왕과 부여륭을 당하(堂下)에 꿇어 앉혀놓고 당군 수장 소정방과 신라 왕 김춘추의 승전 축하연이 벌어졌다. 이날 의자왕과 부여륭 부자는 당군 및 신라군 장수들에게 술을 따라 올려야 했다. 의자왕 부자의 신하들이 눈물을 흘리며 어쩔 줄 몰라 하는 가운데, 비감한 마음으로 그들 부자는 가슴 깊이 후회했을 것이다.

　그로부터 2주 뒤인 추석 직후(16~17일) 의자왕 일행이 당나라로 먼저 떠났다. 뒤이어 9월 3일 마지막 포로들을 데리고 소정방이 당나라로 회군하였다. 의자왕과 왕자 부여륭을 비롯해서 왕족 등 백제 사회의 최상층 귀족들이 당나라로 잡혀가고 나서 사비도성엔 백제인들의 그림자를 찾아보기 어려웠다. 백제인이 사라진 도성 거리엔 유인원의 1만 당나라 군대와 신라 왕 김춘추의 아들 김인태의 7천 병력이 대신 백제 유민들을 통치하였다.

　소정방의 백제 침공 이후, 대략 한 달 남짓한 이 기간에 서부 임존성과 북부 주류성에서는 백제인들의 국권회복운동이 번져갔다. 그러나 국왕이 없는 부흥 운동은 한계가 있었다. 그리하여 주류성의 복신과 도침은 일본에서 부여풍을 왕으로 맞아들였다. 백제국의 부흥과 계승을 상징하는 존재로서 국왕은 끊어진 왕통을 잇는 나라의 구심점이었으므로 국왕 옹립은 무엇보다 우선해야 하는 주요 사안이었다. 고대 왕권국가에서 국왕의 부재 또는 궐위는 왕국의 소멸을 의미하는 것인 만큼 '국왕 옹립'은 대단히 중대한 사안이다. 특히 백제국의 부흥이라는 원대한 꿈을 실현하는 데는 무엇보다도 국왕의 추대가 우선이었다.

소정방의 철군 직후~1차 사비성 공격 이전에 왕에 추대돼

그러면 북부 주류성에서 복신과 도침 등이 부여풍을 왜국에서 맞아들여 '부흥 백제국'의 왕으로 세운 것은 언제일까? 그것을 정확히 알려주는 기록은 없다. 다만 한·중·일 삼국의 자료를 가지고 교차 검증하면 대략적인 시기를 명확히 확정할 수 있다.

백제 유민들이 부여풍을 왕으로 추대한 시기가 언제인가 하는 문제는 상당히 중요한 의미를 가진다. 그 이유는 의자왕과 부여륭이 포로로 잡혀간 이후 남은 백제인들이 과연 백제를 계승하였으며, 백제 계승 의지가 얼마나 있었는지를 가늠하는 판단 기준이 되기 때문이다. 비록 백제 국왕과 지도층 대부분이 포로로 잡혀갔을지라도 부여풍을 백제 국왕으로 맞이함으로써 백제는 다시 살아난 것이니까 "망한 것을 일으키고 끊어진 것을 잇는다"(興亡繼絶)라는 기치를 내세운 부흥 운동 지도자들의 염원이 이루어진 것으로 볼 수 있다. 다시 말해서 백제국의 국민은 그대로 남아 있었고, 왕자 가운데 누군가를 국왕으로 세워 끊어진 왕통을 이었다면 백제국은 그대로 존속한 게 된다.

부여풍을 부흥 백제국의 왕으로 추대한 직후, 복신과 도침 등이 사비성을 포위 공격한 사건 역시 사비도성을 되찾아 백제국을 예전 그대로 복원하고 왕권을 다시 세우기 위한 작업으로 이해할 수 있다. 이 문제에 대해서는 우선 다음의 『삼국사기』 신라본기 태종무열왕 7년(660) 9월 23일에 있었던 다음의 사실과 연계해서 살펴봐야 할 점이 있다.

가) 9월 23일 백제의 남은 적들이 사비에 들어와서 사로잡혀 항복한 이들을 빼

앗아가려고 하였다. 유수留守 유인원이 당과 신라의 군사를 출동시켜 그들을 쳐서 쫓았다. 적들은 물러나 사비의 남쪽 산마루에 올라가 너댓 군데에 목책을 세우고, 모여서 틈을 엿보아 성읍을 노략질하였다. 백제 사람 가운데 등을 돌려 그들에게 호응하는 성이 20여 개나 되었다.[297]

이것은 사비성 포위 작전이 660년 9월 23일에 있었음을 알려주는 귀중한 자료이다. 사비성 공격 날짜를 9월 23일로 전하는 유일한 기사인데, 다만 여기에는 부여풍을 왕으로 맞아들인 이야기는 생략되어 있다. 이 기사 뒤로 왕문도의 죽음에 관한 다음 내용이 이어진다.

나) 당 황제가 좌위중랑장 왕문도를 보내어 웅진도독으로 삼았다. 9월 28일에 삼년산성에 도착해 조서를 전하는데, 왕문도는 동쪽을 향해 서고, 대왕(=태종무열왕)은 서쪽을 향해 섰다. (태종무열왕에게 당 고종의) 칙명을 전한 다음, 왕문도는 황제가 보낸 물건을 왕에게 주려다가 갑자기 발작이 일어나 그 자리에서 죽었으므로 수행원이 대신 일을 마쳤다.

왕문도가 삼년산성에 도착한 9월 23일 복신과 도침 등의 백제 부흥군들은 사비성을 포위하였고, 백제의 유민들은 복신에게 호응하였음을 위의 가), 나) 기사로써 금방 알 수 있다. 소정방의 군대가 철수하고 나서 공백이 생기자 백제 유민들의 국권회복운동이 활발하게 일어난 것으로 추정할 수 있는 일이다.

---

297) (九月) 二十三日 百濟餘賊入泗沘 謀掠生降人 留守仁願出唐羅人 擊走之 賊退上泗沘 南嶺 竪四五柵 屯聚伺隙 抄掠城邑 百濟人叛而應者二十餘城 唐皇帝遣左衛中郞將王 文度爲熊津都督(三國史記 5 新羅本紀 5)

아마도 김춘추는 애초 사비성을 포함한 부여 지방의 불안한 정국을 안정시키기 위해 왕문도와 함께 공동의 군사행동을 하려 했던 것으로 보인다. 왕문도는 9월 3일에 돌아간 소정방을 대신해서 건너왔다. 그런데 왕문도가 죽은 9월 28일 이후, 보은 삼년산성을 떠난 태종무열왕 김춘추는 직접 군대를 거느리고 연산을 거쳐 부여로 내려와 백제 부흥군을 진압하였다. 그것은 바로 복신 및 도침 등의 주도로 백제 부흥군이 사비성을 공격한 데 따른 대응이었다. 다음 자료로써 그 당시의 다급했던 정황을 어느 정도 유추할 수 있다.

다) 10월 9일에 태종무열왕이 태자 김법민과 여러 군단을 거느리고 (충남) 연산의 이례성爾禮城을 공격하여 (그 달) 18일에 성을 빼앗고 관리를 두어 지키게 하니 백제의 20여 개 성들이 크게 두려워하여 항복했다. 10월 30일에는 사비 남쪽 산마루에 있던 백제군의 목책을 쳐서 1,500명의 목을 베었다. 11월 1일에 고구려가 칠중성七重城을 공격했는데, 군주軍主 필부匹夫가 여기서 전사하였다. 11월 5일에 태종무열왕이 계탄鷄灘을 건너 왕흥사잠성王興寺岑城을 쳐서 7일 만에 이기고 7백여 명의 목을 베었다. 11월 22일에는 왕이 백제로부터 돌아와 전공을 평가하여 계금졸罽衿卒 선복宣服으로 하여금 급찬을 삼고 …… (『삼국사기』 5 신라본기 5)

태종무열왕이 직접 군대를 이끌고 보은에서 연산·부여로 내려가 그해 11월 하순까지 백제 부흥군을 격파한 내용이다. 당시 사비성에는 1만7천 명의 나당연합군이 있었다. 이들 나당연합군으로 사비도성과 그 인근을 지키기가 어려웠을 만큼 백제 부흥군의 세력이 막강하였다. 그래서 태종무열왕이 직접 군대와 장수들을 데리고 내려갔다. 복신 등이 주류성에서 부여풍을 부흥 백제국의 왕으로 세우자 백제 유민들의 사기가 크게 올랐다. 이런 동력을 바탕으로 복신군은 사비도성을 포위 공격한 것인데, 사비도성이 심각한 위기를 맞자 신라군이 급히 대응하였다. 다음 자료 역시 660년 9~10월의 다급했던 사정을 잘 전해주고 있다.

라) 유인궤가 왕문도를 대신하게 하였다. 무왕武王의 조카 복신이 일찍이 병사를 거느리고 승려 도침과 함께 주류성에 근거하여 반란을 일으키고, 일찍이 왜에 인질로 가 있던 옛 왕자 부여풍을 맞이하여 왕으로 옹립하였다. 서부와 북부가 모두 응하자 병사를 이끌고 가서 유인원을 사비도성에서 포위하였다. 유인궤에게 조서를 내려 검교대방주자사檢校帶方州刺史로 삼고 왕문도의 무리를 거느리고 가서 편의대로 신라의 병사를 징발하여 유인원을 구하도록 하였다. 유인궤가 기뻐하며 "하늘이 장차 이 늙은이를 부귀하게 하려는구나!"라고 하였다. 당의 달력 및 피휘 등을 청해 가지고 가면서 "나는 동이東夷를 쓸어 평정하고, 대당의 정삭正朔을 해외에 반포하겠다."라고 하였다. 유인궤가 군대를 엄정하게 다루어 옮겨 다니며 싸우면서 앞으로 나아갔다.(『삼국사기』 28 백제본기 6)

주류성에서 복신이 도침과 함께 부여풍을 왕으로 맞아들인 뒤, 서부와 북부 백제인들의 지지를 바탕으로 사비성을 포위한 과정을 위 라)의 기사로써 명확히 알 수 있다.

그리고 가)에서 20여 개의 성이 복신·도침 등에게 호응한 배경을 다), 라)의 자료와 비교해 보면 주류성에서 부여풍을 부흥 백제의 왕으로 추대한 데 있었음을 알 수 있다. 부여풍에 호응한 부여 지방의 여러 성과 백제 유민들을 태종무열왕 김춘추가 직접 나서서 진압한 이 사건이 1차 사비도성 포위 작전이었다.

당시 신라 측의 절박했던 사정을 아주 구체적으로 알려주는 것이 다)의 기록인데, 가)와 다)를 비교해 보면 660년 9월 23일의 기사인 가)에서 '사비 남쪽 산마루로 올라가서 목책을 세우고 성읍을 노략질하던' 백제의 유민들 가운데 1,500명이 다)에서 10월 30일에 태종무열왕에게 목이 베인 복신군들이었음을 알 수 있다. 물론 이 외에도 『삼국사기』 권 제7, 신라본기 제7 문무왕 11년(671) 조 가운데 문무왕이 당나라 장수 설인귀에게 보낸 문무왕답설인귀서의 다음 내용 가운데에도 백제 부흥군의 사비성 포위 작전에 관한 기록이 더 있다.

마) 선왕(태종무열왕)께서는 드디어 대총관大摠管 소정방과 의논하여 중국 군사 1만 명을 남아 있게 하고 신라 또한 아우 김인태金仁泰를 보내어 군사 7천 명을 이끌고 가서 함께 웅진에 머무르게 하였습니다. 대군이 돌아간 뒤 '적의 신하' 복신이 강 서쪽에서 일어나 남은 무리를 모아 웅진도독부성熊津都督府城[298]을 에워싸고 핍박하여 바깥 성책을 깨뜨리고 군량을 모두 빼앗아갔습니다. 다시 부성을 공격하여 얼마 안 있어 거의 함락될 지경에 이르렀습니다(復攻府城 幾將陷沒). 또한 부성 가까이 네 군데에 성채를 쌓고 에워싸 지키니(又於府城側 近四處 作城圍守) 그로 말미암아 부성에 드나들 수도 없었습니다. 이에 제가 군사를 이끌고 나아가 포위를 풀고 사면에 있는 적의 성들을 모두 한꺼번에 쳐부수어 그들의 위급함을 구했습니다. 그리고 다시 군량을 가져다가 마침내 1만 명의 당나라 군사가 범의 아가리에 든 위기를 벗어나게 했으며, 머물러 지키고 있던 군사들이 굶주림에 서로 자식을 바꿔서 잡아먹는 일이 없도록 하였습니다.

---

298)　웅진부성 즉, 사비성의 백제부성을 이른다.

현경 6년(661)이 되자 복신의 무리가 점점 많아져서 강 동쪽 땅을 침범하여 빼앗았으므로, 웅진의 당나라 군사 1천 명이 적의 무리를 치러 나갔으나 적에게 패하여 한 사람도 돌아오지 못하였습니다. 싸움에 패한 뒤부터 웅진에서 군사 요청이 밤낮으로 이어졌는데, 신라에는 전염병이 돌아 군사와 말을 징발할 수가 없었음에도 어렵게 요청하는 것을 어기기 어려워 군사를 일으켜 주류성周留城을 포위하러 갔습니다. 적이 우리 군사가 적음을 알고 와서 공격하여 군사와 말을 크게 잃고서 이득 없이 돌아오자 남쪽의 여러 성들이 한꺼번에 모두 배반하여 복신에게 속하였습니다. 복신은 승세를 타고 다시 부성을 포위하였으므로, 이 때문에 웅진은 길이 끊겨서 소금과 간장이 떨어지게 되었습니다. 이에 곧 건장한 남자들을 모집하여 몰래 소금을 보내 곤경을 구원하였습니다.[299]

마)는 660년 9월 3일 소정방의 철군 이후 661년 3~4월까지의 기록이다. 다만 661년의 사건과 그 이전의 내용을 따로 구분하였으므로 '현경 6년'(661) 이전의 기사는 자연히 그 전 해인 660년 9월 이후의 사건을 다룬 것이다. 9월 23일 복신과 도침의 부흥군이 사비성을 공격하여 함락 직전까지 갔으므로 태종무열왕 김춘추가 급히 내려가 구한 것으로 설명하였다. 소정방이 회군하여 돌아가고, 왕문도가 9월 23일 그를 대신하지만, 그 전에 이미 북부 주류성에서 복신과 도침은 부여풍을 부흥 백제국의 왕으

---

299)　… 先王遂共蘇大摠菅平章 留漢兵一萬 新羅亦遣弟仁泰 領兵七千 同鎭熊津 大軍廻後 賊臣福信起於 江西 取集餘燼 圍逼府城 先破外柵 摠奪軍資 攻功府城 幾將陷 又於府城側近四處 作城圍守 於此府城 得出入 某領兵往赴解圍 四面賊城 並皆打破 先救其危 復國粮食 遂使一萬漢兵 免虎吻之危難 留鎭餓 軍 無易子而相食 至六年(661) 福信徒黨漸多 侵取江東之地 熊津漢兵一千 往打賊徒 被賊摧破 一人不 歸 自敗已來 熊津請兵 日夕相續 新羅多有疫病 不可徵發兵馬 苦請難違 遂發兵衆 徃圍周留城 賊知兵 小 遂即來打 大捐兵馬 失利而歸 南方諸城 一時摠叛 並屬福信 福信乘勝 復圍府城 因即熊津道斷 絕於 鹽豉 即募律兒 偷道送 救其乏困 …

로 추대한 뒤에 사비성을 공격하였다. 앞의 예문 가)~마)를 종합해 보면 9월 중에 복신이 부여풍을 왕으로 추대하자 백제 유민들이 호응하여 일어섰고, 자연히 부여 지방 20여 개 성의 유민들이 일제히 부여풍과 복신을 지지하면서 사비도성(웅진부성)이 함락 위기까지 간 것이다.

위의 마) 기사는 백제 부흥군이 웅진부성 바깥의 목책을 부수고 군수물자를 빼앗아간 일과 "다시 부성을 공격하여 거의 함락될 지경에 이르렀다"라는 사실로써 661년 2월에 있었던 2차 사비성 공격과 구분하였다.

9월 28일 왕문도가 보은 삼년산성에서 급사한 직후, 김춘추가 내려가 사비성의 당군을 구하고 식량을 가져다가 먹인 660년의 사건을 정리하고 나서 "현경 6년(661)이 되자 복신의 무리가 점점 많아져서"라는 내용을 따로 추가하였으므로 선후 순서를 명확히 가릴 수 있다. 그러니까 앞의 다)에 서술한 내용은 백제 부흥군의 1차 사비성 포위 공격에 대한 긴급조치였던 것이다. 660년 10월 30일 사비성 남쪽 산마루에 있던 백제군의 목책을 쳐서 1,500명의 목을 벤 것 또한 사비성 포위를 풀고 당군과 신라군을 구하기 위한 군사행동이었다.

결국 가)~마)의 기록에서 9월 4일~9월 22일 사이에 부여풍이 부흥 백제국의 왕으로 추대되었음을 알 수 있다. 라)에서 "부여풍을 왜국에서 맞아들여 왕으로 세우고 나서 유인원의 백제부성을 포위하였다."라고 한 구절과 태종무열왕 김춘추가 9월 28일 이후 보은 삼년산성에서 부여 지방으로 군사를 데리고 나간 것을 비교해 보면 태종무열왕이 직접 출정한 것은 백제 부흥군이 부여풍을 왕으로 추대하고 사비성을 공격한 데 대한 긴급 대응이었음을 선명히 그릴 수 있다. 그런데 가)의 기록을 통해서 복신 및 도침의 군대가 9월 23일 사비성을 포위하였고, 라)에서 "부여풍을 맞아들여 왕으로 세우니 서부와 북부가 모두 응했다. 병사를 이끌고 가서 유인원을 사비도성에서 포위하였다"라는 기사로써 9월 23일 이전에 부여풍을 왕으로 세운 사실을 명확히 알 수 있다. 그러니까 부여풍을 왜에서 맞아들인 시점은 소정방이 돌아간 9월 3일 다음 날부터 9월 22일 사이다. 소정방이 돌아가고, 사비성에는 당군 1만 명과 신라군 7천 명밖에 남지 않았으니 해볼만한 싸움이라고 판단했을 것이고, 바로 그때 일본에서 부여풍이 돌아와 부흥 백제의 왕으로 들어서자 한껏 사기가 오른 백제 유민들은 백제를 되찾을 수 있으리라는 희망에 들떠 있었을 것이다.

참고로, 660년 11월 1일에 고구려가 파주 적성의 칠중성을 공격한 것으로 보아 그때부터 이미 고구려와 백제가 긴밀하게 협력하였으며, 660년 9~11월 사이에 고구려-백제-왜 사이에 지속적인 호응이 있었음을 알 수 있다.

어찌 되었든 이상의 자료로 보면 9월 23일 이전에 복신 등은 부여풍을 왕으로 세운 것이 분명하다. 새로운 국왕 옹립에 따라 부흥군의 세력이 커지면서 사기가 고양되자 금강을 건너 사비도성을 포위하고 공격한 것인데, 결과는 참패였다. 여기서 먼저 "적의 신하 복신이 강의 서쪽에서 병사를 일으켜"라고 한 구절에서 복신을 적신賊臣이라고 명시한 데 주목해야 한다. 660년 9월 3일 소정방이 회군하면서 12,800여 명의 백제인 포로를 데리고 갔고, 의자왕도 붙잡혀간 뒤이니 신라나 당나라 측 모두 '백제가 멸망했다'라고 판단했을 시점이었다. 그런데 왜 굳이 복신만을 따로 '적국의 신하'라는 의미에서 적신賊臣이라고 하였을까? 오히려 그보다 먼저 서부에서 흑치상지와 사타상여가 일어났으니 그들도 적신으로 표현했어야 하건만 복신만을 따로 떼어내어 '적의 신하'라고 명시한 것은 북부 주류성에서 복신이 부여풍을 왕으로 추대함으로써 다시 백제국이 회복되었고, 복신은 부여풍의 신하라는 암시가 바로 '적신'이라는 말에 들어 있는 것이라고 판단할 수 있다.

그런데 앞에서 7월 18일 의자왕이 항복한 뒤로부터 의자왕의 항복 의식이 있던 8월 2일 이전에 이미 부흥 운동이 시작되었다고 설명하였다. 흑치상지가 서부 임존성으로 도망가서 국권회복운동(구국운동)을 벌인 이유를 '흑치상지 묘지명'은 "당군이 의자왕을 가두고 백제의 장정들을 무자비하게 살육하고 노략질하자 겁을 먹고 도망쳐서 무리를 모아 저항하였다."라고 하였으니 바로 그 말에 단서가 남아 있다. 8월 2일 항복 의식이 있기 전, 의자왕을 가둔 때가 흑치상지의 부흥 운동 전개 시점이었다.

하지만 그것만이 아니었을 것이다. 웅진방령 예군禰軍과 그 동생 예식진의 배신으로 의자왕이 붙잡혔으므로 이들 형제에 대한 백제인들의 분노도 부흥 운동을 부채질한 동력으로 작용하였을 것이다. 거기다가 주류성이나 금강 이북 그리고 백제 말기의 부도副都로 인식되었던 익산과 중방 지역도 백제 왕에 대한 동정심을 갖고 백제의 국권 회복에 심정적으로 크게 동조하였을 것이다. 더구나 소정방이 사비성에 1만 명의 당군을 남겨놓고 철군한 뒤였으므로 백제인들은 분노와 수치심으로 뭉쳐 백제를 되살릴 수 있는 기회라고 판단하였을 것이다. 아마도 의자왕의 항복과 사비성 함락 소식은 그해 7~8월 중에 일본에 전해졌을 것이고, 일본에서는 그에 따른 대응으로 9월 중에 부여풍을 귀국시켰을 것이다. 그러니까 7월에서 9월에 이르는 두 달은 일본에 당군과 신라군의 침공 소식이 전해지고, 부여풍이 건너와 부흥 백제국의 왕으로 추대되기에 충분한 시간이다.

김춘추는 부여풍과 복신에게 기울어 반당反唐·반신라 편에 섰던 백제 유민들을 진압한 다음, 그해 11월 22일 부여에서 군대를 돌려 경주로 돌아갔다. 추정이지만, 아마도 유인궤가 왕문도를 대신하여 부여로 부임해온 뒤에 김춘추가 군대를 돌린 게 아닌가 싶다. 소정방이 9월 3일에 회군하였고, 그 대신 왕문도가 9월 23일에 온 것을 볼 때 9월 28일 이후, 왕문도의 사망 사실이 즉시 당나라에 전해졌다면 배로 사람이 오가는 시간을 고려할 때, 대략 그해 11월 21일 이전에는 유인궤가 사비성에 도착했을 것이다. 그러나 유인궤가 백제 땅에 언제 왔는지, 그것을 확정할 수 있는 자료가 없다. 다음의 『구당서』 동이 백제전 가운데 일부 기사에도 그 시점이 명확히 제시되어 있지 않다.

바) 왕문도는 바다를 건너서 죽었다(9월 28일). 백제 승려 도침, 옛 장수 복신 무리는 주류성에 웅거하여 반란을 일으키고 왜국에 사신을 보내어 옛 왕자 부여풍을 맞아들여 왕으로 세웠다. 그 서부와 북부가 성을 뒤집어 엎어버리고 그를 따랐다. ①그때 낭장 유인원이 백제 사비성에 남아 있었는데, 도침 등이 병사를 이끌고 와서 사비성을 에워쌌다. 대방주사 유인궤가 왕문도를 대신하여 무리를 통솔하고 신라병을 뽑아 함께 유인원을 구하였다.

…… ②도침 등은 웅진강구에 두 개의 목책을 세우고 관군에 맞섰다. 유인궤와 신라 병사들은 사면에서 함께 공격하였다. 적의 무리가 물러나 목책 안으로 달아났다. 물 사이가 멀고 다리는 좁아 물에 빠지고 전사한 사람이 1만여 명이나 되었다. 도침 등은 마침내 유인원의 포위를 풀고 임존성으로 물러나 지켰다. 신라 병사는 식량이 떨어져 돌아왔다. 이때가 용삭 원년 3월이다.[300]

바)의 자료가 사건의 순서대로 배열된 기사라면 복신이 주류성에서 부

---

300) 文度濟海而卒 百濟僧道琛 舊將福信衆 據周留城以叛 遣使往倭國 迎故王子扶餘豊 立爲王 其西部北部 飜城應之 時郎將劉仁願 留鎭於百濟府城 道琛等 引兵圍之 帶方州史劉仁軌 代文度統衆 便道發新羅兵 合契以救仁願 轉鬪以前 所向皆下 道琛等於熊津江口 立兩柵 以拒官軍 仁軌與新羅兵 四面夾擊之 賊衆退走入柵 阻水橋狹 隨水及戰死萬餘人 道琛等及釋仁願之圍 退保任存城 新羅兵士 以糧盡引還 時龍朔元年三月也『구당서』 권 199(上) 열전 149 동이(東夷) 백제전]

여풍을 맞아들인 것은 늦어도 소정방이 돌아가고 난 뒤의 일이다. 앞의 가)~라) 기사와 비교해보면 9월 22일 이전, 복신은 부여풍을 부흥 백제국의 왕으로 세우고 사비성을 23일에 공격하였다. 그리고 왕문도를 대신하여 유인궤가 새로 건너와서 유인원을 구한 사실을 적은 뒤[앞 바)의 ①], 그것과 따로 후반부에서 도침 등이 웅진강구에 목책을 세우고 웅진강을 건너가 사비성을 포위한 '2차 사비성 공격' 내용을 기술하였다[바)의 ②]. 그러니까 ①은 660년 9월 23일의 1차 사비성 공격을 거론한 내용이고, ②는 유인궤의 당군과 신라군의 공격으로 복신이 2차 사비성 공격 실패 후 임존성으로 퇴각한 661년 3월 1일의 기사를 따로 정리한 것이다. 다)에서 10월 18일 연산 이례성 함락과 10월 30일 사비 남쪽 목책을 신라군이 쳐부순 사건과 가)의 9월 23일 기사로 볼 때, 1차 사비성 포위 작전은 660년 9월 23일에 있었던 게 분명하다. 따라서 가), 바)의 기사로써 사비성 포위 작전은 660년 9월 23일과 661년 2월에 두 차례 있었음을 알 수 있다.

여러 자료를 맞춰 보면 부여풍은 660년 9월 4일~22일 사이에는 주류성에 돌아와 '부흥 백제국 왕'으로 추대되어 있었다. 그리고 도침 등이 웅진강구에 다리를 놓고 건너가 사비성을 재차 공격한 것은 용삭 원년(661) 2월의 일이다. 마)에서 백제 부흥군은 사비성 1차 공격도 두 차례나 감행한 것으로 그리고 있다. 첫 번째 공격에서는 군량을 탈취하였고, 두 번째 공격에서는 사비성을 거의 함락할 뻔하였다. 이처럼 위기를 맞은 사비성을 태종무열왕 김춘추가 구한 사실을 현경 6년(661)의 기사와 구분하고 있다. 그것을 예문 라)에서는 "왜에 인질로 갔던 왕자 부여풍을 맞이하여 왕으로 옹립하였다. 서부와 북부가 모두 응하자 병사를 이끌고 가서 유인원을 사비도성에서 포위하였다."라고 하였다. 이들 여러 자료로 보아 660년 9월 23일 이전에 부여풍을 주류성에서 맞아들인 것이 분명하다. 예문 가)~바)

외에도 다음의 몇몇 기록은 부여풍을 주류성에서 왕으로 맞이한 때가 660년 9월 중이었음을 알려준다.

사) 현경 5년(660) 9월에 유인궤가 왕문도를 대신하게 하였다. 장璋[301]의 조카 복신福信이 일찍이 병사를 거느린 바 있어 이에 승려 도침道琛과 주류성周留城에 근거하여 반란을 일으키고, 옛 왕자 부여풍扶餘豐을 왜에서 맞이하여 왕으로 옹립하였다. 서부가 모두 응하자, 병사를 끌고 유인원을 포위하였다.(『신당서』 220 열전 145 동이 백제)

바로 이 사)의 기사는 부여풍을 왕으로 추대한 때를 660년 9월의 일로 전하느라 9월 기사에서 다루고 있다. 부여풍을 왕으로 맞이한 당시의 민심을 "서부와 북부가 모두 호응한" 것으로 묘사하였으며 그러한 지지를 바탕으로 유인원이 머물고 있는 사비성을 포위한 것이다. 앞 가)의 기사에서 본 바와 같이 사)는 9월 23일 이후의 사건을 다룬 내용인데, 『구당서』 유인궤전도 대략 같다.

아) 소정방이 백제를 평정하고 낭장 유인원을 백제부성(사비도성)에 남겨 지키게 하였다. 또, 좌위중랑장 왕문도를 웅진도독으로 삼아 그 나머지 무리를 안무하게 하였다. 왕문도는 바다를 건너 병으로 죽었다. 백제는 승려 도침과 옛장수 복신이 무리를 이끌고 다시 반란을 일으켰다. 옛 왕자 부여풍을 왕으로 세우고 병사를 이끌고 와서 유인원의 사비도성을 에워쌌다. 유인궤에게 검교 대방주자사의 직을 주어 왕문도의 무리를 대신 이끌게 하고 신라 병사와 함께

---

301) 백제 무왕(저자 註)

가서 유인원을 구하게 하였다."[302]

위 아)의 기록 역시 부여풍을 왕으로 세운 뒤에 사비성을 포위 공격하였음을 전하고 있다. 다만 여기서는 정확한 날짜를 제시하지 않아서 부여풍이 부흥 백제의 왕이 된 시점과 복신 및 도침이 사비성을 포위한 시점을 명확히 구분할 수 없다. 그렇지만 가)~바)의 여러 자료를 가지고 비교해보면 부여풍을 왕으로 세운 후, 사비성을 포위한 사실을 명확히 알 수 있다.

그것만이 아니다. 다음의 『신당서』 백제전은 660년 9월 부여풍을 왕으로 세우고 복신 등의 부흥군이 사비성을 포위한 일과, 그 이듬해인 용삭 원년(661)에 유인궤가 신라 병사들을 뽑아 가지고 가서 유인원을 구해준 사실을 따로 구분하여 기록하였다. 다른 자료와 비교해보면 복신과 도침이 웅진강에 다리를 세우고 강을 건너가 사비성을 포위 공격하다가 패퇴한 용삭 원년(661) 2월의 일과 그 전 해(660) 가을의 사비성 포위 공격 사건이 다른 것이었음을 이 기사로도 분명히 알 수 있다.

자) 왕문도가 바다를 건너 곧 죽고, 유인원이 그를 대신하였다. 무왕의 사촌동생 복신이 일찍이 병사를 거느린 바 있어 승려 도침과 함께 주류성을 근거로 반란을 일으켜 옛 왕자 부여풍을 왜에서 맞아다가 왕으로 세우니 서부가 모두 응하였다. 병사를 데리고 사비도성의 유인원을 포위하였다.

용삭 원년(661) 유인궤는 신라 병사를 뽑아 데리고 가서 유인원을 구했다. 도침은 웅진강에 두 개의 벽을 세웠는데, 유인궤와 신라 병사가 함께 공격하자

---

302) 顯慶五年 高宗征遼 令仁軌監統水軍 以後期坐免 特令以白衣隨軍自効 時蘇定方旣平百濟 留郞將劉仁願於百濟府城鎭守 又以左衛中郞將王文度爲熊津都督 安撫其餘衆 文度濟海病卒 百濟爲僧道琛 舊將福信率衆復叛 立故王子扶餘豊爲王 引兵圍仁願於府城 詔仁軌檢校帶方州刺史 代文度統衆 便道發新羅兵合勢救仁願 … (中略)

(도침의 병사는) 두 겹의 목책으로 들어가 다리를 건너려고 서로 다투다가 떨어져 물에 빠져 죽은 자가 1만 명이었다. 신라병은 돌아왔으며 도침은 임존성으로 가서 지키며 자칭 영군장군이라고 하였고, 복신은 상잠장군이라고 하였다. … 복신이 도침을 죽이고 그 병사를 아우르니 부여풍도 그를 제지하지 못하였다.[303]

바로 이 자)의 기사에서도 부여풍을 왕으로 세운 뒤 사비도성의 유인원을 포위한 일과 이듬해(661) 또다시 유인궤가 사비성으로 가서 백제 부흥군에게 포위된 유인원을 구한 것을 나누어 기술하였다. "용삭 원년(661) 유인궤는 신라 병사를 뽑아 데리고 가서 유인원을 구했다."라는 구절로써 그전 660년 9~10월에 있었던 복신과 도침의 1차 사비성 포위 작전을 구분한 것이다. 그리고 다른 자료와 비교해 보면 도침이 웅진강에 다리를 놓고 건너가 사비성을 공격한 것이 바로 용삭 원년 2월이며, 도침과 복신 등이 임존성으로 퇴각한 것이 3월 1일임을 알 수 있다. 이것은 660년 10~11월 이후 왕문도를 대신하여 새로 온 유인궤가 백제 부흥군의 1차 사비성 포위 공격을 풀고 유인원을 구해준 것(『구당서』 84 열전 34 유인궤전)과는 엄연히 다른 사건이었다.

다음의 『구당서』 열전 유인궤전에서도 부여풍을 왕으로 맞이하고 사비성(웅진부성)을 포위한 일을 660년 9월 기사에 이어 쓰고 있다. 다시 말해서 1차 사비성 포위 작전이 660년 9월에 있었음을 암시하는 기사이다.

---

[303] 許舊臣赴臨詔葬皓孫叔寶墓左授隆司稼卿文度濟海卒以劉仁軌代之璋從子福信嘗將兵乃與浮屠道琛據周留城反迎故王子扶餘豐於倭立爲王西部皆應引兵圍仁願龍朔元年仁軌發新羅兵往救道琛立二壁熊津江仁軌與新羅兵夾擊之奔入壁爭梁墮溺者萬人新羅兵還道琛保任存城自稱領軍將軍福信稱霜岑將軍 …… 仁軌以衆少乃休軍養威請合新羅圖之福信俄殺道琛幷其兵豐不能制二年七月仁願等破之熊津拔支羅城夜薄眞峴比明人之斬首八百級新羅餉道乃開

차) 고구려 백제 현경 5년(660)에 고종이 요동을 정벌하였을 때 유인궤로 하여금 수군을 감독하고 통솔하게 하였으나, 기일에 늦었던 것에 연루되어 면관免官되고 특별히 명령하여 백의종군하여 정성을 다하였다. 이 때에 소정방이 이미 백제를 평정하여 낭장 유인원이 백제부성에서 진수하였고, 또 좌위중랑장 왕문도를 웅진도독으로 삼아 그 나머지 무리를 안무하게 하였다(660년 9월 23일). 왕문도는 바다를 건너 병으로 죽었다(9월 28일). 백제의 가짜 승려 도침, 옛 장수 복신이 무리를 이끌고 다시 반란을 일으키고, 옛 왕자 부여풍을 왕으로 옹립하고(월·일 불명) 병사를 끌어모아 유인원을 부성에서 포위하였다(9월 23일). 유인궤에게 조서를 내려 검교대방주자사로 삼고, 왕문도를 대신하여 무리를 거느리면서 편의대로 신라의 병사를 징발하게 하여, 세력을 합하여 유인원을 구하게 하였다. 옮겨 다니며 싸우면서 앞으로 나아가서 싸우는 유인궤의 군대 모습이 정연하고 엄숙하였으며, 향하는 곳마다 모두 함락시켰다.(『구당서』 84 열전 34 유인궤)

아래 카)는 『신당서』유인궤전에서 발췌한 것으로, 차)와 동일한 내용을 다루고 있다.

카) 백제 신라 현경 5년(660)에 우위낭장 왕문도에게 명령하여 웅진도독이 되어 병사를 총괄하여 그곳을 지키게 하였다(9월 23일). 왕문도는 바다를 건너서 죽었다(9월 28일). 백제의 승려 도침, 옛 장수 복신이 무리를 이끌고 주류성에 근거하여 반란하고, 사신을 파견해 왜국에 가서 옛 왕자 부여풍을 맞이하여 왕으로 옹립하였다. 그 서부·북부가 모두 성을 뒤집어 그에 호응하였다. 이때 낭장 유인원이 백제부성에 머물러 지키고 있었는데, 도침 등이 병사를 이끌고 와서 그를 포위하였다. 대방주자사 유인궤는 왕문도를 대신하여 무리를 거느리

고 편의대로 신라 병사를 징발하여 유인원을 구하게 하였다. 옮겨 다니며 싸우면서 앞으로 나아가는데, 향하는 곳마다 모두 함락시켰다(9월). 도침 등이 웅진강 입구에 두 목책을 세우고 관군에게 맞섰다(661년 2월). 유인궤가 신라 병사와 사면에서 그들을 협공하였다. 적의 무리가 물러나 목책으로 달아나는데, 다리가 좁아서 물에 떨어지고 싸우다가 죽은 자가 1만여 명이나 되었다.[304]

위 카)는 유인궤가 백제 땅에 와서 활동한 시기가 언제인지 명확히 제시하지 않았다. 왕문도를 대신하여 온 것이 언제인지, 그리고 신라 군사와 합쳐서 유인원을 구한 시점이 정확히 언제인지도 알 수 없다. 그러므로 다른 자료와 비교하여 그 시기를 유추해야 하는데, 여기서 중요한 자료가 자)와 차)이다.

앞의 사), 아), 자), 차) 자료를 가지고 복신과 도침 등이 일본에서 부여풍을 맞이하여 주류성에서 부흥 백제의 왕으로 추대한 시기를 660년 9월 23일 이전으로 볼 수 있다. 특히 자), 차), 카)와 다른 자료를 비교해 보면 부여풍을 왕으로 추대한 시기를 660년 9월 3일 이후 22일 사이로 가닥을 잡을 수 있다. 그것을 다음 타)에서 더욱 선명하게 짐작할 수 있다. 다만 마)에서는 도침 등이 웅진강구에 목책을 세우고 당군에게 맞선 시점을 명확히 알 수 없게 되어 있지만 그 역시 다른 자료와 교차검증하면 2차 사비성 포위 공격은 661년 2월의 일이었음을 알 수 있다.

타) 현경 5년(660) …… 처음에 소정방이 이미 백제를 평정하여 낭장 유인원을 남겨 그 성을 지키게 하였고, 또 좌위중랑장 왕문도를 웅진도독으로 삼아 잔당

---

304) 「구당서(舊唐書)」 (권 199 上) 열전 149 동이(東夷) 백제전

을 안무하고 받아들이게 하였다(9월 23일). 왕문도가 죽었다(9월 28일). 백제의 옛 장수 복신, 승려 도침이 옛 왕자 부여풍을 옹립하고 병사를 끌고 가서 유인원을 포위하였다. 유인궤에게 조서를 내려 검교대방주자사로 삼고, 왕문도의 무리를 거느리고 나가서 신라의 병사를 징발하여 지원군으로 삼도록 하였다. (그가) 옮겨 다니며 싸우면서 진영을 함락시키니 향하는 곳마다 앞에 아무도 없었다(9월).[305]

타)에서 복신과 도침이 사비성을 포위한 사건을 현경 5년(660) 기사에서 다루고 있으니 1차 사비성 포위 작전을 660년 9월의 일로 보는 데 아무런 문제가 없다. 결국 사)~차)의 기사로 미루어 보면 복신·도침 등이 부여풍을 왕으로 세우고 사비성을 공격한 것이 660년 9월의 일이며, 661년 2월의 사비성 포위 작전은 또 다른 사건이었음을 분명하게 구분할 수 있다. 그것을 『삼국사기』 신라본기 태종무열왕 8년(661) 봄 2월과 3월의 기사로도 명쾌하게 알 수 있다.

파) 태종무열왕 8년(661) 봄 2월 백제의 잔당들이 사비성에 쳐들어왔다. 왕이 아찬 품일品日을 대당장군大幢將軍으로 삼아 잡찬 문왕文王과 대아찬 양도良圖, 아찬 충상忠常 등을 부장으로 삼고, 잡찬 문충文忠을 상주장군上州將軍으로 삼고 아찬 진왕眞王을 부장으로 삼았다. 아찬 의복義服을 하주장군下州將軍으로, 무훌武敥과 욱천旭川 등을 남천대감南川大監으로, 문품文品을 서당장군誓幢將軍으로, 의광義光을 낭당장군郎幢將軍으로 삼아 달려가 구원하게 하였다.
3월 5일, 중로에서 품일이 휘하 군사를 나누어 두량윤성 남쪽으로 먼저 가서

305) 『新唐書』108 列傳 33 劉仁軌

진영을 세울만한 곳을 둘러보았다. 이때 백제 사람들이 우리 진영이 정돈되지 못한 것을 보고 갑작스럽게 튀어나와 불시에 급히 습격하니 우리 군사가 크게 놀라 흩어져 달아났다. 12일에 대군이 도착해 고사비성古沙比城 밖에 주둔하고 두량윤성으로 진격해 나갔으나 한 달 6일이 되도록 이기지 못했다. 여름 4월 19일에 군사를 되돌렸다.

백제 부흥군, 663년 7월에도 사비성 공격한 듯

661년 3월에 신라군이 대전 지방으로 군사를 집중하여 공격한 이유는 백제 부흥군들이 2월에 사비성을 공격하였기 때문이다. 사비성 포위를 풀고 백제 부흥군의 기세를 꺾어놓기 위해 신라는 여러 명의 장군을 선발하여 주류성과 함께 대전 지방의 고사비성과 두량윤성으로 나가 진을 치고 성을 포위 공격하도록 하였다. 그러나 오히려 신라군이 대패하여 돌아갔다. 신라군이 고사비성과 두량윤성으로 진격하기 직전, 복신군은 다시 사비성을 포위하였는데, 바로 그 무렵의 신라 쪽 사정을 알려주는 기록이 『삼국사기』 신라본기 문무왕 11년 조의 문무왕답설인귀서 중 다음 내용이다.

㉮ (현경) 6년(661)이 되자 복신의 무리가 점점 많아져서 강 동쪽 땅을 침입하여 빼앗았다. 웅진의 당나라 군사 1천 명이 나가 적의 무리를 쳤으나 적들에게 꺾이고 격파당해 한 사람도 살아 돌아오지 못했다. 이 패배 이후 웅진에서는 군사 요청이 밤낮으로 끊이지 않았다. 이 무렵 신라에는 전염병이 창궐해서 병마를 징발할 수 없었다. 그러나 그들(당군을 말함)의 애처로운 요청을 차마 외면할 수 없어서 마침내 군사를 데리고 나가서 주류성을 에워쌌다. 적들이 우리 군사가 적은 것을 알고 드디어 곧장 나와서 치니 우리는 병마를 크게 잃고 돌아오

고 말았다. 그리하여 남쪽 지방의 뭇 성들이 일제히 반란을 일으켜 모두 복신에게 붙었으며 복신은 승세를 타고 다시 부성을 포위하니 그 즉시 웅진으로 통하는 길이 끊어져 소금과 된장 따위가 바닥났다. ……

그러니까 위 기록에서 '신라에서 전염병이 창궐한 시기를 복신이 '강동쪽 땅'을 빼앗은 때인 661년 봄으로 볼 수 있다. 백제 부흥군이 660년 9~10월 1차 사비성 공격에 이어 661년 2월 복신과 도침이 갑천 동쪽 땅과 사비성을 재차 포위 공격한 이유는 공주와 부여로 통하는 신라군의 양도糧道를 끊고 사비성을 되찾기 위함이었다. 이에 신라군이 출정하였다. 그러나 신라군은 고사비성과 두량윤성을 한 달 6일 동안이나 공격했으면서 웅진도를 확보하지 못하고 철수하였다.

이처럼 백제 부흥군은 661년 2월에 다시 웅진강(금강)을 건너가 사비성을 공격하면서 동시에 고사비성과 두량윤성을 굳게 지켰으며 4월 19일에는 신라군을 완전히 물리쳤다. 그러나 도침군은 사비성 공격에는 실패하여 웅진강 다리에서 1만여 명의 사상자를 내고 임존성으로 철수하였다.

그때 도침이 임존성으로 퇴각한 것을 보면 도침이 거느린 군대는 흑치상지를 중심으로 모인 서부의 민병들이었고, '서부가 북부에 호응했다'라는 기록은 이때부터 나온 이야기에 근거를 둔 것으로 봐도 될 것 같다. 『신당서』 백제전과 『삼국사기』 백제본기 의자왕 20년(660) 조 역시 부여풍의 백제 부흥국 왕 추대와 1차 사비성 포위 작전을 661년 2월의 2차 사비성 포위 작전과 구분하여 따로 기술하였다.

㉯ 무왕의 조카 복신은 일찍이 군사를 거느린 적이 있었는데, ①이때 승려 도침道琛과 함께 주류성에 거점을 두고 당에 반기를 들고 일어났다. 전 왕의 아들

로서 이전에 왜국에 볼모로 가 있던 부여풍을 맞아다가 왕으로 삼으니 '서북부 지역이 모두 호응하여' 군사를 이끌고 도성의 유인원을 포위하였다.

황제(당 고종)가 조서를 내려 유인궤를 검교대방주자사로 삼아 왕문도의 군사를 거느리고 가서 신라 군사를 징발해 유인원을 구하도록 하였다. 유인궤가 기뻐해 말하기를 '하늘이 장차 이 늙은이를 부귀하게 하려는구나' 하고 말하더니 당의 책력과 묘휘廟諱를 요청해 가지고 떠나면서 '내가 동이를 쓸어 평정한 다음, 우리 대당大唐의 정삭正朔을 바다 건너에 반포하고자 한다'라고 말했다. ② 유인궤가 군대를 엄정하게 통솔해 이동 중에 싸우면서 나아가니 복신 등은 웅진강 어귀에 두 개의 목책을 세워 막았다. 유인궤가 신라 군사와 합세해 공격하므로 우리 군사는 물러나 목책 안으로 뛰어들었는데, 물이 가로막고 다리가 비좁아서 물에 빠지거나 싸우다 죽은 이들이 1만여 명이었다. 복신 등이 결국 도성의 포위를 풀고 퇴각해 임존성任存城으로 가서 지키자 신라인들은 군량이 떨어져 군사를 이끌고 돌아갔다. 이때가 용삭龍朔 원년(661년) 3월이었다."

편의상 ㉱의 내용을 ①과 ② 두 부분으로 나누어서 설명한다. 당 고종이 유인궤로 하여금 왕문도를 대신하게 한 것은 왕문도가 삼년산성에서 죽은 9월 28일 이후의 일이다. 왕문도의 사망 사실이 당나라에 전해지고, 그 대신 유인궤가 파견된 것은 그로부터 한두 달 후일 것이다. 그렇다면 유인궤가 실제 백제로 건너온 시점은 대략 10월 이후로 보아도 되겠다. 음력 10월은 추운 시기이니 유인궤는 한겨울을 비켜서 이듬해 1~2월경에 백제에 왔을 수도 있다. 다시 말해서 유인궤는 660년 10월~661년 2월 사이에 백제 땅에 와 있었다고 추정할 수 있다.

다음으로, 백제 부흥군의 사비성 포위 공격을 물리친 주체가 누구였는지를 보더라도 660년 9월과 661년 2월 두 차례 공격한 사실을 분명하게 알 수 있다. 1차 사비성 포위 공격을 진압한 것은 태종무열왕이었고, 2차 사비성 공격을 물리친 이는 유인궤였다.

㉞의 『신당서』 백제전도 실제로는 ①복신과 도침이 부여풍을 왕으로 세우고 유인원의 사비성을 포위한 사건과 그다음 해인 ②용삭 원년(661)에 다시 유인궤가 신라 병사들을 뽑아 가지고 가서 사비성을 구한 일을 따로 설명하였다. 661년 2월의 2차 사비성 포위 작전에서 도침이 웅진강에 다리를 놓고 건너가 유인궤의 사비성을 공격하였으나 반격을 당해 패퇴하는 과정에서 백제 부흥군이 다리 양쪽에 설치한 두 개의 벽(양벽) 안으로 들어가려고 서로 다투다가 물에 떨어져 빠져 죽은 자가 1만 명이었다며 2차 사비성 공격 때 백제 부흥군의 희생이 컸음을 명확히 나누어 설명하였다.[306]

하지만 웬일인지 『자치통감』[307](高宗 上之下) 3월 병신삭丙申朔(초하루) 기사는 두 가지 사건을 두루뭉술하게 정리한 듯한 느낌을 준다.

㉟ 용삭 원년(661) 3월…처음에 소정방이 백제를 평정했을 때 낭장 유인원을 남겨두고 백제부성(사비도성)을 지키게 하였다.…ⓐ백제 승려 도침과 옛 장수 복신이 무리를 모아 주류성에 의지하여 옛 왕자 부여풍을 왜국에서 맞아다가 그를 왕으로 세우고, 병사를 데리고 와서 유인원의 백제부성을 포위하였다. 황제가 검교대방주자사 유인궤에게 조칙을 내려 왕문도의 무리를 거느리고 가서 신라 병사와 함께 유인원을 구하도록 하였다. ……ⓑ유인궤의 군대는 엄정한 데다 이전처럼 잘 싸우고, 향하는 곳마다 모두 성을 함락시키니 백제는 웅진구

---

306) … 命郎將劉仁願守百濟城左衛郎將王文度爲熊津都督九月定方以所俘見詔釋不誅義慈病死贈衛尉卿
許舊臣赴臨詔葬孫皓陳叔寶墓左右授隆司稼卿文度濟海卒以劉仁軌代之璋從子福信嘗將兵乃與浮屠道
琛據周留城反迎故王子扶餘豐於倭立爲王西部皆應引兵圍仁願龍朔元年仁軌發新羅兵往救道琛立二
壁熊津江仁軌與新羅兵夾擊之奔入壁爭梁墮溺者萬人 … (『신당서』 백제전)

307) 『자치통감』 권 200 당기(唐記) 16(高宗上之下)

에 양책을 세웠다. 유인궤는 신라 병사와 함께 공격하여 깨트렸다. 죽이고, 물에 빠져 죽은 자가 1만여 명이었다. 도침은 이에 부성의 포위를 풀고 임존성으로 물러나 지켰다. 신라 병사들은 양식이 떨어져 돌아왔다. 도침은 자칭 영군장군이라 하였고, 복신은 상잠장군이라 하였으며 무리를 불러 모아 그 세력이 날로 커졌다.…ⓒ황제는 신라에 조칙을 내려 출병을 하도록 하였고, 신라 왕 김춘추는 조칙에 따라 그 장수 김흠과 장병을 보내어 유인궤 등을 구하도록 하였다. 고사古泗에 이르러 복신이 맞아 싸우니 김흠이 패하여 갈령도로부터 도망해 돌아왔다.…복신 등이 도침을 죽이고 병사와 나라의 전권을 마음대로 하였다.[308]

바로 이 『자치통감』에서 도침이 부여풍을 왕으로 세운 뒤 사비성을 공격하다가 퇴각한 때를 용삭 원년(661) 3월 1일의 사건 하나로만 설명한 것처럼 보인다. 그렇지만 앞의 여러 자료와 비교해 보면 ㉺ 역시 1차와 2차 사비성 공격 사건을 구분하여 설명하고 있다. '도침과 복신이 주류성에서 부여풍을 맞아들인 뒤 백제부성을 포위했다'라는 전반부 기사(ⓐ)는 1차 사비성 포위 작전을 이른 것이고, 그 뒤의 후반부 내용(ⓑ)은 유인궤 주도로 2차 사비성 공격을 막아낸 기사로 구분되어 있음을 알게 된다.

그런데 자료 ㉺에서는 부여풍을 왕으로 세우고 서부와 북부가 사비성의 유인원을 포위한 사건(①)과 별개로 "신라인들은 군량이 떨어져 군사를

---

308) 龍朔元年三月 …… 初定方旣平百濟 留郞將 劉仁願 鎭守百濟府城 …… 百濟僧道琛故將福信聚衆 據周留城 迎故王子扶餘豊於倭國而立之 引兵圍仁願於府城 詔起劉仁軌檢校帶方州史 將王文度之衆 便道發新羅兵 以救仁願 …… 仁軌御 軍嚴整 轉鬪以前 所向皆下 百濟立兩柵於熊津口 仁軌與新羅兵合擊破之 殺溺死者萬餘人 道琛乃釋府城之圍 退保任存城 新羅糧盡引還 道琛自稱領軍將軍 福信自稱霜岑將軍 招集徒衆 其勢益張 …… 上詔新羅出兵 新羅王春秋率詔 遣其將金欽將兵救人軌等 至古泗 福信邀擊敗之 欽自葛嶺道遁還 …… 福信等殺道琛 專總國兵『자치통감』 권200 당기(唐記) 16(高宗上之下) 3월 丙申朔]

이끌고 돌아갔다. 이때가 용삭龍朔 원년(661년) 3월이었다."(㉯의 ②)며 2차 사비성 공격을 나누어 기록하였다. 그런데 그와 똑같은 내용을 ㉰에서는 ⓑ의 뒷부분에 '신라 병사들은 양식이 떨어져 돌아왔다'라고만 적고, 그 시기가 언제인지는 생략하였으므로 661년 2~3월에 있었던 2차 사비성 공격 사건을 자칫 흘려버릴 수 있다. ㉰의 『자치통감』 기사는 용삭 원년 3월 기사를 쓰면서 660년 9월에 있었던 1차 사비성 포위 공격 사건으로 시작하여 혼란을 주었다. 하지만 ⓐ에서는 사비성 1차 포위 공격, ⓑ에서는 661년 2월의 2차 사비성 포위 공격 사건을 나누어 기술한 것이 분명하다. 백제 부흥군에 포위된 유인원의 사비성을 유인궤가 구한 일을 전반부에서 먼저 1차 사비성 공격 사건을 다뤘다. "백제는 웅진구에 양책을 세웠다. 유인궤는 신라 병사와 함께 공격하여 깨트렸다."라며 용삭 원년(661년) 3월의 기사를 따로 정리하였음에도 행간을 면밀히 살피지 않으면 두 차례의 사비성 포위 공격을 제대로 구분하지 못할 수도 있다.

다시 정리하면, ㉰는 용삭 원년(661) 3월 기사를 660년 9월의 사건부터 시작하였고, 각 사건이 있었던 날짜나 사건의 선후 순서에 대한 언급이 없어서 다른 기록과 대조해보아야 비로소 각각의 기사가 언제 있었던 사건인지를 가늠할 수 있다.

한편 ㉰의 ⓒ에서 설명한 내용은 661년 3월 신라군의 출정으로부터 4월 19일 패전하여 돌아가기까지의 일이다. 당시 고사비성과 두량윤성으로 군사를 보내어 부여로 가는 길을 뚫으려 했으나 복신의 부흥군에 막혀 크게 패한 채로 되돌아가는 과정을 제시한 것인데, 얼핏 보면 도침 등이 웅진강에 양책을 세우고 사비성을 공격한 661년 2월의 사건만 있다. 그래서 김춘추가 신라군을 인솔하여 부여로 내려가 백제 부흥군을 진압하는 660년 9~10월의 1차 사비성 포위 공격 사건이 생략된 것처럼 보일 수 있다. 1차 사비성 포위 작전과 2차 사비성 공격 사건을 구분하지 않은 것 같지만 앞의 몇몇 자료들을 가지고 전후 사정을 저울질해보면 김춘추가 부여 지방으로 내려간 이유가 소정방이 돌아간 뒤부터 9월 23일 이전에 주류성에서 부여풍을 부흥 백제의 왕으로 추대하고 1차 사비성 공격을 한 데 있었음을 어렵지 않게 알 수 있다.

뿐만 아니라 앞에서 소개한 『삼국사기』 백제본기 의자왕 20년 조의 라) 기사에도 '승려 도침과 복신이 주류성에서 당에 저항하여 부여풍을 왜국에서 맞아다가 왕으로 세운' 사실과, 도침·복신이 유인궤와 웅진강에서 싸우다가 패하여 임존성으로 돌아간 용삭 원년 3월의 일이 구분되어 있다. 그래서 라)를 통해서도 1차 사비성 공격은 항복한 백제인 포로를 찾아가기 위해 서부와 북부의 부흥군이 유인원의 사비성을 공격하였음을 알 수 있다. 그러나 가)는 부여풍을 왕으로 세우고, 660년 9월 23일에 사비성을 공격한 사실만 있고, 그 이듬해(661년) 2월 복신군이 웅진강에 다리를 놓고 건너가 다시 사비성을 공격하였으나 그 싸움에서 또 크게 패하여 임존성으로 물러난 일은 생략하였다.

다음으로, 『삼국사기』 문무왕 3년(663) 5월 기사의 오류 문제이다. 따로 설명하였지만, 그 외에도 남은 문제가 더 있다. 복신이 도침을 죽인 것은 662년 7월 이전의 일인데, 그것을 661년 3월 기사와 한 묶음으로 처리한 잘못이 있다. 이것은 『구당서』와 『신당서』 백제전을 요약하여 옮겨놓으면서 생긴 실수이다. 해당 기사를 작성한 이들의 중대한 착오인데, 먼저 지적할 점은 이 기사 자체가 문무왕 3년 5월 조에 들어갈 내용이 아니라는 것이다.

"5월 …… 백제의 옛 장수 복신과 승려 도침이 전 왕의 아들 부여풍을 맞이해

왕으로 세우고, 유진랑장留鎭郎將 유인원을 웅진성[309]에서 포위하였다. 당 황제가 조서를 내려 유인궤를 검교대방주자사로 삼아 전 도독 왕문도의 병력을 통솔하여 우리 군사와 함께 백제 진영으로 향하게 하였다. 도중에 여기저기서 싸워 진지를 함락시키니 향하는 곳마다 막아서는 이가 없었다. 복신 등은 유인원을 에워쌌던 포위를 풀고 임존성으로 물러가 지켰다. 얼마 후 복신이 도침을 죽여 그의 군사를 아우르고 당에 저항하여 도망한 이들을 불러들여 세력이 매우 커졌다."

복신과 도침이 부여풍을 왕으로 세우고, 사비성을 1차 공격한 것은 660년 9월 23일이다. 그리고 '유인원을 웅진성에서 포위했다'라는 것도 잘못이다. 웅진성 대신 '사비성' 또는 '웅진부성'이라고 분명히 했어야 한다. 도침과 복신의 군대가 2차 사비성 공격 후 임존성으로 물러난 661년 2~3월의 사건을 문무왕 3년(663) 5월의 기사로 다뤄야 할 이유가 없다. 다시 말해서 "백제의 옛 장수 복신과 승려 도침이 전 왕의 아들 부여풍을 맞이해 왕으로 세우고"라는 기사가 663년 5월 조에 들어간 것부터가 잘못이다. 전쟁 당사자인 중국의 1차 사료 어디에도 문무왕 3년(663) 5월에 사비성을 공격한 기록이 없으니 이것은 명확히 『삼국사기』 편자들의 중대한 실수였다.

복신과 도침군의 사비성 공격과 관련하여 한 가지 문제가 더 남아 있다. 부흥군의 웅진강 도하지점이 어디인가이다. 중국 측의 모든 기록에 웅진구熊津口(웅진강구)라 하였으니 소위 백제 시대 백강의 범위에서 생각해볼 수 있다. 즉, 청양 왕진나루로부터 석성면 봉정리 고다진 사이의 어느 지점일

---

309) 사비성의 웅진부성을 가리킨다.

것이다. 그중에서도 가장 먼저 고려할 장소가 강폭이 좁은 곳이다. 다리는 나루터마다 있었을 배들을 모아 부교를 설치했을 가능성이 가장 높다. 강을 가로질러 이어놓은 배의 양쪽을 따라가며 화살과 창을 막기 위한 나무벽을 설치한 것을 두고, 양벽兩壁 또는 이벽二壁이라고 한 것이라고 이해해야 한다.

유인원이 머물고 있는 사비성을 두 차례 공격했다가 대패한 뒤로 복신과 도침은 공격 방향을 웅진 동쪽 땅으로 돌렸다. 그리하여 661년 3~4월 이후 복신 등은 '강 동쪽 땅'(江東之地)을 집중적으로 방어하였다. 사비도성을 함락시키는 것만으로는 부흥 운동에 한계가 있음을 알고, 사비성과 신라를 고립시키는 동시에 고구려와 연계하여 신라가 북으로 가는 길을 차단하는 전략으로 방향을 수정한 것이다.

그러면 백제 부흥군이 부흥 운동 기간에 장악했던 '강동지지江東之地'는 어디일까? 이 경우 강동은 현재의 대전 지역 중에서도 대략 갑천 동쪽 땅을 가리키는 것으로 볼 수 있다. 고토 회복을 위해 백제군은 우선 신라군이 갑천甲川을 건너 서쪽으로 진출하지 못하도록 갑천 동쪽 땅 방어에 공을 들인 것이다. 『신증동국여지승람』 회덕현 조에서 갑천을 다음과 같이 소개하였다.

> 회덕현 서쪽 5리, 진산군 신현新峴에서 발원하여 회덕현 서쪽 3리에 이르러 반
> 암천般巖川이 되고 하류에서 형각진과 합류한다.

현재의 대전시 대덕구 일대의 갑천 동편 지역에는 북쪽 신탄진에서부터 남으로 계족산(계족산성, =우술성)-성재산-고봉산-성동산 등이 남북 방향으로 늘어서 있다. 이들은 보은이나 옥천 방향에서 들어오는 신라군을 막을

수 있는 저지선으로서 대전 서부지역~공주 계룡~연산~부여로 통하는 길목의 선두에 있는 방어선 역할을 하였다. 이 노선이 신라에서 사비도성의 당군에게 군량을 실어나르던 양도糧道의 맨 동쪽 지역에 해당된다. 그러니까 신라군의 양도를 일차적으로 차단하는 자연 하천 저지선이 갑천이었던 것이다. 복신과 도침은 주류성을 근거지로 하여 바로 이 갑천 동쪽의 강동 땅을 지키기 위해 부심하였다. 이 지역을 지켜야만 대전-공주-부여로 통하는 요로要路를 차단하여 사비성의 당군과 신라를 효과적으로 격리시킬 수 있기 때문이었다.

복신 등이 사비성을 포기하고 웅진 동쪽 지역으로 공격 방향을 바꾼 것은 전략 전술상의 변화이다. 초기의 부흥 운동은 사비도성 탈환이라는 데 지나치게 집착한 나머지 백제 부흥군의 인력과 물자에 손실을 가져와 이것이 이후 국권 회복운동에 적지 않은 부담이 되었을 것이다. 그 무렵 당군의 고구려 정복과 평양성 함락을 돕기 위해 신라는 군량과 병마를 징발하여 보내야 했는데, 갑천 동쪽 지역을 포함하여 과거 웅주熊州 관할 지역 가운데 신라 땅에서 고구려와 평양으로 가는 지름길인 대전 지역을 통제함으로써 신라의 북진 통로를 끊는 효과를 감안한, 일종의 수정 전략이었던 것이다.

그렇다고 부여풍과 백제군이 사비성을 완전히 포기한 것은 아니었다. 백제군의 사비성 공격은 2년 뒤에 다시 이루어졌다. 세 번째 사비성 포위 공격은 663년 7월 중에 다시 있었다. 그때의 사실이 『삼국사기』 신라본기 문무왕 11년(671) 가을 7월 26일, 문무왕이 설인귀에게 보낸 답서에 실려 있다.

"용삭3년(663) 총관 손인사가 병사를 거느리고 와서 부성府城을 구하였다. 신라의 병마 또한 주류성으로 가서 성 아래에 이르렀다."[310]

이것을 다른 자료와 비교해 보면 신라 군사가 주류성에 도착한 것은 그해 7월 17일이었다. 같은 날 손인사는 사비도성에서 유인궤의 군대와 병사를 합친 것으로 되어 있다.

"(당 황제는) 손인사에게 조서를 내려 병사를 거느리고 바다를 건너가서 그들을 돕게 하였다(662년 7월 30일). 백제 왕 풍이 왜군을 남쪽으로 불러서 당군에 맞섰다(663년 6월). 손인사가 오던 길에 그를 맞아 싸워 깨트렸다. 마침내 유인원·유인궤와 병사를 합하니 세력이 크게 떨쳤다."

이상의 『자치통감』 기사로 알 수 있듯이 백제 부흥군의 세 번째 사비성 공격은 663년 7월 17일 또는 그 직전에 진압되었음을 알 수 있다. 물론 앞의 기사에서 백제 부흥군이 사비성을 공격하였다는 기록은 없다. 그런데 '손인사가 병사를 거느리고 가서 부성(사비성)을 구했다.'라고 한 기록으로부터 백제 부흥군의 사비성 공격이 662년 7월 1일~16일 사이에 있었을 것이라고 미루어 짐작할 수 있다. 아무런 공격이 없었는데 손인사가 군사를 거느리고 와서 '사비성을 구했다'라고 표현했을 리가 없는 것이다. 그와 동시에 신라군은 백제군의 사비성 포위를 풀기 위해서 주류성을 공격한 것으로 볼 수 있다. 한 해 전부터 요청한 당군의 추가 파병을 미루다가 7월 1일 손인사가 7천의 병력을 데리고 백제 땅에 도착하자마자 왜군을 물리친 데 이어 사비도성의 유인궤 군대를 구하였다. 이것으로 보아 백제 부흥

---

310) (文武王十一年) 秋七月二十六日 大唐摠管薛仁貴使琳潤法師寄書曰 …… 大王報書云 …… 至龍朔三年 摠管孫仁師領兵來救府城 新羅兵馬 亦發同征 行至周留城下

군이 그해 7월 중에 사비성을 공격하리란 사실을 당군은 미리 알고, 그에 대처하였을 가능성도 있다.

백제 부흥군, 1차 사비성 공격 때 두 차례나 공성전 벌여

백제 부흥군의 1차 사비성 공격은 한 차례만으로 끝난 것이 아니었다. 앞의 예문 마)에서 "복신이 강 서쪽에서 일어나 남은 무리를 모아 웅진부성을 에워싸고 바깥 성책을 깨뜨리고 군량을 모두 빼앗아갔다."라고 하였듯이 복신군은 사비성 외성을 부수고 들어가 식량을 빼앗아갔다. 그리고 그 뒤에 "다시 부성을 공격하여 성이 함락될 지경"(復攻府城 幾將陷沒)이었고, "또한 부성 가까이 네 군데에 성채를 쌓고 에워싸고 지키니(又於府城側近四處作城圍守) 부성에 드나들 수도 없었다."라고 하였다. 660년 9월 23일에 시작된 백제 부흥군의 1차 사비성 공격이 최소 두 차례에 걸쳐 격렬하게 이루어졌음을 알려주는 기록이다. 그해 10월 30일까지 있었던 사실을 전하는 마)의 내용으로 보아 복신의 백제군은 소정방이 군대를 돌려 철수한 직후, 그 틈을 노려 사비성을 공격하였다. 먼저 외성을 공격하여 식량을 빼앗고, 뒤이어 공격을 계속해서 사비성 주변 네 군데에 백제군이 성채를 만들고 지키자 나당군이 사비성에 드나들 수조차 없게 된 사정을 고스란히 설명하고 있는 것으로 보아 사비성이 매우 절박한 지경에 이르렀음을 알 수 있다. 그때의 일을 마)에서 "현경 6년이 되자 복신의 무리가 점점 많아져서 강 동쪽 땅을 침범하여 빼앗았으므로"라는 661년 초의 내용과는 구분하여 기술하였다. 이런 상황에서 웅진부성의 당군 1천 명이 백제 부흥군을 맞아 싸우기 위해 웅진 동쪽 지역으로 나갔다가 한 명도 살아 돌아가지 못하였는데, 그 후로 당군은 신라 측에 아침저녁으로 군사를 요청하였다. 그러나 그때 마침 신라에 전염병이 창궐해서 군사와 말을 징발할 수가 없었다.

그럼에도 마지못해 신라군은 사비성의 포위를 풀고, 당군을 구하기 위해 주류성을 공격하러 갔다. 이때 백제군과 나당군 사이에는 치열한 공성전攻城戰이 벌어졌다. 하지만 이번에도 신라군은 백제 부흥군의 공격을 버티지 못하고 철수하였다. 그 바람에 백제 남부의 성들이 모두 복신에게 다시 돌아가고 말았다.

신라로서는 득보다 실이 많은 출정이었다. 이 무렵이 신라로서는 가장 힘든 시기였던 것 같다. 그럼에도 복신군이 임존성으로 퇴각한 직후, 당측의 요청에 따라 신라군은 웅진도를 확보하기 위해 고사비성과 두량윤성으로 다시 나아갔다.

당시 부여 사비성에는 소정방이 회군하면서 남겨둔 유인원의 당군 1만 명과 김인태(문무왕 김법민의 동생)가 거느린 신라병 7천 명이 머물러 지키고 있었다. 적지 않은 수비군이 지키고 있는 사비성에 그것도 두 차례씩이나 공격하여 사비성이 함락 직전까지 갔던 배경에 대해서는 다음 두 가지 측면에서 고려해볼 점이 있다. 소정방이 철군한 직후, 사비성에는 얼마 안 되는 병력만이 남아 있었다. 더구나 왕문도가 죽어서 사비성의 당군 장수가 유인원 외에는 없는 상태이고, 부여풍을 백제 왕으로 추대한 직후이니 백제 유민들은 백제를 되살릴 수 있다는 희망을 가졌을 것이다. 부여풍을 왕으로 추대하자 백제인들은 자존심을 되찾았고, 그로 말미암아 사기가 한층 높아졌다.

1차 사비성 공격 가운데 두 번째 싸움에 관하여 중국의 기록에는 "다시 부성(백제부성)을 공격하였다"(復攻府城)라고 하였는데, 그해 11월까지 김춘추에 의해 진압된 백제 부흥군의 사비성 1차 공격은 매우 격렬하게 치러진 것 같다. 당시 사비성이나 주류성을 놓고 싸운 공성전의 한 장면을 떠올릴만한 기록이 '유인원기공비'에 남아 있다.

… 목책을 벌이고 진영을 늘여 세워서 공격하며, 포위하는 일이 계속 이어졌다. 운제雲梯에서 굽어보고, 지하통로가 널리 통하였으며 돌을 치고 화살을 날리는 것이 별이 달리고 비가 떨어지는 듯했다. 낮과 밤을 연달아 싸우고 아침저녁으로 침범하였다. 스스로 이르기를 망한 것을 흥하게 하고 끊어진 것을 잇는다고 하였다. ……[311]

물론 이것은 사비성 공격 전을 묘사한 이야기는 아니지만, 당시 부흥군이 벌인 공성전 모습을 생생하게 보여주고 있다. 백제 및 신라와 당 측 모두 같은 방식으로 싸웠을 것이다. 성을 함락시키기 위해 운제雲梯를 타고 올라가 성안을 들여다보고, 성 밑으로 지하통로를 뚫어 기습공격을 시도하는가 하면 돌을 날려 상대의 성벽이라든가 건물을 부수는 포석거抛石車도 사용하였음을 알 수 있다. 활 또한 일반 화살 외에 쇠뇌를 활용하였을 것이고, 성문을 뚫기 위해 충차衝車도 동원하였을 것임을 간단한 이 자료만으로도 충분히 알 수 있다. 실제로 백제 부흥군은 사비성 1차 공격 때 충차로 외성을 부수고 당군의 식량을 빼앗았다. 당평백제비에도 "높은 담과 가파른 성을 충붕衝棚으로 부숴버렸다."라고 하였으니 백제 부흥군도 같은 장비를 사용하여 사비성을 공격하였을 것이다.

부여풍 국왕 추대 관련 『일본서기』 기록 믿을 수 없어

그러면 부여풍이 부흥 백제의 왕으로 추대된 사실과 그 시기에 관해서 일본의 자료는 어떻게 설명하고 있을까? 먼저 『일본서기』에 다음과 같은 몇몇 기록이 전해지고 있다.

---

311)　布柵連營 攻圍罷連 雲梯俯瞰 地道旁通 擊石飛矢 星奔雨落 晝夜連戰 朝夕憑陵 自謂興亡繼絶

㉮ [천지천황 원년(662)] …… 5월에 대장군·대금중大錦中 아즈미노무라지히라부阿曇連比邏夫 등이 수군 170척을 거느리고 풍장 등을 백제국에 보내주었다. 칙명을 내려 풍장 등으로 하여금 그 자리를 잇게 하였다. 또 복신에게 금책金策을 주며 그 등을 두드리면서 위로하고 상을 내려주었으며 작록爵祿을 주었다. 이때 풍장 등은 복신과 더불어 머리를 조아리고 칙명을 받았으며 사람들은 눈물을 흘렸다.312) (『일본서기』 27 天智紀)

㉯ [제명천황齊明天皇 6년(660)] 겨울 10월에 백제의 좌평 귀실복신이 좌평 귀지貴智 등을 보내어 당의 포로 100여 명을 바쳤다. 지금의 미노노쿠니美濃國 후하不破와 가타아가타片縣 두 군郡의 당나라 사람들이 그들이다. 또 군대를 빌어 구원해줄 것을 요청했다. 아울러 왕자 여풍장餘豊璋[어떤 책에는 좌평 귀지, 달솔 정진正珍이라 했다]을 청하여 말하였다. "당나라 사람들이 벌레 같은 적을 거느리고 와서 우리 영토를 흔들어 사직을 뒤엎고 우리 임금과 신하를 포로로 잡아갔다[백제 왕 의자義慈, 그 아내 은고恩古, 그 아들 부여륭, 그 신하 좌평 천복千福, 국변성國辨成, 손등孫登 등 모두 50여 명이 가을 7월 13일에 소장군蘇將軍에게 사로잡혀 당에 보내졌다. 이것은 까닭 없이 병사를 부린 결과일 것이다]. 그러나 백제국은 멀리서 천황께서 돌보아주시는 데 힘입어 다시 백성을 모아 나라를 이루었다. 이제 백제국이 천황을 시위했던 왕자 풍장豊璋을 맞아 장차 국주國主로 삼기를 원한다."라고 하니 조서를 내려 말하였다. "군대를 빌고 구원을 청하는 것을 옛날에 들었다. 위험에 빠진 것을 도와주고 끊어진 것을 잇는 일은 항상 법도에 있다. 백제국이 곤궁에 빠져서 내게 와서 '본국에 화란이 있으나, 의지하여 알릴 곳이 없다. 창을 베고 자며 쓸개를 핧는다. 반드시 구원해 달라'라고 멀리서 와 표문을 올려 아뢰니 뜻을 빼앗기 어렵다. 장군들에게 나누어 여러 길로 함께 나아가게

---

312) 夏五月 大將軍大錦中阿曇比邏夫連等 率船師一百七十艘 送豊璋等於百濟國 宣勅 以豊璋等使繼其位 又豫金策於福信 而撫其背 褒賜爵祿 于時 豊璋等與福信 稽首受勅 衆爲流涕(『日本書紀』 27 天智紀)

하라. 구름처럼 모이고 번개처럼 움직여 함께 사탁沙喙[313]에 모여, 악한 무리들을 베고 저 위급한 나라를 도우라. 마땅히 유사有司들은 함께 참여하여 예를 갖추어 출발시켜 보내라."라는 등의 말을 하였다. [왕자 풍장 및 처자와 그 숙부 충승忠勝 등을 보냈다. 그들이 떠난 때는 7년(661) 조에 보인다. 어떤 책에는 "천황이 풍장을 왕으로 세웠으며 색상塞上을 보(輔. =보좌)로 삼고, 예를 갖추어 떠나보냈다."라고 하였다.][314] (『일본서기』 26 齊明紀)

㉯ [제명천황齊明天皇 7년(661)] 9월에 황태자가 나가츠노미야長津宮에서 직관織冠을 백제 왕자 풍장에게 주고, 또 오오노오미코모시키多臣蔣敷의 누이를 아내로 삼게 하였다. 그리고 대산하 사이노무라지아지마사, 소산하 하다노미야츠코타쿠츠를 보내 군사 5,000여 명이 호위하여 본국으로 가도록 해주었다. 이에 풍장이 백제에 들어갈 때 복신이 맞이하러 와서 머리를 조아리고 나라의 정사를 모두 맡겼다.[315] (『일본서기』 27 天智紀)

위 자료 중에서 먼저 ㉮는 천지천황天智天皇 원년(662) 5월 조의 기사이다. 이 때문에 부여풍을 부흥 백제의 왕으로 추대한 것이 662년 5월이라는 견해가 제기되었다. 그런데 이 기사 가운데 "…… 수군 170척을 거느리고 풍

---

313) 이것은 신라를 의미하는 것으로 보면 된다.

314) 冬十月 百濟佐平鬼室福信 遣佐平貴智等 來獻唐俘一百餘人 今美濃國不破片縣 二郡唐人等也 又乞師請救 幷乞王子餘豊璋曰[或本云 佐平貴智達率正珍也] 唐人率我蝥賊 來蕩搖我疆場 覆我社稷 俘我君臣[百濟王義慈 其妻恩古 其子隆等 其臣佐平千福國辯成孫登等 凡五十餘 秋七月十三日 爲蘇將軍所捉 而送去於唐國 蓋是無故持兵之徵乎] 而百濟國 遙賴天皇護念 更鳩集以成邦 方今謹願 迎百濟國遣侍天朝王子豊璋 將爲國主云云 詔曰 乞師請救 聞之古昔 扶危繼絶 著自恒典 百濟國窮來歸我 以本邦喪亂靡依靡告 枕戈嘗膽 必存拯救 遠來表啓 志有難奪 可分命將軍百道俱前 雲會雷動 俱集沙喙翦其鯨鯢 紓彼倒懸 宜有司具爲興之 以禮發遣云云[送王子豊璋及妻子與其叔父忠勝等 其正發遣之時 見于七年 或本云 天皇立豊璋爲王 立塞上爲輔 而以禮發遣焉](『日本書紀』 26 齊明紀)

315) 九月 皇太子御長津宮 以織冠授於百濟王子豊璋 復以多臣蔣敷之妹妻之焉 乃遣大山下狹井連檳榔小山下秦造田來津 率軍五千餘衛送於本鄉 於是 豊璋入國之時 福信迎來 稽首奉國朝政 皆悉委焉(『日本書紀』 27 天智紀)

장 등을 백제국에 보내주었다."라는 구절이『일본서기』천지천황 2년(663) 8월 17일의 다음 기사를 떠올리게 한다.

> "8월 무술일(17일)에 적의 장수가 주유州柔에 이르러서 그 왕성을 둘러쌌다. 대
> 당군의 장수가 전선 170척을 이끌고 가서 백촌강白村江에 진을 펼쳤다."

그래서 ㉮는 마치 663년 8월 백강해전과 662년 5월 기사를 뒤섞어 놓은 것처럼 보인다. 물론 이 기록은 무엇보다도 사건 연월의 신뢰도 문제가 크다. 그것만이 아니다. 천지천황 원년(662) 여름 5월에 부여풍이 백제 왕위를 이어받은 것으로 되어 있는 문제와 함께 ㉮의『일본서기』원문이 한문 구성이라든가 어법에도 어딘가 어색하다. 그 때문인지 모르겠으나 이 기사는 구전으로 전해오던 몇 가지 이야기를 짜깁기하여『일본서기』에 옮겨 적으면서 역사적 사실이 뒤죽박죽 뒤섞인 것 같은 느낌이 든다.

제일 큰 문제는 ㉮와 ㉯·㉰기사 가운데 부여풍을 왕으로 맞이한 연대가 다른 것이다. ㉯는 부여풍을 왕으로 추대한 시기를 660년 겨울 10월의 일로 기록한 반면, ㉰에서는 부여풍이 661년 9월에 백제로 떠난 것으로 되어 있다. 세 가지 기사의 연대가 모두 제각각이어서 어느 것을 취하고, 어떤 것을 버려야 할지 가늠할 수 없다. 한 마디로 이런 자료들은 신뢰할 수 없다. 특히 ㉰는 그 줄거리가 대략 사실일지라도 ㉮와 비교해보면 그 연대를 더욱 믿기 어렵다.

㉯와 ㉰의 내용은『구당서』및『자치통감』에서 부여풍의 추대 시기를 현경 5년(660) 9월 또는 용삭 원년 3월(龍朔元年三月) 기사에서 다룬 것과도 다르다. 즉,『구당서』나『자치통감』은 부여풍이 왕이 된 것을 661년(용삭 원년) 3월 기사에서 다루거나 그 이전 660년 9~10월의 기사와 하나로 묶어서

다루고 있다. 그들 두 자료는 660년 9월~661년 3월 사이에 부여풍이 왕으로 추대한 것으로 되어 있다.

복신이 부여풍을 왜에서 맞아들여 부흥 백제국의 왕으로 추대한 시점과 관련해서 유인궤가 백제로 향하면서 "내가 동이東夷를 평정하고, 대당의 정삭正朔을 해외에 반포하겠다."라고 한 것이나 "당의 사직을 세워 정삭과 종묘의 기휘를 반포하였다. 백제가 크게 기뻐하여 경계에 문을 닫고 각각 그 생업에 안정되었다."[316](이상 11월 4일)라고 한 중국 측의 기록 역시 연대 문제를 판단하는데 중요한 기준이 될 수 있다. 여기서 '정삭'이라는 것은 쉽게 말하면 책력을 가리킨다. 정확히 말하면 '한 해의 첫날과 한 달의 첫날'을 뜻한다. 그 당시 책력의 기준이 당나라에 있었고, 당군 내 군진 기록자는 중국의 책력을 기준으로 매일매일의 사건을 기록하였으며, 후일 그것을 바탕으로 『구당서』나 『신당서』와 같은 기록물을 작성하였다. 더구나 백제를 침공한 당사자였던 만큼, 연대 문제만큼은 『일본서기』보다는 『구당서』라든가 『신당서』·『자치통감』과 같은 자료들을 보다 더 신뢰할 수 있다.

앞에 소개한 ㉮, ㉯, ㉰의 세 가지 『일본서기』 기사는 하나의 사건을 놓고도 부여풍을 부흥 백제국의 왕으로 맞이한 연대를 660, 661, 662년으로 서로 다르게 기술하였으니 그 내용의 사실 여부를 떠나 이런 자료를 어찌 믿을 수 있는가? 이 문제 외에도 『일본서기』는 연대(및 월일)가 뒤죽박죽인 것이 많아서 역사서로서의 가치는 그리 높지 않다. 중국의 자료와 비교해 보면 『일본서기』의 세 가지 기록 중에서 그래도 그 내용을 믿고 싶은 것은 ㉯라고 하겠다. 그나마 거기서 다루고 있는 내용이 그럴듯해 보이기 때문

---

316) 「玉海」191 兵捷露布 3 唐熊津道行軍摠管破百濟

일 것이다.

　중국의 기록을 면밀히 분석해 보면 660년 음력 9월에 이미 부여풍은 주류성에서 부흥 백제의 왕으로 추대되어 1차 사비성 포위 공격을 추진한 것이 분명하므로 자료 ㉮, ㉯, ㉰의 내용은 별개로 하더라도 그 연대만큼은 믿기 어렵다. 부여풍이 주류성에서 왕으로 추대된 시기는 7월 18일 의자왕의 항복으로부터 3달 전후이며, 그중에서도 9월 3일 소정방의 회군 직후부터 9월 22일 사이의 일이 분명하다. 당군의 침입과 의자왕 및 대부분의 지배층이 포로로 잡혀간 사실이 일본에 전해지고, 일본에서 부여풍이 건너와 부흥 백제의 왕으로 추대되기까지 대략 두 달 가량 걸린 것이다. 일본에 가고 오는 거리와 시일을 감안할 때 대략 그 기간이면 부여풍을 맞이할 충분한 시간이 된다. 의자왕이 포로로 잡힌 때로부터 두 달여의 시간이 걸린 셈인데, 왕과 왕족, 지배층 대부분이 사라진 공백 상태에서도 살아남은 자들이 서둘러 대책을 세우고 기민하게 움직인 결과라고 평가할 수 있겠다.

3. 천안 병천 전투에서 전사한 신라 화랑 기파랑(耆婆郎)과 은석사 설화

당나라를 끌어들여 백제를 치던 신라가 661~663년경 차령산맥을 넘어 천안·온양 지역으로 군대를 집중하여 치열한 전투를 치렀음을 알 수 있는 일화가 하나 있다. 충남 천안시에 있는 은석사(은지3길 78-4)에 관련된 이야기이다. 은석사의 행정구역상 위치는 천안 동남구 북면이지만, 주변이 여러 개의 높은 산으로 에워싸여 있어서 그 진입기점은 목천이나 병천이 된다.

은석사 뒷산인 은석산(455m) 봉우리 남측 양지녘에는 조선 영조 시대의 문신인 박문수(1691~1756)의 묘가 있다. 박문수의 직계 7세손인 박용우 씨의 말로는 박문수의 묘 자리가 본래는 신라 화랑 기파랑의 무덤일 것이라고 한다. 그의 가계인 고령박씨 종가에 전해오는 말로는, 박문수가 생전에 직접 은석사의 창건기를 보았는데, 그 기록에 이르기를 "신라 화랑 기파랑이 전사하자 원효대사가 그의 시신을 거두었고, 원효대사가 직접 기파랑의 무덤 자리를 골라 기파랑을 묻었으며, 기파랑을 위해 지은 절이 은석사"라고 적혀 있었다고 한다. 원효대사가 심사숙고하여 묘 자리를 선택, 기파랑을 묻었다면 기파랑의 무덤이 은석사 주변에 있어야 하는데 무덤은 없고, 기파랑의 무덤이 있을 만한 위치는 바로 은석사를 내려다보는 '은석사 뒤편' 지금의 박문수 묘 자리밖에 없으니 기파랑의 무덤 자리에 1

천여 년 후 선조 박문수가 자신의 무덤을 쓴 것으로 본다는 게 박용우씨의 주장이었다.

더군다나 박문수의 호가 耆隱(기은)인 것도 기파랑耆婆郎과 관련이 있을 것으로 본다고 하였다. 耆隱의 耆는 기파랑耆婆郎의 耆를 가리키며, 결국 '기에 숨다(隱)'는 뜻을 얻은 것으로 이해한다는 말이었다. 이 이야기는 박문수의 직계 후손 사이에 전해져온 이야기로서 방계(傍系, =支派)의 후손은 잘 모르는 내용이며, 그래서 지금까지 외부에 거의 알려지지 않았다고 한다.

기파랑과 관련하여 승려 충담사忠談師가 지었다는 신라 향가 찬기파랑가讚耆婆郎歌가 전해오고 있지만, 정작 기파랑이 어느 시대의 인물인지, 그의 생존 시기를 좁혀볼 만한 근거가 그간에는 없었다. 박문수로부터 그의 직계 후손 가계에 전해오는 기파랑과 은석사 창건 설화는 우선 기파랑의 활동과 죽음에 얽힌 배경 및 시대를 대략적이나마 추리해낼 수 있다는 데 일차적인 의미가 있다. 원효대사(617~686)는 생존 시기가 명확하다. 원효대사보다는 기파랑이 먼저 죽었으니 원효의 생존 시기 안에서 기파랑의 사망 시기를 짚어볼 수 있다. 또, 다른 한편으로는 기파랑이 화랑이자 군인으로서 죽음을 맞이한 곳이 지금의 병천 지역이란 이야기이니 신라군이 병천으로 진입했다는 것은 당시의 상황에선 충북 진천이나 청주 오창·옥산 또는 수신에서 병천으로 신라군이 공격해 들어갔음을 말해준다. 이 길은 병천을 통해 목천·천안·아산으로 이어지니 기파랑의 죽음은 신라의 통일 전쟁, 그것도 백제의 부흥 운동기 마지막 시기에 있었던 일로 짐작할 수 있다.

더구나 진천은 김유신의 출생지이기도 하므로, 진천·청주·병천·목천 일대에 대해서는 김유신도 꽤 알고 있었고, 주류성 공격을 위해서 천안 지역은 백제 못지않게 신라에게도 중요한 곳이었다. 신라군이 아산·천안 지역으로 나아가기 위해서 기파랑의 군대는 반드시 병천 지역을 통과해야 했다. 신라군과 당군이 백제 지역으로 침입한 초기에는 이 일대가 신라군 또는 당군의 공격권이 아니었다. 신라군이 이 지역으로의 진출을 시도한 시기는 본격적인 백제 부흥 운동기이다. 당군과 신라군이 대전 지역을 확보한 뒤, 가림성 대신 주류성을 공격 대상으로 삼으면서 신라 육군이 안성 서운산으로부터 천안-전의-공주로 이어지는 차령산맥의 중간지대인 병천 지역으로 군사를 집중하였음을 알 수 있는 사례이다. 그러니까 백제 부흥 운동의 막바지에 차령산맥을 넘어 천안 일대를 통과하여 아산 및 내포 지방으로 진출하기 위한 진격 작전에서 신라군의 장수 기파랑이 병천이나 목천에서 죽음을 맞이한 것으로 이해할 수 있는 자료이다.

천안 지역 중에서도 전의 지역을 중심으로 부흥 운동을 전개한 중심 세력은 주류성의 성주城主 전 씨全氏 가문이었으므로 기파랑이 목천 및 병천 일대로 진군한 시기는 661년 봄 이후 663년 9월 사이의 어느 시점일 테지만 그중에서도 663년 7~9월 무렵에 있었던 나당군의 북벌北伐 기간일 가능성이 가장 높다. 그렇다면 원효대사의 나이 46세 때 기파랑이 전사한 것이 되는데, 정작 이 해에 기파랑의 나이가 얼마였는지는 알 수 없다.

부흥 운동 당시 신라는 안성천 이남, 즉 팽성(과거의 평택이었다)으로는 진출하지 못했다. 동쪽에서는 현재의 청주 북방인 북이면과 북삼면까지가 백제 두잉지현豆仍只縣의 북쪽 경계였다. 그러므로 안성~진천~증평~보은 지역을 신라가 확보하고 있었던 것으로 볼 수 있다. 신라가 팽성 지역을 점령한 이후에는 팽성 지역이 신라의 주요 보급로이자 군사 요충이 되었지만(『동경통지』) 부흥 운동 당시에는 안성천 이남 지역에서 직산을 제외한 팽성과 천안·아산 지역은 신라에 내주지 않았다. 따라서 신라는 아직 안성 청룡산-천안 광덕산-작성산-전의 운주산으로 이어지는 차령산맥을 넘어 충남의 중서부 지역으로 진출하지 못하였다. 그것을 넘어 주류성과 임존성을 무너뜨리기까지 신라는 많은 고비를 넘겨야 했던 것이다.

예산 대흥 임존성과 전의 주류성이 부흥 운동의 중심이 되어 연기·대전 및 공주·부여 지방의 백제 수도권 지역을 재탈환하기 위한 처절한 부흥 운동이 계속되는 마당에 신라군과 당군은 대전-웅진(공주)-부여 지역을 완전히 장악한 뒤에야 비로소 천안·아산·전의 지역을 공략하기 위해 663년 7월부터 드디어 북벌을 단행하였다. 그때 신라군은 안성·진천·청주(오창·수신) 지방을 거점으로 서진하여 차령산맥을 넘었고, 그중에서도 수신이나 옥산·진천에서 병천을 거쳐 천안·아산으로 질러가는 지름길을 개척하여 전투를 벌였으며, 그 과정에서 신라군을 지휘하던 기파랑이 병천에서 전사한 것으로 볼 수 있는 것이다. 병천이나 목천은 수신·오창·진천 등지에서 아산·천안으로 통하는 골짜기에 있는 요충이자 반드시 거쳐야 하는 길목이었으므로, 백제 부흥군과 신라군의 치열한 접전이 이 일대에서 있었음을 알 수 있다. 물론 이 외에도 여러 차례 병천을 통과하려는 신라 측의 시도가 있었겠지만, 기록에 남은 사례는 없다.

이후 신라군과 당군은 부여·공주에서 군대를 백강으로 보내어 해전을 치렀고, 결국 기벌포(백강)해전에서 나당군이 백제군과 왜군을 궤멸시킴으로써 주류성 함락의 발판을 마련했던 것이니, 병천 지역을 통해 지금의 천안 남부(전의면·전동면·소정면·연서면 등 과거 연기군 지역 포함)-온양(아산) 지역으로 진군해가며 백제군과 싸우는 과정에서 신라군의 장수 기파랑이 전사하였다고 보는 바이다. 당군은 백제·왜군을 상대로 삽교천 인근에서 기벌포(백강)해전을 치렀고, 동쪽에서는 신라군이 병천·연기 지역을 공격하여 주류성을 함락하기 위한 양면 전에 성공함으로써 백제의 마지막 항전을 끝냈으니 기파랑의 죽음은 북벌을 시작한 때로부터 마지막 백강해전이 있은

천안시 동남구 북면 은지리 산 1-1번지에 있는 박문수 묘(아산시청).

663년 9월 초 사이에 있었을 가능성이 가장 높다.

　아울러, 이것을 바탕으로 이제 신라 향가 찬기파랑가讚耆婆郎歌에 대한 이해에도 작은 실마리를 하나 얻었으니 그 일부 내용이나마 좀 더 명확하게 해석할 수 있을 것 같다. 찬가피랑가 내용 가운데 "깨끗한 모래 펼쳐진 물가에 어린 기파랑의 모습, 그대가 지니신 마음을 따라가고자 하노라. ……"³¹⁷⁾라고 해석되는 구절에서 보듯이 찬기파랑가는 기파랑의 공로와 그의 인품을 기린 일종의 추도시이다. 또 일오천리逸烏川理라는 구절은 '일오 나리(川理, 내)'를 표기한 것이며, 逸烏川理叱磧惡希은 '일오천 냇물에 어린 기파랑의 모습'을 묘사한 구절로 보고 있다. 그 일오천이 기파랑이 살았을

---

317)　咽烏爾處米 露曉邪隱月羅理 白雲音逐于浮去隱安支下 沙是八陵隱汀理也中 耆郎矣皃史是史藪邪 逸烏川理叱磧惡希 郎也持以支如賜烏隱 心未際叱肣逐內良齊 阿耶 栢史叱枝次高支好 雪是毛冬乃乎尸 花判也[『삼국유사』 권2 기이편(紀異篇) 제2, 景德王忠談師表訓大德) 조].

천안시 목천 은석산에 있는 은석사(아산시청).

경주의 형산강이나 북천(알천) 또는 작은 어느 개울가일 수도 있다. 그렇지만 기파랑이 병천에서 전사하였고, 그를 추도한 노래라는 점을 고려할 때 일오천逸烏川을 지금의 병천 아우내로 볼 수 있으니 찬기파랑가는 그 의미 그대로 '기파랑을 찬미한 노래'로서 병천 냇가에서 죽은 기파랑을 추도하며 지은 노래라고 보는 게 맞을 것 같다. 물론, 이와 함께 후일 고려 예종이 지은 도이장가悼二將歌도 향가 찬기파랑가의 계보를 잇는 작품으로서 찬기파랑가를 이해하는데 도움이 될 수 있을 것이다.

4. 웅진방령 예 씨 일가의 배신과 의자왕의 항복

    2006년과 2010년 중국에서 예식진禰寔進과 그의 아들 예소사禰素士, 예식진의 손자 예인수禰仁秀 및 예군禰軍(예식진의 친형) 등 백제 예 씨 가문 3대의 묘지墓誌 4점이 발견되었다. 이 자료를 가지고 예 씨 가계를 복원하면서 백제 멸망기의 사정을 좀 더 자세하게 이해할 수 있게 되었다.

    묘지명墓誌銘이란 것은 죽은 이의 무덤에 넣은 일종의 '피장자 신상명세서'다. 하남성河南城 낙양시洛陽市 출신의 동연수董延壽와 조진화趙振華가 2007년 3월에 예식진 묘지禰寔進墓誌를 학계에 정식으로 소개하여 예식진의 생애와 그의 가계가 처음으로 소상하게 알려졌다. 그리고 다시 2010년에는 예소사와 그의 큰아들 예인수 묘지명이 추가로 발견되어 예군이 예식진의 형이며, 의자왕과 그 아들 부여륭을 소정방에게 포로로 잡아 묶어다가 바친 예식禰植이 바로 예식진이었다는 사실도 밝혀졌다. 예식(=예식진)과 예군은 의자왕을 공주 공산성에서 잡아 묶어서 당에 바치고 항복한 공로를 인정받아 당나라에 들어가서는 고위직 무장이 되었으며, 백제 멸망 후에는 다시 백제로 건너와 옛 백제 땅을 지배하는 당의 관리로 활동하였다. 예식진과 예군의 후손들은 줄곧 당나라에서 무장이나 기타 높은 신분으로 살았으며, 죽은 뒤에는 장안성長安城 남쪽, 고양원高陽原[318]에 묻혔다. 예 씨

---

318)   현재의 陝西省 西安市 長安區 郭杜鎭村 남쪽

일가는 서안西安 남쪽 종남산終南山의 북쪽 줄기 산자락에 묻혔는데, 여기서 발견된 예식진 묘지명(672년 11월 제작)[319]에 의하면 예식진은 사망 후의 이름이며 본래 백제 웅천인熊川人이었다. 예식진禰寔進의 조부는 백제에서 좌평 벼슬을 한 예다譽多이고, 아버지는 좌평 사선思善이다. 당나라의 직제로 좌평 벼슬을 1품관이라고 하였는데, 예식진의 형 예군의 묘지명에도 똑같이 '1품관一品官을 좌평佐平으로 설명하였다. 예식진은 함형咸亨 3년(672) 5월 25일에 산동성 래주萊州 황현黃縣에 나가 있다가 그곳에서 58세로 사망하였으며, 그로부터 6개월 후인 11월 21일에 서안西安(당시의 長安)으로 시신이 옮겨져서 고양원에 묻혔다고 적혀 있다. 이 사실로부터 예식진은 백제 무왕 16년(615)에 출생하였음을 알게 되었다. 예식진 묘지명에 죽은 뒤의 이름이 예식진이라고 하였으니『구당서』소정방전에 기록된 예식禰植은 그의 생전 이름으로 볼 수 있다. 그러나 이런 몇 가지 내용을 제외하고는 백제에서 예식진의 활동이나 당나라로 들어간 뒤의 행적에 대해서는 별로 알려진 게 없다.

한편 예식진의 아들 '예소사禰素士 묘지명'[320]은 예식진보다 상세하다. 예

---

319) 大唐故左威衛大將軍來遠縣開國子柱國禰公墓誌銘幷書
公諱寔進百濟熊川人也祖佐平譽多父佐平思善幷蕃官正一品雄毅爲姿忠厚成性馳聲滄海效節靑丘公器宇深沉幹略宏遠虛弦落雁挺劍飛猨夙獲貞規
早表義節占風異域就日長安式奉文棍爰陪武悵腰鞬珪鶚紆紫懷斳紛影於香街翊九旗於綺禁豈与夫日磾之輩由余之儔議其誠績較其優劣者矣方承
休寵荷日用於百年遽促浮生奄塵飄於一瞬以咸亨三年五月十五日因行薨於來州黃縣五十有八恩加詔葬禮洽飾終以其十一月十一日葬於高陽原旁
命典司爲其銘曰溟海之東遠截皇風飧和飲化抱義志承榮簪紱接朵鵷鴻星寶劍月雕滿弓恩光屢治寵服方隆逝川遽遠悲谷俄窮烟含古樹霜落寒叢唯
天地兮長久与蘭菊兮無終

320) 大唐故雲麾將軍左武衛將軍上柱國來遠郡開國公禰府君墓誌銘幷序
莫敖以獨啓山林掩經江漢子文以三登令尹遂覇諸侯人物雄於一方錫胤昌於萬葉靈基積海島之遠荊巫玉潤珠明卞巖之接隨肆忠爲國賈孝實天資岡有其材家稱代祿存諸史冊可略詳言公諱素士字素楚國琅邪人也自鯨魚隕彗龍馬浮江拓拔以勁騎南侵宋公以强兵北討乾坤塲蟢君子滅迹於屯蒙海內崩離賢達違邦而遠逝七代祖嵩自淮泗浮於遼陽遂爲熊川人也曾祖眞帶方州刺史祖善隨任萊州刺史父寔進入

4. 웅진방령 예 씨 일가의 배신과 의자왕의 항복   333

소사가 708년 8월 29일에 사망하였고, 그로부터 대략 두 달 뒤인 11월 2일에 옹주雍州 고양원에 매장되었다. 또 죽은 뒤의 이름은 소사素士이며 字는 소素이고, 본래 초국楚國 낭야인琅邪人이라고 전해주고 있다(公諱素士字素楚國琅邪人也). 말하자면 예식진의 관향貫鄕이 산동성 낭야琅邪였다는 것이다. 그의 7대조는 숭嵩이다. 예소사 묘지명에 따르면 예숭은 회사(淮泗, 회수와 사수의 합수머리 인근)에서 배를 타고 요양遼陽으로 건너가 살다가 그 뒤 언젠가 백제로 가서 웅천인이 되었다고 한다. 예소사의 증조부 진眞은 대방주자사帶方州刺史를 지냈고, 조부 선善은 수隋 나라의 내주자사萊州刺史, 아비 식진寔進은 (백제 멸망 후) 당에 들어가 귀덕장군歸德將軍, 동명주자사東明州刺史, 좌무위대장군左威衛大將軍이 되었다. 바로 이 예 씨의 7대조 숭을 기준으로 예 씨가 백제에 정착한 시기를 5세기 초로 보는 견해가 제시되었다. 한 세대 30년으로 잡아 예식진의 출생연도인 615년에서 210년을 빼면 대략 405년이 되므로 예 씨 일가가 백제에 정착한 시기를 5세기 초 전지왕腆支王 시대(405~419)로 파악하고, 그중에서도 남연南燕의 멸망(410)과 송의 건국(420) 사이에 백제 땅

朝爲歸德將軍東明州刺史左威衛大將軍時稱忠謹家擅動門剖竹爲符昔時專寄馳軒問瘦是賴仁明鑿門申百戰之功登壇應三軍之選公以父賓入侍貴族推賢談笑而坐得軍謨指麾而暗行行陣年十五授遊擊將軍長上父宿衛近侍改授龍泉府右果毅又改龍原府右果毅臨滄府折衝加三品左豹衛右郎將又授右鷹揚衛右郎將左監門中部長安三年 制充清夷軍副使龍迂鳴玉求蔣濟而從軍始賀執金龍伏兒而輔國加來遠郡公餘悉如故神龍元年授左武衛將軍曹文重戚首膺嘉招荀美幼年俄聞獎擢羽林淸禁上懸郎將之星高閣連雲側伫虎賁之直景龍二年六月奉使徐克等卅八州存撫絲綸滿路邦守負弩以先驅軒盖盈衢王公傾城而出餞方輿便宜入奏對漢制而推多豈謂夢寐成灾召無醫而不救景龍二年八月卅九日卒於徐州之官舍呼鳴哀哉卽以其年十一月二日遷窆於雍州高陽原禮也將軍舊壘忽變新塋天子臨朝猶思大樹公自幼及長揚名愛親寢息無忘於忠誠言談不逾於禮義童年結綏不以地勢嬌人壯室傳封不以勳容傲物丹墀陛戟奸臣畏威而寢謨紫塞揚麾點虜閒名而遁去瓜牙是託蕃扞攸歸所謂斯人邦之良也子仁秀仁徹仁傑仁彥仁俊等鎮鎡克業幹蟲承家書翰之術早成公侯之資必復彩衣推孝未極萊氏之歡石槨開銘忽見藤公之兆然茶均痛漏栢摧心恐陵谷酒移蔂山之爲漢水陰陽遷賈海島之變桑田庶憑崔瑗之文遂鏤蔡邕之石銘曰 赫赫我祖奄營南土令伊稱功開封建字子孫錫胤英賢接武逡啓宗祊始傳王父其一蘭閣披圖儒林振葉永嘉中圯本流喪業魏氏雄飛宋公居攝郊原版蕩賢人利涉其二東浮鯨海北有雄津休屠侍漢角里違秦背亂獸爲觀風識眞千年聖主累葉名臣其三皎皎童年沉沉美量是標代胄鬱傾朝望學翰從軍升壇拜將入侍 皇極出平夷障其四使車東邁凶旅西飛繼宰輔痛澈 宸闈地迥隩出田荒路微榮華共盡今古同歸其五寂寂山門幽幽泉戶東望玄霸西連下柱楸隴雲愁松庭月苦空昔輔漢永埋征虜其六

에 내려와 정착하였을 것으로 본 연구가 있다.[321]

그런데 한 가지 지적할 점은 근래 이 요양遼陽을 공주로 해석하는 견해를 제시한 이가 있는데, 그것은 위험한 주장이다. 한 예로, 의자왕의 아들 부여륭扶餘隆 묘지명 가운데 "마한에 남은 세력이 이리와 같은 마음을 뉘우치지 않았고, 요해遼海의 물가에서 올빼미처럼 흉포하게 세력을 펼쳤으며, 환산丸山의 성에서 개미떼처럼 결집하였다"[322]라는 구절에서 말하는 요해遼海를 금강으로. 환산丸山을 주류성周留城으로 본다는 주장을 내놓은 이가 있다.[323] 그러나 여기서 말한 요해의 遼는 단지 '멀다'는 글자 뜻 그대로 사용하였으며, 요해遼海는 중국에서 바라볼 때 '먼바다 밖', '바다 건너 먼 곳'을 이른다. 따라서 요해지빈遼海之濱은 '먼 바다의 물가'라 하여 백제를 지칭한 것이지 현재의 요양 남쪽 바다와 같은 특정 지명(고유명사)이 아니다. '요해'로써 '바다 건너 멀리' 백제를 지칭한 용례가 이미 『구당서』와 『신당서』 유인궤전에 더 있다.

1) "처음에 유인궤가 대방주帶方州로 떠나려 할 때 사람들에게 말하였다. '하늘이 장치 이 늙은이에게 부귀를 줄 것이다.' 주사州司에서 역일(曆日, 책력을 말함) 한 권과 함께 칠묘휘七廟諱[324]를 청하자 사람들이 그 까닭을 괴이하게 여겼다. 그는 '요해遼海를 평정하고 국가의 정삭正朔을 반시頒示하여 이속夷俗으로 하여금 좇아 받들게 할 것이다'라고 말하였는데, 이때 와서 모두 그의 말처럼 되었다."[325](『구당서』)

321) 金榮官,「中國 發見 百濟 遺民 禰氏 家族 墓誌銘 檢討」,『신라사학보』 24, p.89~158, 신라사학회 2012
322) 馬韓餘燼狼心不悛鴟張遼海之濱蟻結丸山之城
323) 梁起錫,「百濟 扶餘隆 墓誌銘에 대한 檢討」,『國史館論叢』 624, p153~155, 國史編纂委員會, 1995
324) 당 황제 7대의 이름
325) 『구당서』 84 열전 34 劉仁軌

2) "처음에 유인궤가 대방주에 임명되었을 때 사람들에게 말하기를 '하늘이 장차 이 늙은이를 부귀하게 하려는구나!'라고 하였다. 이에 달력과 종묘의 기휘를 청하였다. 누군가 그 까닭을 묻자 '마땅히 요해를 평정하여 본조(本朝, =唐)의 정삭을 반포하리라'라고 하였는데, 마침내 모두 그 말과 같이 되었다."[326] (『신당서』)

여기서 말한 요해遼海는 모두 '먼바다' 그러니까, '멀리 바다 건너 백제'를 지칭한 것이었다. 이런 사례가 더 있다. 하나의 예에 불과하지만, 『책부원구』에 "정관 19년(645) 당 태종은 요遼를 정벌하려 안시성으로 갔다. 6월 정사일에 고려 말갈의 무리 15만이 와서 안시성을 도왔다."[327]라고 하였는데, 이 경우의 요는 물론 요하遼河나 요동遼東을 가리킨다. 그렇지만 요遼라는 글자는 중국인들의 입장에서 '멀리'·'먼 곳'이라는 뜻으로 사용한 예가 흔히 있다. 그런 배경을 무시하고, 1)과 2)에서 먼바다 건너 백제를 가리키는 요해遼海를 요동의 앞바다로 해석한다면 말이 되겠는가?

한편 위 묘지명에서 밝힌 대로 예숭이 배를 타고 회사로부터 이주한 곳은 오늘의 요양遼陽이라고 하였다. 글자 뜻 그대로 예 씨 일가는 요양에서 살다가 예숭 또는 그의 후손이 언젠가 공주로 내려온 것으로 이해해야 한다. "自淮泗浮於遼陽"(회사에서 배를 타고 요양으로 가 있다가)라는 구절 뒤에 다시 "遂爲熊川人也"(마침내 웅천인이 되었다)고 덧붙였으니 '요양에서 다시 웅천으로 내려갔다'라고 보는 게 옳다. 따라서 앞뒤 두 구절 사이에는 예 씨 일가가 겪은 많은 내용이 생략되어 있는 것으로 볼 수 있다. 예군 묘지명

---

326) 『新唐書』108 열전 33 劉仁軌

327) 貞觀十九年 帝征遼 次安市城535) 六月丁巳 高麗靺鞨之衆十五萬來援安市城(『책부원구(冊府元龜)』125 帝王部 125 料敵)

에는 그의 증조부 예복禰福이 좌평이었고, 그의 4~5대조는 실명이 없는 것으로 보아 요양에서 웅진으로 내려와 정착한 것은 예숭으로부터 예군의 4대조(고조)에 이르는 어느 시기로 볼 수도 있겠다.

물론 이와 유사한 사례가 난원경 묘지명難元慶墓誌銘에도 있다. 난원경 역시 흑치상지나 부여륭처럼 백제인으로서 포로가 되어 낙양으로 끌려간 인물인데, 그의 묘지명에서 난원경의 가문이 주로 활동한 지역을 요遼 또는 요양遼陽으로 표현하고 있어 주목되고 있다. 그의 묘지명 가운데 "고조부인 조祖는 요遼에서 벼슬하여 달솔이 되었으니 지금의 종정경宗正卿과 같다."[328], "달솔이란 영화로운 관직에 올라 요양의 귀한 가문으로서 고매한 덕을 갖춘 장군"[329]과 같은 표현이 보이는데, 여기서도 요양은 현재의 중국 요양으로 보는 게 옳다. 예 씨나 난 씨難氏와 같은 백제 상층의 꽤 많은 인물들이 지금의 요양 지역에서 남하한 이들이었음을 알 수 있는 내용이다.

중국인들이 요하遼河, 요해遼海라는 말을 관용적으로 쓴 전통은 아주 오래되었다. 본래 遼河는 특정한 강 이름이 아니었다. 그저 먼 곳에 있는 강을 의미했을 뿐인데, 대대로 중국이 영토 확장책을 펴면서 새로 빼앗은 동쪽 땅의 강에는 늘 요하라는 이름을 가져다 붙여서 지금의 하북성河北省 일대로부터 요령성遼寧省의 요하까지 여러 개의 요하遼河가 생겼으니 요해 또한 그와 같은 개념으로 생각할 필요가 있다. 다만, 요양만은 경우가 다르다. 이것을 백제 웅진이나 사비를 이르는 이름으로 보는 것은 옳지 않다. 예濊는 본래 발해 지역인 창주滄洲 일대에 있었다. B.C.128년 예군濊君 남려南閭가 한에 항복한 뒤로부터 고조선의 멸망 이후, 위만조선 시대에는 예인

---

328) 高祖祖仕遼任達率官亦猶今宗正卿焉
329) 達率騰華 遼陽鼎貴 德邁將軍

들은 요양으로 옮겨가 있었다. 즉, 기원후 2~4세기에 예의 중심은 요양이었다. 예 씨 일가와 난원경 가문을 보면 요양 지역의 예인濊人 상당수가 백제에 유입되었을 것이다. 고조선 멸망 이후 백제 건국 시기, 그리고 그 이후에도 그 일대에서 남하한 사람들이 많았던 것 같다. 결국 이 문제는 백제계 상당수가 일찍이 요양 지역에서 남하하였음을 알려주는 단서로 보는 게 좋을 듯하다.

한편, 예소사 묘지명에는 예숭禰嵩을 7대조로 적었고, 증조를 예진(禰眞, 대방주자사), 조부는 예선(禰善, 隋의 萊州刺史)이라고 하였다. 예군 묘지명에는 예군과 예식진의 증조부가 예복으로 되어 있으니 이를 토대로 예진의 아비가 예소사의 고조부인 예복禰福이었음을 알 수 있다. 예인수 묘지명에는 수말隋末에 내주자사萊州刺史를 지낸 예선禰善이 전란을 피해 바다를 건너서 백제로 왔다고 기록하였다. 이를 바탕으로 하여 예숭이 요양으로 갔고, 예소사의 6대조~4대조가 백제로 와서 정착했음을 알 수 있다. 뒤에 예진(禰眞, =禰譽多)이 다시 중국으로 들어가 대방주자사가 되었고, 예선이 수에 들어가 내주자사가 되었다가 수나라 말기에 다시 백제로 돌아왔을 것이다.

다만 낙랑, 대방은 4세기 초에 이미 없어졌으니 적어도 5~6세기에 예진이 대방주자사가 되었다는 것은 이해하기 어렵다. 예 씨 선조의 중간경유지가 대방 땅이었거나 '백제는 대방 고지故地에서 시작되었다'라는 전승에 따라 후에 중국에서 대방주자사라는 작위를 주었을 수도 있다. 그것이 아니면 예소사 시대에 와서 자기네 가계에 전해오던 구전 전승을 바탕으로 4세기 초 이전, 예숭의 선조가 대방 땅에 머물렀던 일을 가지고 부풀려서 예진이 대방주자사를 지냈다고 잘못 기록한 것일 수도 있다. 예 씨 일가의 유량과 그 전력을 바탕으로 예선이 산동 동래(내주) 지역으로 나아가 있을 때 내주자사를 받으면서 그 아비 예진이 대방주자사에 추증된 것일 수도 있겠다.

웅진방령 예군, 웅진성 대장(방좌) 예식진의 배신

예식진의 아들 예소사는 5명의 아들[330]을 두었는데, 그중 장남이 예인수禰仁秀이다. 예인수 묘지명[331]에도 "수말隋末에 내주자사를 지낸 예선禰善은 동한東漢(=후한) 평원 처사의 후예로서 하늘이 수隋를 싫어함을 알고 배를 타고 바다로 숨어서 마침내 백제에 이르렀다. 백제 왕이 그를 승상으로 세워 국사國事를 다루었는데, 그 아들 예식진에 이르러 당나라의 백제 정벌 때 백제 왕을 끌고 가서 당 고종 황제에게 귀순하니 이로 말미암아 좌무위대장군 내원군 개국공에 봉하였다."[332]라고 한 내용이 있어 바로 이 구절로써 비로소 6세기 말 예선이 백제로 와서 승상이 되었으며 예식禰埴이 예식진禰寔進이었음을 알게 되었다. 이 내용 가운데 "引其王"(그 왕을 끌고서)라는 구절로 보아 예식진이 의자왕을 포승줄에 묶어서 끌고 공산성을 나와 사비성으로 가서 항복한 것이 사실이었음을 알 수 있었다.

이에 대하여 『삼국사기』 신라본기 태종무열왕 7년 7월 조에는 ①"18일 의자왕은 태자와 웅진방령 예군을 데리고 웅진성으로부터 사비성으로 와서 항복하였다"[333]라고 하였다. 그런데 『구당서』 권 83, 열전 33 소정방전

---

330) 인수(仁秀), 인휘(仁徽), 인걸(仁傑), 인언(仁彦), 인준(仁俊)

331) 大唐虢州金門府折衝禰君墓誌銘幷序
隋末有萊州刺史禰善者盖東漢平原處士之後也知天猒隨德乘桴竄海遂至百濟國王中其說立爲丞相以國聽之洎её寔進世官彖賢也有唐受命東討不庭卽引其王歸義于高宗皇帝由是拜左威衛大將軍封來遠郡開國公父子之事殊所會時也去就之理合所由道也語云豎者避地書云必有忍其乃有濟傳曰不在其身其在後嗣之謂乎寔進生素士襲父封仕至左武衛將軍君諱仁秀卽武衛府君之長子也少以種銀印赤敏累授明威將軍右驍衛郞將尋以元帥連坐左爲秦州三度府果毅歷汝川梁川府果毅虢州金門府折衝禀命不遷開元十五年終于臨洮軍之官舍爲壽五十三矣嗚呼遺孤未杖越在異郷家僕護喪歸于舊里夫人河南若干氏綏州刺史祁陁之女也公歿之後攜持露立保成幼志賈用婦功一男二女克婚冠初夫人送元女于鬮州宜祿久而不返遂以十七年十一月六日卒于堉氏之別業春秋六十一離殯客土星歲再周越以天寶載庚寅夏五月戊子朔十二日己酉克葬于長安縣之高陽原禮也其子曰適追報所天慰玆明靈志彼幽壤銘曰存離居沒異土我生鮮歡王事靡監二紀于玆成禮便時有子克報于嗟孝思

332) 引其王歸義于高宗皇帝由是拜左威衛大將軍封來遠郡開國公

333) 十八日 義慈率太子及熊津方領軍等 自熊津城來降

에 ②"그 대장 예식이 또 의자왕을 데리고 와서 항복하였다. 태자 륭과 아울러 여러 성주도 함께 인장印章을 보내어 항복하였다."³³⁴라고 하였으니, ①과 ②의 기록을 비교하여 추리해 보면 의자왕과 태자 부여륭, 웅진방령 예군 등이 웅진성에서 나와 투항한 과정을 고스란히 알 수 있다. 그때 의자왕을 포승줄에 묶어가지고 나가서 투항한 사람은 예식(예식진)이다. 뿐만 아니라 웅진방령 예군禰軍의 관할 하에 있던 여러 성주와 웅진방령의 관인官印까지 소정방에게 보냈다. 웅진방령의 인장은 휘하 각 군의 성주들에게 보내는 공문서에 찍는 것으로서 그 자체가 방령이 가진 모든 권한을 의미한다. 물론 방령 이하 성주의 경우도 마찬가지이다. 실제로 전북 고창 흥덕면 오호리에서 (伏)義將軍之印이란 글자가 새겨진 청동인장이 출토된 바 있는데(2007년), 바로 이런 것이 소위 관款이라고 하는 것이다. 그것은 관할지의 모든 지배권을 상징한다. 그것을 소정방에게 보냈다는 것은 웅진방령 자신이 당과 소정방에게 모든 권한을 바치고 항복한다는 의사를 분명하게 전달한 것이다.

그런데 『구당서』와 『삼국사기』 자료에서 문제가 되는 것은 "그 대장 예식이 또 의자왕을 데리고 와서 항복하였다"³³⁵라고 한 것과 "의자왕이 태자 및 웅진방령 예군 등을 데리고 …"³³⁶라고 한 구절이다. 여기서 '대장 예식'과 '웅진방령 군 등'으로 두 사람의 직급을 명확히 제시하였다. 예식(예식진)이 대장이라고 하였고, '熊津方領軍等'(웅진방령 예군 등)으로 되어 있으니 이 구절로써 예식진은 웅진성의 대장이었고, 예군은 웅진방령이었음을 명확히 알 수 있다. 그러므로 이제 義慈率太子及熊津方領軍等이라는

---

334) 其大將禰植又將義慈來降 太子隆幷與諸城主皆同送款

335) 其大將禰植又將義慈來降

336) 義慈率太子及熊津方領軍等

구절을 다시 해석할 수 있게 되었다. 종전에는 '의자왕은 태자와 웅진방령 휘하의 군사를 인솔하여'라고 번역하였다. 그것은 예 씨 일가의 묘지명이 나타나기 전까지 잘못 해석한 것이다. 예식(예식진)의 형 예군의 존재를 잘 몰랐기 때문이었다. 그러나 예군 묘지명에서 예군이라는 인물을 확인하였고, 예인수 묘지명에 예식진이 "그 왕을 이끌고 가서 고종황제에게 귀의했다"[337]라고 한 구절이 있어 이것과 비교해보면 "의자왕은 태자 및 웅진방령 예군 등을 데리고"라고 해석해야 마땅하다.

그러니까 여기서 군軍은 웅진방령 휘하의 군대가 아니라 예식진의 형 예군禰軍을 이른다. 예식은 단지 대장이었고, 그의 형인 예군이 웅진방령이었다. 의자왕이 항복할 때 데리고 간 사람을 '태자 및 웅진방령 군 등'이라고 하여 等(등)이라는 글자를 붙였으니 의자왕 말고도 수뇌부급 인물이 많이 있었을 것이다. 나아가 이 두 구절로써 의자왕을 묶어서 당에 항복하는데 앞장선 인물이 예식(예식진)이었음을 미루어 알 수 있다.

한 가지 여기서 주목할 점은 백제 멸망 후 당에 들어간 예식과 예군의 행적이다. 예식진이 예군보다 높은 지위와 직책을 받고 활동하였는데, 그것은 바로 의자왕과 그 태자 부여륭을 붙잡아 사비성으로 가서 소정방에게 항복한 예식의 공이 반영되었을 것임을 시사한다. 당 측의 자료나 예인수 묘지명에 '(예식진이) 그 왕을 끌고 가서 고종황제에게 귀의하였다'라고 하였고, 『구당서』 소정방전에도 "그 대장 예식이 또 의자왕을 데리고 와서 항복하였다"[338]라고 하였다. 의자왕과 부여륭을 배신하는 데 예식(=예식진)이 앞장섰음을 알려주는 대목이라고 하겠다. 전체 맥락으로 보아 당시 예

---

337)　引其王歸義于高宗皇帝
338)　其大將禰植又將義慈來降

군은 동생 예식진의 항복을 묵인하거나 방조하였을 것이다.

더구나 『구당서』엔 예식진을 '그 대장 예식'(其大將禰植)이라고 했으니, 예식(예식진)은 그냥 대장이었지 웅진방령이 아니었다. 예식진이 웅진방령이었다면 其大將이라는 말 대신 其方領이라고 했을 것이다. 다시 말해서 '熊津方領軍'(웅진방령군)이라고 명시하였으니 그것은 '웅진방령 예군禰軍'을 의미한다. 예식(예식진)은 웅진방령 예군을 보좌한 방좌方佐 정도로 볼 수 있겠다. 당시 백제에서는 방령 아래에 통상 2명의 대장을 방좌로 두고 있었기 때문이다. 예식이 웅진방령인 예군보다 비록 직급이 낮았으나 의자왕과 태자 륭을 배신하는 일에 주동적으로 나섰고, 예군은 그것을 묵인 또는 방조하였으므로 후에 두 형제가 당나라로부터 받은 관직에도 차이가 있었다고 볼 수 있다. 福(증조)-譽(조부, =예진)-善(부)에 이어 예식과 예군 모두 좌평의 신분으로서 북방성(웅진성)의 두 형제가 방령과 방좌方佐를 지냈을 것이다. 즉, 예식진은 웅진방령 예군의 휘하에서 대장(방좌)으로서 형 예군을 돕다가 의자왕을 배신하는 일에 앞장섰다고 보아도 무리가 없을 것 같다. 그래서 "그 대장 예식이 또 의자왕을 데리고 와서 항복하였다"라고 하였다. 더군다나 예인수 묘지명[339]에도 "그 아들 예식진이 선대의 어진 덕을 본받았다. 당나라가 천명을 받아 나라 밖 동쪽을 치니 곧 그 왕을 이끌고 고종

---

339) 大唐虢州金門府折衝祢君墓誌銘幷序
隨末有萊州刺史禰善者盖東漢平原處士之後也知天猒隨德乘桴竄海遂至百濟國王中其說立爲丞相以國聽之洎子寔進世官象賢也有唐受命東討不庭即引其王歸義于高宗皇帝由是拜左威衛大將軍封來遠郡開國公父子之事殊所會時也去就之理合所由道也語云賢者避地書云必有忍其乃有濟傳曰不在其身其在後嗣是之謂乎寔進生素士襲父封仕左威衛將軍君諱仁秀卽武衛府君之長子也少以將種銀印赤韍累授明威將軍右驍衛郎將尋以元帥連左爲秦州三度府果毅歷汝州梁州府果毅虢州金門府折衝稟命不遷開元十五年終于臨洮軍之官舍爲壽五十三矣嗚呼遺孤未杖越在異鄉家僕護喪歸于舊里夫人河南若干氏綏州刺史祀陁之女也公歿之後携持露立保成幼志實用婦功一男二女克致婚冠初夫人送元女齒州宜祿久而不返遂以廿七年十一月六日卒于賀氏之別業春秋六十一離殯客土星歲再周越以天寶載庚寅夏五月戊子朔廿二己酉克葬安縣高陽原禮也其子曰適追報所天慰兹明靈志彼幽壤銘日存離居沒異土我生鮮歡王事靡鹽二紀于兹成葬便時有子克報于嗟孝思

황제에게 귀의하였다.”[340]라고 하여 예식진이 의자왕을 배신하고 당에 항복하였음을 선명히 드러내었다. 그러나 '의자왕이 태자 및 웅진방령 등을 데리고'라는 구절이 문제다. 이것 때문에 의자왕과 부여륭 등이 예 씨 형제로 하여금 항복 과정을 연출한 전략을 폈으리라고 주장할 수 있을 것이다. 당이 백제 지배보다는 고구려 정벌을 목표로 하였으므로 의자왕과 백제 측이 협상안으로 항복을 제안하였으나 의자왕의 예상과 다른 방향으로 일이 진행되었을 것이라고 볼 수도 있다. 여기서도 몇 갈래 이야기가 더 나올 수도 있겠지만, 그러나 소정방은 사비성을 함락시키고도 18일까지 공산성으로 의자왕 일행을 뒤쫓지 않았다. 애초 의자왕과 지배층을 사로잡아 개선하는 데 목표가 있었을 것인데 어찌해서 공산성에 당군도 신라군도 배치하지 않은 것일까? 당과 신라 양측은 예 씨 일가와 사전에 약속한 바가 있어 예 씨 형제의 후속 조치를 기다리고 있었던 것으로 보는 게 오히려 타당할 것 같다. 예선 이후 공주의 예 씨 가문은 일찍부터 중국과의 교섭에도 관여하였고, 신라 측의 사전 공작에 따라 신라와 미리 내통하였을 가능성이 있다.

한편 예인수 묘지명에서 예 씨의 선조를 '동한의 평원 처사'(東漢平原處士)라고 하였는데, 이것은 후한의 평원 지방에 살던 처사로서 예형禰衡(173~198)이란 인물을 가리키는 것으로 보고 있다. 후한 말기의 인물로『후한서』열전 편에 예형의 이름과 간단한 행적이 올라 있다. 예형의 약관 이전 이름은 正平(정평)이었다. 평원은 산동성山東省 서북부에 있는 덕주시德州市 임읍현臨邑縣 덕평진德平鎭 평원平原을 가리키는 것으로 본다. 예형은 처음에 북해태수北海太守 공융孔融의 추천으로 조조曹操의 휘하에 들어가 있었다. 그

---

340)　泊子寔進世官象賢也有唐受命東討不庭即引其王歸義于高宗皇帝

러나 그 언행이 공손하지 못하다 하여 조조가 그를 멀리하였다. 다만 예형의 재주를 아껴서 형주荊州의 유표劉表에게 보내어 그의 밑에 있게 하였다. 그러나 유표 역시 예형의 언행을 못마땅하게 여겼다. 그러나 그 또한 예형의 재주만은 아깝다 하여 죽이지 않고 대신 강하태수江夏太守 황조黃祖에게 보냈다. 황조 역시 그의 언행이 몹시 불손하다 하여 마침내 참지 못하고 죽여버렸는데, 그때 예형의 나이 26살이었다.[341] 백제 예 씨 일가의 유랑은 이때부터 시작되었다. 예형의 무덤은 현재 호북성湖北省 무한시武漢市 한양구漢陽區 구산龜山 남쪽 기슭에 있다고 한다.

예군·예식진-예소사-예인수 묘지명 내용 대략 같아

예인수 묘지명에 예인수가 개원開元 15년(727)에 53세로 사망하였다고 했으니 예인수의 출생연도는 675년이다. 아마도 예식진이 당나라로 돌아가 새로 맞은 여인에게서 태어났을 것이다. 예인수는 예형이 살았던 시대로부터 약 5백 년 뒤의 인물이니 예인수 묘지명에 실린 그의 가계 이야기는 상당 부분 구전으로 전해지던 내용이 후일 기록으로 남은 것으로 볼 수 있다. 다만 예인수 묘지명으로도 예형의 후손이 요양으로 갔다가 언제 백제로 내려와 정착했는지는 정확히 알 수 없다. 그런데 『구당서』 소정방전에 "(백제의) 대장 예식이 의자왕을 데리고 나와 항복하니 태자 륭과 여러 성주들이 함께 투항하였다. 백제를 평정하고 그 땅을 여섯 개의 주로 나누었다. 의자 및 부여륭, 태泰를 포로로 잡아 동도東都(낙양)에 바쳤다."[342]라고 한 기록이 있어 이것과 예인수 묘지명의 내용이 명확히 부합함을 알게 되었다.

---

341) 『후한서』 권 80 下, 文苑列傳 70 下
342) 其大將禰植又將義慈來降 太子隆幷與諸城主皆同送款 百濟悉平 分其地爲六州 俘義慈及隆泰等獻于 東都

예군 묘지명

　더구나 묘지명 맨 첫머리에 "수나라 말에 내주자사로서 예선이라는 자
가 있었으니 무릇 후한 시기 초야에 은둔해 있던 선비의 후손이다. 하늘
이 수나라의 덕을 못마땅하게 여기니 뗏목을 띄워 바다로 숨어 마침내 백
제국에 이르렀다. 왕이 그 말을 듣고 승상으로 세워 온 나라가 따르도록
하였다. 그 아들 예식진이 대를 이어 선대의 어진 덕을 본받았다. 당나라
가 천명을 받아 동쪽 나라를 치니 곧 그 왕을 이끌고 고종 황제에게 귀의
하였다. 이로 말미암아 좌위위대장군 관직을 주고 내원군개국공에 봉하였
다."[343]라고 하여 예식진의 조부가 내주자사로 있었고, 예식진의 아비 예

---

343)　隨末有萊州刺史禰善者盖東漢平原處士之後也知天猒隨德乘桴竄海遂至百濟國王中其說立爲丞相以
　　　國聽之泊子寔進世官象賢也有唐受命東討不庭即引其王歸義于高宗皇帝由是拜左威衛大將軍封來遠

선이 직접 백제로 가서 정착한 것으로 되어 있다.

애초 예군 묘지명[344]은 2010년에 섬서성 서안시에서 출토되었다. 그러나 예군 묘지명(678년 10월 제작)은 2011년 7월 중국 길림성吉林省 길림대학吉林大學의 왕연룡王連龍이 소개하면서 국내에 처음 알려졌다.

예군 묘지명에 의하면 예군禰軍은 죽은 뒤의 이름이며 자(字, 약관 이전의 이름)는 온溫이고 웅진 우이인이다(公諱軍字溫熊津嵎夷人也). 예군 묘지명을 통해 비로소 예군이 예식진의 친형으로서 예식진보다 두 살 위라는 사실도 알게 되었다. 또 그의 선조들이 영가永嘉의 난[345]을 피하여 동쪽으로 와서 웅수熊水에 자리를 잡고 일가를 이뤘다고 하였는데, 이에 따르면 660년을 기

郡開國公

344) 大唐故右威衛將軍上柱國禰公墓誌銘幷序
公諱軍字溫熊津嵎夷人也其先与華同祖永嘉末避亂適東因遂家焉若夫巍巍鯨山跨青丘以東峙淼淼熊水臨丹渚以南流浸煙雲以樆英降之於蕩沃照日月而榹惁秀之於蔽虧靈文逸文高前芳於七子汗馬雄武擅後異於三韓華構增輝英材繼轡綿圖不絶奕代有聲曾祖福祖譽父善皆是本藩一品官号佐平並緝地義以光身佩天爵而懃國忠侔鐵石操埒松筠範物者道德有成則士者文武不墜公狼輝襲祉鷰頷生姿涯濬澄陂裕光愛日干牛斗之逸氣芒照星中搏羊角之英風影征雲外去顯慶五年官軍平本藩日見機識變杖劒知歸似由余之出戎如金磾之入漢 聖上嘉歎擢以榮班授右武衛滻川府折衝都尉于時日本餘噍據扶桑以逋誅風谷遺甿負盤桃而阻固萬騎亘野与盖馬以驚塵千艘横波援原蛇而縱沴以公格謨海左龜鏡瀛東特在簡帝往尸招慰公侚臣節而投命歌 皇華以載馳飛汎海之蒼鷹翥凌山之赤雀決河眥而天吳靜鑒風隧而雲路通驚鳧失侶濟不終夕遂能說暢 天威喩以禑福千秋僭帝一旦稱臣仍領大首望數十人將入朝謁特蒙 恩詔授左戎衛郎將少選遷右領軍衛中郎將兼檢校熊津都督府司馬材光千里之足仁副百城之心擧燭靈臺器標於芃棫懸月神府芳掩於桂苻衣錦晝行富貴無革藋蒲夜寢字育有方去咸亨三年十一月廿一日詔授右威衛將軍局影彤闕飾躬紫陛亟蒙榮晉驟歷便繁方謂克壯清猶永綏多祐豈啚曦馳易往霜凋馬陵之樹川閱難留風驚龍驤之水以儀鳳三年歲在戊寅二月朔戊子十九日景午遘疾薨於雍州長安縣之延壽里第春秋六十有六 皇情念功惟舊傷悼者久之贈絹布三百段粟三百升葬事所須並令官給仍使弘文館學士兼檢校本衛長史王行本監護惟公雅識淹通溫儀韶峻明珠不類白珪無玷十步之芳蘭室欽其臭味四鄰之彩推嶺尙其英華奄墜扶搖之翼遽輟連春之景粵以其年十月甲申朔二日乙酉葬於雍州乾封縣之高陽里禮也駟馬悲鳴九原長往月輪夕駕星精夜上日落山兮草色寒風度原兮松聲灍陟文榭兮可通隨武山兮安仰愴清風之歇滅樹芳名於壽像其詞曰冑胤青丘芳基華麗脈遠遐邈會逢時濟茂族淳秀奕葉相繼獻款夙彰隆恩無替其一惟公苗裔桂馥蘭芬緒榮七貴乃子傳孫流芳後代播美來昆英聲雖歇令範猶存其二牖箭驚秋隙駒遄暮名將日遠德隨年故慘松吟於夜風悲薤哥於朝露靈轜兮遽轉嘶驂兮躡顧嗟陵谷之貿遷覬音徽之靡靐其三

345) 311년 전조(前趙)의 흉노인 유총(劉聰), 남흉노왕이 낙양(洛陽)을 공격하여 회제를 포로로 잡아가 죽임으로써 서진(西晉)이 멸망한 시기를 말한다. 이때 예 씨는 회사(淮泗)로부터 유랑의 길을 나선 것이다. 따라서 그 시기는 백제 비류왕 재위기간(304~343)의 초기에 해당하므로 예소사 묘지명에서 7대조 예숭 때가 아니라 적어도 그 이전, 예숭의 3~4대 선조가 살던 곳을 떠나 유랑한 것으로 보아야 한다.

준으로 350년 전에 예식진, 예군의 선조가 백제로 왔다는 이야기가 된다. 그렇다면 그것은 7대가 아니라 대략 12대 정도에 이르는 기간으로 볼 수 있다. 만약 그게 사실이라면 4세기 초, 백제에 부여계 해 씨解氏들이 유입될 때 요양 지역에서 상당히 많은 수의 유이민이 들어온 게 아닌가 의심해볼 수도 있다. 예 씨나 난 씨 및 진 씨陳氏와 같은 성씨들이 요양에서 왔다고

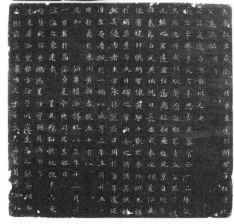

예식진 묘지명

한 것도 이 무렵 함께 남하한 이들을 지칭한 것으로 볼 수 있겠다.

여하튼 예군의 증조부는 이름이 복福이고 조부는 예譽이며 아버지는 선善인데, 이들은 모두 백제 최고위층 귀족인 좌평佐平의 신분으로 살았다. 660년 예군은 당나라에 귀순하여 우무위산천부절충도위右武衛灄川府折衝都尉라는 직책을 받았다. 예군은 후에 백제의 식민통치부인 동명주東明州 자사도 지냈고, 664~665년에는 두 차례나 일본에도 다녀왔다. 이때 당 고종이 좌융위낭장左戎衛郎將이란 관직을 주었다. 그로부터 얼마 안 있어서 다시 우령군위중랑장右領軍衛中郞將 겸 웅진도독부사마熊津都督府司馬에 임명되었고, 함형 3년(672)에는 또 우위위장군右威衛將軍이란 직책을 받은 것으로 되어 있다.

예인수 묘지명

그러나 660년 당군이 백제를 침공했을 때 "변화의 이치를 짐작하고 장검을 돌릴 곳을 알게 되어 마치 유여由餘가 서융西戎을 나오고, 김일제가 전한 무제에게 들어가는 것과 같았다. 고종이 가상히 여겨서 높은 반열에 발탁하여 우무위산천부절충도위右武衛溓川府折衝都尉를 주었다."[346]라고 하여 예군에 대한 평가가 좋다. 그러나 예군이 받은 직책은 예식진이 받은 좌위위대장군左威衛大將軍과는 차이가 크다. 예식진은 중앙 관직, 예군은 지방관직을 받았으니 이것으로도 의자왕을 포박하여 당에 항복한 인물이 예식진이고, 예군은 예식진에 동조했을 것임을 미루어 알 수 있다. 이런 점을 감안하면 앞에서 논의한 '其大將禰植又將義慈來降'(그 대장 예식이 또 의자를 데리고 와서 항복했다)고 한 것이라든가 義慈率太子及熊津方領軍等(의자왕이 태자 및 웅진방령 등을 데리고)라고 한 기록의 해석 문제가 선명해진다. 예식진은 웅진방령 아래 방좌로 있었거나 웅진의 북방성 방령 휘하 성주 또는 기타 대수망大首望과 같은 신분을 감시 감독하는 일을 겸했을 수도 있겠다.

346) 顯慶五年官軍平本藩日見機識變杖劒知歸似由余之出戎如金磾之入漢 聖上嘉歎擢以榮班授右武衛溓川府折衝都尉

한편 예소사 묘지명에 의하면 "7대조인 예승禰嵩이 회사淮泗 지역에서 배를 타고 요양으로 갔다가 마침내 웅천인이 되었으며, 증조부 진眞은 대방주자사帶方州刺史를 지냈고, 조부 예선禰善은 수隋 나라에서 내주자사가 되었다. 그러나 그 아버지 예식진禰寔進은 '의자왕을 묶어서 사비도성으로 가서 소정방에 바친 공으로' 당에 들어가 귀덕장군·동명주자사·좌위위 대장군이 되었다."[347]라고 하였는데, 이 기록을 그대로 믿으면 통상 한 대를 30년 정도로 잡아 예선이 백제에 정착한 시기를 6세기 초 무렵으로 볼 수도 있다.

그러나 예군 묘지명에서는 예 씨 일가가 중국 낭야인으로서 서진西晉 회 제懷帝 영가永嘉(307~313) 연간에 피난한 것으로 되어 있다. 이 기록을 감안하면 311년 이후, 적어도 예승의 3~4대조 이전에 예 씨 일가가 유랑을 시작하였을 수 있다. 그때 '대방 고지'로 나가서 정착하였다가 예승이 요양으로 갔으며, 거기서 다시 백제 웅천으로 내려간 것으로 이해할 수 있다. 그래서 예군 묘지명에 그의 선조는 중국인이라고 하였다. 그의 증조는 복福, 조부는 예譽, 아버지는 선善으로서 이들은 모두 1품관인 좌평이었다. 예군의 동생 예식진의 묘지명에는 예식진을 백제 웅천인熊川人이라고 하였고, 조부는 좌평 예다譽多, 아버지는 좌평 사선思善으로 기록하여 차이가 있다. 만일 예군의 조부 예예가 예식진의 조부 예예다이고, 예군의 아비 선善이 예식진의 아비 사선思善과 동일 인물이라면 예군과 예식진은 친형제 간이다. 그것이 아니라 예-예다, 선-사선이 동일인이 아니라면 예식진과 예군은 6촌 사이가 된다. 하지만 예 씨 일가 3대의 묘지명을 맞춰보면 예군의 친동생이 예식(예식진)임을 알 수 있다.

---

347) 七代祖嵩自淮泗浮於遼陽遂爲熊川人也曾祖眞帶方州刺史祖善隨任萊州刺史父寔進入朝爲歸德將軍 東明州刺史左威衛大將軍

	예인수 묘지명 (750년 5월 제작)	예소사 묘지명 (708년 11월 제작)	예식진 묘지명 (672년 11월 제작)	예군 묘지명 (678년 10월 제작)
7대조		七代祖嵩自淮泗浮於遼陽遂爲熊川人		
6대조				
5대조				
4대조(高祖)				禰福
3대조(曾祖)		禰眞(帶方州刺史)	佐平 禰譽多	禰譽
2대조(祖父)	禰善(隋末 萊州刺史)	禰善(萊州刺史)	佐平 禰思善	禰善
1대조(父)	禰寔進	禰寔進(귀덕장군, 동명주자사, 좌위위대장군).	禰寔進(615~672)을 百濟熊川人이라고 함.	예식진의 형 예군(613~678)을 熊津嵎夷人이라고 함.
禰素士	禰素士(?~708)			
禰仁秀 (675~727)	예소사의 장자 禰仁秀, 부인 若干氏(679~739). 예인수와 그 부인은 사후 각기 다른 곳에 묻혔다가 750년 5월에 합장하였고, 그때 예인수 묘지명이 만들어졌다.	서진 회제 영가(307~313) 연간에 피난하였다고 하였으므로, 이것은 예숭의 선조가 살던 곳을 떠나 유랑한 과정을 설명한 내용으로 볼 수 있다.	예식진과 예군의 묘지명을 비교해보면 예식진의 아비는 예선(예사선)이고, 그 조부는 예예(예다)로서 예진(禰眞)이라는 이름으로도 불렸다. 증조부는 예복이었다고 하였으며 예식진, 예군 및 예소사, 예인수의 묘지명에 모두 예식진과 예군의 아비를 예선으로 기록하였으므로 예식진과 예군이 친형제 간임을 알 수 있다.	

반면 예인수 묘지명에서는 예군, 예식진의 아버지 예선(예사선)이 수말隋末에 내주자사를 지냈다고 하였다.

예식진과 예군 형제, 예소사, 예인수의 묘지명에 기록된 내용을 종합하면 예숭禰嵩(7대)-□□(6대)-□□(5대)-예복禰福(4대)-예예(禰譽, 禰譽多)(3대)-예선(禰善, 禰思善)(2대)-예식진禰寔進-예소사禰素士-예인수禰仁秀의 가계도가 완성된다. 다만, 이들 자료엔 예예다禰譽多와 그 바로 위의 4대조 예복禰福은 이름만 전할 뿐, 그 위로 7대조 예숭까지 백제에서의 자세한 이력이 없는 것으로 보아 예 씨 일가의 백제 정착 시기가 예선 시대였을 가능성이 높다.

수 왕조 말에 예군·예식진의 아비 예선이 백제로 망명

예식진과 예군 묘지명에는 그 아비 예선이 백제 좌평을 지냈다고만 하였고, 예소사와 예인수 묘지명에는 예선이 수나라 말기에 내주자사를 지내다가 전란을 피해서 바다 건너 백제로 왔고, 그때 "백제 왕이 승상으로 세워 온 나라 사람들이 그의 말을 듣고 따르도록 하였다."[348]라면서 예식진의 자식 대에 이르러 좀 더 소상하게 예선의 일을 밝히고 있다. 그런데 여기서 문제가 되는 것은 예선이 내주자사를 지냈다고 한 사실이다. 이에 관해서는 "『수서隋書』,『자치통감資治通鑑』 및 『광주자사우문공비光州刺史宇文公碑』 등 사료를 검토해보면, 수隋 문제文帝 개황開皇 5년(585)에 광주光州를 내주萊州로 개칭했음을 알 수 있다."[349]라며 "내주자사란 관직은 개황開皇~인수仁壽 연간에 나타났다가 수隋 양제 시기인 대업大業 연간에는 주의 자사刺史를 군수郡守로 개칭했으므로 동래군수로 불렀어야 하지만, 수나라 말기의 혼란으로 이런 변화를 제대로 감안하지 못한 것일 수 있다."라는 견해를 제시한 이가 있다. 백제와 수나라 사이에 607년, 608년, 611년 세 차례 사신 왕래가 있었고, 이때 고구려 정벌에 관한 논의를 진행하였으므로 "예선이 백제 왕에게 가치 있는 유용한 정보를 가져가서 백제가 수와 고구려 두 강국의 충돌을 틈타 실리를 취할 수 있게 했던 것 같다. 그리하여 결국에는 '왕이 그 말을 듣고 재상으로 세워 온 나라가 따르도록 할 수 있었던 것 같다'."라고 한 것이 배근흥의 주장이다.[350] 아마도 이것이 사실에 가까운 내용이 아닐까 싶다. 그도 그럴만한 것이 『삼국사기』 백제본기 무왕 조에

---

348) 遂至百濟國王中其說立爲丞相以國聽之

349) 拜根興,「唐代 백제유민 禰氏家族 墓誌에 관한 고찰」,『韓國古代史硏究』66집 p.307, 한국고대사학회, 2012. 6

350) 拜根興,「唐代 백제유민 禰氏家族 墓誌에 관한 고찰」,『韓國古代史硏究』66집 p.308, 한국고대사학회, 2012. 6

"(백제는) 국경의 군사를 정비하여 수나라에 협력한다고 하였으나 실은 두 마음을 품고 있었다."[351]라고 하였고, 나아가 "농민봉기로 말미암아 수나라가 말기에 이르러 극도로 혼란한 상황이 빚어지고 있었으므로 이 시기에 예선이 백제로 망명하였을 가능성이 있다"라는 견해를 제기했는데, 그것도 설득력이 있다. 그 당시 백제가 수의 내부 사정을 들여다보면서 고구려와 내통한 사실을 『수서』에도 다음과 같이 기록하고 있어 이 견해가 합당한 것 같다.

"아들 장(璋, 무왕)이 왕이 되었다. 대업大業 3년(607) 백제 무왕은 사신 연문진을 보내어 조공하였다. 그해에 또 사신 왕효린을 보내어 입조하고는 고구려를 칠 것을 청했다. 수 양제가 허락하고 고구려의 동정을 살피게 하였다. 그러나 무왕은 안으로는 고구려와 통하고 속이며 중국을 살폈다. 대업 7년(611) 양제가 친히 고구려를 정벌하였다. 무왕은 그 신하 국지모로 하여금 와서 군대가 출동하는 날짜를 알려주길 청했다. 양제가 크게 기뻐하여 상을 더욱 후하게 내렸다. 상서 기부랑석률起部郎席律을 보내어 백제에 가서 서로 그 날짜를 공유하도록 하였다. 그 이듬해 6군이 요하를 건너자 무왕 역시 국경에 군사를 보내어 엄히 지키며 말로는 군대를 돕는다고 하고는 실제로는 두 마음을 갖고 있었다. 나중에 신라와 틈이 벌어져 매번 서로 전쟁을 하였다. 대업 10년(614) 다시 사신을 보내어 조공하였는데, 후에 천하가 어지러워졌다."[352]

---

351) 嚴兵於境聲言助隋實持兩端

352) 子餘璋立大業三年璋遣使者燕文進朝貢其年又遣使者王孝隣入獻請討高麗煬帝許之領覘高麗動靜然璋內與高麗通和挾詐以窺中國七年帝親征高麗璋使其臣國智牟來請軍期帝大悅厚加賞錫遣尙書起部郎席律詣百濟與相知明年六軍度遼璋亦嚴兵於境聲言助軍實持兩端尋與新羅有隙每相戰爭十年復遣使朝貢後天下亂(『수서』 동이 백제전)

백제가 고구려와 연합하여 신라와 수隋를 견제하고 있는 것으로 보아 이 무렵 예선이 유용한 정보를 가지고 백제로 와서 무왕을 만나 승상에 중용 된 것이 아닌가 하는 추측이 그럴듯하게 들린다.

다음은 요양에 관한 문제이다. 앞에서 요양遼陽을 백제 웅진으로 이해한 일부의 견해를 잠깐 소개한 바 있다. 김영관은 양기석梁起錫과 이문기李文基 의 연구를 바탕으로 다음과 같이 주장하였다.[353]

"예숭禰嵩이 당시 고구려의 영토였던 요동군遼東郡으로 들어갔다가 다시 백제로 들어갔다고 보기는 어렵다. 더욱이 배를 타고 바다를 건너 요동반도 내륙 깊숙 한 곳인 요양遼陽까지 갔다는 것은 자연스럽지 못하다. 비록 요양이 요하遼河의 지류인 태자하太子河로 연결되어 있어 배를 타고 바로 갈 수는 있지만, 굳이 고 구려로 갔다가 다시 백제로 왔다고 보기에는 어색한 구석이 있는 것이다. 그 렇다면 과연 요양이 어디일까 하는 문제가 풀려야 한다. 682년 세상을 떠난 부 여륭扶餘隆의 묘지명墓誌銘에서는 '요해遼海에서 올빼미처럼 폭력을 펼쳤으며 환 산丸山에서 개미 떼처럼 세력을 규합하였다'라는 기록이 참고가 될 수 있다. 이 기록은 백제 부흥군의 활동상황을 표현한 것으로 '遼海'는 백제 왕도를 감돌 아 흐르고 있는 금강을 상징하며, '丸山'은 백제 부흥군의 거점인 주류성周留城 을 이른 것으로 보고 있다.[354] 그러나 요해遼海가 고구려의 서변을 흐르던 요하 遼河 인근의 바다라는 일반적인 인식으로는 부여륭 묘지명에 기록된 요해遼海를 설명하기 어렵듯이 요해가 금강을 상징한다는 것도 쉽게 받아들일 수는 없다. …… 산동반도 동남단 낭야琅邪에서 세거世居하던 예 씨禰氏 일족들은 409년 예 숭禰嵩 대에 남연南燕과 동진東晉의 전란을 피해서 요양遼陽으로 건너갔다. 난원

353)   金榮官,「中國 發見 百濟 遺民 禰氏 家族 墓誌銘 檢討」,「신라사학보」 24, p108~109, 신라사학회 2012
354)   梁起錫,「百濟 扶餘隆 墓誌銘에 대한 檢討」,「國史館論叢」(62) P.153~155, 國史編纂委員會, 1995

경묘지難元慶墓誌에도 난원경을 '요양遼陽의 정귀鼎貴이자 삼한三韓에서 예중譽重한 다'라고 기록되어 있어 이 요양을 고구려의 요양으로 보기 어렵다. 요양은 요동반도에 있는 고구려의 요양이라고 특정하기는 어려우므로 삼한과 마찬가지로 한반도 혹은 백제를 의미하는 표현으로 보는 것이 타당할 것이라는 지적은 매우 유용한 것이다."[355]

그러면서 "요양遼陽이 고구려의 요양이 아니고 백제의 영역이라는 추정은 예소사 묘지명에 나오는 '自淮泗浮於遼陽遂爲熊川人也'(배를 타고 요양으로 갔다가 마침내 웅천인이 되었다)라는 구절을 통해서 확인할 수 있다."라며 "淮泗(회사)로부터 배를 타고 바다를 건너 요양에 도착하였고, 마침내 웅천인熊川人이 되었다고 한 기록상의 웅천熊川은 예식진禰寔進의 묘지명에서 보듯이 오늘날 충남 공주公州를 가리키는 것이 분명하다."라고 하였다.

그러나 이런 주장은 여러 가지 심각한 문제점을 내포하고 있다. 우선 공주를 요양이라고 부른 기록은 한국과 중국 어느 사서에도 없다. 여기서 말한 요양은 지금의 중국 요령성遼寧省의 요양이다. 요양을 공주로 해석하는 것은 그야말로 아전인수이다. 또 환산丸山을 주류성으로 보는 것은 더욱 큰 문제이다. 정확한 근거 없이 상황에 따라 필요할 때마다 그런 식으로 사료를 이리저리 마구잡이로 갖다 대는 것은 바람직한 자세가 아니다. 그렇게 따지면 환산은 옥천의 별칭이라야 한다.

여기서 두 가지 유민의 사례를 소개한다. 『삼국지』 위지 동이전 예濊 조에 이런 내용이 있다.

---

355) 李文基,「百濟 遺民 難元慶 墓誌의 紹介」,『慶北史學』(23) P.519, 慶北史學會, 2000

"옛날(은 왕조 말) 기자가 조선에 이르러 8조법금으로 백성을 가르치니 문빗장을 걸어 잠그는 일이 없어도 백성은 도둑질을 하지 않았다. 그 후 40여 세대(한 세대를 25년으로 잡으면 1천 년)가 지나서 조선후 회淮가 왕을 참칭하고 있었는데, 위만이 상투머리에 동이 복장을 하고 와서는 왕 노릇을 하였으며 한 무제가 조선을 멸망시키고 그 땅을 나누어 4군을 두었다."[356]

그런데 『삼국지』 동이 한 조에는 구야국과 안야국 설명 뒤에 "조선후 회가 왕을 참칭하였는데 연나라 사람 위만이 공격하여 빼앗았다."[357]라며 조선후 회가 구야국과 안야국 등 변진의 왕 노릇을 하고 있었는데, 위만이 다시 쫓아 내려와서 그 왕 자리를 또 빼앗았다는 내용이 있다. 이것은 위만이 고조선 왕이 되었을 때 조선후 회가 예왕을 참칭하자 예로 가서 조선후를 내쫓고 예왕이 되었다는 뜻이며, 나중에 조선후 회가 다시 변진으로 내려가 변진의 왕이 되었는데 위만이 또다시 쫓아가서 그를 내쫓고 변진의 왕이 되었다는 것이다. 따라서 위만이 예濊로 가서 그곳에서 왕이 된 조선 제후 회淮의 왕 자리를 빼앗았다는 기록을 바탕으로 당시 예가 어디에 있었는지를 알아봐야 하겠다. 본래 예는 발해의 중심이었던 창주(滄州, 滄海)에 있었다. 기원전 128년 예군濊君 남려南閭가 28만 예인濊人과 함께 한에 투항하여 예가 사라졌고, 그 후로 예의 중심은 지금의 요양遼陽으로 옮겨가 있었다. 기원전 108년 위만의 조선이 멸망하기 20년 전에 이미 발해의 한가운데에 있던 예가 한漢에 의해 멸망한 것이다. 기원전 198년에 준準을 몰아내고 위만이 들어선 뒤로, 바로 이 예濊의 땅에서 조선후가 예왕으로 있

---

356)   昔箕子既適朝鮮八條之敎以敎之無門戶之閉而民不爲盜其後四十餘世朝鮮侯淮僭號稱王 …… 燕人衛滿魋結夷服復來王之漢武帝伐滅朝鮮分其地爲四郡

357)   侯淮既僭號稱王爲燕亡人衛滿所攻奪

었던 것이다. 고조선의 멸망 및 예군 남려의 투항 이후 예인들은 발해 창주 지역을 떠나 유랑하다가 결국 요양에 이르렀는데, 위만조선 멸망 후로부터 2~3세기 이후에도 예의 중심은 요양에 있었다. 그러므로 위만이 고조선 왕이 된 기원전 2세기 초의 예는 지금의 창주시滄州市에 있었지만 4~5세기 예승이 거쳐 갔다는 요령성遼寧省의 요양은 또 다른 예의 중심지로서 이후에도 오래도록 한국으로 내려오는 유이민들의 중간경유지가 되었다.

두 번째 사례는 고구려 영류왕 때 당나라에서 들어온 8대 성씨에 관한 이야기이다. 4~5세기 중국과 고구려의 관계가 좋지 않았던 시기에 예 씨 일가가 고구려로 들어갔을 리가 없으므로 요양을 공주로 해석한다는 주장에 대한 반론으로서 이 문제를 거론하는 바이다.

당과 대립하고 있던 영류왕 때 고구려에서는 당나라에 지식인을 보내줄 것을 요청하였다고 한다. 물론 사서의 기록에는 없는 사실이다. 그때 당나라에서는 8학사學士를 보냈으며, 그 8명이 洪氏, 房氏, 殷氏, 吉氏, 奉氏 등 8개 성씨의 시조라고 전해오고 있다. 특히 홍 씨와 방 씨는 관향이 남양南陽으로 같다. 이것은 중국 남양을 가리키지만, 홍 씨가 내려와 나중에 정착한 곳도 경기도 남양이었다. 중국 신新을 세운 왕망王莽의 봉토가 본래 신야新野였는데, 신야 역시 남양에 속한 곳이었다. 고구려 영류왕 때 들어온 홍천하洪天河를 시조로 하는 남양 홍 씨는 당홍唐洪으로, 그와 달리 그전부터 뿌리를 내린 남양홍씨는 토홍土洪으로 구분한다. 다음으로, 방씨房氏 또한 본관이 남양인데, 당 태종 때 재상을 지낸 방현령房玄齡의 둘째 아들 방준房俊이 남양 방 씨의 시조이다. 그런데 이들 8명의 학사(당시의 지식인을 지칭)들을 연개소문이 당나라의 간첩으로 여기고 핍박하자 홍 씨와 방 씨 등은 모두 신라로 도망쳤다고 한다. 고구려의 적국이던 당나라 재상의 둘째 아들을 비롯하여 이들 8개 성씨의 시조가 연개소문에게 몹시 못마땅한 존재로 인식된 것은 어찌 보면 당연한 것인지도 모른다.

　이런 내용은 이들 8개 성씨의 가계보에 그대로 전해오고 있는데, 당시 고구려와 당, 고구려와 신라의 관계도 그리 썩 좋지 않았다. 그럼에도 이들 성씨는 고구려를 떠나 신라로 피난하였다. 백제 예 씨의 경우도 마찬가지다. 당시의 기록에서는 누락되어 알 수 없는 예 씨 가계의 이동을 국가 간 정치적 관점에서만 저울질하여 "七代祖嵩自淮泗浮於遼陽遂爲熊川人也"(7대조 숭이 회사에서 배를 타고 요양으로 갔다가 마침내 웅천인이 되었다)라고 한 구절과 요양遼陽을 웅천(공주)에 갖다 붙이는 것은 바르지 않은 일이다. '회사로부터 배를 타고 요양에' 갔고, 그 뒤에 '마침내 웅천인이 되었다'라고 글자 그대로 이해해야 한다. 맨 앞에 제시된 주어가 '7대조 숭'이고 예식진이 615년생임을 감안할 때 대략 5세기 초 20~30년이 예숭의 백제 이주 시기로 보는 것은 합리적이다. 그러나 이런 기록은 예식진 시대에까지 전해진 구전을 바탕으로 한 것이고, 구전이 대개 부정확한 데다 예숭 이후 2대는 실명도 전하지 않고, 그에 얽힌 구체적인 내용조차 없는 것으로 보건대 비록 '七代祖嵩'(7대조 숭)으로 시작된 위 문장에서 '遂爲熊川人也'(마침내 웅천인이 되었다)는 구절의 주체를 반드시 7대조 숭으로만 한정할 필요가 없다. 요양에서 백제로 이주한 시기가 예숭 이후 몇 대를 지나 예식진, 예군 형제의 고조인 예복 시대일 수도 있고, 그야말로 수 왕조 말기에 예선이 백제로 도망친 것일 수도 있다. 어디까지나 추정이지만 애초 예 씨 일가는 과거 대방 땅에 사민되었을 가능성도 고려해볼 만하다. 통상 죄수를 변방에 배치하는 일은 고대 사회에서 흔했고, 한漢~위魏의 시대에 새로 개척한(동으로 조선을 공격하여 새로 취한) 땅에 예 씨 일가를 보냈을 가능성도 있다.

　앞에 소개한 대로 고구려로 들어가 높은 대우를 받던 당나라 8개 성씨의 시조들과 마찬가지로 예승이 백제로 가서 정착했다면 그에 대한 내용도 얼마간은 있었을 것이다. 다시 말해서 묘지명에 예승의 관작에 대한 기록이 없고, 예복부터 좌평이란 신분을 기록한 것을 보면 애초 예승이 백제에 정착하지 않았음이 분명하다. 예소사 묘지명에서 거론한 예 씨 관련 기록이 매우 구체적으로 제시되어 있기는 하지만, 예인수 묘지명에는 예 씨의 백제 정착 시기를 5세기 초가 아니라 그보다 훨씬 늦은 시기로 제시하고 있는 점도 고려해야 할 것이다. 예군 묘지명에는 예군과 예식진의 증조가 복福이라고 하였고, 그로부터 좌평의 신분을 세습한 것으로 보면 예승이 요양으로 가서 살았으며, 그 뒤로 한참이 지나서 예복 시대에 백제로 내려온 것으로 볼 수도 있다. 그러므로 예복이나 예선의 백제 정착 시기를 동성왕 말년으로부터 무령왕 즉위 초기로 볼 수도 있다. 백 씨苩氏와 같은 세력이 거세되고, 예 씨와 같은 중국계 귀화인들이 정치적으로 혼란한 동성왕~무령왕 시기에 왕권을 지지하는 신흥세력으로 등장하였을 수도 있다. 그러나 만약 예승이 직접 백제로 들어왔다면 이들은 초기에 중국과의 교역에 종사하다가 5~6세기 전후 그의 후손들에 이르러 공주의 중앙 정계에서 높은 직위와 신분을 얻었을 수도 있다.

한편, 예군 묘지명 가운데 "일본의 남은 무리가 부상扶桑(일본)을 근거로 삼아 죽임을 피하려고 당나라에 대항하니 남은 백성들이 험하고 견고한 방어에 의지하였다. 1만 기騎의 기병을 들판에 펼쳐서 흙먼지를 일으켜 놀라게 하였으며 1천 척의 배로 파도를 넘고 들어오는 행렬이 굽이굽이 바다를 갈랐다. 공이 바다 왼쪽에 꾀를 펼쳐 영동瀛東358)에 귀감을 보이니 황

---

358) 영주(瀛州) 동쪽, 즉 바다 동쪽 백제를 이른다.

제가 불러들여 위무하였다."[359]라고 한 구절이 있는데, 이것은 백제 부흥운동을 지원하러 온 백제·왜 연합군을 663년 9월에 백강해전에서 궤멸한 사건을 전하는 내용으로 볼 수 있다. 여기서 주목되는 것이 백강해전에 동원된 배가 1천 척이라는 사실과 함께 기병 1만 기 그리고 日本이라는 국호이다. 예군 묘지명은 678년에 만들어졌다. 그러므로 이것은 日本이라는 이름이 확인된 '가장 오래된 실물자료'이다. 『삼국사기』 신라본기 문무왕 10년(670) 12월 조[360]에 의하면 왜가 처음으로 일본이라는 국호를 사용한 것이 670년이었다. 물론 『신당서』에도 "일본 사신이 말하기를 나라가 해 뜨는 곳 가까이에 있어서 그런 이름을 붙였다"[361]라고 설명하고 있다. 이로 보면 문무왕 10년 12월 조의 기사는 『신당서』 열전 일본 편을 옮겨놓은 것으로 볼 수 있는데, 일본과 관련하여 예군禰軍 묘지명에서 주목되는 사실 한 가지가 더 있다.

백제 멸망 후 예군은 '웅진도독부사마', 예식진은 동명주자사 지내

예군 묘지명에 따르면 예군은 대수망大首望 수십 명을 데리고 당 황제를 만났는데, 그때 당 고종은 예군에게 우융위낭장右戎衛郎將을 주었다. 후에 다시 우령군위중랑장 겸 검교檢校 웅진도독부熊津都督府 사마司馬의 직책을 더해 주었다. 그 후에 그가 웅진도독부로 돌아가 다스리니 백성들이 마음을 다하여 믿고 따랐다고 하였다. 여기서 주목되는 것이 백제의 대수망이라는 신분이다. 포로 58명 가운데는 이들 대수망(귀족층)이 상당수 포함된 것 같

359) … 于時日本餘噍據扶桑以逋誅風谷遺甿負盤桃而阻固萬騎亘野与盖馬以驚塵千艘横波援原蛇而縱沴以公格謨海左龜鏡瀛東特在簡帝往尸招慰公 …

360) 倭國更號日本 自言近日出所以爲名(『삼국사기』 신라본기 문무왕 10년 12월 조)

361) 咸亨元年遣使賀高麗 後稍習夏音 惡倭名更號日本 使者自言 國近日所出以爲名(『신당서』 권220, 열전 東夷日本)

다. 대수망은 아마도 웅진방령 휘하의 각 성주와 그를 보좌하는 귀족층에 대한 범칭일 것으로 추정된다. 후일 백제의 고토 지배를 위해 파견된 인물도 대부분 그들 가운데서 나왔을 것이다. 그 대표적인 사례가 지심주자사支尋州刺史를 지낸 난무難武라든가 사반주자사沙泮州刺史를 지낸 흑치상지이다. 이들은 웅진도독부의 도독이 된 부여륭 밑에서 사마司馬라는 직책을 가진 적이 있다. 『삼국사기』에는 예군이 웅진도독부사마로 기록되어 있다. 예군이 670년 7월에 신라에 사신으로 갈 때도 그의 직책은 웅진도독부사마였는데, 『일본서기』권 27, 천지천황 6년(660) 11월 기사ㄹㅌ 조에 '웅진도독부사마'라는 직위를 가진 이로서 법총法聰이라는 인물이 더 있으니 이들 두 사람은 677년경에 웅진도독부사마가 되어 사반주자사를 지낸 흑치상지362)와도 서로 잘 아는 사이였음이 분명하다. 아울러 동명주東明州는 웅진도독부에 설치한 당의 식민 통치기구인 7주 가운데 하나로서 현재의 공주시와 연기군 일대로 추정하고 있다. 백제 말기의 북방北方에 해당하는데, 물론 확실한 것은 아니다. 백제 멸망 직후 당나라는 이곳에 동명주를 설치하고 예식진을 동명주자사로 임명한 바 있다.

예군에 관해서는 『일본서기』와 『선린국보기善鄰國寶記』, 『해외국기海外國記』 천지천황 3년(664, =麟德 원년) 4월 조에 곽무종郭務宗 등 30명과 백제 좌평 예군禰軍 등 100여 명이 왜국에 사신으로 갔다가 돌아온 일이 있고,363) 그 이듬해에도 왜에 사신으로 다녀온 바 있다. 그 당시 예군은 당나라의 우융위낭장右戎衛郎將으로 변신해 있었음에도 그는 왜국에서 백제 좌평이란 신분으

362) 李文基, 「百濟 黑齒常之 父子 墓誌銘의 檢討」, 『韓國學報』 64, p.160, 一志社, 1991

363) 海外國記曰 天智天皇三年四月 大唐客來朝 大使朝散大夫上柱國郭務悰等卅人百濟佐禰軍等百餘人 到對馬島 遣大山中采女通信侶僧智辨等 來喚客於別館 於是智辨問曰 有表書幷獻物以不 使人答曰 有 將軍牒書一函幷獻物 乃授牒書一函於智辨等而奉上 但獻物擡看而不將也(『善隣国宝記』上 海外國記)

로 불렸다. 663년 9월 부흥 백제가 멸망한 뒤, 그가 당과 왜 사이의 교섭에 상당한 역할을 하였고, 함형咸亨 원년(670)에는 백제로 가서 웅진도독부사마로 있으면서 백제 고토에 대한 당의 지배권을 행사하고 있음을 다음 문무왕 10년 7월 조의 기사로 자세히 알 수 있다.

가을 7월에 문무왕은 백제의 남은 무리들이 배신할까 의심하여 대아찬 유돈儒敦을 웅진도독부에 보내어 화친을 요청했으나 (웅진)도독부에서는 듣지 않고 바로 사마司馬 예군禰軍을 보내 우리를 정탐하게 하였다. 왕이 저들에게 우리에 대한 음모가 있음을 알고, 예군을 억류해 돌려보내지 않고 군사를 일으켜 백제를 쳤다.

또 『삼국사기』에 의하면 예군은 함형 3년(문무왕 12년, 672) 기록에도 보인다.

마침내 급찬 원천原川과 나마奈麻 변산邊山을 보내어 억류해 두었던 당나라 병선 랑장兵船郎將 겸이대후鉗耳大侯, 내주사마萊州司馬 왕예王藝, 본열주장사本烈州長史 왕익王益, 웅주도독부사마 예군禰郡, 증산사마曾山司馬 법총法聰, 그리고 군사 170명을 돌려보내면서 표문을 올려 죄를 청하였다. …… 이와 함께 은 33,500 푼, 구리 33,000 푼, 바늘 4백 매, 우황 120푼, 금 120푼, 40승升[364] 짜리 포布 6필, 30 승 포 60필을 진상하였다.[365]

---

364) '승'은 우리말의 '새'에 해당한다. 그것을 구분하는 숫자가 클수록 고운 베이다.

365) (九月) 遂遣級飡原川奈麻邊山及所留兵舩郎將鉗耳大侯萊州司馬王藝本烈州長史王益熊州都督府司馬禰軍曾山司馬法聰軍士一百七十人 上表乞罪曰 臣某死罪謹言 昔臣危急 事若倒懸 遠蒙拯救 得免屠滅 粉身糜骨 未足上報鴻恩 碎首灰塵 何能仰酬慈造 然深讎百濟 逼近臣蕃 告引天兵 滅臣雪恥 臣忙破滅 自欲求存 枉被凶逆之名 遂入難赦之罪 臣恐事意未申 先後刑戮 生爲逆命之臣 死爲背恩之鬼 謹錄事

한편, 672년(함형 3년) 예군의 동생 예식진은 내주萊州 황현黃縣에 나가 있다가 그곳에서 사망하였는데, 그것을 두고 여러 가지 추측이 있다. 위 기록을 통해 신라에서 잡아두었던 웅진도독부사마 예군과 함께 병선낭장과 내주사마 등을 돌려보낸 것을 보면, 당시 신라와 당 사이의 전쟁이 치열하게 전개되던 시점에 예식진은 내주에 당군을 집결시키고, 전쟁에 대한 대비를 하고 있었다고 보는 게 순리에 맞을 것 같다. 내주는 당이 고구려를 침략하는 데에도 수군의 출항지로서 매우 중요한 역할을 하였고, 668년 고구려 멸망 후에는 신라와 치열하게 싸움을 하던 시기였으므로 수군의 지원문제 등 많은 일이 있었을 것으로 보는 게 타당하다. 아울러, 당의 정3품 관직인 좌위위대장군으로서 예식진이 내주에 나가 있었고, 내주사마 왕예를 신라에서 붙잡아 두었다가 당 고종에게 사죄의 표문과 함께 진상품을 보낸 것을 보면, 내주사마 왕예는 예식진의 휘하 장수로서 백제 고토에 나가 있다가 경주에 볼모로 잡혀 있었던 것으로 볼 수 있다. 그런 점에서 "예식진이 내주 황현에 행차한 것은 당과 신라 사이의 전쟁 상황과 관련된 현실적인 필요성 때문이었을 것."[366]이라고 본 견해는 설득력이 있다.

예군은 의봉儀鳳 3년(678) 2월 19일 옹주雍州 장안현長安縣 연수리延壽里 자신의 집에서 66세로 사망하였다. 당 고종은 예군 일가에게 장례물품으로 견

狀 冒死奏聞 伏願少垂神聽 炤審元由 臣前代已來 朝貢不絕 近爲百濟 再虧職貢 遂使聖朝 出言命將 討臣之罪 死有餘刑 南山之竹 不足書臣之罪 褒斜之林 未足作臣之械 瀦池宗社 屠裂臣身 事聽勅裁 甘心受戮 臣櫬轝在側 泥首未乾 泣血待朝 伏聽刑命 伏惟皇帝陛下明同日月 容光並蒙曲炤 德合乾坤 動植咸被亭毒 好生之德 遠被昆蟲 惡殺之仁 爰流翔泳 儻降服捨之宥 賜全腰領之恩 雖死之年 猶生之日 非所希冀 敢陳所懷 不勝伏劒之志 謹遣原川等 拜表謝罪 伏聽勅旨 某頓首頓首 死罪死罪 兼進貫銀三萬三千五百分 銅三萬三千分 針四百枚 牛黃百二十分 金百二十分 四十升布六匹 三十升布六十匹(『三國史記』 7 新羅本紀 7)

366) 拜根興, 「唐代 백제유민 禰氏家族 墓誌에 관한 고찰」, 『韓國古代史硏究』 66집 p.314, 한국고대사학회, 2012. 6

포絹布 300단, 속粟 300승升을 내려주고, 장사에 필요한 비용을 관청에서 내주도록 하였다. 그리고 그로부터 8개월 뒤인 10월 2일에 옹주 건봉현乾封縣 고양원高陽原에 장사지냈다.

그런데 예식진의 손자 예소사 시대로 내려오면 예 씨 가계에 대한 이야기가 보다 더 상세해진다. 이제 다시 완전한 중국인이 되었다고 생각해서 그런지는 모르겠지만, 예소사 묘지명에서는 그의 7대조 숭의 유랑 시기를 "탁발 씨拓拔氏가 경기(勁騎, 날랜 기병)를 이끌고 남쪽을 침범하였으며, 송공宋公이 강병을 거느리고 북쪽을 토벌할 때 7대조 숭嵩이 회사淮泗로부터 배를 타고 요양에 이르렀고, 그 뒤로 마침내 옹천인이 되었다."라고 설명하였다. 영가의 난 뒤에 북쪽에서 탁발 씨가 세운 위魏 나라가 남하하고 서진西晉의 어린 황제 대신 유유劉裕가 섭정하던 시기에 숭이 바다를 건너 요양으로 갔다고 하여 예숭이 요양으로 간 시기를 매우 구체적으로 제시한 점이 그 전의 예 씨 묘지명과 다르다. 서진 말, 선비족의 남연南燕을 송공宋公 유유劉裕가 410년에 멸망시키고 남조의 송宋을 420년에 건국하였으니 이를 바탕으로 숭이 백제로 이주한 시기를 5세기 초 전지왕대로 보면서 대략 전지왕 재위기간인 405~419년 무렵에 예숭이 공주 지역에 정착하였을 것으로 추정하는 견해가 있다. 예군 묘지명에는 예 씨 일가가 청구靑丘 웅수熊水(웅진강, 공주 금강) 근처에 정착하였다고 하였고, 예소사 묘지명에서는 웅천인이 되었다고 하였다. 예인수 묘지명에서 수말, 내주자사 예선이 전란을 피해서 바다 건너 백제로 왔다고 한 것과는 크게 다르다. 이 기록에 따르면 예 씨 일가는 5세기 초 백제로 이주하였다가 그 후 언젠가 다시 중국으로 건너갔으며, 수말隋末에 전란을 피해 또다시 백제로 이주한 것이 된다. 수나라 말기에 내주자사 예선이 전란을 피해 백제로 와서 좌평이 되었고, 그의 부친 예진禰眞은 대방주자사라고 하였는데, 예군 묘지명에는 예진의 선대인 예복禰福도 좌평이었다고 기록하였다. 예복-예진(예예)-예선이 모두 좌평이라 하였으니 예식진의 증조부 및 조부 예예(예예다)는 예선이 좌평의 신분을 얻으면서 추증의 형식으로 백제의 작위를 받은 것인지는 알 수 없고, 또 이들 예 씨 일가가 언제 백제에 정착했는지도 정확히 알 수 없다.

이들 백제 예 씨에 대하여 김영관金榮官은 다음과 같은 견해를 조심스럽게 내놓았다.

"금강 북안의 공주시 의당면 수촌리고분에서 출토된 중국제 유물과 금동관과 금동식리, 장식대도 등의 위세품들의 편년이 대개 4~5세기인 점을 고려한다면 중국에서 이주해 정착한 예 씨禰氏 집안과 관련이 있을 가능성도 있는 것이다."[367]

물론 그렇게 단정할 수는 없지만, 가능성은 있다. 475년 장수왕의 침입으로 한성이 초토화되고 문주왕이 웅진으로 천도하기 훨씬 전부터 공주 수촌리 일대 또는 그 외 백제 지역에 정착하여 중국과의 교역 및 교류에 종사한 외래인들로서 예 씨와 같은 신진세력을 앞세워 백제 왕실은 웅진에서의 권력 기반을 다지는 동시에 경제, 정치, 문화적으로 안정을 찾으면서 중국과의 외교에 새로운 탈출구를 찾아 왕권을 강화하려 했으리라고 보는 것은 논리적으로 타당한 면이 있다.

---

[367] 金榮官, 「中國 發見 百濟 遺民 禰氏 家族 墓誌銘 檢討」, 『신라사학보(24)』 p.147~148, 신라사학회, 2002

5. 묘지명으로 보는 부여륭(扶餘隆)의 생애

　부여륭 묘지명은 1920년 중국 낙양洛陽의 북망北邙에서 출토되어 하남성河南省 정주시鄭州市 하남성박물관에 보관되어 있다. 흑치상지 묘지가 확인된 북망 청선리淸善里에서 출토되었을 것으로 본다. 묘지(墓誌)의 크기는 가로, 세로 58cm이다. 글자는 가로와 세로로 선을 그어 사각형 구획을 만들고 그 안에 하나씩 새겼다. 행마다 27자씩 26행으로 모두 669자로 되어 있다. 글씨체는 해서가 중심이고 예서가 일부 섞여 있다. 글을 지은 사람과 글씨를 쓴 사람은 드러나 있지 않다. 특이하게도 '대당의 고인 광록대부 행태상경 사지절 웅진도독 대방군왕 부여군 묘지'(大唐 故人 光祿大夫 行太常卿 使持節 熊津都督 帶方郡王 扶餘君 墓誌)라는 묘지명 표제어가 글의 끝머리 붙어 있다. 부여륭의 행적은 『구당서』, 『신당서』, 『일본서기』, 『삼국사기』, 「당평백제비」, 「유인원기공비」 등에 단편적으로 보이지만, 이 묘지명이 발견되어 문헌에 누락된 것을 보충하고, 잘못 기록된 것을 수정할 수 있게 되었다. 명문에서 백제 왕실을 하손河孫이라 하여 '하백河伯의 자손'임을 나타내었다. 아마도 온조가 주몽의 아들이라는 건국 신화를 감안한 내용일 것이다. 명문에 나오는 사수濿水도 고구려 주몽 신화에 나오는 엄사수淹濿水를 가리키는 것으로 볼 수 있고, 백제와 고구려를 합하여 '양맥兩貊'이라 표현한 것이라든가, "계루桂婁가 어지러워지고 요하遼河가 평안하지 못하게 되었다."라는 표현은 고구려와 백제의 일통一通 의식을 반영한 것으로 보인다. 부여륭은 백제 무왕 16년(615)에 의자왕의 셋째 아들로 태어나 682년 68세의 나이로 죽어 북망산에 묻혔다. 660년, 백제의 멸망과 함께 그해 가을 당나라 낙양으로 압송되었다가 그해 11월 의자왕이 죽은 뒤 사농경司農卿이란 직책을 받았으며, 그 이듬해(663) 자신의 나라 백제 땅으로 돌아와 유인궤 등과 함께 군량선을 이끌고 백강으로 가서 부여풍의 부흥군과 싸워서 이긴 뒤, 다시 당으로 돌아갔다. 그로부터 2년 뒤인 665년[368]에 웅진도독 백제군공 웅진도총관 겸 마한도안무대사[369]로 임명되어 다시 웅진성으로 왔다. 그해 8월 유인궤의 주선으로 웅진성 취리산就利山에서 신라 문무왕과 화친을 맺는 의식을 치렀다. 그러나 유인궤가 귀국한 뒤, 신라의 압박을 받아 당으로 돌아갔다. 당 의봉儀鳳 2년(677) 2월, 부여융은 '광록대부 태상원외경 웅진도독 대방군왕'[370]에 임명되었다(『구당서』권5). 이하, 부여륭의 묘지명은 비교적 내용이 간단한 편이다. 공의 이름은 륭隆이다. 약관 이전의 이름도 륭인데, 백제 진조인辰朝人이다. 원래 ○○의 자손이니 그가 처음 나라를 열어 동방에서 우두머리로 일컬었다. 한쪽 귀퉁이를 차지하여 천 년 동안 이어 내려왔다. 어질고 후덕한 가운데 한漢 나라 역사에서 빛을 발하였고, 충성스럽고 효성스러움으로 이름을 날리니 진晉 나라 책 속에서 밝게 빛났다. 할아버지는 장璋으로서 백제 국왕이었다. 온화하고 겸손함에 맑고 빼어났으며 도량과 학문에는 따를 자가 없었으니 정관貞觀 연간(627~649)에 당 태종이 조칙을 내려 개부의동삼사開府儀同三司 주국柱國 대방군왕帶方郡王을 주었다. 아버지는 의자義慈로서 현경顯慶 연간(656~660)에 당 고종이 금자광록대부金紫光祿大夫 위위경衛尉卿을 주었다. 그는 과단성 있고 침착하고 사려 깊어

---

368) 당 인덕(麟德) 2년
369) 熊津都督 百濟郡公 熊津道摠管 馬韓道安撫大使
370) 光祿大夫 太常員外卿 熊津都督 帶方郡王

서 그 명성이 홀로 높았다. 그 업적이 후세의 왕들에게 나타났고, 대리시
大理寺에 올라 영화를 얻으니 그 경사가 후손에게 흘러넘쳤다. 공은 어려서
부터 남다른 모습을 보였다. 일찍이 뛰어난 용모를 지녀 그 기세가 삼한三
韓을 압도하였고, 그 이름이 양맥兩貊³⁷¹⁾에 드날렸다. 효성스러웠고, 신중하
게 몸을 닦았다. 선한 것을 택하여 행하였고, 의로운 것을 들으면 능히 이
를 본받았다. 여몽呂蒙과 위의衛顗를 스승으로 삼지 않아도 … 그 학식을 부
끄러워하였고, 손무孫武와 오기吳起의 병법을 배우지 않았어도 여섯 가지 기
묘한 계책이 잠깐 사이에 나왔다. 현경顯慶 연간(656~660)에 황제의 군사가
백제를 정벌하자 공은 멀리 천자를 거울로 삼아 거역과 순종의 길을 깊이
깨달았다. 훌륭한 학덕을 받들어 신명을 바쳤고, 오랑캐의 풍속을 버리고
어진 데로 돌아갔다. 후세 사람들의 재앙을 없앴고, 선인들이 미혹에 빠
진 잘못을 고칠 수 있었다. 공의 정성이 천자에 계속 다다르자 포상이 거
듭 내려졌으니 마침내 그 지위는 경卿의 반열에 들었고, 그가 누린 영광은
번국藩國을 꿰뚫었다. 그러나 마한에 남아 있던 무리가 이리와 같은 마음을
고치지 않고, 요해遼海 바닷가에서 올빼미처럼 폭력을 펼쳤으며, 환산丸山에
서 개미 떼처럼 세력을 규합하였다. 이에 황제가 크게 노하여 천자의 병사
가 위엄을 발하였으니, 상장군은 지휘의 깃발을 세웠고, 정예의 중군은 군
률을 받들었다. 이들을 병탄하는 꾀는 비록 조정의 계책에 따르는 것이었
지만 백성을 위무하는 방책은 사람의 덕에 의지하는 것이니 공을 웅진도
독으로 삼고 백제군공百濟郡公에 임명하였으며, 이어 웅진도총관熊津道摠管 겸
마한도안무대사馬韓道安撫大使로 삼았다. 공은 일찍부터 용감하여 신의를 길
러왔고, 위엄과 포용력이 본디부터 충만하였다. 그가 여러 읍락을 불러 회

371) 백제와 고구려

유하는 일에 흘린 것을 소중히 줍듯 하였고, 간악한 무리를 섬멸하매 뜨거운 물에 눈 녹듯 하였다. 이윽고 천자의 밝은 조서를 받들어 신라와 수호하게 되었고, 큰 은혜를 입어 동악東岳에서 천자를 모시게 되었다. 여러 차례 공훈을 쌓아 총애하는 칙명이 날로 융성해졌으니, 태상경太常卿으로 벼슬을 옮겼고, 대방군왕帶方郡王에 임명되었다. 공은 절개를 지키며 사사로움을 잊었으니 누누이 정성스러움을 바쳐 마침내 숙위宿衛할 수 있게 되었다. 진秦 나라 황실에 비유하자면 유여由余가 자신의 아름다움을 사양할 것이고, 한나라 왕조에 견주면 김일제가 자신의 덕을 부끄러워할 것이다. 비록 인정을 두텁게 하면서도 게으르지 않았고, 맛있는 음식을 언제나 삼갔으나 병환이 생겨 침술과 약이 효험이 없었고, 계곡에 견고하게 숨겨진 배가 모르는 사이에 옮겨지듯이 세상을 떠나게 되었다. 이때 공의 나이 68세로서 사저에서 사망하였다. 이에 조정에서는 그를 보국대장군輔國大將軍으로 추증하고 시호諡號를 내렸다. 공은 굳세고 성실하며 지조가 있었고, 신중하고 정직한 몸가짐을 지녔다. 고상한 정취에 홀로 이르렀고, 원대한 도량으로 아무 속박도 받지 않았다. 문사文詞를 좋아하여 경적經籍을 더욱 탐하였다. 현명한 사람을 사모하되 항상 그에 미치지 못하는 듯이 하였고, 명성에 대해서는 마치 떠도는 티끌에 견주었다. 그러나 하늘도 어쩔 수 없이 그를 세상에 남겨두지 않았으니 사람들이 여기에 모두 슬퍼하노라. 영순永淳 원년(682) 임오년壬午年 12월 24일 계유일癸酉日에 낙양 북망 청선리淸善里에 장례를 치렀으니 이것은 예의에 맞는 일이다. 유사有司로서 직임을 맡아 감히 다음과 같이 명문을 짓는다.

바다 한 귀퉁이에서 겨레를 이루니 하백河伯의 자손으로서 상서로움을 드러냈고, 나라 기틀을 우뚝 세우니 국운이 멀리 이어져 내려왔다. 집안의 명성을 능히 계승하고 대대로 이어받은 국업國業이 더욱 번창하였으니 은 덕이 사수溵水[372]에 흘러넘쳤고 위엄이 대방에 떨쳤다. 조상이 쌓은 선행이 외롭지 않아 영민한 후손들이 줄을 이었으니 곧고 성실한 마음을 꼭 지켰고, 충성스럽고 용감한 마음을 항상 가졌다. 나라를 위해 몸을 바쳐 자신의 몸은 가벼이 여겼고, 나라 걱정에 집안일을 잊고 의로움을 중시하였으니 왕회 편王會篇에 기록된 법을 준수하여 마침내 천자의 은총을 받게 되었다. 처음에 계루桂婁[373]가 어지러워지고, 요하遼河[374]가 평안하지 못하게 되었으니 마침내 어린 백성들을 이끌어 천자에게 의지하였다. 신의를 법도로 삼고 어진 것을 도리로 삼아 변방의 요새에서 교화를 펼쳤으며, 운운산云云山과 정정산亭亭山에서 천자를 모셨다. (그가 받은) 봉작封爵으로는 5등을 뛰어넘었고, 9경九卿의 반열에 동참하여 천자를 삼가 받들어 신하로서 절조를 엄숙히 지켰다. 그러나 남산南山은 견고하지 못하였고,[375] 흐르는 물이 갑자기 모여 내를 이루듯 세월이 흘러갔으니 감히 명정銘旌에 의탁하여 삼가 크나큰 공적을 밝혀둔다.[376]

---

372) 엄사수(淹溵水)를 이른다.

373) 고구려의 계루부(桂婁部)

374) 현재의 요령성 요하(遼河). 고구려를 지칭.

375) 여기서 남산은 사람의 수명을 나타내기 위해 쓰였다.

376) 公諱隆字隆百濟辰朝人也元□□孫啓祚暘谷稱雄割據一方跨躡千載仁厚成俗光揚漢史忠孝立名昭彰晉策祖璋百濟國王沖撝淸秀器業不羣貞觀年詔授開府儀同三司柱國帶方郡王父義慈顯慶年授金紫光祿大夫衛尉卿果斷沈深聲芳獨劭趨藁街而沐化績著來王登棘署以開榮慶流遺胤公幼彰奇表夙挺瓌姿氣蓋三韓名馳兩貊孝以成性愼以立身擇善而行聞義能徙不師蒙衛而□發斳工未學孫吳而六奇閒出顯慶之始王師有征公遠鑒天人深知逆順奉珍委命削衽歸仁去後夫之凶革先迷之失款誠押至褒賞荐加位在列卿榮貫蕃國而馬韓餘燼狼心不悛鴟張遼海之濱蟻結丸山之域皇赫斯怒天兵耀威上將擁旄中權奉律呑噬之筭雖稟廟謀綏撫之方且資人懿以公爲熊津都督封百濟郡公仍爲熊津道摠管兼馬韓道安撫大使公信勇早孚威懷素洽招攜邑落忽若拾遺翦滅姦匈有均沃雪尋奉明詔脩好新羅俄沐鴻恩陪覲東岳勳庸累著寵命日隆遷秩太常卿封王帶方郡公事君竭力徇節亡私屢獻勤誠得留宿衛比之秦室則由余謝美方之漢朝則日磾慙德雖情深匪懈而美疢維幾砭藥罕徵舟壑潛徙春秋六十有八薨于私第贈以輔國大將軍諡曰公植操堅慤持身謹正高情獨詣遠量不羈雅好文詞尤翫經籍慕賢才如不及比聲利於遊塵天不憖遺人斯胥悼以永淳元年歲次壬午十二月庚寅朔廿四日癸酉葬于北芒淸善里禮也司存有職敢作銘云海隅開族河孫效祥崇基峻峙遠派靈長家聲克嗣代業逾昌澤流溵水威稜帶方餘慶不孤英才繼踵執亣貞慤載其忠勇徇國身輕亡家義重迺遵王會遂膺天寵桂婁初擾遼川不寧薄言攜育寔賴威靈信以成紀仁以爲經宣風徼塞侍蹕云亭爵超五等班參九列虔奉天階肅恭臣節南山匪固東流遽閱敢託明旌式昭鴻烈(大唐故

6. 여러 기록으로 보는 흑치상지의 생애

「흑치상지 묘지명」에 "흑치부 부군이 죽은 뒤의 이름은 상지常之이며 약관(20세) 이전의 이름은 항원이다. 백제인이다."(府君諱常之 字恒元 百濟人也 …)라고 하여 그의 성씨 및 출자에 관한 내용과 함께 그 부친에 이어 20세 이전에 이미 달솔을 받은 것으로 되어 있다.[377] 「흑치상지 묘지명」에 의하면 흑치상지의 생존연대는 630~689년이다. 그러니까 그가 성년이 되기 전인 649년 이전에 달솔이었다는 것은 신분제 사회에서 그 가문이 대대로 달솔이었음을 의미한다. 아울러 『삼국사기』 열전 흑치상지 편에 "백제 달솔 겸 풍달군장이 되었다. 그것은 당나라의 자사와 같은 것이다."[378]라고 한 기사가 있다. 이것은 본래 『신당서』 흑치상지전[379]에서 가져온 내용이다. 『구당서』는 "처음에 백제에 있을 때 달솔 겸 군장 벼슬을 하였으니 (그것은) 중국의 자사와 같은 것이다."[380]라고 하였고, 『자치통감』은 "백제의 달솔 겸 군장 벼슬을 하였으니 중국의 자사와 같은 것이다."[381]라고 기록하였다. 그는 흑치 씨로서 대대로 달솔 신분이었는데 흑치부黑齒府 부군이라는

光祿大夫行太常卿使持節熊津都督帶方郡王扶餘君墓誌)

377) 未弱官 以地籍授達率(「黑齒常之 墓誌銘」)
378) 爲百濟達率兼風達郡將 猶唐刺史云(『三國史記』 44 列傳 4 黑齒常之)
379) 爲百濟達率兼風達郡將 猶唐刺史云(『新唐書』 110 列傳 35 諸夷蕃將 黑齒常之)
380) 初在本蕃 仕爲達率兼郡將 猶中國之刺史也(『舊唐書』 109 列傳 59 黑齒常之)
381) 仕百濟爲達率兼郡將 猶中國刺史也(『資治通鑑』 201 唐紀 17 高宗 中之上)

것으로부터 당시 백제의 행정 조직이 당나라와 마찬가지로 주부군현州府郡縣 체제였음을 알 수 있다.

흑치상지는 의자왕의 항복 직후 순순히 투항했다가 당군이 백제 장정들을 무참히 살육하는 현장을 목격하고서는 마음을 바꾸어 당군에게 저항하여 부흥 운동을 시작했다. 그리고는 또다시 663년 11월 이후 어느 날 임존성을 빠져나와 당군에 투항한 뒤, 백제의 국권 회복을 위해 함께 싸우던 동료들을 공격하여 임존성을 함락시켰다. 『구당서』 흑치상지전에는 흑치상지가 660년 8월경부터 소정방의 당군에 저항한 모습을 다음과 같이 전하고 있다.

A) 현경 5년(660) 소정방이 백제를 평정하자 흑치상지는 서부를 거느리고 예에 따라 관인官印을 보내고 항복하였다. 그때 소정방은 의자왕과 태자 등을 잡아 두고, 병사를 놓아 노략질을 하니 장정이 많이 살육당했다. 흑치상지는 두려워서 마침내 좌우 10여 명과 함께 도망하여 서부로 돌아가서 도망하고 흩어진 사람들을 불러 모아 함께 임존산을 지켰다. 목책을 설치하고 스스로 굳게 지키니 열흘 만에 돌아와 따르는 자가 3만여 명이었다. 소정방은 병사를 보내어 공격하였는데, 죽기를 무릅쓰고 싸우는 흑치상지의 병사들로 관군(당군)이 잇달아 패하였다. 마침내 백제 본국의 2백여 성이 회복되었다. 소정방은 치지 못하고 돌아왔다.[382]

『삼국사기』 백제본기에도 비슷한 내용이 있다.

---

[382] 顯慶五年 蘇定方討平百濟 常之率所部隨例送降款 時定方繫左王及太子隆等 仍縱兵劫掠 丁壯者多被戮 常之恐懼 遂與左右十餘人遁歸本部 鳩集亡逸 共保任存山 築柵以自固 旬日而歸附者三萬餘人 定方遣兵攻之 常之領敢死之士拒戰 官軍敗績 遂復本國二百餘城 定方不能討而還(『舊唐書』 109 列傳 59 黑齒常之)

B) "처음에 흑치상지는 도망하여 흩어진 무리를 불러 모으니 열흘 사이에 돌아와 따르는 자가 3만여 명이나 되었다. 소정방이 병사를 보내어 그를 공격하자 흑치상지가 막아 싸워 물리치고 2백여 성을 회복하였다. 소정방은 이기지 못하였다. 흑치상지는 별부장 사타상여와 함께 험한 곳에 의지하여 복신과 호응하였다. 이때 와서(663년 11월 이후를 의미) 항복하였다."[383]

위 기사에서 '복신과 호응하였다'라는 것은 북부 주류성의 복신과 뜻을 같이하였음을 이른 것으로, 이 내용은 아래의 『신당서』 열전 흑치상지전을 그대로 옮겨놓은 것이다.

C) "소정방이 백제를 평정하자 흑치상지는 서부와 함께 항복하였다. 그러나 소정방이 늙은 의자왕을 가두고 병사를 놓아 크게 약탈하자 흑치상지는 두려워하였다. 좌우 추장 10여 인과 함께 도망하여 달아난 이들을 휘파람을 불어서 불러 모으고 임존산에 의지하여 스스로 지키니 열흘이 안 되어 돌아온 자가 3만이었다. 소정방은 병사를 닦달하여 흑치상지를 공격했으나 이기지 못하였다. 흑치상지는 마침내 2백여 개의 성을 회복하였다."[384]

이와 똑같은 내용을 『삼국사기』 흑치상지전에도 그대로 옮겨 적었다.[385] 뿐만 아니라 『자치통감』에도 대략 같은 내용이 실려 있다.

---

383) 初 黑齒常之嘯聚亡散 旬日間歸附者三萬餘人 定方遣兵攻之 常之拒戰敗之 復取二百餘城 定方不能克 常之與別部將沙吒相如據嶮 以應福信(『三國史記』28 百濟本紀 6)

384) 蘇定方平百濟 常之以所部降 而定方囚老王 縱兵大掠 常之懼 與左右酋長十餘人遁去 嘯合逋亡 依任存山自固 不旬日 歸者三萬 定方勒兵攻之 不克 常之遂復二百餘城(『新唐書』110 列傳 35 諸夷蕃將 黑齒常之)

385) 蘇定方平百濟 常之以所部降 而定方囚老王 縱兵大掠 常之懼 與左右酋長十餘人遯去 嘯合逋亡 依任存山自固 不旬日 歸者三萬 定方勒兵攻之 不克 遂復二百餘城(『三國史記』44 列傳 4 黑齒常之)

D) "소정방이 백제를 평정하자 흑치상지는 자신의 서부와 그 무리를 데리고 항복하였다. 소정방이 그 왕과 왕자를 잡고 병사를 놓아 겁탈하고 약탈을 일삼으니 많은 사람이 죽었다. 흑치상지는 두려워 좌우 10여 명과 함께 도망하여 서부로 돌아가서, 도망하고 흩어진 무리를 모아 임존산을 지켰다. 목책을 세워 스스로 굳게 지키니 열흘 사이에 돌아와 따르는 자가 3만여 명이었다. 소정방은 병사를 보내 공격했으나 흑치상지가 막아 싸워 당병이 불리하였다. 흑치상지는 2백여 성을 취하였다. 소정방은 이기지 못하고 돌아갔다. 흑치상지와 별부장 사타상여는 각기 험한 곳에 의지하여 복신에게 호응하였다."[386]

소정방이 군사를 풀어서 노략질을 하고, 백제의 장정을 살육하자 흑치상지가 서부로 돌아가서 부흥 운동을 시작한 것은 아마도 8월 2일 사비성에서 의자왕이 항복 의식을 치르기 전부터 그해 8월 25일 사이에 있었던 일이다. 『삼국사기』 신라본기 태종무열왕 7년(660) 조에는 8월 2일 당군과 신라군 수뇌부가 의자왕과 부여륭을 당하堂下에 앉혀놓고 승전 축하연을 펼친 기사에 이어 "백제의 잔당들이 남잠성南岑城, 정현성貞峴城 등에 모여 항거하였으며 좌평 정무正武는 무리를 모아 두시원악에 주둔하고서 당과 신라 사람들을 노략질하였다."라고 하였고, 뒤이어 8월 26일 기사에 "(소정방은) 임존성의 큰 목책을 공격하였으나 적의 병력이 많고 지형이 험준하여 이기지 못했다. 다만 작은 목책만을 쳐부수었다."라고 하였으니 흑치상지는 7월 18일 의자왕의 항복 이후 8월 26일 이전에 임존성에서 백제인들의 적극적인 지지를 바탕으로 부흥 운동을 전개한 것이다.

---

386) 蘇定方克百濟 常之帥所部隨衆降 定方繫其王及太子 縱兵劫掠 壯者多死 常之懼 與左右十餘人遁歸本部 收集亡散 保任存山 結柵以自固 旬月間歸附者三萬餘人 定方遣兵攻之 常之拒戰 唐兵不利 常之復取二百餘城 定方 不能克而還 常之與別部將沙吒相如 各據險以應福信(『資治通鑑』 201 唐紀 17 高宗 中之上)

그런데 『구당서』 열전 유인궤전에는 "이보다 앞서 백제 수령首領 사타상여·흑치상지가 소정방의 군대가 돌아간 후부터 도망가고 흩어진 무리를 불러 모으고, 각각 험한 곳에 의거하여 복신에게 응하였다."[387]라고 하여 660년 9월 3일 소정방이 철군한 뒤에 부흥 운동을 한 것처럼 기록하였다. 그러나 『신당서』 열전 유인궤전에는 "처음에 소정방이 백제를 깨트렸을 때 수령 사타상여와 흑치상지는 도망하고 흩어진 사람들을 불러 모아 험한 곳에 의지하여 복신에게 호응하였다."[388]라고 하여 『구당서』와는 다르게 표현하였다. 이런 것들을 보건대 흑치상지와 복신·도침의 부흥 운동 시작과 관련한 내용에 관해서는 『신당서』가 더 믿을만하다.

다만 흑치상지가 복신에게 호응한 시기를 소정방의 철군 이후로 볼 수 있다. 그리하여 복신과 도침 등이 사비성을 포위하여 공격한 660년 9월 23일로부터 웅진강 전투에서 패퇴하여 임존성으로 다시 물러난 661년 3월까지 초기의 당군과 신라군을 상대로 한 저항은 매우 활발하게 이루어졌다. 이렇게 시작된 부흥 운동은 흑치상지 자신이 임존성을 함락시킬 때까지 이어졌다. 그리하여 『삼국사기』 신라본기 문무왕 3년(663) 기록에 "유독 지수신遲受信만이 임존성에서 항복하지 않았다. 겨울 10월 21일부터 임존성을 공격하였으나 이기지 못하고 11월 4일 군사를 돌려 설리정舌利停으로 돌아왔다."라고 하여 그때까지 임존성이 건재하였음을 설명하고 있다. 신라군이 돌아가고 난 뒤에는 당군도 임존성을 더 이상 계속해서 공격할 수 없었다. 대신 그 뒤로 당나라는 방법을 바꿔서 흑치상지와 사타상여를 회유하였다. 그리하여 마침내 당군은 임존성을 버리고 나와 투항한 흑

---

387) 先是 百濟首領沙吒相如黑齒常之自蘇定方軍迴後 鳩集亡散 各據險以應福信(『舊唐書』 84 列傳 34 劉仁軌)

388) 始 定方破百濟 酋領沙吒相如黑齒常之嘯亡散 據險以應福信(『新唐書』 108 列傳 33 劉仁軌)

치상지의 힘을 빌어 임존성을 함락시킬 수 있었다. 『구당서』와 『신당서』·『책부원구』에는 그 사실을 다음과 같이 전하고 있다.

> 1) 용삭 3년(663) 당 고종은 사신을 보내어 그를 타일렀다. 흑치상지는 그 무리를 데리고 항복하였다. 여러 차례 옮겨서 좌령군원외장군이 되었다.[389]
> 2) 용삭 중(661~663)에 당 고종은 사신을 보내어 타일렀다. 이에 유인궤에게 나아가 항복하였다. 여러 차례 옮겨서 좌령군원외장군 양주자사가 되었다.[390]
> 3) 당 고종 용삭 3년 백제 서부인 흑치상지가 와서 항복하였다. 흑치상지는 신장이 7척 남짓 되고 날래고 용감하며 지략이 있었다.[391]

여러 자료를 비교해 보면 『삼국사기』 열전 흑치상지전[392]은 『신당서』의 내용을 그대로 베껴놓은 것임을 알 수 있다. 위 1)~3)의 기록은 단순히 흑치상지를 회유한 사실만을 간단하게 전하고 있지만, 『자치통감』과 『삼국사절요』에는 그 과정이 좀 더 자세하게 정리되어 있다.

> E) 백제가 이미 패하고 나서 모두 그 무리를 이끌고 항복하였다. 유인궤는 흑치상지와 사타상여로 하여금 스스로 그 무리를 거느리고 가서 임존성을 취하게 하였다. 이어서 군량과 무기로 그들을 도왔다. 손인사가 "이 무리들은 짐승 같은 마음을 갖고 있는데, 어떻게 믿을 수 있습니까?"라고 하였다. 이에 유인궤가 "내가 두 사람을 보기에 모두 충성스럽고 용맹하다. 지략이 있는 데다 신의

---

389) 龍朔三年 高宗遣使招諭之 常之盡率其衆降 累轉左領軍員外將軍(『舊唐書』 109 列傳 59 黑齒常之)

390) 龍朔中(663) 高宗遣使招諭 乃詣劉仁軌降 累遷左領軍員外將軍洋州刺史(『新唐書』 110 列傳 35 諸夷蕃將 黑齒常之)

391) 唐高宗 龍朔三年 百濟西部人黑齒嘗之來降 常之長七尺餘 驍勇有謀畧(『冊府元龜』 997 外臣部 42 狀貌)

392) 龍朔中 高宗遣使招諭 乃詣劉仁斬降 入唐爲左領軍員外將軍(洋)州刺(『三國史記』 44 列傳 4 黑齒常之)

가 두텁고 의리를 중시한다. 다만 지난번에 의탁한 바는 아직 그 사람을 얻지 못하였을 뿐이다. 지금 바로 그들이 감격하여 본보기를 세울 때이니, (사람을) 쓰고 의심하지 않는다."라고 말하였다. 마침내 군량과 무기를 지급하고 병사를 나누어 그들을 따르게 하여 임존성을 공격하여 함락시켰다. 지수신은 처자를 버리고 고구려로 도망갔다.[393]('『자치통감』)

물론 이런 기사는 『신당서』·『구당서』 등 중국의 사서나 흑치상지(열전) 편에서 가져온 내용들이다.

처음에 소정방이 백제를 평정하자, 달솔 겸 풍달군장風達郡將 흑치상지는 부하를 이끌고 항복하였다. 그러나 소정방이 의자왕을 가두고 병사를 풀어 크게 약탈하자, 흑치상지가 두려워하여 측근 10여 명과 함께 자신의 출신지이자 세력 근거지인 서부西部로 달아나서 도망친 무리를 불러 모으고 임존산에 의지하여 스스로 굳건히 하였다. 10일이 지나지 않아 그를 따르는 자가 3만 명이나 되었다. 의자왕이 7월 18일에 포로로 잡혀 8월 2일 항복 의식을 치렀으니 이 기간에 벌어진 일이다. 그 후 8월 26일 소정방이 병사를 이끌고 가서 임존성을 공격하자 흑치상지가 맞서 싸워 패배시키고는 마침내 다시 200여 성을 취하였다. 소정방은 이길 수 없어 물러났고, 9월 3일 부대를 데리고 당나라로 돌아갔다. 흑치상지와 별부장 사타상여는 주류성의 복신에게 호응하였다. 당 고종이 사신을 보내어 불러서 깨우치니, 이에 (흑치상지는) 유인궤에게 나아가 항복하였

---

393) 百濟旣敗 皆帥其衆降 劉仁軌使常之相如 自將其衆 取任存城 仍以糧仗助之 孫仁師曰 此屬獸心 何可信也 仁軌曰 吾觀二人皆忠勇有謀 敦信重義 但繫者所託 未得其人 今正是其感激立效之時 不用疑也 遂給其糧仗 分兵隨之 攻拔任存城 遲受信棄妻子 奔高麗 詔劉仁軌將兵鎮百濟 召孫仁師劉仁願還百濟 兵火之餘 比屋彫殘2045) 僵尸滿野 仁軌始命瘞骸骨 籍戶口 理村聚 署官長 通道塗 立橋梁 補隄堰 復陂塘 課耕桑 賑貧乏 養孤老 立唐社稷 頒正朔及廟諱2046) 百濟大悅闔境 各安其業 然後脩屯田 儲糗糧 訓士卒 以圖高麗

다. 유인궤는 진실한 마음으로 그들을 대하면서 임존성을 취하여 스스로 본보기가 되게 하라고 하고, 곧 갑옷·무기·군량 등을 지급하였다. 손인사가 "(이들의) 야심은 믿기 어려우니, 만약 갑옷과 곡식을 주어 구제한다면 이는 노략질을 돕는 것입니다."라고 말하였다. 이에 유인궤가 "내가 흑치상지와 사타상여 두 사람을 보니 충성스럽고 지략이 있어서 기회를 따라 공을 세울 수 있는데 오히려 어째서 의심하는가?"라고 하였다. 마침내 그의 지략을 이용하여 임존성을 취하였다. 지수신은 처자를 맡기고 고구려로 도망가니 나머지 무리는 모두 평정되었다.[394] (『삼국사절요』)

이와 같이 흑치상지를 회유하여 당군에 항복시킨 것은 당 고종의 조서 詔書였던 것이다. 당에서는 부여륭을 비롯하여 잡혀간 백제 왕자와 왕족 및 많은 포로들에 관한 안위 문제를 거론하며 흑치상지의 항복을 저울질하였을 것이고, 그들의 안위를 걱정한 흑치상지는 마지못해 당나라의 회유에 응했을 것이라고 좋게 이해하고 싶다.

당군이 흑치상지를 회유한 배경에는 몇 가지 이유가 있었을 것이다. 의자왕이 소정방에게 항복하였을 때, 흑치상지도 서부인을 데리고 와서 순순히 항복하였으므로 그때 이미 흑치상지가 어떤 인물인지 당측에서는 파악하였을 것이다. 또 그가 당군의 무자비한 행동에 격분하여 서부로 돌아

---

394) (冬十一月) 初 蘇定方討平百濟 達率兼風達郡將黑齒常之 以所部降 定方囚義慈 縱兵大掠 常之懼 與左右十餘人遁去 嘯合逋亡 依任存山自固 不旬日 歸者三萬 定方遣兵攻之 常之拒戰敗之 遂復二百餘城 定方不能克 常之與別部沙吒相如擄險 以應福信至是 帝遣使招諭 乃詣仁軌降 仁軌以赤心待之 俾取任存自效 卽給鎧仗粮糒 仁師曰 野心難信 若授甲濟粟 是資寇也 仁軌曰 吾觀常之相如二人 忠而有謀 可以因機立功 尙何疑哉 訖用其謀 取任存城 受信委妻子 奔高勾麗 餘黨悉平 常之 百濟西部人 長七尺餘 驍毅有謀略 入唐爲左領軍員外將軍洋州刺史 累從征伐積功 授爵賞殊等 久之 爲燕然道大摠管 與李多祚等 擊突厥破之 左監門衛中郎將寶璧 欲跨追邀功 詔與常之共討 寶璧獨進 爲虜所覆 擧軍沒 寶璧下吏誅 常之坐無功 會周興等誣其與鷹揚將軍趙懷節叛 捕繫詔獄 投繯死 常之御下有恩 所乘馬爲士所箠 或請罪之 答曰 何遽以私馬鞭官兵乎 前後賞賜 分麾下無留賞 及死 人皆哀其枉(『三國史節要』10)

가 당군에 항전한 사실과 2백여 개의 성을 회복할 만큼 막강한 영향력을 갖고 있는 인물이었기에 당나라에서 흑치상지를 설득하여 투항시킬 계획을 세웠을 것이다. 부여풍이 고구려로 도망치고, 주류성이 항복하였으니 이제 임존성 하나만으로 당군과 신라군에 저항한다는 것이 사실상 어렵다는 것을 흑치상지도 잘 알고 있었을 것이다. 당시 그를 지지하고 적극 도왔던 서부의 백제 유민들은 흑치상지의 그와 같은 결정에 크게 실망하였을 것이다. 하지만 당군 측에서는 그 이상 훌륭한 전략은 없었다. 임존성이 높고 험한 곳에 있고, 성이 견고한 데다 식량이 풍부하여 단기간에 성을 함락시킬 수 없었다. 임존성을 함락시킬 별다른 방법을 찾지 못한 상태에서 흑치상지와 사타상여 등을 회유하는 것이 최선책이었던 것이다. 당시 임존성의 위치가 어떠했는지를 잘 보여주는 기록이 『삼국사기』 김유신전의 다음 내용이다.

용삭 3년(663) 계해에 (…) 오직 임존성만 땅이 험하고 성이 단단한 데다가 식량도 많았다. 이런 까닭에 30일이나 공격하였으나 함락시킬 수 없었다.[395]

한 달이 넘도록 함락시키지 못했고, 11월 4일에 신라군은 그냥 철수해버린 상태였다. 애초 의자왕이 포로로 잡혔을 때 당나라에 순순히 항복했다가 다시 임존성으로 돌아가 부흥 운동을 전개하였다. 그리고는 또 다시 자신과 함께 부흥 운동을 하던 임존성의 백제 유민들을 배반하고 임존성을 공격하여 함락시켰으니 그는 백제와 백제 유민들의 뜻을 저버린 인물로 평가받을 수밖에 없다. 자신의 안위를 위해, 사세에 따라 지조를 바꾸

---

395)　(龍朔三年癸亥) 唯任存城 地險城固 而又糧多 是以攻之三旬 不能下(『三國記』 42 列傳 2 金庾信 中)

　백제 아포칼립스 - 2권

고, 자신의 영달을 챙겼으며 상황에 따라 편리한 길을 택한 점에서 흑치상
지는 좋은 평가를 받을 수 없다.

1929년 10월, 중국 하남성河南省 낙양洛陽의 망산邙山에서 아들 흑치준 묘
지와 함께 발견된 흑치상지 묘지黑齒常之墓誌[396]를 통해서 그의 삶을 좀 더 자
세히 알 수 있었다. 흑치상지는 630년(무왕 31)에 태어났으니 그가 부흥 운
동을 한 것은 31세의 나이인 660년 8월경부터 663년까지. 30대 초반에 침
입자 당에 항거하였고, 30대 중반 임존성 함락 후에는 마침내 당으로 건너
가 수도인 서안西安 인근의 만년현萬年縣 사람으로 변신하였다. 당으로 건너
간 직후인 인덕麟德(664~665) 무렵에는 당의 절충도위折衝都尉가 되었다가 얼
마 뒤 다시 웅진성熊津城으로 파견되었다. 백제와 당의 장수였고, 자신의 고
국 백제에 당의 식민통치 관료로 활동하였다. 그의 묘지명에 의하면 함형
咸亨 3년(672)에 충무장군忠武將軍 행대방주장사行帶方州長史가 되었으며, 곧이어
백제 남부의 당 도독부 관할 사지절사반주제군사使持節沙泮州諸軍事를 거쳐 사
반주자사沙泮州刺史가 되었다.[397] 그 후에는 좌령군장군左領軍將軍 겸 웅진도독
부사마熊津都督府司馬가 되었다. 백제의 옛 남부 땅과 웅진의 식민통치부 '사
마'로도 있었던 흑치상지는 689년 10월, 60세의 나이에 당나라 고위 무장
으로 있다가 모함을 받고 옥에 갇혀 교수형으로 처형되었다.

흑치상지에 대해서는 『삼국사기』 권 제44, 열전 제4 흑치상지전에도 어
느 정도 소개가 되어 있으나 그것은 『구당서』와 『신당서』 열전 흑치상지
편을 정리하여 옮긴 것이다. 다음은 『구당서』 흑치상지 열전을 충실히 옮
긴 것이다.

---

396) 남경박물관에 있다. 묘지는 41행으로 구성되어 있으며, 행마다 41자씩 모두 1,604자로 되어 있다.

397) 咸亨三年(672) 以功加忠武將軍行帶方州長史 尋遷使持節沙泮州諸軍事沙泮州刺史 授上柱國(『黑齒常之
墓誌銘』)

흑치상지는 백제 서부西部 사람이다. 신장은 7척 남짓, 날래고 용감하며 꾀와 지략이 있었다. 처음에 백제에서 달솔로 관직에 나가 군장郡將을 겸했는데, 군장은 중국의 자사刺史와 같은 것이다. 현경顯慶 5년(660) 소정방이 백제를 쳐서 평정하였는데, 흑치상지는 자신의 관할 지역인 서부를 데리고 관례에 따라 항복하고 관인官印을 보내왔다. 그때 소정방은 왕과 태자 융隆 등을 잡아두고 거듭 병사를 풀어 빼앗고 노략질하며 사내 장정들을 많이 죽였다. 이에 흑치상지는 두렵고 무서워 마침내 좌우 10여 인과 함께 서부로 숨어 들어가서 달아나 숨은 사람들을 모아 함께 임존산任存山을 지켰다. 목책을 세우고 스스로 굳게 지키니 돌아와 그에게 붙좇는 이들이 3만여 명이었다. 소정방은 병력을 보내어 임존성을 공격하였으나 흑치상지의 명에 따라 죽기를 무릅쓰고 병사들이 맞아 싸우니 당군이 잇달아 패하였다. 흑치상지는 마침내 백제의 2백여 성을 회복하였고, 소정방은 토벌을 할 수가 없어 돌아왔다. 용삭龍朔 3년(663) 당 고종은 사신을 보내어 불러서 타이르자 흑치상지는 끝내 그 무리를 이끌고 항복하였다. 여러 차례 관직을 바꾸어 좌령군원외장군左領軍員外將軍이 되었다.[398]

의봉儀鳳(676~678) 연간에 토번吐蕃이 서쪽 변경을 침입하자 흑치상지는 이경현을 따라 토번을 쳤다. 유심례劉審禮가 적의 계략에 빠지자 이경현이 추격하려 했으나 토번 군대가 물러가고 진창과 도랑이 험하여 거기서 벗어날 계책이 없었다.[399] 흑치상지가 밤에 용감한 병사 5백 명을 데리고 나아가 불시에 적의 군영을 들이치니 토번 수령 발지설跋地設이 군대를 버리고 밤에 달아났고, 이로 말미

---

[398] 이후 그의 행적에 대하여 「흑치상지 묘지명」에는 "당 인덕 초(664~665)에 인망이 있어서 절충도위(折衝都尉)를 제수받아 웅진성에 군대를 주둔시켜 지키게 하였는데, 크게 사중(士衆)이 기뻐하였다."라고 한 구절이 있다.

[399] 흑치상지 묘지에는 "이때 중서령(中書令) 이경현(李敬玄)이 하원도경략대사(河源道經略大使)가 되었는데, 군사들이 그의 지휘권을 빼앗았다. 거기에 또 다시 수군대사(水軍大使)였던 유심례(劉審禮)가 패하여 죽었는데, 이 무렵 흑치상지가 좌무위장군(左武衛將軍)으로 직책을 옮기고 이경현을 대신하여 대사(大使)가 되었다"고 하였다.

암아 이경현이 돌아올 수 있었다. 당 고종이 그 재주와 지략을 칭찬하고, 발탁하여 좌무위장군겸검교좌우림군左武衛將軍兼檢校左羽林軍의 관직과 금 5백 냥, 명주 5백 필疋을 주고 거듭 하원군부사河源軍副使를 제수하였다. 그때 토번의 찬파贊婆와 소화귀素和貴 등 적의 무리 3만여 명이 양비천良非川에 주둔하였는데, 흑치상지는 정예 기병 3천 명을 데리고 밤에 적의 군영을 기습하여 2천여 명의 목을 베고 양과 말 수만 마리를 얻었다. 찬파 등은 말 한 마리를 타고 도주하였다. 흑치상지를 발탁하여 대사로 삼고 또 상으로 비단 등 4백 필을 주었다. 흑치상지는 하원군河源軍으로 적을 맞아 치며, 병력을 충원하여 눌러 지키려 하였으나 운송하는 비용이 드는 것을 염려하여 마침내 봉화와 경계병을 70여 군데에 두어 밭 5천여 경頃을 개척하여 경영하니 한 해에 거두어들이는 곡식이 1백여만 석이 되었다. 개요開耀(681년) 중에 찬파 등이 청해青海에 주둔하니 흑치상지가 정예 기병 1만 명을 거느리고 쳐서 깨뜨리고 그 저장한 양식을 불사르고 돌아왔다. 흑치상지가 군대에 머물러있는 7년 동안 토번은 흑치상지를 매우 두려워하고 꺼려서 감히 다시 변방의 우환거리가 되지 않았다. 사성嗣聖(684년) 원년에 좌무위대장군左武衛大將軍과 검교좌우림군檢校左羽林軍이 되었다. 수공垂拱 2년 (686) 돌궐이 변경을 침입하자 흑치상지에게 명령하여 병사를 데리고 가서 그들을 막게 했다. 양정홀兩井忽에 이르러서 3천여 명의 적 무리를 만났는데, 적들은 흑치상지를 보고 다투어 말에서 내려 갑옷을 벗었다. 마침내 기병 2백여 기를 데리고 흑치상지 자신이 선봉에 서서 곧바로 적을 무찌르니 드디어 적이 갑옷을 버리고 흩어졌다. 얼마가 지나서 적의 무리가 크게 이르는데 바야흐로 해가 지고 있었다. 흑치상지가 나무를 자르도록 하여 군영 가운데서 그것으로 불을 질러 마치 봉수烽燧처럼 태우니 그때 마침 동남쪽에서 갑자기 큰바람이 일어났다. 적들은 구원병이 서로 호응하여 와서 낭패해질까 의심하여 밤에 달아났다. 그 공으로 흑치상지는 연국공燕國公으로 승진하였다. 수공垂拱 3년(687) 돌궐이 삭주朔州로 침입해 들어오니 흑치상지는 또 대총관이 되어 이다조李多祚·왕구언王九言을 부총관으로 삼아 황화퇴黃花堆까지 추격하여 크게 깨트렸다. 적들은 40여 리를 흩어져 적북磧北으로 달아났다. 당시 중랑장 촌보벽爨寶璧이 표문을 올려 남은 적을 끝까지 추격하여 제압할 것을 청했다. 흑치상지는 촌보벽과 함께 만나서 그를 지원하여 적을 깨트리도록 하였으나 촌보벽은 아침저녁으로 공을 탐하여 끝내 흑치상지와 계책을 의논하지도 않고 먼저 나아가서 마침내 전군이 몰살을 당하였다. 나중에 주흥周興 등이 우응양장군右鷹揚將軍 조회절趙懷節 등과 함께 흑치상지가 모반을 꾀했다고 무고하여 감옥에 갇히었고, 마침내 스스로 목을 매어 죽었다. 일찍이 흑치상지 자신이 타는 말을 병사가 손상을 입혔는데, 부사副使 우사장牛師奬 등이 흑치상지에게 채찍을 칠 것을 청했다. 그러자 흑치상지는 '어찌 내 개인의 말에 상처를 냈다 하여 관병官兵을 때리겠는가'라고 말하고는 마침내 그를 용서하였다. 흑치상지는 자신이 상으로 받은 금붙이와 비단 등을 모두 장졸들에게 나누어 주었는데, 그가 죽자 장졸들이 매우 애통해했다.[400]

---

400) 黑齒常之百濟西部人長七尺餘驍勇有謀略初在本蕃仕爲率率兼郡將猶中國之刺史也顯慶五年蘇定方討平百濟常之率所部隨例送降欵時蘇定方繫左王及太子隆等仍縱兵劫掠丁壯者多被戮常之恐懼遂與左右十餘人遁歸本部鳩集亡逸共保任存山築柵以自固旬日而歸附者三萬餘人定方遣兵攻之常之領敢死之士拒戰官軍敗績遂復本國二百餘城定方不能討而還龍朔三年高宗遣使招諭之常之盡率其衆降累轉左領軍員外將軍儀鳳中吐蕃犯逆常之從李敬玄擊之劉審禮之沒賊敬玄欲抽軍却屆泥溝而計無所出常之夜率敢死之兵五百人進掩賊營吐蕃首領跋地設棄軍宵遁敬玄因此得還高宗歎其才略擢授左武衛將軍兼檢校左羽林軍賜金五百兩絹五百疋仍充河源軍副使時吐蕃贊婆及素和貴等賊徒三萬餘屯於良非川常之率精騎三千夜襲賊營殺獲二千級獲羊馬數萬贊婆等單騎而遁擢常之爲大使又賞物四百疋常之以河源軍正當賊衝欲加兵鎮守恐有運轉之費遂遠置烽戍七十餘所度開營田五千餘頃歲收百餘萬石開耀中贊婆等屯於青海常之率精兵一萬騎襲破之燒其糧貯而還常之在軍七年吐蕃深畏憚之不敢復爲邊患嗣聖元年左武衛大將軍仍檢校左羽林軍垂拱二年突厥犯邊命常之率兵拒之踵至兩井忽逢賊三千餘衆常之見賊徒爭下馬著甲遂領二百餘騎身當先鋒直衝賊遂棄甲而散俄頃賊衆大至及日將暮常之令伐木營中燃火如烽燧時東南忽有大風起賊疑有救兵相應狼狽夜遁以功進燕國公三年突厥入寇朔州常之又充大總管以李多祚王九言爲副追躡至黃花堆大破之追奔四十餘里賊散走磧北時有中郎將爨寶璧表請窮追餘賊制常之與寶璧會遂爲聲援寶璧以爲破賊在朝夕貪功先行竟不與常之謀議遂全軍而沒尋爲周興等誣構云與右鷹揚將軍趙懷節等謀反繫獄遂自縊而死常之嘗有所乘馬爲軍士所損副使牛師奬等請鞭之常之曰豈可以損私馬而決官兵乎竟赦之前後所得賞賜金帛等皆分給將士及死時甚惜之(『구당서』 권 제109 열전 제59 흑치상지전)

흑치상치에 관한 기록으로 『신당서』 흑치상지 열전이 가장 자세하지만, 『구당서』·『신당서』 열전에도 없는 자료가 묘지명에 더 있다.

"부군府君의 이름은 상지常之이고 자字는 항원恒元으로서 백제 사람이다. 그 조상은 부여 씨扶餘氏로부터 나왔는데 흑치黑齒에 봉해졌기 때문에 자손들이 이를 씨氏로 삼았다. 그 가문은 달솔이었다. 달솔은 지금의 병부상서兵部尚書와 같으며, 본국(당나라)의 2품 관등에 해당한다. 증조부는 이름이 문대文大이고, 할아버지는 덕현德顯이며, 아버지는 사차沙次로서, 모두 관등이 달솔에 이르렀다."

앞에서 설명한 대로 그는 달솔의 신분으로서 군장郡將의 직책을 지냈다. 묘지명에는 그가 흑치부군黑齒府君으로 되어 있다. 이것은 백제가 당의 주부군현州府郡縣 제도를 따랐음을 알려주는 자료인 동시에 흑치부군이라는 신분명으로 보면 본래 그의 선대先代에서 흑치부黑齒府를 봉토로 받은 흑치 씨로서 흑치상지 자신은 서부 풍달군의 군장이었음을 알려준다.

이상의 내용과 『삼국사기』 열전 흑치상지 편에 다른 점이 있다면 (흑치상지가) '백제의 달솔로서 풍달군風達郡의 군장郡將을 겸했다'라는 것과 주흥의 무고로 '체포되어 옥에 갇혔다가 교수형에 처해졌다'라고 한 것이다. 『구당서』에는 '감옥에 갇혀 스스로 목을 매어 죽었다'라고 하였는데, 비록 무고이기는 하나 모반죄로 투옥되었으므로 교수형에 처해진 것으로 보는 게 타당할 것 같다. 그러나 그가 '풍달군 군장을 겸했다'라는 『신당서』 흑치상지전의 내용은 다른 곳에는 보이지 않는다. 물론 풍달군의 위치를 알 수 있는 자료 또한 찾을 수 없다. 다만 그가 자신의 출신지인 서부 임존성으로 돌아가 백제인들을 규합하여 신라와 당에 항거하였고, 임존성을 관할한 군(郡)이 신라에서 임성군으로 바뀐 것을 고려할 때 풍달군은 임성군의 전신이었거나 예산, 청양, 홍성 지역의 어느 한 군이었을 것이다.

다음은 흑치상지 묘비명이다.

흑치상지 묘지黑齒常之墓誌는 1929년 10월에 중국 하남성河南省 낙양洛陽의 망산㟃山에서 그의 아들 흑치준 묘지와 함께 발견되었다. 현재 묘지는 남경 박물관에서 보관하고 있다. 묘지는 41행으로 행마다 41자씩 모두 1,604자이다. 탁본의 크기는 길이 72cm, 너비 71cm이다. 지문을 지은 사람과 글씨를 쓴 사람 모두 알 수 없다. 다만 지문을 지은 사람은 흑치상지와 군대에 같이 있으면서 그를 흠모하였던 인물이었음을 묘지의 내용을 통하여 짐작할 수 있다. 묘지에 따르면, 흑치상지는 630년(무왕 31)에 태어나 660년 백제가 멸망할 때까지 고위 관직에 있었고, 660년부터 663년까지 백제 부흥 운동을 전개하였다. 당에 항복하여 한동안 백제 부흥 운동을 진압하는 일을 하다가 후에 서역에서 토번과 돌궐을 물리치는 데에 공을 세웠다. 흑치상지는 689년 10월에 모함을 받아 60세의 나이에 교수형을 당하였다. 흑치상치에 관한 기록으로 『신당서』 흑치상지 열전이 가장 자세한데, 그의 묘지는 그보다 훨씬 자세한 내용이 있다. 묘지명에는 흑치 씨가 백제 왕의 성씨인 부여 씨에서 나왔음을 밝히고 있고, 흑치 씨 가문이 대대로 달솔을 지냈다고 하여 백제 신분제도의 일면을 엿보게 해준다. 이 밖에도 백제 옛땅에 대한 당나라의 지배정책, 당나라에서의 백제 유민들의 활약상을 전해주고 있다.

위로 하늘을 이고 있으면서 땅은 천리에 순응하니 낮은 지위에 있는 자라도 군율에 따라 높이 쓰일 수 있는 것이다. 하지만 뛰어난 인재가 아니면 어찌 이런 운수에 따를 수 있겠는가? 아름다운 옥을 구하려는 사람은 반드시 밀산密山 위에서 놀아야 하고, 지혜와 덕을 쌓은 사람이 공자의 문하에 들어가면 한탄하는 자 없을 것이다. 부군府君은 이름이 상지常之이고

자字는 항원恒元이니 백제인이다. 그 조상은 부여 씨로부터 나왔다. 후에 흑치黑齒에 봉해졌기 때문에 자손들이 이를 씨氏로 삼았다. 그 가문은 대대로 달솔을 역임하였다. 달솔이란 직책은 지금의 병부상서兵部尚書와 같으며, 본국에서는 2품 관등에 해당한다. 증조부는 이름이 문대文大이고, 할아버지는 덕현德顯이다. 아버지는 사차沙次인데, 모두 관등이 달솔에 이르렀다. 부군은 어려서부터 고상하였고, 기질과 정기가 민첩하고 뛰어났다. 자신의 욕망이나 좋아하는 것을 가벼이 여기고, 명예와 가르침을 소중하게 여겼다. 가슴엔 깊은 마음을 가져서 그 끝을 알 수 없을 만큼 맑았고, 정감의 폭이 넓었고 그 거리가 원대하였다. 더구나 신중하고 성실하였고, 온화하며 선량하였다. 그래서 친족들이 그를 존경하였고, 스승과 어른들이 그를 두려워하였다. 『소학小學』을 공부하던 어린 나이에 『춘추좌씨전春秋左氏傳』 및 반고班固의 『한서漢書』와 사마천司馬遷의 『사기史記』를 읽었다. 이에 탄식하며 "좌구명左丘明이 이를 부끄럽다고 하였고, 공자도 역시 부끄럽다 하였으니, 진실로 나의 스승들이다. 이보다 더한 사람들이 이 세상에 어찌 많을 것인가?"라고 말하였다. 20세가 안 되어 가문의 신분에 따라 달솔을 받았다. 당 현경(顯慶, 656~660) 연간에 당나라에서 형국공邢國公 소정방을 보내어 백제를 평정하자 그 임금 및 태자 부여륭扶餘隆과 함께 천자를 알현하였다. 당나라에서는 이들을 만년현萬年縣 사람으로 삼았다. 인덕(麟德, 664~665) 초에 인망을 얻어 절충도위折衝都尉를 제수받고 웅진성에 나아가 지키니 사람들이 크게 기뻐하였다. 함형咸亨 3년(672)에는 공적에 따라 충무장군忠武將軍, 행대방주장사行帶方州長史를 더해주었다. 얼마 뒤 사지절使持節, 사반주제군사沙泮州諸軍事, 사반주자사沙泮州刺史로 관직을 옮기고 상주국上柱國을 제수받았다. 이에 자기의 소임을 지극히 공평하게 하였고, 사사로움을 잊는 것으로 큰 강령을 삼았다. 천자가 이를 가상히 여겨 좌령군장군左領軍將軍 겸 웅진도독부사마熊津都督府司馬로 직책을 옮겨 주었고, 부양군浮陽郡. 개국공開國公에 식읍 食邑 2천 호를 더해주었다. 그때 평판이 좋아 조정에서 인망이 날로 높아졌다. 마침 포해蒲海에서 재앙이 일어나고 난하蘭河에서 사변이 생겨서 부군을 조하도경략부사洮河道經略副使로 삼았으니 실로 그에게 의지하는 바가 컸다. 부군은 품성이 빼어나고 굳셌으며, 자질이 뛰어나서 사리에 통달하였다. 힘이 좋아 무거운 문 빗장을 들어 올릴 수 있었으나 힘센 것을 자랑하지 않았다. 외적을 방비할 수 있는 지혜가 있었으나 자신의 지혜를 떠벌려 말하지 않았다. 매번 자신을 드러내지 않음으로써 오히려 드러나게 하였고, 어리석은 듯이 함으로써 인격을 도야하였다. 행실이 산처럼 똑바로 서게 되어 모든 이가 그를 우러러보게 되었다. 어질되 간사하지 않았고, 위엄이 있으되 다른 사람을 해치지 않았다. 상 주고 벌을 내리는 일에는 반드시 원칙을 따랐고, 선을 권하고 악을 말리는 데에는 어긋남이 없었다. 또한 5 륜五倫의 커다란 본보기를 보였고, 3군三軍의 크나큰 복이 되었으니 병사들은 감히 그 명령을 어기지 못하였고, 아래 사람들은 그 잘못을 용납받을 수 없었다. 고종高宗이 매번 그의 선함을 칭찬하여 그를 지조와 학식 있는 선비이자 군자로서 대우하였다. 중국 서부의 청해靑海 지방에 있을 때 크게 공훈을 세웠다. 그때 중서령中書令 이경현李敬玄이 하원도경략대사河源道經略大使 가 되자 군사들이 그의 지휘권을 빼앗았고, 수군대사水軍大使, 상서尙書 유심 례劉審禮가 패하여 죽자 장수들 가운데 근심하고 두려워하지 않는 자가 없었다. 그런 중에 부군이 홀로 높은 산마루와 같은 공훈을 세우면서 그 곤경을 극복하자 좌무위장군左武衛將軍으로 자리를 옮기고 이경현 대신 대사大使가 되었으니, 이것은 그에 대한 소문에 따른 것이었다. 부군은 곁에 음악과 여색女色을 두지 않았고, 평상시에 노리개를 가지고 즐기지 않았다. 경서經書를 베개 삼고 익히고 제준祭遵처럼 예의를 중시하였다. 뛰어난 지략을 품었으니 두예杜預가 깃발을 많이 세워 적을 혼란에 빠뜨린 것과 같은 꾀를 지니고 있었다. 오랑캐를 깨끗이 치우니 변방의 말이 살찌고, 중원의 달이 훤하게 비치니 하늘에 있는 여우의 기운이 사라졌다. 전쟁터에 나가면 칭송이 뒤따랐고, 전쟁터에서 개선하면 노래가 절로 나왔다. 그리하여 좌응양위대장군左鷹揚衛大將軍 연연도부대총관燕然道副大總管으로 벼슬을 옮겼다. 수공(垂拱, 685~688) 말년에 천명이 장차 바뀌려 하였는데, 돌궐의 미친 도적 골졸록骨卒祿은 자신의 미미함을 살피지 않았고, 반역자 서경업徐敬業 또한 자신의 역량을 헤아리지 못하였다. 남쪽으로 회음淮陰과 해릉海陵을 평정하고 북쪽으로 오랑캐 군사를 섬멸하는 데에 모두 큰 힘이 되었으니 그의 위세와 명성이 크게 떨치게 되었다. 이에 천자가 "재간과 도량이 온화하고 우아하며 기질과 정기가 고상하고 밝다. 일찍부터 어질고 의로운 길을 밟았고, 마침내 깨끗하고 곧은 곳을 밟았구나. 말한 것은 분명히 행하고 배운 것으로 자신을 윤택하게 하였으며 여러 차례 군사를 통솔하여 매번 충성스러움을 드러냈다. 겸국공兼國公[401]과 식읍 3천 호를 주어 봉할 만하다. 그리고 다시 우무위위대장군右武威衛大將軍 신무도경략대사神武道經略大使를 내리고 나머지는 그 전대로 한다."라고 하였다.

그리하여 그는 용감한 병사들을 통솔하여 저 흉악하고 미친 무리를 전멸시켜 오랑캐가 남쪽에서 말을 기를 기회를 얻지 못하였고, 중국의 사신들이 북쪽으로 가는 원망이 사라지게 되었다. 요충지인 영주靈州와 하주夏州에는 요사한 오랑캐가 가득하였지만 부군의 위세와 명성을 대신할 자가 없었다. 다시 회원군경략대사懷遠軍經略大使로 자리를 옮겨 다니며 요상한 기운을 막았다. 마침 재앙이 악한 무리로부터 흘러나와 고고한 품격을 가진

---

401) 연국공(燕國公)

부군에게 거듭 미치니 의심이 마치 명백한 사실인 양 되어버려 옥과 돌이 섞여 구분하지 못하기에 이르렀다. 이미 옥에 갇혀 이윽고 하늘을 등지게 되니 의로움은 목을 끊어 죽는 것과 같았고, 애처로움은 독약을 마셔 자살하는 것과 같았다. 이때 나이 60세였다. 맏아들 준俊은 어려서 집안이 재난을 당하자 아버지의 분함을 풀어드리려는 뜻을 세웠다. 오랑캐의 조정에서 목숨 바칠 것을 맹세하다가 천자가 보낸 사신에게 몸을 맡기니 여러 차례 충성스러움을 드러냈고 누차 공명을 떨쳤다. 성력聖曆 원년(698)에 원한이 쌓여 풀지 못함을 천자가 바르게 살피시고 "고인이 된 좌무위위대장군左武威衛大將軍 검교좌우림위檢校左羽林衛 상주국上柱國 연국공燕國公 흑치상지는 일찍이 가문의 지위에 따라 벼슬을 이어받아 군진에서의 영예를 두루 거쳤으며, 누차 군율을 담당하여 공훈을 받들어 떨쳤다. 지난번에 사실무근의 유언비어에 연루되어 옥에 갇혀 심문을 받고 분함을 품은 채 세상을 떠났지만 의심받았던 죄는 판별되지 못하였다. 근래에 이를 검토하여 살펴보니 일찍이 모반하였던 증거가 없고, 오로지 그것만은 아니라는 생각을 하게 되니 실로 한탄스럽기 그지없다. 마땅히 분함을 씻고 죄를 면하게 하여 무덤 속의 영혼을 위로할 수 있기를 바란다. 총애하는 표시로 관작을 더하여 삼가 죽은 이를 영광스럽게 만드는 바이다. 따라서 좌옥검위대장군左玉鈐衛大將軍을 추증할 것이다. 아울러 훈봉勳封을 옛날 그대로 돌려준다. 그 아들 유격장군游擊將軍 행난주광무진장行蘭州廣武鎭將 상주국上柱國 흑치준黑齒俊은 어려서부터 집안에서 명성이 있고, 여러 차례 진실된 정성을 드러냈다. 아주 위급한 상황에서도 이를 피하지 않았고, 몸을 던져 나라를 위해 목숨을 바쳤다. 마땅히 이를 포상하여 기록하여 크게 칭송함을 보이려 하는 바, 우표도위익부좌랑장右豹韜衛翊府左郞將에 봉할 만하다. 훈봉勳封은 옛날 그대로 한다."라고 하였다. 아아! 성력聖曆 2년(699) 1월 22일에 천자가 조칙으로 이르기를 "연국공의 아들 준이 그 아버지를 이장하겠다고 요청하였으니 물건 100가지를 내리고 그 장례일에 필요한 휘장, 일꾼 등 일체를 관청에서 공급하라. 그리고 6품 경관京官 한 사람으로 하여금 가서 살피도록 하라."라고 하였다. 그해 2월 17일에 망산邙山 남쪽, 관도官道의 북쪽에 받들어 이장하였으니 이것은 예에 맞는 일이다. 생각하건 대, 부군은 우뚝 솟은 산봉우리처럼 뛰어나서 재주 있는 사람들 사이에 표상이 되었다. 거울을 걸어 놓은 것처럼 허상과 융화되었으니 선인의 도리에 맞는 사람들이 우러러보게 되었다. 말은 곧고 뜻은 넓었으니 지엽적인 일들로 근본적인 것을 가리는 일이 없었다. 계획을 세우면 일이 이루어졌으니 처음의 일이 마지막과 일치하는 진정한 아름다움을 지녔다. 밤낮으로 나태하지 않았고 마음은 항상 윗사람을 섬기는 데에 두었으며, 곤경에 처하여도 지조를 바꾸지 않았고 뜻은 항상 아랫사람을 생각하는 데에 두었다. 군자가 관여할 바가 아니면 그 생각은 아예 고려도 하지 않았고, 선 왕이 물려준 바가 아니면 그 교훈은 아예 마음속에 두지 않았다. 군문軍門에서 스스로 수레를 밀어 변방에서 절개를 이루었다. 그러니 남을 헐뜯기 좋아하는 사람이라도 더이상 나쁜 말을 하지 못하였고, 아무리 칭찬을 잘하는 사람이라도 좋은 말을 찾지 못하였다. 지혜 있는 사람이 그를 보면 지혜롭다 하였고, 어진 사람이 그를 보면 어질다고 하였다. 재물을 멀리하고 자신을 잊어버렸으며, 의를 중시하고 다른 사람을 우선으로 하였다. 그러므로 비록 목이 달아날지라도 이해를 따지지 않았고, 몸이 위태롭게 될지라도 올바른 길을 버리지 않았다. 이런 까닭으로 겁많은 사람도 그로 인해 용감하게 되었고, 탐욕한 사람도 그로 인해 청렴하게 되었다. 이것은 굳이 저울을 논하지 않아도 잘못된 무게를 바로잡는 것과 같았고, 빠른 말로 말미암아 느린 말이 원대함을 알게 되는 것과 같았다. 관리로서 마음이 곧고 재간이 있었으니 글을 쓰면 재주가 뛰어난 사람들이 스스로 자책하였다. 인륜의 옳고 그름을 판별할 능력을 갖추었으니 잠자코 있더라도 천금이 그 값을 발휘하였다. 진실로 지금의 시대에만 본받을 바가 아니었고, 대체로 모든 사람으로부터 우뚝 솟은 인물의 기준이 되었다. 영예와 굴욕은 반드시 있게 마련이고 삶과 죽음은 타고난 것인데, 어차피 귀착하는 바가 같다면 어찌 부인의 손 안에서 목숨을 마치겠는가? 내가 일찍이 군대에 있을 때 참의소參義所에 있었는데, 그의 도리에 감복하였고 그의 공훈을 칭송하였었다. 이에 다음과 같이 명문을 짓는다. 5악五嶽을 말하는 사람은 천태산天台山이 병풍처럼 첩첩이 서 있는 모습을 알지 못하고, 4독四瀆을 바라보는 사람은 운주雲洲에 핀 붉은 꽃이 있음을 알지 못하네. 삼가 듣건대 김일제金日磾는 한나라의 칼집이 되었고, 백리해百里奚는 진나라의 사다리가 되었다. 참으로 사리에 밝다고 말할 수 있으니 뭇사람을 즐겁게 할 정도로 뛰어났고, 가는 곳마다 보배가 되었으니 어디에 간들 명석하다 아니 할 것인가. 마치 봄바람이 불듯이 공은 동쪽에서 왔다, 예악禮樂의 제도가 그로 인해 본색을 드러냈고, 소리와 광채가 그를 기다려 뜻을 이루었다. 군사들의 깃발은 끝이 없고, 수레의 덮개는 가지런하다. 커다란 종을 치니 북이 울고 퉁소가 화답한다. 이는 누구의 영화인가. 나를 두고 덕이 있다고 하는 소리로다. 사방에 걸쳐 오랑캐의 근심을 없앴고, 천 리에 걸쳐 공후公侯들의 성을 지켜냈다. 공훈을 펼치니 충성과 의로움이 드러났다. 그러나 만물에는 곧고 굳은 것을 꺼리는 일도 있고, 행실이 높으면 도리어 해를 당하는 일도 있다. 가운데 높은 봉우리가 그 높이를 잃게 되었고, 어두운 무덤 속에는 빛이 사라지게 되었다. 천하가 그를 애통해하였고, 세상이 그의 현량함을 애처롭게 여겼다. 천자가 이를 깊이 헤아리니 살아있을 때만이 아니라 죽은 뒤에도 포상이 미쳤다. 내가 실로 감모하여 그를 기리는 글을 짓노라. 그에게 바친 말

들은 영원할 것이며, 그의 명성은 끝이 없을 것이다.[402]

---

402) 大周故左武威衛大將軍檢校左羽林軍贈左玉鈐衛大將軍燕國公黑齒府君墓誌文幷序」 太淸上冠合其
道者坤元至無高居參其用者師律不有命世之材傑其奚以應斯數哉然則求玉榮者必 遊乎密山之上蘊金
聲者不恨乎魯門之下矣府君諱常之字恒元百濟人也其先出自扶餘氏封於黑齒 子孫因以爲氏焉其家世
相承爲達率達率之職猶今兵部尙書於本國二品官也曾祖諱文大祖諱德顯考諱沙次並官至達率府君少
而雄爽機神敏絕所輕者嗜欲所重者名訓府深沈淸不見其涯域情軌 闊達遠不形其里數加之以謹慤重之
以溫良由是親族敬之師長憚之年甫小學卽讀春秋左氏傳及班 馬兩史歎曰丘明恥之丘亦恥之誠吾師也
過此何足多哉未弱冠以地籍授達率府顯慶中遺邢國公蘇 定方平其國與其主扶餘隆俘入朝隸爲萬年縣
人也麟德初以人望授折衝都尉鎭熊津城大爲士衆所 悅咸亨三年以功加忠武將軍行帶方州長史尋遷使
持節沙泮州諸軍事沙泮州刺史授上柱國以至公爲己任以忘私爲大端天子嘉之轉左領軍將軍兼熊津都
督府司馬加封浮陽郡開國公食邑二千戶于時德音在物網望日鳳屬蒲海生氛蘭河有事以府君充洮河道
經略副使實有寄焉府君稟質英毅資性明達力能翹關不以力自處智能禦寇不以智自聞每用晦而明以蒙
養缶故其時行山立具瞻在焉至於仁不長姦威不害物賞罰有必勸沮無違又五校之大經三軍之元吉故士
不敢犯其令下不得容其非自高宗每稱其善故以士君子處之也及居西道大著勳庸于時中書令李敬玄爲河
源道經略大使諸軍取其節度亦水軍大使尙書劉審禮旣以敗沒諸將莫不憂懼府君獨立高崗之功以濟其
難轉左武衛將軍代敬玄爲大使從風聽也府君傍無聲色居絶玩好枕藉經書有祭遵之樽俎懷蘊明略同杜
預之旌旗胡塵肅淸而邊馬肥漢月昭亮而天狐滅出師有頌入凱成歌遷左鷹揚衛大將軍燕然道副大摠管
垂拱之季天命拜革骨卒祿狂賊也旣不觀其微徐敬業逆惡也又不量其力南靜淮海北掃旌頭並有力焉故
威聲大振制日局史溫雅機神爽晤夙踐仁義之途津蹈廉貞之域言以昭行學以潤躬屢撻勿麾每申誠效可
封兼國公食邑三千戶仍改授右武威衛大將軍神武道經略大使除如故於是董玆哮勇剪彼凶狂胡馬無南
牧之期漢使靜北遊之望靈夏衝要妖羯是瞻君之威聲無以爲代又轉爲懷遠軍經略大使以遏游氛也屬禍
流群惡疊似一彰玉石斯混旣從下獄爰隔上穹義等絶頏哀同仰藥春秋六十長子俊幼丁家難志
雪遺憤誓命虜庭投驅漢節頻展誠效屢振功名聖曆元年菟滯斯鑒皇下制日故左武威衛大將軍檢校左羽
林衛上柱國燕國公黑齒常之早嬰衣冠備經斬榮亟摠師律戴宣績效往遘飛言爰從訊獄幽憤殞命疑罪不
分比加檢察曾無反狀言念非專良深嗟愼宜從雪免庶慰塋魂增以寵章式光泉壤可贈左玉鈐衛大將軍勳
封如故其男游擊將軍行蘭」 州廣武鎭將上柱國俊自嬰家各屢效赤誠不避危亡捐軀徇國宜有裒錄以申
優獎可右豹韜衛翊府左郞將動如故粵以聖曆二年壹月十二日勅日燕國公男俊所請改葬父者贈物一百
段其葬事幔幕手力一事以上官供仍令京官六品一人檢校卽用其年二月十七日奉遷于邙山南宮道北禮
也惟府君孤業偉絕材幹之表也懸鏡虛融理會之臺也言直而意忄 專無枝葉之多蔽謀動而事成有本末之
盡美夙夜非憮心存於事上歲寒不移志在於爲下非君子之所關懷必不入於思慮非先王之所貽訓必不出
於企想自推轂軍門建節邊塞善善惡惡不能加惡工譽者不能增美智者見之謂之智仁者見之謂之仁至於推
財忘己重義先物雖剄首不顧其利傾身不改其道由是懦夫感之勇貪夫感之廉猶權衡之不言而斤兩定其
謬膝賒之絕足而駑駘知其遠至於吏能貞幹走筆而雙璧自非鑒賞人倫字黙而千金成價固非當世之可效
盖拔萃之標准也榮辱必也死生命也苟同於歸何必終於婦人之手矣余嘗在軍得參義所感其道頌其功乃
爲銘日談五岳者不知天台之翠屛也觀四瀆者不晤雲洲之丹榮也恭聞日磾爲漢之鞴亦有里奚爲秦之梯
苟云明哲興衆殊絕所在成寶何往非晰惟公之自東兮如春之揚風兮文物資之以動色聲明佇之以成功兮
悠悠旌施肅肅軒盖擊鴻鍾鼓鳴霜云誰之榮伊史德瑩四郊無戎馬之患千里捍公侯之城勳積旣展矣忠義
旣顯矣物有忌乎貞罡 刂行有高而則傷中峯落其仞幽壤淪其光天下爲之痛海內哀其良天鑒斯孔哀及存
亡余實感慕爲之頌章寄言不朽風聽無疆

7. 진법자 묘지명으로 본 백제의 관직

중국에서 발견된 「진법자 묘지명」에는 당군의 백제 침공 초기, 진법자
가 백제를 버리고 스스로 당나라를 택한 것으로 되어 있다. 의자왕을 포승
줄에 묶어서 공산성(웅진성)을 나와 사비도성으로 가서 소정방에게 항복한
예식진·예군 형제와 마찬가지로 그 역시 일신의 안위를 위해 백제를 버리
고 중국(당나라)을 선택하였다. 그의 무덤에서 나온 「진법자 묘지명陳法子墓誌
銘」은 생전 그의 행적과 더불어 진법자 가문의 위상과 당시 백제의 사회상
일부를 전해주고 있어 관심을 끈다.

> "관병官兵이 현경 5년(660)에 동방의 죄 있는 자를 토벌하자 진법자陳法子는 기회
> 를 타서 (마음이) 확 바뀌어 정치가 깨끗하고 투명한 시대에 신하가 되기를 청
> 하였다. 은혜를 더하여 권장하고 격려함이 쌓여 이로 말미암아 칭찬하고 위로
> 함이 더해졌다. 좋아하는 바를 따라 이곳 중원中原에 도착했으며, 이제 낙양洛陽
> 사람이 되었다."403)

관병官兵은 당나라 병사를 의미하며 당의 백제 침공을 계기로 진법자와
그 가문은 중국 낙양 사람이 되었음을 알려준다. 진법자陳法子는 애초 웅진

---

403) 「陳法子墓誌銘」,「大唐西市博物館藏墓誌」

熊津 서부인西部人이었다. 그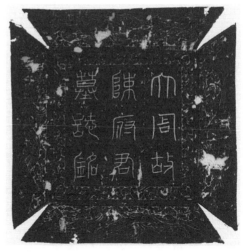
는 처음에 관직에 나아가
서 기모군旣母郡의 좌관佐官
벼슬을 하였고, 품달군稟達
將의 사군司軍 및 군장郡將을
거쳐서 은솔恩率이 되었다.
백제 태학정太學正을 지낸
진법자의 증조부 진춘陳春
역시 은솔 신분이었다. 조
부 진덕지陳德止는 마련대군
장麻連大郡將을 지냈고, 신분

진법자 묘지명 개석

은 달솔達率이었다. 그의 아버지 진미지陳微之는 마도군참사군馬徒郡參司軍으로
서 덕솔德率까지 올랐다.

세계(世系)	실명(實名)	신분	관직
증조	진춘(陳春)	은솔(恩率)	태학정(太學正)
조부	진덕지(陳德止)	달솔(達率)	마련군 군장(麻連郡 郡將)
부친	진미지(陳微之)	덕솔(德率)	마도군 참사군(馬徒郡 參司軍)
본인	진법자(陳法子)	은솔(恩率)	기모군 좌관(旣母郡 佐官), 품달군 군장(稟達郡 郡將)

  우선 이 기록을 바탕으로 백제의 기모군旣母郡과 품달군稟達郡, 마련군麻連
郡, 마도군馬徒郡 4개 군의 존재를 확인하게 되었다. 그러나 이들 백제의 4
개 군이 어디에 있었는지를 알 수는 없다. 물론 품달군의 위치도 명확하
지 않다. 의자왕과 부여륭이 웅진성에서 나와 소정방에게 항복한 직후에
흑치상지 또한 항복하였고, 그때 진법자의 가문 역시 항복한 것으로 보인

7. 진법자 묘지명으로 본 백제의 관직   393

진법자 묘지명

다. 물론 흑치상지는 '백제 서부인'으로, 진법자는 '웅진 서부인'으로 되어 있다. 그가 투항했거나 당군에 사로잡힐 당시 웅주의 서부에 살았거나 본래 백제의 서부 지역 출신이라는 얘기이니, 흑치상지와도 잘 아는 사이였을 것이다.

어찌 되었든, 소정방이 1만2천8백여 명의 백제인 포로를 데리고 당으로 회군했을 당시 진법자도 함께 간 것으로 추정되지만, 흑치상지나 진법자의 출신지는 똑같이 풍달군風達郡이었을 가능성이 매우 높다. 당나라 사람들의 입장에서는 한자 뜻으로 볼 때 풍달군이란 지명을 이해하기 어려웠을 수 있다. 아마도 그것이 품달稟達을 잘못 쓴 것으로 알고, 묘지명을 작성한 사람이 풍달을 품달로 바꿔 적은 것일 수 있다. 품달稟達은 아랫사람이 윗사람에게 무엇을 보고하는 것을 이르는 말이다. 기록대로라면 진법자는 웅진 서부인, 흑치상지는 백제 서부 출신이라는 차이는 있지만, 백제 지역에 품달군과 풍달군이 따로 있었다고 볼 수 없으므로 품달군稟達郡을 풍달군風達郡의 다른 표기명으로 이해하고자 한다.

진법자 가문은 본래 여러 군의 군장郡將이나 좌관佐官과 같은 상당히 높은 직위에 있었다. 진법자의 증조부가 태학의 총장에 해당하는 태학정을 지냈으므로 그의 가문이 백제의 요직에 진출하였음을 알 수 있다. 아울러 진법자 가문이 가졌던 대군장大郡將과 군장郡將, 사군司軍, 참사군參司軍, 좌관佐官 등의 직급과 직위로부터 백제의 각 군에 상당히 많은 행정 및 군사 관련 직책이 분화되어 있었음을 알 수 있다. 좌관은 군좌郡佐라는 별도의 명칭으로 보아 군장을 돕는 행정관이었음을 알 수 있을뿐더러 통상 백제의 군장은 덕솔이 맡았으니 대군장 또한 덕솔 또는 그 바로 위의 신분이 맡았을 수 있다.

또 백제의 교육기관으로서 태학太學이 있었고, 그 책임자로서 정正과 부副의 구분이 있었음을 알 수 있다. 진춘의 관직이 태학정에 이르렀다는 사실로부터 백제에 태학太學이란 교육기관 책임자로서 정正과 부副의 직제가 있었음을 알게 된 것도 큰 소득이다. 태학정을 태학의 최고책임자로 볼 수 있다. 요즘으로 따지면 총장과 부총장의 구분이 있었던 셈이라고 할 수 있다. 인천 계양산성에서 논어의 공야장 편公冶長篇 가운데 '(子謂)子賤君子哉若人魯無 …(공자가 자천에게 말하기를 '자천은 군자다. 만일 노나라에 군자가 없다면…')', '(子使漆雕開仕 對曰)吾斯之未能信子(說)(공자가 칠조개에게 벼슬을 주려 하자 칠조개가 '저는 아직 벼슬을 감당할만한 자신이 없습니다.'라고 말하니 공자가 크게 기뻐하였다.)'라든가 '孟武伯問 … 求也 千室之邑 百乘之家 可使爲之宰也 不知其仁也赤也[맹무백이 공자에게 '구(求)는 어떻게 합니까'라고 물으니 공자가 '구는 천 호의 큰 읍의 읍장이나 경대부 집의 가신 노릇을 할 수 있을지 모른다'라고 했다]'라는 구절이 확인되어 이미 4~5세기 한성백제 시대에 유학을 배웠음을 확인한 바 있으니 이로써 백제의 유학 교육이 사비 시대에 더욱 체계적으로 이루어졌음을 알 수 있다.

진법자 가계의 신분을 통해 확인할 수 있는 또 한 가지는 그 집안의 신분이 본래 덕솔이었을 가능성이다. 조부로부터 진법자까지 모두 처음에 군장의 덕솔 신분으로 관직을 시작하여 덕솔에 그대로 머무르거나 은솔 또는 달솔까지 오른 사실을 알 수 있다. 백제 역시 신분제 사회였지만, 이들 진씨 가문은 백제의 최상층 계급이었으며, 당시 백제 귀족사회에서는 각자의 능력에 따라 신분 상승이 가능하였음을 알 수 있다.

참고문헌

황수영, 『한국금석유문』, 일지사, 1976, p.246~248

도수희, 『百濟語 研究』(Ⅱ), 재단법인 백제문화개발연구원, 1989

『일본서기』 권 26, 제명 6년 9월 조

金沢庄三郞, 『日韓古地名の研究』 p.190~191, 昭和 60년, 東京

『忠淸道邑誌』 林川郡

『資治通鑑』 卷 201, 唐紀 17, 龍朔 3년 9월

『舊唐書』 卷 199 上 列傳 百濟傳

『新唐書』 卷111 列傳 第36 蘇定方

津田左右吉, 「百濟戰役地理考」, 『朝鮮歷史地理 1』, p.169~172, 1913

津田左右吉, 「百濟戰役地理考」, 『朝鮮歷史地理』, 남만주철도주식회사, 1913, 東京

大原利夫, 「百濟要塞地 炭峴に就いて」, 『朝鮮歷史地理』, 1922, 朝鮮史學會

小田省吾, 朝鮮史講座上世史 p.194, 1924

小田省吾, 「上世史」, 『朝鮮史大系』, 1927, 朝鮮史學會

池內宏, 「百濟滅亡後の動亂及び唐·羅·日三國の關係」, 『滿鮮地理歷史硏究報告 14』,
　　　　 p.141~144, 1934

今西龍, 朝鮮地理歷史硏究報告 14, p.21

『일본서기』 권23 서명기 3년

『조선역사지리』 제1권 百濟戰役 地理考 p.255, 256

『일본서기』 권25 효덕기 白雉 원년

『일본서기』 권26 제명기 6년 10월

『일본서기』 권26 제명기 7년 조

『일본서기』 권19 欽明天皇 4년

李文基, 「百濟 黑齒常之 父子 墓誌銘의 檢討」, 『韓國學報』 64집, 일지사, 1991

이도학, 『백제장군 흑치상지 평전-한 무장의 비장한 생애에 대한 변명』, 주류성, 1996

한국고대사회연구소, 「흑치상지 묘지명」, 『역주한국고대금석문』 I (고구려·백제·낙랑편), 1992

노중국, 「백제의 식읍제에 대한 일고찰」, 『경북사학』 23집, 경북사학회, 2000, p.70

이도학, 『백제장군 흑치상지 평전-한 무장의 비장한 생애에 대한 변명』, 주류성, 1996, p.51~52

유원재, 「백제 흑치 씨의 흑치에 대한 검토」, 『백제문화』 28, 공주대 백제문화연구소, 1999,
    p.2~5

노중국, 『백제 부흥 운동사』, 일조각, 2003, p.94

김영심, 「6~7세기 백제의 지방통치체제-지방관을 중심으로」, 『한국고대사연구』 11집, 한국고
    대사학회, 1997

이도학, 「百濟 黑齒常之墓誌銘의 檢討」, 『우리文化』 34집, 1991, p.45

『구당서』 권 109 열전 흑치상지전

『구당서』 권84 열전 유인궤전

김주성, 「백제 무왕의 사찰건립과 권력강화」, 『한국고대사연구』 6집, 한국고대사학회, 1992,
    p.264

안계현, 「백제 불교에 관한 제문제」, 『백제불교문화의 연구』, 충남대학교 백제연구소, 1979

김영태, 『백제불교사상사연구』, 동국대학교 출판부, 1985, p.35~41

성주탁, 「百濟僧 道琛의 思想的 背景과 復興活動」, 『은산별신제한일학술대회 요지집』, 1992,
    p.12~13

임동권, 『한국민속학론고』, 선명문화사, 1971, p.188

이필영, 「민간신앙의 분석」, 『부여의 민간신앙』, 부여문화원, 2001, p.392

심정보, 「백제 부흥군의 주요 거점에 관한 연구」, 『백제연구』 14, 충남대학교 백제연구소, 1983,
    p.152~153, p.162

당유인원기공비, 『역주한국고대금석문』 I (고구려·백제·낙랑편), 한국고대사회연구소, 1992

『구당서』 권199 상 열전 백제전

『자치통감』 권200 당기16, 용삭 원년 3월

『자치통감』 권200 당기 16, 용삭 원년 조

서정석, 『백제의 성곽』, 학연문화사, 2002, p.171~183

예산군·충남발전연구원, 『예산 임존성-문화유적 정밀지표조사』, 2000, p.288~292

박현숙, 『백제지방통치체제연구』, 고려대학교 대학원 박사학위 논문, 1996, p.127

심정보, 「백제 부흥군의 주요 거점에 관한 연구」, 『백제연구』 14집, 충남대학교 백제연구소,
    1983, p.162

안승주·서정석, 『성흥산성-문지발굴조사보고서』, 충남발전연구원·충청남도, 1996, p.110~118

유원재, 「백제 가림성 연구」, 『백제논총』 제5집, 백제문화개발연구원, 1996, p.86~89

전영래, 『白村江에서 大野城까지』, 신아출판사, 1996, p.74~75

노도양, 「백제 주류성고」, 『명대논문집』 12집, 명대논문간행위원회, 1980, p.13

충남대학교박물관·대전광역시, 「계족산성 발굴조사약보고」, 1998, p.8~9

성주탁, 「대전부근 고대 성지고」, 『백제연구』 5집, 충남대학교 백제연구소, 1974, p.11

성정용, 「대전 九城洞土城」, 『백제연구』 34집, 충남대학교 백제연구소, 2001, p.181~182

성주탁, 「대전 부근 고대산성고」, 『백제연구』 5집, 1974, p.16

成周鐸, 『百濟山城 硏究-忠南 論山郡 連山面 所在「黃山城」을 中心으로-』, 충남대학교 백제
　　　　연구소 6집(1975), p. 71-104, 1975

『世宗實錄地理志』

『新增東國輿地勝覽』

『忠淸道邑誌』

『新增東國輿地勝覽』 권 18 連山縣 山川 條

全榮來, 『우금산성 관련 유적 지표조사보고서』 원광대학교 마한백제문화연구소, 1995, p.111

『신증동국여지승람』 은진현(恩津縣) 고적 조

『대동지지』 권5, 충청도 은진 성지(城池) 조

충남대학교 백제연구소, 「논산군 관내 고대산성지분포조사」, 『백제연구』 11집, 1980,
　　　　p.284~286

金榮官, 「中國 發見 百濟 遺民 禰氏 家族 墓誌銘 檢討」, 『신라사학보』 24, p.89~158, 신라사학
　　　　회 2012

『후한서』 권 80 下, 文苑列傳 70 下

拜根興, 「唐代 백제유민 禰氏家族 墓誌에 관한 고찰」, 『韓國古代史硏究』 66집 p.307, 한국고
　　　　대사학회, 2012. 6

『수서』 東夷傳 百濟

梁起錫, 「百濟 扶餘隆 墓誌銘에 대한 檢討」, 『國史館論叢』(62) P.153~155, 國史編纂委員會,
　　　　1995

李文基, 「百濟 遺民 難元慶 墓誌의 紹介」, 『慶北史學』(23) P.519, 慶北史學會, 2000

李文基, 「百濟 黑齒常之 父子 墓誌銘의 檢討」, 『韓國學報』 64, p.160, 一志社, 1991

拜根興, 「唐代 백제유민 禰氏家族 墓誌에 관한 고찰」, 『韓國古代史硏究』 66집 p.314, 한국고
　　　　대사학회, 2012. 6

沈正輔, 「百濟 周留城考」, 『百濟文化』 第 28輯 p.9~42, 1999

盧道陽, 「百濟 周留城考」, 明大論文集 第12輯, 명지대학, 1980

金正浩,「대동지지」洪州 沿革 편

徐榮輔·沈象奎),「만기요람(萬機要覽)」占潮詩

柳夢寅,「於于野談」조수왕래법

「구당서」권 제109 열전 제59 흑치상지전

조성욱,「백제 '탄현'의 지형 조건과 관계적 위치」,「문화역사지리」제15권 제3호, 2003. 12.

洪思俊,「炭峴考 」,「역사학보」35·36집 합집, pp.55~81, 1967

今西龍,「百濟史硏究」, 近澤書店, 1934

池內宏,「白江及び炭峴に就いて」,「滿鮮地理歷史硏究報告」(14) pp.134~152, 1941, 동경제국
            대학 문학부

서정석,「炭峴에 대한 小考」,「중원문화논총」(7) p.105, 2003

久蘿 韓百謙,「동국지리지」,

신경준,「여지도서」

昔百濟興首言羅兵不得過炭峴或指扶餘縣北十四里炭峴以實之然兵臨十四里而安得以禦之且
            其〇夷不足據也 炭縣在珍山郡卽亦秋風之麓而絕難攻 (연경재전집, 진현변)

김정호,「대동지지」권11 전라도 고산

이병도, 1959,「한국사」, 진단학회

지헌영, 1970,「탄현에 대하여」,「어문연구」(6)

이기백·이기동, 1982,「한국사강좌」, 일조각

홍사준, 1967,「탄현고-계백의 삼영과 김유신의 삼도」,「역사학보」(35·36합본), 역사학회
            pp.55~81

정영호, 1972,「김유신의 백제 공격로 연구」,「사학지」(6), 단국대학교 사학회, pp.19~61

전영래, 1982,「탄현에 관한 연구」,「전북유적조사보고」(13), 전라북도 문화재보호협회

성주탁, 1990a,「백제 탄현 소고-김유신 장군의 백제 공격로를 중심으로」,「백제논총」(2),
            pp.11~43

성주탁, 1990b,「백제 말기 국경선에 대한 고찰」,「백제연구」21 pp.141~160, 충남대학교 백제
            연구소

沈正輔,「百濟 周留城考」,「百濟文化」第 28輯, 1999

김병남, 2001,「백제 영토변천사 연구」, 전북대학교대학원 사학과 박사학위논문

정영호,「김유신의 백제공격로 연구」,「사학지」6, 1972

서정석,「炭峴에 대한 小考」,「중원문화논총」7, 2003

이판섭,『백제 교통로의 고고학적 연구』, 충남대학교 박사학위논문, 2015

沈正輔,「百濟 周留城考」,『百濟文化』第 28輯, 1999

沈正輔, 百濟 周留城考-벡제부흥 운동과 임존성의 제문제, 百濟文化 第28輯. 公州大學校 百濟
    文化研究所, 1999

胡戟「中國 水軍과 白江口戰鬪」,『百濟史上의 戰爭』, 忠南大學校 百濟研究所, 한국사연구휘보
    제114호

卞麟錫,「白江口戰爭을 통해 본 古代韓日關係의 接點 : 白江·白江口의 역사지리적 고찰을 중
    심으로」,『省谷論叢』第 26輯 下卷, 1995, 省谷學術文化財團

卞麟錫,「白江口戰爭과 濟倭關係-일본의 기존 학설에 대한 재조명」, 한울아카데미 119, 1994

今西龍,「周留城考」,『百濟史研究』, 近江書店, 1934

『百濟史上의 戰爭』, 百濟研究叢書 第7輯, 2000

尹泰善,「馬韓의 辰王과 臣濆沽國-嶺西濊 지역의 歷史的 推移와 관련하여」『百濟研究』第 34
    輯, 忠南大學校 百濟研究所, 2001

今西龍,「周留城考」,『百濟史研究』, 近江書店, 1934

『資治通鑑』卷 201, 唐紀 17, 龍朔 3년 9월

『舊唐書』卷 199 上 列傳 百濟傳

하우봉, 1990,「임란에 있어서 웅치전의 위상에 대하여-호남 방어와 관련하여-」,『전라문화논
    총』4 pp.1-20

성주탁, 1991,「백제 소비포현성지(일명 덕진산성)」,『백제연구』22

「난원경 묘지명」(최경선,『한국고대문자자료연구: 백제(하)』, 주류성출판사, 2015)

『魯城山城』李南奭·徐正錫, 1995, 公州大學博物館·論山郡

「論山 魯城山城에 대한 考察」徐正錫, 1998,『先史와 古代 11』韓國古代學會

「論山 魯城山城 內 建物遺址 試·發掘調査報告書」李南奭, 2002, 公州大學博物館

「連山 新興里 百濟古墳과 그 出土遺物」,『百濟文化 7』, 1975, 尹武炳, 公州師範大 百濟文化研
    究所「論山 表井里 百濟古墳發掘調査報告書」1988, 安承周·李南奭, 公州師範大學
    博物館

「論山 茅村里 百濟古墳發掘調査報告書」1993, 安承周·李南奭, 百濟文化開發研究院

「論山 茅村里 百濟古墳發掘調査報告書 II」1994, 安承周·李南奭, 百濟文化開發研究院

「論山 表井里 百濟古墳과 土器」,『百濟文化 9』1976, 安承周, 公州師範大 百濟文化研究所

「백제 탄현 소고」,『백제논총2』성주탁, 1990, 백제문화개발연구원

「論山 黃山城 遺蹟-精密地表調査報告書」, 2006, 충청남도연사문화원·논산시

「本朝文粹」권2 意見封事 條, 『朝鮮史』제 1편, 제2권 p.294~295, 1932, 조선총독부

吳松弟, 『中國古代都城』, 商務印書館, 北京, 2005

王兆春, 『中國古代兵器』, 商務印書館, 北京, 1996

王俊, 『中國古代船舶』, 中國商業出版社, 北京, 2015

5만분의 1 지도 논산, 금산, 한산, 이원, 마전, 장선

'한국 고대사의 비밀' 1360년 만에 풀었다!

백제 아포칼립스
❷ 주류성 및 탄현은 어디인가?

지은이 서동인
펴낸이 최병식
펴낸날 2023년 12월 18일
펴낸곳 주류성출판사
서울특별시 서초구 강남대로 435 (주류성문화재단)
TEL | 02-3481-1024 (대표전화) • FAX | 02-3482-0656
www.juluesung.co.kr | juluesung@daum.net

값 25,000원
잘못된 책은 교환해 드립니다.

ISBN 978-89-6246-517-4 93910